KB271162

근대 일본의 문화사 10 : 1955년 이후 2

역사와 주체를 묻다

저자

시마조노 스스무島薗進 | 도쿄東京대학 대학원 명예교수

우치다 류조內田隆三 | 도쿄東京대학 대학원 종합문화연구과 교수

미야케 요시오三宅芳夫 | 지바千葉대학 교수

구리하라 아키라栗原彬 | 릿쿄立教대학 명예교수, 리쓰메이칸立命館대학 특별초빙교수

다카하시 테쓰야高橋哲哉 | 도쿄東京대학 대학원 종합문화연구과 교수

레오 칭 Leo Ching | 듀크Duke대학교 아시아 & 중동학과 교수

우에노 치즈코上野千鶴子 | 도쿄東京대학 명예교수

역자

남효진南孝臻, Hyo-jin Nam | 일본학 전공

이현희李炫熹, Hyun-hee Lee | 일본 근대문학 전공

한윤아韓允娥, Yoon-ah Han | 동아시아영화・영상이론 전공

전미경全美慶, Mi-kyung Jun | 가족학 전공

김연숙金淵淑, Yeon-sook Kim | 한국문학 전공

강현정姜現正, Hyun-jung Kang | 동아시아영화・영상이론 전공

허보윤許寶允, Bo-yoon Her | 현대공예이론 전공

한국과 일본의 근대 형성기에 관심을 가진 우리들은 옛 '연구공간 수유+너머'의 '일본 근대와 젠더 세미나'에서 만나 함께 공부해왔다. 이 책의 번역 이전에 이와나미岩波 강좌의 '근대 일본의 문화사' 시리즈 중 3권『근대 지知의 성립』(소명출판, 2010), 4권『감성의 근대』(소명출판, 2011), 5권『내셔널리즘의 편성』(소명출판, 2012), 6권『확장하는 모더니티』(소명출판, 2007), 9권『냉전 체제와 자본의 문화』(소명출판, 2013)를 번역했다.

근대 일본의 문화사 10 : 1955년 이후 2

역사와 주체를 묻다

초판 인쇄 2014년 6월 20일 **초판 발행** 2014년 6월 30일
지은이 시마조노 스스무 외
옮긴이 남효진 이현희 한윤아 전미경 김연숙 강현정 허보윤
펴낸이 박성모 **펴낸곳** 소명출판 **출판등록** 제13-522호
주소 서울시 서초구 서초중앙로6길 15
전화 02-585-7840 **팩스** 02-585-7848 **전자우편** somyong@korea.com **홈페이지** www.somyong.co.kr

값 23,000원

ⓒ 소명출판, 2014

ISBN 978-89-5626-981-8 94910
ISBN 978-89-5626-540-7 (세트)

근대 일본의 문화사 10 : 1955년 이후 2

역사와 주체를 묻다

History and Subject

시마조노 스스무 외 지음
남효진 이현희 한윤아 전미경 김연숙 강현정 허보윤 옮김

소명출판

TOWARERU REKISHI TO SHUTAI 1955 NENIGO 2
Iwanami koza : Kindai Nihon no bunkashi, vol.10
edited by Susumu Shimazono
ⓒ 2003 by Iwanami Shoten, Publishers
Originally published in Japanese by Iwanami Shoten, Publishers, Tokyo, 2003.
This Korean language edition published in 2014
by Somyong Publishing Co., Seoul
by arrangement with the Proprietor c/o Iwanami Shoten, Publishers, Tokyo

◆ 일러두기

1. 번역을 위한 텍스트는 이와나미岩波서점에서 2003년에 발행한『岩波講座, 近代日本の文化史 10 問われる歴史と主体 1955年以後 2』이며, 이 책의 편집위원은 고모리 요이치小森陽一, 사카이 나오키酒井直樹, 시마조노 스스무島薗進, 지노 카오리千野香織, 나리타 류이치成田龍一, 요시미 슌야吉見俊哉이다.
2. 저자의 원주는 미주를 사용하였고, 역자의 주는 각주를 사용하였다.
3. 단행본과 신문, 잡지는『 』, 논문·시는「 」, 영화·연극·노래 등은〈 〉를 사용하였다. 다만 본 글의 특성상 사진제목이나 그림제목이 많은 경우, 이해하기 쉽도록 따로《 》로 표시하였다. 또 원문을 인용한 경우는 " "를, 강조의 경우는 ' '를 사용하였다.
4. 표기법
   · 일본어 인명 및 지명의 한글표기는 원칙적으로「외래어 표기법」(1986년 문교부 고시)에 따랐다. 따라서 어두에 격음을 쓰지 않았으며, 장음표기도 하지 않았다.
   · 일본의 인명 및 지명 등의 고유명사는 각 장마다 처음 나오는 경우에 한하여 한글 다음에 한자어나 일본어를 넣어 병기하고 그 다음부터는 한글만을 표기하였다.
   · 역자의 판단에 따라 이미 익숙해진 명사와 고유명사나 일본어 발음 그대로를 살리는 것이 좋다고 여겨진 경우에는 일본어 발음대로 쓰는 것을 원칙으로 하였다. 예를 들면,『東京日日新聞』의 경우『도쿄니치니치신문』이라고 표기했다.

20세기 마지막 사반세기 동안, 근대 역사와 문화를 재검토하는 일이 세계적으로 이루어졌으며, 그에 관한 서사 방식 또한 새롭게 모색되어왔다. 일본에서도 1980년대 이후 그와 같은 과정이 눈부시게 전개되었다.

'역사'의 개념 자체를 다양한 개인과 사회 집단의 역학관계 안에서 구성된 담론으로 새로이 파악하고, '역사'에 관한 지식들이 근대의 권력관계를 둘러싼 투쟁의 장 속에 배치되어 있음을 깨달았다. 또한 '문화'의 개념도 제각기 처한 역사적·사회적·정치적 맥락 속에서 만들어지며 강요당하고, 강요당하면서 만들어지는 투쟁의 장으로 재인식되었고, 실체적인 가치로서가 아니라 오히려 새로운 물음을 던지는 장으로서 재발견되었다. 그런 까닭에 우리가 '역사'와 '문화' 속에서 어떠한 주체로 구성되었는가를 문제 삼지 않을 수 없다.

이러한 비판적 실천은 근대 학문 분야나 지식을 둘러싼 모든 영역에서 전개되고 있다. 비판적 실천이야말로 근대적으로 제도화된 학문 분야를 근본적으로 비판하면서 자유로운 재편성을 모색하는 일이다.

우리가 지향하는 것은 종래 의미의 '근대사'도 '문화사'도 아니다. 각각의 학문 분야에서 탈영역적인 질문을 던지고 경계를 초월하여 공유할 수 있는 새로운 서사의 지평을 창출하는 일이다. 이를 위해 우리는 '문화'라는 창을 통하여 근대 일본을 재검토할 것이다. 근대 일본의 문화를, 끝없는 항쟁과 조정調整, 전략과 전술의 충돌과 교차 속에서 경계가 계속 변화하는 영역, 불안정하고 유동적인 그래서 동적인 매력을 가진 영역으로 보고자 한다. 근대 일본의 역사는 과거 사건들의 집적이나 현재의 시점에서 재구성된 서사가 아니다. 그것은 현재를 살아가는 것과 과거를 재정의 하는 것의 사이를 계속 왕복하고 횡단하는 운동이다.

근대의 학문 분야들이 은폐해온 역사와 문화의 정치성을 밝히기 위해 이 책에서는 '일본'의 근대를 문제 삼고 있다. 하지만 여러 나라의 연구자들에게 특별히 집필을 부탁했다. 그들의 글을 통해 세계 여러 지역에서 진행되고 있는 비판적인 지식의 새로운 흐름을 두루 살필 것이다. 동시에 이제까지 제각기 속해있던 학문 분야에서 빠져나와, 근대 일본의 역사와 문화에 관한 지적 담론의 경계를 돌파하고자 한다.

고모리 요이치　小森陽一

사카이 나오키　酒井直樹

시마조노 스스무　島薗進

지노 카오리　千野香織

나리타 류이치　成田龍一

요시미 슌야　吉見俊哉

　10여 년 전, 당시 일본 총리였던 고이즈미 준이치로의 야스쿠니신사 참배로 한·중·일 세 나라가 시끄러웠던 적이 있었다. 그때 나는 홍콩에서 일하고 있었는데 저녁 식사를 하던 중 야스쿠니문제가 화제에 올랐다. 그 자리에 함께 있던 사람들은 홍콩인 3명, 일본인 1명, 그리고 한국인(나) 1명이었다. 홍콩 친구들과 내가 과거 일본의 침략 행위를 들먹이면서 일본 총리의 야스쿠니신사 참배를 비난하자, 일본인 친구가 좀 억울한 표정으로 "우리 큰아버지도 그 곳에 있다. 그래서 우리 할아버지와 할머니도 매년 야스쿠니에 참배하러 다니셨다. 그게 왜 문제가 되는 건지 이해가 안 된다"고 항변했다. 현충원, 알링턴은 되면서 야스쿠니는 안 된다는 게 뭔가 이상하긴 했지만, 침략자인 일본이 A급 전범들을 추도하는 행위가 가지는 의미에 초점을 맞춰 참배 반대 논리를 밀어붙였다. 마지막에는 "그럼, 야스쿠니신사에서 A급 전범만 다른 곳으로 옮기면 되는 거냐?"고 묻는 그의 말에 그 또한 이상하다고 생각하면서도 뭐라 답할지 몰라 마지못해 고개를 끄덕였던 기억이 난다.

　　며칠 전 신문 1면에 아베 신조 일본 총리가 야스쿠니신사 참배를 강행했다는 기사가 실린 것을 보았다.

> "아베상, 아리가토!"(아베 총리, 고맙습니다)
> 26일 오전 11시 30분 일본 도쿄 지요다구 야스쿠니신사 경내의 도착전到着殿 앞. 아베 신조 총리를 태운 검은색 렉서스가 도착하자 보수단체인 일본유족회 회원들이 환호성을 지르며 박수를 쳤다. (…중략…) 아베 총리는 참배 뒤 기자회견에서 "일본을 위해 소중한 목숨을 희생한 영령들에게 애도의 마음을 전하고, 이들이 편히 쉬기를 기원하며 두 손을 모았다"고 밝혔다. 그는 한국과 중국 등 주변국의 반발에 대한 질문에 "야스쿠니 참배가 이른바 전범을 숭배하는 행위라는 오해에 기반한 비판이 있지만, 지난 1년 동안 해온 일들을 영령께 보고하고, 두 번 다시 전쟁의 참화에 사람들이 고통받지 않게 하겠다는 결의를 전하려고 참배했다. 중국과 한국인들의 마음에 상처를 줄 생각은 털끝만큼도 없다"고 말했다.
> ─『한겨레』, 2013.12.27.

　　아베 신조 총리의 말대로라면 "두 번 다시 전쟁의 참화에 사람들이 고통받지 않게 하겠다는 결의를 전하려고 참배했다"는데 무엇이 문제란 말인가. 이 의문을 풀기 위해서, 그리고 10년 전 내가 느꼈던 그 '이상함'의 정체를 알기 위해서는 야스쿠니신사가 일본의 과거-현재-미래를 잇는 역사의 연장선 위에서 어떤 의미를 갖는지, 또 그것이 동아시아의 과거-현재-미래와 어떤 관계를 가져왔는지를 생각하지 않으면 안 된다. 그리고 한 발 더 나아가 일본의 '근대'와 '현대'가 형성된 과정을 재검토해야 할 것이다.

　　바로 이런 의미에서 이와나미의 '근대 일본의 문화사' 시리즈는 우리의 이해를 돕는 길잡이가 되어준다. 고모리 요이치를 비롯한 편집자들은 서문에서 "근대 일본의 역사는 과거 사건들의 집적이나 현재의 시점에서 재구성된 서사가 아니다. 그것은 현재를 살아가는 것과 과거를 재정의하는 것의 사이를 계속 왕복하고 횡단하는 운동"이라고 말하고 있다. 끊임없는 그 운동의 움직임을 좇아가는 일이야말로 우리가 역사를 바라보는 기준이 되어줄 것이다.

이 책 『역사와 주체를 묻다―1955년 이후 2』는 '근대 일본의 문화사' 시리즈 마지막 권으로, 패전 후 일본의 다양한 개인과 집단이 미군점령기, 전후부흥기, 고도성장기를 거치며 제각기 처한 역사적·정치적·사회적·문화적 맥락 속에서 어떻게 변화하고 변용되었는지를 종교, 문학, 사상, 천황제, 국가와 국민, 아시아주의, 그리고 젠더를 주제로 살펴본다.

그 내용을 간략하게 소개하면 다음과 같다.

시마조노 스스무島薗進가 쓴 총설 「일본 종교의 전후체제」는 신흥종교의 발전을 중심으로 패전 이후 일본의 종교단체와 종교문화가 어떻게 변용되었는지를 살펴본 글이다. 그리고 이를 위해 ① 패전 전까지 일본 종교체제의 전체 틀을 규정했던 국가신도國家神道가 패전 이후 어떻게 변화했는지, ② 국가신도를 축으로 하는 패전 이전의 체제를 대신해 형성된 패전 이후의 종교연합체는 어떤 형태였는지, ③ 신흥종교는 그 안에서 어떤 위치를 점하고 패전 이후 일본 사회에서 일어난 정치적·사회적 활동에 어떻게 관여했는지, ④ 그러는 가운데 국민 집단의식을 토대로 하는 주체성이 종교단체를 매개로 어떻게 형성되었는지, ⑤ 종교연합을 통한 평화 실현이라는 이념이 1970년대를 거치면서 '일본 종교의 전후체제'를 넘어설 조짐을 어떻게 표면으로 드러냈는지를 논했다.

우치다 류조內田隆三의 「가파른 성장과 미스터리」는 패전 후 고도성장기의 성공과 그 이면의 불안을 일본 문학의 미스터리 장르를 통해 살펴보고자 했다. 고도성장기 일본은 가정의 형성과 유지를 중요한 과제로 생각했다. 그에 반해 당시 인기 있던 미스터리 장르에서는 오히려 가정의 유대를 끊고 피로 물든 가족의 비극사를 즐겨 다루었다. 일본은 고도성장기의 국토 개발, 인구의 이동과 증가에 따른 사회시스템의 구축 및 발전을 통해 성공이라는 화려한 모습을 지니게 되었지만, 그 이면에는 지역격차, 사라져버린 관습, 성장의 불안감이 잠재되어 있었다. 미스터리 장르는 이런 모습들을 인간성 상실, 가정 파괴와 연결시키며 전후 일본 사회를 비판한다. 우치다는 전후 미스터리가 성장의 시대를 살아가는 사람들의 현실이 내포된 자기기만과 자의성을 조명하는 형식의 한 방법이라고 기술하고 있다.

미야케 요시오三宅芳夫는 「'근대'에서 '현대'로―마루야마 마사오와 마쓰시타 게이이치」에서 두 사상가를 통해 일본의 전후 사상과 '현대' 담론의 변모를 살펴본다. 마루야마 마사오는 '현대'를 비판적으로 바라본다. 즉 그가 근대 일본사상사의 과제로 제시했던 국민주권에 기반을 둔 민주주의국가의 이념은 '현대'의 독점자본과 결합함으로써 문제를 일으킨다. 마루야마 마사오는 자유와 민주주의 이념이 자본이라는 현실에 강하게 구속되어버렸기 때문에 민주주의가 파시즘으로 귀결되었다고 진단하고, 이를 해결하기 위해서 '근대국가' 모델에서 배제시켜버린 개인과 국가의 중간 매개들, 즉 조합 같은 자발적 결사의 네트워크를 끌어온다. 이에 비해 마쓰시타 게이이치는 '근대'라는 틀 자체가 계몽주의의 산물임을 지적하며 마르크스주의 관점에서 19세기 말~20세기 초의 변화를 재맥락화하는데, 이때 그가 주목한 것은 독점자본, 복지국가, 내셔널리즘의 3자 결합이다. 생산의 사회화를 통해 산업자본이 독점자본으로 이행하는 과정에서 폭발적으로 증가한 프롤레타리아들의 '국가'를 상대로 한 정책 요구가 점점 강해지는 동시에 '국가'라는 항 또한 강화된다. 이는 위험한 계급이었던 이들이 순화된 '대중'으로 변화하는 계기가 된다. 마쓰시타는 내셔널리즘과 결합한 '현대' 대중국가가 파시즘으로 귀결될 수밖에 없다고 보았다. 따라서 그는 '현대'적 맥락에서 '리버럴리즘'의 가능성을 추구하고, '사회주의'와 연동된 '자유'를 모색하고자 했다.

구리하라 아키라栗原彬는 「쇼와의 종언－천황제의 변용」에서 천황제가 전전戰前과 전후戰後 일본 사회에서 어떻게 변용되었는지를 추적한다. 전전 천황은 상상의 공동체의 중심이자 사회 질서를 서열화하는 장치로 신격화되었다. 구리하라는 천황이 어떤 과정으로 '성스러운 신체'가 되었는지, 그것을 기축機軸으로 일본인들이 어떻게 내셔널 아이덴티티를 획득하게 되었는지를 설명한다. 특히 나환자 박멸과정에서 드러난 천황과 황태후의 친화-폭력의 이중적 지배구조가 국민의 제작과 관리에 어떻게 기여했는지를 잘 보여주고 있다. 전후 천황은 전전의 신성함은 잃었지만, 다양한 사회 영역에서의 퍼포먼스를 통해 생태주의자, 문화인, 과학자, 가부장 등의 천황상이 만들어졌고 여기에서 '일본의 자연', '일본문화', (성)가족 등의 가치가 생산되었다. 특히 쇼와 천황의 병세 악화-죽음-장례-새 천황의 즉위로 이어진 일련의 과정에서 사회 중간계층과 매스미디어에 의해 주도된 일본 전체의 자숙 구조는 젊은이들에게까지 '천황 시대'를 재인식하도록 함으로써, 천황제라는 국체 관념이 사람들의 심성과 아비투스(관습행동)에 스며드는 과정을 보여주고 있다. 구리하라 아키라는 '쇼와의 종언'

이후에도 천황제는 여전히 친화와 폭력의 이중 장치로 계속 작동하고 있으며, '종언' 후 새로운 국체는 오히려 강화되었다고 주장한다.

다카하시 테쓰야高橋哲哉의 「전쟁 주체로서의 국가·국민—야스쿠니 문제에 대하여」는 일본 수상의 야스쿠니신사 참배라는 현실적인 문제로부터 출발해서 국가가 가진 '종교성'을 고찰하는 글이다. 그는 역사인식 차원에서 일본의 전쟁과 식민지 지배에 대한 책임 문제로 '야스쿠니 문제'를 다루는 한편, 전사자의 국가적 '추도'라는 방식에 주목하자고 말한다. 우선 역사인식 차원에서 '야스쿠니 문제'를 본다는 것은, 'A급 전범' 합사만을 과도하게 문제 삼을 경우 자칫 일본의 전쟁 책임을 불문에 붙이고 A급 전범에게 모든 책임을 지우는 일이 되어버릴 위험을 경계하자는 것이다. 다음으로 '야스쿠니 문제'를 철저하게 '정교분리'의 관점에서 문제 삼는다면 결국엔 전쟁 수행 주체인 국가가 전몰자를 기념하는 다른 방식을 탐색할 수밖에 없음을 지적한다. 그렇게 된다면 역설적이게도 전쟁에서 국가에 대한 국민의 충성과 희생적 헌신을 확보하려는 방식을 인정하게 되기 때문에 한층 문제적이라고 비판한다. 따라서 '야스쿠니 문제'는 전사자를 국가의 '존귀한 희생'으로 여기는 수사–논리의 문제로 파악해야 한다. 다카하시 테쓰야는 '야스쿠니 문제'를 통해 '국가라는 종교' 장치가 작동하는 방식과 그를 통해 국가가 전쟁을 지지하는 '국민정신'을 창출해 나가는 방식을 여실히 보여준다.

레오 칭Leo Ching은 「지역적인 것의 글로벌화, 글로벌한 것의 지역화」에서 오늘날 대중문화가 유통되고 소비되는 방식을 통해 후기 자본주의 시대의 아시아주의를 새롭게 고찰한다. 서양과의 명백한 차이를 전제해야만 존재했던 아시아는 오늘날 차이 그 자체를 상품화 시키며 글로벌 자본주의 시스템 속으로 진입한다. 그 결과 글로벌 자본주의하에서 경제적 생산과 상징적 재생산은 모두 '지역주의적 사고'의 경향을 띠고, 글로벌한 세계는 여러 지역주의 연합을 만들어내고 있다. 레오 칭은 아시아 지역주의가 글로벌 자본주의의 효과인지 혹은 글로벌 자본주의에 대한 반응인지, 그리고 이러한 지역주의 문화라는 개념이 글로벌 문화의 순환 속에서 어떻게 가능한지를 분석한다.

우에노 치즈코上野千鶴子는 「여성의 전후 문화사―생산과 소비의 분리를 넘어서」에서 전후 일본 여성이 '소비주체'로서, '생산을 통한 자기실현'이 아닌 '소비를 통한 자기실현'을 추구해왔다고 논한다. 그리고 '소비주체'로서 여성이 어떤 변화를 거쳐 왔는지 시대별로 상세하게 묘사한다. 생존을 위해 생산과 소비를 하던 전후부흥기를 지나, 1950년대 중반부터 1970년대 중반에 이르는 고도성장기에 '샐러리맨과 전업주부 체제'가 성립하고 여성은 '소비대중'으로 등장하게 된다. 이후 1980년대 중반에 이르는 소비사회 제3기를 통해 산업 구조가 바뀌고 여성의 취업률이 높아짐에 따라, 여성은 스스로 번 돈으로 소비를 즐기는 '강력한 소비자'로 부상한다. 이 시기에는 일면 평등한 소비가 이루어지는 듯하였으나, 1985~1991년의 제4기에 이르자 새로운 계층 분화가 이루어지고 '신 신분사회'가 도래한다. 그리고 1991년 이후 버블이 붕괴하고 장기간 불황에 돌입하면서 여성을 주인공으로 한 소비사회는 막을 내린다고 진단하고 있다. 전후 일본 여성의 소비는 '생산을 통한 자기실현'이 어려운 상황에서 이루어진 소극적인 선택이었지만 그들이 보여준 소비문화는 세련과 퇴폐를 넘나드는 농익은 경지였다고, 우에노 치즈코는 이야기한다.

『역사와 주체를 묻다―1955년 이후 2』는 이미 출간된 『근대 지知의 성립』, 『감성의 근대』, 『확장하는 모더니티』, 『내셔널리즘의 편성』, 『냉전체제와 자본의 문화―1955년 이후 1』에 이은 여섯 번째 공동번역 작업이다. 그동안 이와나미의 '일본 근대의 문화사' 시리즈에 계속 관심을 가져준 독자들을 위해, 이 시리즈를 좀 더 깊게 이해할 수 있는 한 가지 방법을 소개하고자 한다. 그것은 시대를 관통해 이 시리즈를 종적으로 읽는 것이다.

가령 시마조노 스스무의 「일본 종교의 전후체제」는 제3권 『근대 지의 성립』에 나오는 「일본 근대 종교 개념의 형성」(이소마에 준이치), 제6권 『내셔널리즘의 편성』의 「오모토교와 니치렌주의」(쓰시로 히로부미)와 함께 읽으면 일본 근대에서 종교가 갖는 의미를 좀 더 쉽게 이해할 수 있다. 또 우치다 류조의 「가파른 성장과 미스터리」, 제5권 『확장하는 모더니티』의 「오락·유머·근대」(요네야마 리사), 제6권의 「일상성 / 이상성의 문학과 과학」(가와무라 구니미쓰), 제9권 『냉전체제와 자본의 문화』에 나오는 「이등병을 표상하다」(나카무라 히데유키), 「벌레라는 주제로 본 전후 일본의 하위문화」(와타나베 모리오)에서는 일본의 대중문학이 표현한 근대의 이면들을 볼 수 있다.

마찬가지로 미야케 요시오의 「근대에서 현대로」와 제6권의 「마르크스주의와 내셔널리즘」(고모리 요이치), 「군중·민중·대중」(시마무라 테루), 제9권의 「전후 일본 사상사에 나타난 '민중'과 '대중'」(야스마루 요시오)을 함께 읽으면 시대의 흐름에 따른 일본 사회의 변화를 이해하는 데 도움이 될 것이다. 구리하라 아키라의 「쇼와의 종언―천황제의 변용」, 제3권의 「내셔널 심볼」(오사 시즈에), 제6권의 「학교 음악은 어떻게 '국민'을 만들었는가」(니시지마 히로시), 제9권의 「전후 '일본'의 재구축」(강상중)에서는 일본 근대에서 천황이라는 존재가 갖는 의미를 살펴볼 수 있다. 다카하시 테쓰야의 「전쟁 주체로서의 국가·국민」을 제4권 『감성의 근대』에 나오는 「전쟁박물관의 기원」과 이어서 읽으면 앞에서 언급했던 야스쿠니의 의미를 좀 더 깊게 이해 할 수 있을 것이다.

레오 칭의 「지역적인 것의 글로벌화, 글로벌한 것의 지역화」, 제4권의 「국경」(도미야마 이치로), 제5권의 「식민주의와 이주」(테사 모리스 스즈키), 제6권의 「식민지의 표상」(쓰보이 히데토), 「경계를 넘는 오키나와」(아카이 오사무)는 우리에게 '경계'가 갖는 의미를 다시 한 번 생각하게 한다. 우에노 치즈코의 「여성의 전후 문화사」, 제5권의 식민지 '조선'과 제국 '일본'의 여성 표상」(이케다 시노부·김혜신)에서는 일본 '근대' 속 여성의 모습을 부분적으로 찾아볼 수 있다.

번역이란 늘 오역을 짊어지고 다니는 것이라고 하지만, 그 말이 우리가 미처 챙기지 못한 여러 가지 잘못들의 방패막이가 될 수는 없을 것이다. 모든 실수와 오류는 앞으로 우리가 공부해나갈 과제로 받아들일 것이다. 그동안 같이 공부하고 생각을 나눈 긴 시간 위에서 만난 모든 이들에게, 이 책을 통해 만날 이들에게, 그리고 그 만남을 현실로 만들어 주신 소명출판의 여러분들에게 깊은 감사를 드린다. '일본 근대의 문화사' 시리즈의 편집자들이 말한 "현재를 살아가는 것과 과거를 재정의 하는 것의 사이를 계속 왕복하고 횡단하는 운동"이 우리의 삶 속에서도 멈추지 않기를 진심으로 바랄 뿐이다.

역자들을 대표하여
남효진

14

15

————{ 제3부 경계를 다르게 읽다 }————

지역적인 것의 글로벌화, 글로벌한 것의 지역화
후기 자본 시대의 대중문화와 아시아주의

여성의 전후 문화사
생산과 소비의 분리를 넘어서

| 총 설 |

일본 종교의 전후戰後체제

일본 종교의 전후^{戰後}체제

전진하는 주체, 화합에 따른 평화[*]

시마조노 스스무^{島薗進**}

1. 미군의 일본 점령으로부터 '해방'

제2차 세계대전이 끝난 직후 GHQ(연합국 최고사령관 총사령부)는 '종교의 자유'를 앞세워 여러 조치들을 취했다. 국가가 신사에 부여했던 특수지위를 해제하였으며('신도지령^{神道指令}'),[1] 천황의 '인간선언'이 행해지도록 하였고, 종교단체에는 자유로운 활동을 위한 법적 지위(종교법

---

* 이 글은 남효진이 번역했다.

** 1948년생. 현재 도쿄^{東京}대학 대학원 명예교수로 주된 연구 영역은 비교종교운동론, 근대 일본종교사. 저서로는 『현대 일본 종교문화의 이해』(박규태 역, 청년사, 1997), 『포스트 모던의 신종교』(이향란 역, 한국가족복지연구소, 2010), 『사생학^{死生学}이란 무엇인가』(공저, 정효운 역, 한울, 2010), 『생명 기원의 생명윤리^{いのちの始まりの生命倫理}』 등이 있다.

인)가 부여되었다. 이런 조치들을 바탕으로 하여 1947년 5월에 시행된 '일본국헌법' 제20조는 "누구나 종교의 자유를 보장받는다. 어떤 종교 단체도 국가로부터 특권을 부여받거나 정치권력을 행사해서는 안 된다"고 규정하였다.[2]

그렇다고 해서 미군점령기에 종교 통제나 종교가 나아갈 방향을 정치적으로 결정짓는 일이 전혀 없었던 건 아니다. GHQ는 엄격한 검열 외에도 문부성의 종무과와 법무성의 특별심사국을 통해 종교단체에 대한 규제와 지도를 행했다. 또 대중매체로 하여금 종교단체를 비판하도록 하는 실질적인 통제도 적지 않았다. 종교단체 쪽에서도 대다수가 종교연합조직에 참가하여 그 조직을 통해 국민 사회와 우호적인 관계를 유지하였다. 연합조직에 속하지 않은 단체들까지 포함해 종교단체 대부분이 전진하는 주체로서 국민 사회 발전에 이바지하고자 했다. '국가신도'의 지위를 둘러싸고 또 그 밖의 이유로 서로 대립하면서도 '평화와 민주주의'를 위해 힘을 다한다는 이념에는 어찌됐든 합의하는, 여러 종교들이 동등하게 공존하는 체제가 형성되었다. 종교사회학 용어로 '데노미내셔널리즘denominationalism'이라고 불리는 이 상황은 20세기 미국 체제에 비할만한 것이었다.[3]

GHQ가 종교를 규제하거나 지도하는 데 근거가 된 법령 중 하나로 '단체등규제령'(칙령 제101호 「정당, 협회 기타의 결성 금지에 관한 건」, 1946.2.23) 을 들 수 있다. 이 법령은 GHQ 정책에 반대하는 것, 일본을 아시아인들의 지도자로 참칭하는 것, 외국과의 자유로운 교류에 반대하는 것, 외국과의 자유로운 문화 및 학술 교류에 반대하는 것, 군국주의나 군인 정신을 존속시키는 것 등을 금하였다.[4] 또 금지조항을 어겼다고 판단되는 단체는 해산시키고 재산을 몰수할 뿐 아니라 그 단체의 주요 간부는 공직에서 추방하도록 규정하였다.

법무성의 특별심사국은 이 법령에 근거해 1948년부터 1950년에 걸쳐 종교단체 116군데를 조사했다. 그 결과 해산을 명령받은 가무나가라惟神연맹이라는 교단에 대해, 당시 특별심사국의 담당관이었던 오이시 슈텐大石秀典(1903~1996)은 그 이유가 "천황이 신으로서 갖는 절대 권력을 이야기하고, 일본은 신의 나라로 세계의 본보기가 되는 축소형이라 세계를 지도하는 일을 맡았다"고 말했기 때문이라고 했다. 1928년과 1935년 두 번에 걸쳐 불경죄와 치안유지법에 저촉되었던 혼미치(덴리혼미치天理本道) 같은 단체가 미군점령기에는 국수주의적이라고 의심받고 탈세 혐의로 경찰의 단속을 받게 된 것이다.5)

국가기관으로서의 성격을 잃고 '신사본청神社本廳'1이라는 종교단체로 재조직된 신사神社 교계에 대해서도 문서 형태로 남아있지는 않으나 다양한 규제와 지도가 행해졌다. 신사본청의 제전 담당자는 "메이지시대 이후 행해진 국가성을 띤 제전은 중단하라"는 지시를 받았다고 말했다. 미군점령기에는 신사본청에서 내놓는 제식행사작법, 축문祝文도 점령군에게 일일이 검토 받았다고 한다.6) 가령 축문에서는 천황, 황실, 국가에 관한 문구를 빼도록 구두로 지시를 받았다. 이런 규제가 신사 교계나 종교법인을 신청한 종교단체에게 일정한 사상통제를 의미했음은 물론이다.

이런 규제들은 신도지령의 축이 된 '국가신도의 해체'라는 GHQ의 기본 방침에 따른 것이었다. 이 방침은 종교의 자유를 확립하기 위한 것으로 당연히 종교단체에 대한 간섭을 배제하였다. 그러나 '위험한 종교단체'에 대한 은밀한 통제는 모습을 바꾸어가며 계속되었다. 또

---

1   이세신궁을 본산으로 하여 일본의 약 만여 개 신사를 포괄하는 종교법인. '신도지령' 이후 전국 신사가 뜻을 모아 내무성의 외국이었던 신기원神祇院의 업무를 인계받는 형태로 설립되었다.

한편으론 천황제의 틀은 무너졌지만 국가 행사에서 천황이 신도神道 의례의 집행자(주인공)나 '전통문화'의 신성한 원천으로서 갖는 지위는 어느 정도 온존되었다. 넓은 의미의 국가신도가 약화된 형태로 보존 되었다고 할 수 있다.[7] 이처럼 국민을 정신적으로 통합시키는 핵심 으로 천황을 이용하는 것은 애당초 맥아더 사령부의 기본 방침 중 하나 였다. 맥아더의 조언자로 큰 영향력을 발휘했던 보너 F. 펠러즈Bonner F. Fellers[2]가 1944년 여름에 쓴 보고서 「일본에 대한 회답」을 보면 다음과 같은 구절이 있다.

> 미국은 상황을 주도해야하지 쫓아가서는 안 된다. 우리는 한쪽에는 천황과 일 본인을, 다른 한쪽에는 도쿄의 군국주의자들을 두고, 시기를 보아 양자 사이에 쐐 기를 박아 넣어야 한다. 우리는 적을 분명하게 이해하고 현명하게 다룸으로써 앞 으로 몇 년 더 끌지도 모를 유혈사태를 피할 수 있다. 일본은 완전히 타도되어야 한다. 그리고 일단 그렇게 되면 미국의 정의가 길이 되고 빛이 되어야 할 것이다.
>
> 일본의 군부는 오로지 천황에게만 책임을 다할 의무가 있다. 이렇게 독립된 군부가 일본에 있는 한 평화는 영구히 위협받게 된다. 그러나 **적절히 잘 지도하기 만 한다면, 천황이 일본의 신민에 대해서 갖고 있는 신비한 지도력이나 신도의 신앙이 부 여하는 정신적 힘이 반드시 위험하기만한 것은 아니다.** 일본을 완전히 패배시키고 일본 군 벌을 타도한다면 천황을 평화와 선善에 유용한 존재로 만들 수 있다.[8](강조는 인용자)

존 다우어의 『패배를 껴안고Embracing Defeat』는 이 제언에 따라 점령 정 책이 진행되었음을 보여준다. 천황의 '신비한 지도력'을 완전히 배제 하는 것만이 상책은 아니라는 사고방식은 미군 점령의 초기 방향 설

---

2   1896~1973. 제2차 세계대전 중 미군 정보장교로 활약했다. 전쟁이 끝난 후에는 맥아더 의 부관으로 천황제의 유지와 쇼와 천황의 전범불기소처리 과정에서 중요한 역할을 담 당했다.

정에 분명 큰 영향을 주었다. 맥아더를 비롯한 GHQ 지도부는 천황의 권위를 온존시킴으로써 점령 정책을 원활하게 진행시키고 일본 패전 이전의 관료체제와 산업체제를 최대한 이용하고자 했다.

이렇게 천황의 권위를 온존시키는 정책은 민간 종교단체가 천황숭배나 국가주의를 높이 떠받들 경우 그것을 언제든 행정조치로 규제할 수 있는 종교통제의 틀 또한 내부에 갖고 있었다. 패전 직후에 있었던 종교 통제는 규모는 좀 다르지만 1935년의 오모토교 규제와 비슷한 구조를 가졌다. 넓은 의미의 국가신도에 의한 공적 질서유지를 목적으로, 문부성과 내무성이 행정지도로 종교 통제를 행하던 패전 이전의 체제가 그 모습을 바꿔 패전 이후까지 이어진 것이다. 하지만 샌프란시스코 강화조약이 발효됨에 따라 관이 주도하는 종교 규제는 후퇴하게 된다. 따라서 종교의 자유가 현실화된 것은 1952년부터라고 할 수 있다. 이는 또한 종교의 자유를 제약할 우려가 있는 국가신도의 제도적 복권에 대한 바람이 민간에서 관에 이르기까지 다방면에서 고개를 쳐들기 시작했다는 것을 의미한다.

여기서 말하는 '넓은 의미의 국가신도'는 국가의 관리 아래 재정적인 뒷받침을 받으면서 다른 종교와 달리 특수지위를 부여받았던 패전 이전의 신사신도神社神道를 가리키는 말이 아니다.[9] 이 말은 종교단체에 관한 제도사制度史적인 의미가 아니라, 각지의 천지신기天地神祇[3]를 모시는 궁정행사의 전통을 잇고 근대 국민국가 형성과 결부되어 천황을 중심으로 하는 국가 신성화에 깊이 관여하면서 발전한 새로운 근대적 형태의 신도神道를 가리킨다. 물론 이런 '넓은 의미의 국가신도'는 고대부터 종교 문화의 한 국면으로 일정한 힘을 가지고 있었다. 하지

---

3   하늘의 신령과 땅의 신령.

만 거주민 다수의 일상생활에 깊게 영향을 미치게 된 것은 근대에 들어서부터이다. 야스쿠니신사, 이세신궁 같은 국가나 황실과 관계가 깊은 신사가 국가신도의 주요한 한 부분을 담당했는데 천황·황실이 관여하는 의례·행사나 학교의 천황 숭경崇敬 교육 등도 그 중요한 구성 요소였다. 제도사적 용어가 아닌, 신도神道적인 관념이나 실천의 역사라는 종교사나 문화사적 관점에서는 국가신도를 이렇게 넓은 의미로 보는 편이 더 자연스럽다.

넓은 의미의 국가신도에 대한 GHQ의 정책은 양면적이었다. GHQ는 국가신도가 번성하는 것을 한편으론 강하게 경계하고 이를 억제하기 위해 국가와 신사가 공적으로 연결되는 것을 금하는 '신도지령'(1945.12), 종교의 자유를 내건 '일본국헌법' 같은 제도적 기반을 만들었다. 또 사람들이 갖고 있는 신앙심의 방향을 잡기위해 서두에서 말한 바와 같이 다양한 행정 조치들을 고시했다. 미군점령기에 신사는 참배객이 줄어 재정적으로 매우 힘들었다. 신사 쪽뿐만 아니라 신도적인 상징이나 실천은 일본의 미래와 어울리지 않는 것으로 널리 간주되어 사람들의 관심에서 멀어졌다. 천황과 신도를 결부시켜 숭경하는 것도 거의 기피되었다. 이세신궁 외궁[4]의 경우 1942년 430만 명, 1943년 370만 명이었던 참배객이 1946년에는 60만 명, 1947년 47만 명으로 감소했다. 이세신궁 내궁의 신도 수 추이는 도표와 같다.[10]

또 다른 한편으론 '간접통치'를 위해 패전 이전 일본의 지배기구를 유지하려고 했던 GHQ의 기본 방침 안에, 점령 후 국가신도의 부흥은 이미 예정되어 있었다. 샌프란시스코 강화조약이 조인된 바로 직후인

---

4 이세신궁은 일본 천황 가문의 조상신인 아마테라스오미카미天照大神를 받드는 신사로, 일본 미에현 이세시에 있다. 정식명칭은 지명이 붙지 않은 '신궁神宮'이다. 아마테라스오미카미를 모시는 황대신궁皇大神宮(내궁)과 도요우케노오미카미豊受大神를 모시는 풍수대신궁豊受大神宮(외궁) 두 개의 정궁과 여러 별궁들로 이루어져 있다.

1951년 10월, 야스쿠니 신사는 패전 후 처음으로 예대제例大祭[5]를 지냈다. 요시다 시게루吉田茂 총리를 비롯해 중의원·참의원 의장, 각료 다수가 특별참배객으로 참가했다. 쇼와 천

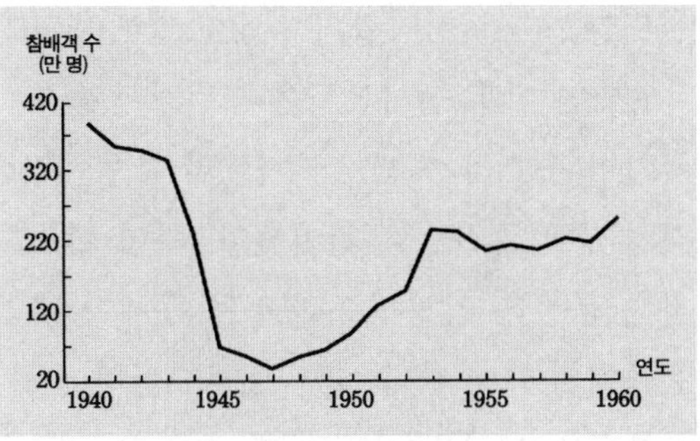

이세신궁 내궁의 연도별 참배객 수

황 부부의 야스쿠니 참배는 1952년 10월 가을 예대제에 이루어졌다. 경내에 모인 유족 약 3,000명이 참배를 끝낸 천황에게 '반자이万歲'를 외쳤으며 유족석에서는 흐느끼는 소리가 흘러나왔다고 신문은 보도했다. 1953년 3월에는 황태자가 참배하였으며 10월 예대제부터는 '칙사참배' (천황이 보낸 사자가 참배)가 부활하였다. 이는 이후 예대제마다 관행이 되었다.[11]

　민간 종교단체로 새롭게 재출발한 신사본청神社本廳은 민간이 주도하는 국가신도운동에서 주요 부분을 담당했다. 신사본청의 기관지 『신사신보神社新報』(주간, 1946.7 창간)는 국가신도의 잃어버린 지위 회복을 위해 그때까지 비축했던 힘을 하나로 모으는 역할을 했다.[12] 1950년에 연호를 폐지하자는 목소리가 높아지자 『신사신보』는 연호폐지 반대 캠페인을 벌였다. 신사본청 총리 다카쓰카사 노부스케鷹司信輔는 의회 공청회에서 기독교 기원력으로 일원화하는 것을 반대하면서, "일본인의 모든 정파, 교파의 사람들이 다 같이 국민통합의 상징으로 받들어온 황실과 인연이 깊은 연호를 앞으로도 지켜나갈 것을, 우리

5　1년에 1~2회 각 신사에서 정한 날에 행하는 제사로 매우 중요하게 여겨진다. 날짜는 신사마다 다른데 보통 신사의 유래와 연관된 날인 경우가 많다.

신도인神道人은 희망합니다"라고 말했다.13)

1952년 이후 신사본청은 기원절부활紀元節復活운동, 야스쿠니신사를 국가가 수호하자는靖國神社國家護持 운동 등 '신도지령을 수정하려는 움직임'에 적극적으로 관여했다. 특히 야스쿠니신사를 국가가 수호하자는 운동은 정치적으로도 큰 문제가 되었는데 그렇게 되기까지는 유족회의 힘이 컸다. 나아가 보수적인 정치 세력, 학자·지식인, 일부 신흥종교 교단 등이 국가신도의 부흥을 지지하는 진영에 가담해 논쟁을 벌였다. 한편 노동조합, 좌파 정치 세력, 진보 성향의 지식인, 기독교도, 일부 기성 불교 세력, 신흥종교 교단 등은 '국가신도의 부활'에 반대하는 세력을 형성하게 된다. 정치 전반에 걸친 '55년체제'에 대응하여 국가신도를 둘러싼 좌우의 정치적 대항관계가 1950년대를 통해 형성되었다. 미국 군사력의 우산 아래 미국식 종교의 자유 이념을 명분으로 내세우면서 다른 한편으론 국가신도를 둘러싼 줄다리기가 계속되었다. 이렇게 냉전구조 아래 '미국의 우산'은 종교체제의 주요 규제요인으로 계속 작용했다. 중국이나 한국 등 아시아 국가의 사람들을 마주하고 과거를 되돌아보려는 태도는 아직 길러지지 않았다.

신흥종교 교단인 세이초노이에生長の家6는 샌프란시스코 강화조약 발효 이후 국가신도를 지지하는 세력의 일익을 담당한 집단이다. 그러나 미군점령기에는 어쩔 수 없이 그 교설을 변경했다. 교조인 다니구치 마사하루谷口雅春(1893~1985)는 전쟁기간 중 '천황신앙'과 '대일본

6　1930년 다니구치 마사하루가 창립한 종교단체. 신도, 기독교, 이슬람교, 유태교 등에 심리학, 철학 등을 융합시켜 모든 종교의 진리는 하나라고 본다. 다니구치 마사하루는 한때 오모토교 신자였으며 아사노 와사부로의 '심령과학연구회'에도 참가하였는데, 신의 계시를 받았다며 1930년 3월 1일 자비로 잡지 『세이초노이에』를 창간했다. 교단에서는 이때를 창시일로 보며, 1935년 교단 세이초노이에를 창설하고 전국에 지부를 두었다. 교단의 주요 자금은 다니구치 마사하루 및 그 자손들이 쓴 책의 판매를 통해 조달된다.

신국관'을 주창하는 등 군국주의에 가담했던 일로 비난받았으며 1947년에는 공직추방을 통지받았다.[14] 교단에서 성전聖典으로 받드는 다니구치 마사하루의 저서『생명의 실상生命の實相』(전20권)이 1949년 복간되었을 때, '천황', '일본국'의 '실상과 사명'에 관해 말한 부분과 「고지키古事記강의」가 수록된 '신도편'은 삭제되었다. 포교 활동에 깊이 관여했던 세이초노이에 계열 출판사인 니혼쿄분사日本教文社도 간부가 공직추방 처분을 받은 후 다니구치 마사하루와 관계를 끊지 않을 수 없었다. 그 시기 다니구치 마사하루는 미국 '신사상New Thought'[7]의 흐름을 소개하는 데 힘을 쏟았다.[15]

그런데 미군점령기 막바지 무렵인 1951년 8월 공직추방이 해제되자마자 다니구치 마사하루는 그때까지 출판이 중지되었던『신생의 서新生の書』를 간행함과 동시에, "일본 재건을 위한 애국의 글을 월간지를 통해 잇달아 발표"한다.[16] 다니구치는 1952년 8월에 「일본 재건의 길을 닦다日本再建の道を拓くもの」라는 글에서 "점령기간 중 미국이 겉으로는 일본인에게 민주주의라는 미끼를 던져 은혜를 베푸는 듯이 회유하면서 속으로는 피점령국을 약체화시켜 미국의 영구지배 아래 두려고 의도한 시책들을 잇달아 시행했음을 알아야 한다"라고 하면서, 미국의 의도는 "일본이라는 국가의 강력한 토대가 되는 천황을 중심으로 하는 일본 국민의 대가족적 믿음을 파괴하는 것"이라고 주장했다.[17]

검열이 심했던 미군점령기에는 미국의 우산이 '국가신도의 부활'에 대한 억제요인으로 강하게 작동했다. 이것은 태평양전쟁이 일어나기

27

---

⁷　금욕을 중시한 칼뱅주의에 대한 반발로 19세기 미국에서 발생한 종교운동 중 하나로 범신론적 경향을 띠었다. 신사상운동은 '긍정적 생각positive thinking'을 내세웠는데, 이는 지금도 미국의 가치관, 성공철학, 자기개발의 근원으로 간주되고 있다. 일본에서는 세이초노이에의 교조 다니구치 마사하루가 광명光明사상이라고 번역하였듯이 기분을 밝게 유지함으로써 운명을 바꾼다는 의미로 널리 퍼졌다.

이전의 국가신도를 그대로 신봉하면서 패전을 맞았던 브라질이민자의 정신 궤적을 더듬어보면 쉽게 알 수 있다.18) '승리조勝ち組'와 '일본종교'의 관련에 관해 연구한 마에야마 타카시前山隆에 따르면, 이민자들의 '일본회귀운동'은 전전戰前 이민자의 '외화벌이전략'과 따로 떼어놓고 생각할 수 없다.19) 돈을 벌어오기 위해 전쟁 전에 브라질로 건너갔던 이민자들은 전쟁 말기 전황에 관해 아무런 정보도 얻지 못했다. 그들은 일본의 대승리를 굳게 믿었으며, 많은 사람들이 미군의 일본 본토 접근을 미국에게 유리한 전황으로 받아들이지 않고 일본 측의 '의도된 행동'이며 적극적인 '유인작전'으로 보았다.

　1945년 8월 15일 이후 요시가와 준지吉川順治가 이끄는 신도연맹臣道聯盟[8]을 중심으로, 패전 소식은 유언비어이며 사실은 일본이 승리했다고 주장하는 '승리조'가 조직되었다. 이것은 패전 전에 '적성敵性산업 박멸운동'을 진행했던 고도샤興道社가 실질적으로 발전한 형태였다. 그들은 전쟁에 승리한 일본으로부터 군사사절단이 와서 곧 고향으로 돌아가게 되리라고 믿었다. 그리고 일본의 패배를 사실로 받아들이려고 했던 '패배조'(인식파) 지도자에 대해 테러까지 자행했다. 그들이 '전승기념일'로 삼았던 1948년 8월 15일을 맞아 승리조 단체의 기관지 『기고輝号』의 권두언은 다음과 같이 말했다.

　　오늘 쇼와 23년(1948) 8월 15일 성전聖戰 완승의 세 번째 기념일을 맞아 우리 재브라질 동포들은 옷깃을 바로잡고 동쪽을 향해 절하며 축의와 감사의 뜻을 올립니다. (…중략…) 이제 비로소 동양의 평화 확립과 세계 인류 낙토 건설의 이상이 의연하게 모습을 드러냈습니다. (…중략…) 아아!!! 지금 동아東亞의 천지에는

8　브라질의 일본인 이민자 가운데 태평양전쟁에서 일본이 패했다는 사실을 믿지 않는 자들이 결성한 국수주의 단체.

대일본제국을 맹주로 맞아 새로운 대동아의 영원히 변치 않을 평화 건설이 크게
진행되고 있으며 지하에선 야스쿠니에 모신 백만의 영령英靈, 하늘에선 아시아
의 하늘에 치솟은 충령탑으로부터, 아아!!! 위엄이 넘쳐나네. 밝게 드러나는 대
일본제국, 세계의 으뜸이로다.[20]

그 후 패전을 인정하지 않을 수 없게 되자 이번엔 '영주永住전략'을
전제로 한 '일본회귀운동日本回歸運動'으로 나아간다. 이러한 1950년대
이민자들의 분위기를 그대로 보여주는 집단이 바로 브라질의 세이초
노이에生長の家 교단이다. 1967년에 이미 브라질 전국에 1만 5천 명의
신도를 가졌다고 추정되는데, 이는 일본계 브라질인의 약 10% 정도가
이 교단에 속했다는 것을 의미한다.[21]

브라질의 일본계 이민자 사이에서 과격한 천년왕국적 일본주의가
점차 상대화되는 과정에서, 미국의 우산에서 빠져나간 패전 후 세이
초노이에 교단의 천황숭배와 결부된 내셔널리즘이 나타났다. 그것은
패전의 충격에서 다시 일어서려는 필사적인 시도였던 천년왕국운동
이 현실적인 '영주전략'으로 전환될 때 매개 역할을 했다. 한편 일본
국내에서는 미국이 종교 자유의 방침을 이념적으로 밀고 나감에 따
라 일본 전후戰後정신의 방향이 잡혔을 뿐 자발적인 선택은 아니라고
느끼는 사람들이 많았다. 그리고 한때 상대화되었던 국가신도적 내
셔널리즘이 냉전구조 안에서 유용한 국민통치 이념으로 새롭게 부활
했다. 미군점령이라는 강권과 사상통제 아래 변용되었기 때문에 격
변하는 시대에 적응하는 과정이 자각되기 어려웠던 것이다. 그런 까
닭에 미군점령기의 정신적인 공백을 한탄하기도 하는데 그 또한 냉
전시대 미국의 우산 아래에서 일어난 일이었다.

국가신도의 부활이라고는 하지만 그 힘이 패전 이전에 비해 미미

했음은 말할 것도 없다. '종교의 자유'에 대한 제도적 기반은 탄탄했다. 1951년의 '종교법인법'에 따르면 국가는 종교단체를 '인가'할 권한이 없으며 종교단체라고 하면 '인증'할 수밖에 없었다(1945년의 '종교법인령'은 전적으로 신고제였기 때문에 '종교'를 내세워 탈세하는 영리집단이 있었으므로 일정한 수속이 필요한 '인증'이라는 개념을 만들어냈다). 하지만 범죄가 아닌 한도 내라고 해서 종교 활동이 무한으로 허용된 건 아니었다. 종교단체는 국가에게 보호를 요구하거나 세간에 대해 자신을 방어할 필요성을 계속 느꼈다. 뒤에서 다시 말하겠지만 그 시기에 신흥종교운동은 눈부시게 발전하게 된다. 그리고 1950년 무렵부터 그런 종교단체들에 대해 다양한 억제력이 작동하기 시작했다.

1948년 당시 신도 수가 200만 명을 넘었다고 큰소리치던 레이유카이靈友會[9]는 1949년에 금괴은닉 혐의로 조사를 받았다. 1950년에는 세카이큐세쿄世界救世教[10]의 교조教祖인 오카다 모키치岡田茂吉가 뇌물공여 혐의로, 신뇨엔眞如苑[11]의 관장 이토 신조伊藤眞乘가 신도 폭행 혐의로 체포되었다. 1952~1953년에는 또다시 모금 횡령, 법인등기에 따른 뇌물공여, 외환관리법 위반 등의 혐의로 레이유카이의 회장인 고타니 키미小谷喜美 등이 체포되었다. 이런 단속에 정치적 배경이 있었는지 여부는 확실하지 않지만 많은 종교법인이 정치적 압박을 느꼈던 것은 사실이다.[22] 1951년 이후 '종교법인법'이 새롭게 시행되자 신흥종

---

9   구보 카쿠타로久保角太郞가 창립한 법화계통의 신흥종교. 재가 불교신도가 법화경에 따른 보살행을 실천하고 보급하는 데 중점을 두고 있다.
10   오모토교의 간부였던 오카다 모키치가 1935년에 창립한 신흥종교. 주된 종교 활동은 각 신도가 행하는 정령淨靈이라는 의식과 자연농법의 추진 및 예술 활동이다.
11   1936년 이토 신조가 창립한 불교계 신흥종교로, 1953년 종교법인으로 문부성 인증을 받았다. 출가불교의 수행을 기초로 한 재가불교 교단이다. 원래는 마코토 교단이라고 칭했으나 이토 신조가 체포되어 기소된 후 이미지가 떨어지는 것을 막기 위해 신뇨엔으로 이름을 바꾸었다.

교 교단들은 법인 인증을 받기 위해 문부성의 종무과와 지속적으로 교섭을 벌여야 했다. 그에 덧붙여 대중매체의 공격으로 심각한 위협을 받는 사태까지 새롭게 발생하였다. 그 예로 1952년부터 1956년까지 릿쇼코세카이立正佼成會[12]가 겪었던, '구라시키藏敷사건'이 '요미우리 사건'에 이르는 과정을 살펴보자.[23]

1938년에 레이유카이에서 갈라져 나온 나가누마 묘코長沼妙佼와 니와노 닛쿄庭野日敬가 이끌던 릿쇼코세카이는 당시 급속한 발전을 보이고 있었다. 1945년 말 1,300세대였던 신도 세대수가 1950년 말에는 6만 세대, 1955년 말에는 32만 세대로 크게 늘어났다. 그러면서 대중매체의 주목을 끌게 되었는데, 1952년 NHK의 라디오 프로그램 〈사회의 창社會の窓〉 방송 보도는 교단을 압박하는 계기가 되었다. 도쿄東京도 기타다마北多摩군 야마토大和촌(현재 히가시야마토東大和시) 구라시키에 사는 한 주부가 릿쇼코세카이의 이름풀이에서 12살 난 장남이 2년 후에 죽는다는 말을 들은 후 큰 충격을 받고 어차피 죽을 거라면 하는 생각에 모자가 함께 동반 음독자살을 꾀한 일이 있었다. 그 남편이 인권침해라고 제소하여 일본변호사연맹이 이에 협조했던 사건을 NHK가 다루었는데 『마이니치신문』, 『도쿄신문』, 『도쿄니치니치신문』 등이 동조하면서 파문이 커졌다.

게다가 교단과 관계된 토지 인수 과정 중 발생한 토지 구획 정리 문제가 불거지면서 1956년 1월부터 『요미우리신문』은 릿쇼코세카이를 비판하는 캠페인을 벌였다. 이 캠페인이 그해 5월까지 계속되면서 교단은 경찰 조사와 국회의 추궁까지 받기에 이르렀다. 교단 측은 이를 근거 없는 일방적인 판단에 의한 공격이라고 보았다. 하지만 지도자

---

12 레이유카이에서 파생된 불교 법화계 신흥종교로 1938년에 창립되었다. 1대 교조인 니와노 닛쿄 시기에 이미 170만 세대 700만 명의 신도를 가진 대교단으로 성장했다.

가 이에 대응해 대의를 내걸고 반격하지는 않았다. 종교사회학자인 모리오카 키요미森岡淸美에 따르면 니와노 닛쿄庭野日敬와 나가누마 묘코長沼妙佼는 '요미우리보살'이라는 말까지 사용하며 신도들에게 은인자중하도록 했다고 한다. "사실을 왜곡해 기사를 쓴 것이 괘씸하다고 분개하는 것은 '지용보살地涌菩薩'(법화경의 주요 부분에 나오는 여러 보살들로 고난받는 대중에게 가까이 다가간 수행자를 상징한다—필자 주)답지 않다, 법난을 계기로 자신을 돌아보고 과연 욕심이 없었는지 스스로 반성해야 한다. (남을 돕는다는) 동기는 옳더라도 우리 교단의 교세를 키우려는 욕심이 있었던 건 아닐까" 등등. 그 후 회원들이 『요미우리신문』 구독을 끊었기 때문에 요미우리 측이 캠페인을 중단하게 되었다고 한다(모리오카 키요미는 이를 신도들의 풀뿌리 '불매운동'으로 보았다). 하지만 릿쇼코세카이도 이로 인해 성장세가 꺾이고 일단은 정체상태에 빠질 수밖에 없었다.

이 사건의 경우에는 거대 신문과 거대 교단이 정면으로 부딪치면서 둘 다 손실을 입었다. 그 과정에서 이 둘은 다양한 형태로 자신들의 정치력을 증명했다. 신흥종교단체는 정치가, 학자, 저널리스트들에게 연대를 요구하며 자기방어에 힘을 쏟았다. 또 종교단체들 간 연합, 연대도 중시되었다. 특히 신일본종교단체연합회(1951년 설립)는 이러한 자기방어를 위한 연합조직으로 큰 중요성을 갖게 되었다. 원래 신일본종교단체연합회는 종교단체가 사회에 대해 안정된 기능을 하도록 만들려는 정부 측의 의도가 반영된 조직이었다. 신일본종교단체연합회 조사실이 편집한 『전후종교회상록戰後宗教回想錄』은 이 점에 관해 다음과 같이 말하고 있다.

그때까지 기존 종교단체는 제각각 교파신도教派神道[13]연합회, 일본불교연합회, 일본기독교연합회를 만들었고, 이 세 연합회에 신사본청을 더한 일본종교연맹을 조직하여 총사령부나 관청들과의 교섭을 비롯해 공통의 이익을 지키기 위한 활동을 하고 있었다.

이에 반해 신흥종교단체는 각각이 완전히 고립되어 있었고 이런 공식적인 연합기관을 가지고 있지 못했다.

이것은 그야말로 불편하고 불리했다. (…중략…) 미군 점령이 끝나가면서 '종교법인령'을 대신해 '종교법인법'이 제정되자 연합회 결성의 필요성을 더욱 더 통감하게 되었다. '종교법인령'에서는 신청만으로 가능했던 종교법인의 설립이 인증제도로 바뀌게 되었으므로 연합회를 만들어 관청과 교섭하지 않으면 신흥종교의 입장이 심히 불리해지리라 판단되었기 때문이다.[24]

교파신도연합회, 일본불교연합회, 일본기독교연합회에 속하는 교파들은 애당초 메이지헌법체제(국가신도체제) 아래에서 실질적으로 공인받았던 종교단체로서의 지위를 가지고 있었다. 이 세 연합조직은 패전 이전부터 이미 존재하고 있었으며 1943년에는 대일본전시보국회를 구성하기도 했다. 공인받은 교파신도 교단이 아닌 신흥종교단체들은 패전 이전에는 '유사종교'로 간주되어 외부 압력을 받기 쉬운 약한 위치에 놓여있었다. 1939년에 제정되어 1941년에 시행된 '종교단체법'에서는 '종교단체'와 '종교결사'를 구별하였다. 전자는 문부대신이나 지방장관의 인가를 받아야하지만 후자는 신청만 하면 된다. 그 대신 전자는 세금감면을 비롯해 여러 특전을 부여받음과 동시에 '신도·불교·기독교' 전통을 대표하는 종교단체로 국가의 공적 인가를 받았다는 강점을 가졌다.[25] '유사종교' 혹은 '종교결사'로 간주된

---

13 패전 전에 이미 일본 정부의 공인을 받은 신도계 교단 13파를 가리킨다. 1882년 정부포고령에 따라 국가신도와 분리·차별 정책이 시행되었다. 메이지 정부는 1908년 13개 교파로 정리하였는데, 이 중 영향력이 큰 것이 덴리교天理敎와 곤코교金光敎이다.

단체들은 전쟁 기간 중 다양한 형태로 해산처분·규제·취조를 받았었기 때문에, 국가와의 사이에 연결통로가 없는 것으로 인한 불이익을 통감하였다.26)

1945년 12월에 '종교단체법'이 폐지되고 '종교법인령'이 공포됨에 따라 공인 종교단체와 비공인 종교단체의 구별이 없어지게 되었다. 그러나 예전에 공인받았던 종교단체는 일찍부터 연합조직을 만들어 일본 국내에서 '신도·불교·기독교'의 정통파라는 사회적 지위를 확보하고자 했다. 정부도 이를 부추겨 1945년 대일본전시보국회를 일본종교회로 개조하고 나아가 1946년 6월 신사본청神社本廳을 포함시켜 일본종교연맹으로 발전시켰다. 정통 종교들의 연합체가 사회적인 '얼굴'을 가질 수 있는 체제로 모양을 갖춘 것이다. 신흥종교 교단들은 이런 체제에서 바깥으로 밀려난 존재가 되기 쉬웠으므로 신일본종교단체연합회의 결성은 이런 약점을 보완해줄 방책이라는 측면을 가지고 있었다. 이런 신일본종교단체연합회의 결성으로 인해 '신도·불교·기독교·신흥종교'라는 전후 '일본의 정통正統 종교들'의 배치가 이루어졌다.

이런 종교연합체제는 각 교단에게 국민의 발전에 공헌하는 단체라는 지위를 보장하고 종교단체와 일반사회 사이에 안정된 타협관계를 만드는 작용을 했다. 정치적인 연대의 중요성이라는 점에서는 공인 종교체제였던 패전 이전의 종교제도와 연속성을 가진다. 패전 이전에는 관장管長제도14라는 형태로 감독관청의 지도 아래 교단들이 정부에 협력하는 체제가 만들어졌었다. 그리고 시간이 지남에 따라 그

---

14 관장은 일본 불교나 신도 종파의 최고책임자를 뜻한다. 메이지 정부는 1872년 불교에 대해 1종1관장제一宗一管長制를 제정하여 교단을 통제하는 수단으로 삼았다. 이로 인해 불교 각파에서는 이합집산이 반복되었다. 1884년 교도직을 폐지하고 사찰주지임면권 등의 권한을 관장에게 위임하면서 관장제가 성립되었다. 이러한 관장제는 종전 후 폐지되었다.

런 틀 안에서 국가신도라는 상위의 정신 질서에 종속될 것을 강요받았다. 그런데 전쟁이 끝난 후에는 종교단체들을 종속시킬 이 같은 상위의 정신 질서가 명확하지 않았다. '국가신도의 해체'로 인해 그와 같은 국가통합의 이념이 공백 상태가 되었기 때문이다. 그 대신에 '평화와 민주주의'가 어느 정도 새로운 정신적 가치를 대표하는 이념의 역할을 했다. 그러나 국민들이 그것을 공동의 가치로 자각한 강도는 1930~1940년대 패전까지의 국가신도에 비해 매우 약했다.

패전 후의 종교연합체제는 공공 장면에서 나타나는 불명확한 종교성과 표리관계를 이룬다. 야스쿠니신사나 교육칙어 등의 형태를 취한 국가신도로 뒷받침되었던 패전 이전의 국민 주체성을 대신할만한 것이 명시적으로 제도화되지 않았기 때문이다. 종교적 주체성의 불명확성이 특히 패전 후 미국이 시행한 국가신도 해체의 강경책과 결부되어 일종의 원망을 품은 기억이 되어갔다. 결국에는 일본문화론이 이런 주체의 '공백'을 메우는 것으로 활발히 소비되었다.[27] 보편주의 이념의 체현자로서 '근대인'이 될 것을 일본인의 과제로 삼거나 국민정신의 고양을 현대 일본정신의 근거로 요구하게 되었다. 확고한 개인이나 집합체('일본인', '국민', '인민', '민중' 등)의 '주체'를 역사의 주인공으로 보는 관점에서 본다면, 미군 점령이 종결되는 과정은 이와 같은 '공백'으로부터 주체성의 회복으로 나아가는 길이었다고 할 수 있다.

2 '인간혁명'과 시민적인 '주체'

사실 일본 종교사에서 미군점령기는 결코 종교의 공백기가 아니었다. 바로 이 시기에 종교적 '주체'의 형성이라는 점에서 극히 활발한 정신운동이 나타났다. 지식인을 중심으로 기독교와 근대를 지탱하는 '종교'에 대한 관심이 크긴 했으나 폭넓게 영향을 미쳤다는 점에서는 신흥종교의 발전 쪽이 훨씬 더 큰 의미를 갖는다. 1970년대까지 일본의 신흥종교는 급격하게 발전하였는데, 특히 미군점령기에 가속도가 붙었다. 신흥종교에 초점을 맞추면 미군점령기와 전후체제기의 연속성이 분명하게 드러난다. 또 미군점령기와 아시아·태평양전쟁 시기(15년전쟁)의 연속성 역시 두드러진다. 1920~1970년 무렵이 일본 신흥종교의 최대 발전기였으며 이 시기에 일본의 종교지형도도 크게 바뀌었다. 이와 같은 종교운동에서 1935~1945년은 매우 힘들었던 시기로 교세 신장이 쉽지 않았다. 그 기간 중에 억압 받아 활동정지에 몰린 단체도 있었다. 그러나 전체적으로 보면 신흥종교는 태평양전쟁을 전후로 약 50년에 걸쳐 급속하게 성장했다. 일본 종교사에서 기성 불교로부터 신흥종교로 사람들의 마음이 옮아간 장기간에 걸친 변동은 분명히 매우 중요하다.

미군점령기에 신흥종교단체들은 연합조직을 만들고 국가와 여론 사이에 연결고리(국가와 여론을 향한 얼굴)를 구축하여 안정된 사회적 지위를 얻고자 했다. 하지만 모든 신흥종교가 그와 같은 연합체제의 틀 안에 편입된 것은 아니었다. 1941년 '종교단체법' 체제 안에서 자신들의 장소를 찾으려 하지 않았던 단체들 가운데 몇몇은 패전 후에도 종교연합체제 밖에 머무는 쪽을 선택했다. 앞에서 언급한 덴리혼미치도 그중 하나였으며 창가학회創價學會[15] 역시 마찬가지였다. 결국 여호와의 증인이나 통일교 같은 외래 신흥종교도 포함해 많은 신흥종교가 연합체제 바깥으로 삐져나왔다. 21세기 현재는 신흥종교를 하나로 뭉뚱그려 말하기 어렵다. 지금은 '컬트'라는 말이 유행하고 '신 신흥종교新新宗教'라는 말까지 통용되고 있다.[28] 그러나 미군점령기나 1970년 무렵까지만 본다면, 연합체제에 편입되지 않은 종교단체까지 포함해서 신흥종교를 하나의 집합체로 파악하는 것이 충분히 가능하다.

미군점령기에서 1970년 무렵까지 급속도로 발전한 종교단체를 살펴보면 1920~1930년대에 형성된 교단이 많다. 이들 가운데 몇몇은 1945~1970년 시기에 거대 교단으로 발전했다.[29] 레이유카이靈友會, 릿쇼코세카이立正佼成會, 묘치카이妙智會[16] 등 레이유카이 계열 교단, 세이초노이에, 세카이큐세쿄 등 오모토 계열 교단, PL 교단(파헤쿠토리바티 perfect liberty 교단),[17] 짓센린리코세카이實踐倫理宏正會[18][30] 등 히토노미

---

[15] 소카갓카이. 한국에서는 이미 창가학회란 이름으로 널리 알려져 있으므로 그대로 사용하였다. 1930년 마키구치 쓰네사부로와 도다 조세이가 창가교육학설創價教育学説이라는 독자적인 교육론에 기반을 둔 교육개혁을 목적으로 니치렌정종日蓮正宗의 재가신도 단체인 창가교육학회를 설립했다. 마키구치 쓰네사부로는 1944년 옥사하였으며, 도다 조세이가 1945년 출감하여 단체명을 창가학회로 바꾸고 조직을 정비하였다. 제3대 회장으로 취임한 이케다 타이사쿠池田大作는 세계 각국으로 활동을 확대하여 1975년 SGI(국제창가학회)를 설립하고 자신이 초대 회장으로 취임했다. 창가학회의 경전은 법화경이며 남묘호렌게쿄南無妙法蓮華経를 기도문으로 삼고 있다. 한국에는 1960년대에 전래되었으며, 2000년 문화관광부로부터 한국SGI의 재단설립 허가를 받았다.

[16] 미야모토 미쓰宮本ミツ와 미야모토 코헤이宮本孝平가 설립한 법화경 계열의 신흥종교. 레이유카이의 제7 지부장이었던 미야모토 미쓰가 1950년 레이유카이에서 이탈하여 설립하였으며 1952년 종교법인으로 등록하였다.

[17] 일본 다이쇼기에 창립된 신도 계열의 종교단체. 원래는 히토노미치라는 이름으로 활동하였으나 1974년 공식 명칭을 파헤쿠토리바티 교단으로 바꾸었다. 보통 PL 교단으로 불린다.

[18] 1946년 우에히로 테쓰히코上広哲彦가 창립한 일본의 신흥종교단체. 1953년에 사단법인으로 문부과학성의 인가를 받았다. 일반적으로는 아사오키카이朝起会라는 명칭으로 알려져 있다. 주된 활동은 생활윤리의 실천과 아침형 생활 리듬을 장려하기 위해 매일 아침 5시부터 6시까지 일본 각지에 있는 회장에서 열리는 조기회이다. 신도계 신흥종교였던 히토노미치가 전쟁기간 중 해산되었다가 종전 후에 부활한 세 분파 중 하나이다.

치[19]계열 교단(수양단체) 등이다. 그리고 이들 모두를 뛰어넘는 거대 세력인 창가학회가 있다. 이들은 19세기 초 이후 신흥종교 역사에서 덴리교, 곤코교金光教, 혼몬부쓰류코本門佛立講 등이 나타난 제1기, 오모토교 등의 제2기에 이어 제3기에 속하는데 그 세력이 제1기나 제2기보다 훨씬 컸다. 일본의 종교지형도는 메이지유신 이후에 크게 바뀌었는데 1945~1970년 시기의 변화가 특히 두드러진다. 창가학회는 그런 신흥 세력의 거의 절반에 가까운 비중을 차지한다.

1945년 11월에 옥사한 창가교육학회(창가학회의 초기 명칭)의 창시자 마키구치 쓰네사부로牧口常三郎의 1주기 법요에 참가한 사람은 20여 명에 불과했다고 한다.[31] 1951년 도다 조세이戶田城聖가 제2대 회장으로 취임하여 '절복折伏[20]대행진'을 부르짖던 당시 신도 수는 약 5천 명이었다. 1957년에는 도다 조세이가 염원하던 신도 수 75만 세대를 달성했다. 다음 해 도다 조세이가 사망하고 1960년 32세의 이케다 타이사쿠池田大作가 제3대 회장으로 취임했다. 1962년에는 신도 수가 300만 세대, 1970년에는 750만 세대에 달한다고 발표하기에 이른다. 그 무렵이 일본 국내 창가학회 발전의 절정기였으며, 이후 교세는 답보상태에 머물러있다. 그런데 이렇게 교단이 공표한 신도의 세대수는 상당히 과장되었다고 생각되므로 숫자와 관련지어 그 교세의 실태를 확인해본다.

1981년 당시 니치렌정종日蓮正宗[32]은 창가학회를 포함해 공식적으로 신도 수가 1,662만 명이라고 밝혔다.[33] 그 가운데 95% 이상을 점하

---

19 신도 계열의 신흥종교였던 미키 토쿠하루御木徳一의 히토노미치 교단은 전쟁기간 중 탄압을 받아 해산되었다가 종전후 PL 교단, 린리겐큐쇼倫理研究所, 그리고 린리겐큐쇼에서 다시 분파한 짓센린리코세카이実践倫理宏正会의 3파로 부활했다.
20 파절굴복破折屈伏의 줄임말로 불교에서 중생을 미망迷妄에서 깨어나게 하여 불법으로 인도하는 것을 의미한다. 여기서는 창가학회가 벌이는 공격적인 포교 활동을 말한다.

는 창가학회는 회원 세대수를 791만 세대라고 공표했다. 같은 해『세이쿄신문聖教新聞』의 발행 부수는 454만 부였는데(필자의 문의에 대한 공보실의 회답에 의거), 그 가운데에는 한 세대가 여러 부를 구입해 지인들에게 나눠준 숫자도 포함되어 있다. 한편 1986년 참의원선거의 비례대표에서 공명당의 득표수는 약 744만 표로 득표율은 약 13%였다.34) 공명당 지지자 전부를 창가학회 회원으로 단정 지을 수는 없다. 또 창가학회 회원은 다른 사람들에 비해 투표에 적극적으로 참여하므로 당연히 투표율이 매우 높다는 것도 고려해야 한다. 좀 더 거슬러 올라가 1978년 NHK방송 여론연구소가 실시한 전국현민 의식조사全國縣民意識調査를 살펴보자.35) 이는 3만 2천 명 정도를 대상으로 한 조사인데 자신의 종교를 창가학회라고 대답한 사람이 3.3%이다. 여론조사에서 자신이 창가학회 신도라고 대답할 정도라면 꽤 열성적이라고 할 수 있는데 그 비율을 적용해보면 약 350만 명 정도 된다.

　패전 후 30년 동안 창가학회에 가입한 수만 살펴봐도 이 정도이다. 니치렌정종이 신도 수 1,662만 명을 자랑하던 1981년에 릿쇼코세카이立正佼成會는 약 539만 명, 레이유카이靈友會는 296만 명, 붓쇼고넨카이佛所護念會는 167만 명, 묘치카이妙智會는 72만 명의 신도 수를 공표했다. 이는 주로 법화계(니치렌계)의 신흥종교들만을 대상으로 한 숫자이다. 나는 이 자료들을 근거로, 어쨌든 일본 국민의 10~20%가 신흥종교와 연관되었었다고 추측한다.36) 덴리교나 오모토교처럼 훨씬 이전부터 존속해온 교단도 있긴 하지만, 패전 이후가 신흥종교의 일대 부흥기였음은 부정할 수 없다. 이처럼 많은 사람들이 신흥종교와 연관을 가짐에 따라 가장家長, 신사신도의 신관, 기성 불교의 승려에 의한 의례집행이나 신앙지도를 선호하던 사람들이 신흥종교의 속인 지도자(종종 여성)에 의한 의례집행이나 신앙지도를 받아들이게 되었다. 그리고 신흥종교에 소속되어 자신의 믿음에 따라 다른 사람에게 의례집행이나 신앙지도를 즐겨 행하는 엄청난 수의 신도가 길러졌다.

좌담회座談會라고 불리는 소집단 활동은 창가학회 발전의 열쇠 중 하나로 일찍부터 주목을 받았다.37) 좌담회에서는 지식이 있거나 지위가 높은 사람들뿐만 아니라 그 자리에 있는 사람들 대부분이 발언하도록 되어있다. 그렇게 함으로써 모두가 열심히 귀를 기울이게 되는데 격려의 박수와 공감의 눈물이 끊이지 않는다. 이와 비슷한 소집단 모임은 다른 교단에도 있는데 레이유카이靈友會 계열 교단에서는 '법좌法座', '쓰도이つどい', '공양회' 등으로 불린다. 또 그 자리에서 말한 것들을 정리한 이야기를 '체험담', '체험설법'이라고 하는데 큰 집회에서 발표하기도 한다. 개개인이 신앙에 눈을 뜨고 새롭게 태어나는 체험을 감동적으로 이야기하고 청중은 신화적인 재생의 장에 입회하여 혼이 정화되는 것을 느꼈다. 1920년대부터 시작된 이런 소집단 활동이나 체험담 말하기는 1930년대 이후 신흥종교들 사이에 급속하게 널리 퍼지면서 패전 이후 신흥종교의 급성장기에 신도 수를 크게 늘리는 수단이 되었다.38)

이러한 '참가'에 의한 '신앙 동료'의 활동 형태는 쉽게 짐작할 수 있듯이 민주주의나 개인 자율의 가치와 결부되어 있다. 그 배경에는 어떠한 사회적 위치에 있는 사람도 하나의 개인으로서 또 신앙인으로서 높은 존재 가치를 가지므로 자긍심을 가지고 타자 또는 사회적 힘에 맞서야 한다는 사고방식이 있다.39) 창가학회의 '절복'(설득을 통한 공격적인 포교)도 그런 의미를 가진다고 볼 수 있다. 1960년 무렵의 좌담회 분위기를 잘 보여주는 다카세 히로이高瀬廣居의 서술을 통해 '절복'과 '자신自信'에 관한 조금은 우스꽝스러운 대화를 살펴보자.40)

"여러분, 안녕하세요? 매일 신심信心하고 계시지요?"

"네."

"절복도 하고 있죠?"

"네."

"힘이 없네요. 절복은 별로 하지 않나 봐요. 절복을 하지 않으면 절대로 진정한 행복을 얻을 수 없습니다. 절복을 해야 비로소 행복해지고 공덕을 받을 수 있습니다. 절복하세요."

"네."

"저⋯⋯."

뒷자리에서 아랫볼이 불룩한 얼굴의 술장사를 하는 듯한 여성(A씨 ─ 필자 주)이 손을 들었다. (⋯중략⋯)

"어제, 아는 분의 집에 갔을 때 근처에 위가 안 좋아 아주 오랫동안 고생하시는 분이 있다는 말을 듣고 절복하러 갔습니다. 그런데 아주 크고 사나운 개가 막 짖더라고요. 무서워서 그냥 돌아오고 말았는데 역시 믿음이 부족해서 그런 거겠지요?"

사람들이 와르르 웃는다. 하지만 본인은 아주 진지하다.

"네, 잘 알았습니다. 저도 개 때문에 봉변을 당한 적이 있습니다."

구역장이 싱글거리며 A씨에게 이야기한다.

"그런데 그럴 때는요, 믿음이 정말 강하면 두려움을 느끼지 않게 됩니다. 절복하는 우리들은 니치렌 대성인의 시종으로서 절복을 하는 것인데 부처님의 시종이 개에게 물리는 일 따윈 없습니다. 망설이고 주저하면 그 마음의 미혹 안에서 마귀가 개로 모습을 바꾸어 덤벼드는 것입니다. 미혹되지 말고 자신 있게 당당히 나아가면 아무리 사나운 개라도 눈치를 슬금슬금 보면서 꼬리를 말고 도망가 버립니다."

라며 절복 정신이란 이처럼 맹렬하지 않으면 안 된다고 말한다.

절복은 자립한 주체로서 자신을 가지고 사회생활을 하는 태도의 결과, 혹은 그와 같은 태도를 몸에 지니기 위한 수행이라고 이해시키고 있다. 바로 사회주의가 인민에게 '역사의 주체'가 되도록 촉구하고 '진보적인 문화인'이나 평론가가 '근대적인 자아의 확립'을 말하듯이, 창가학회는 신도들에게 자신의 운명을 자신의 손에 쥐고 살도록 촉구한다. 하지만 신도 쪽에서는 따뜻한 신도공동체의 도움으로 때때로 나타나는 의혹을 날려 보낼 수 있다는 기대를 갖는다.

> A는 눈을 깜빡거리면서
>
> "아……, 다음부터는 용기를 내 들어가겠습니다."
>
> 박수가 일어난다. 사나운 개라는 게 도대체 어떤 개인지, 복서처럼 사나운 개면 어쩌려고 그러는 걸까.
>
> "일단은 집안에 있는 사람을 불러 묶여있는지 확인하세요. 어쨌든 물리러 간 건 아니니까."
>
> 모두가 큰 소리로 웃는다. (…중략…)
>
> "저……."
>
> A가 또다시 길게 말을 끌며 질문한다.
>
> "죄송하지만, 저……, 그저께는 이런 일도 있었습니다만……. 절복을 하러 갔더니 자기도 별거 아닌 인간인 주제에 남을 구한다느니 뻔뻔스런 말 하지도 말라며 물을 끼얹어 머리부터 물을 뒤집어썼습니다. 이럴 때도 절복을 하는 게 좋은가요?…… 전 너무 분해서 울고 말았습니다만…… 믿음이 부족한 건가요?"[41]

그리고는 이 질문에 대한 구역장의 대답이 이어지면서 창가학회의 신앙세계 안으로 한층 더 깊이 들어간다. 요컨대 고난의 의미, 악의 의미를 정면에서 받아들이라고 가르친다. 이는 물론 대승불교의 구제신앙 전통에 근거한 것이다. 이것은 법화경과 니치렌의 저술이나 서한(『어서』)에서도 되풀이되고 있으며 일본 불교의 전통에 깊이 침투해 있다. 이런 맥락에서 절복이란 타자로부터 박해나 냉대를 받을수록 오히려 성불에 가까워짐을 깨닫고 신앙의 주체를 확립하는 수행 방법이다. 여기에서 현대 경쟁사회의 상황을 반영하고 있음을 간파할 수 있다. 절복이란 힘든 사회적 대립을 스스로 만들어낸 다음 거기서 승리한다는 의미에서 '자립'의 방법을 습득하는 것이라고 할 수 있다.

그거 아주 힘들었겠네요. 그러나 물벼락을 맞을 정도로 상대방을 화나게 했다면 절복하는 방법에도 문제가 있었던 건 아닌가하는 생각이 드네요. 어찌됐든 물벼락을 맞았다면 오히려 기뻐해야 합니다. 울어버린 건 아직 대성인의 가르침을 잘 모르기 때문입니다. 니치렌 대성인께서 「소야도노고헤지曾谷殿御返事」 안에서 "이 법문法門을 나 니치렌이 말했더니 충언이 귀에 거슬린다고 유형을 보내 목숨까지 위태로워졌지만 아직은 이겨낼 수 있다"고 하셨듯이, 우리 창가학회가 올바른 도리를 말하기 때문에 상대가 오히려 역정을 내는 겁니다. '충언이 귀에 거슬린다'는 데서 대성인께서는 상대가 아무리 화를 내고 심하게 대해도 그것이 '목숨까지 위태롭게' 할지라도 '견디고' 나아가는 것이라고 절복의 중요성을 말씀하신 겁니다.

알겠어요? 거기서 목숨 걸고 절복했더라면 어떻게 되었을까요? 중요한 건 이겁니다. 당신의 업을 끊어갑니다. 절복이 공덕을 쌓는 것이며 성불이라는 것은 이를 두고 하는 말입니다. 물벼락을 맞고, 문전박대를 당하고, 모욕을 당함으로써 우리가 과거 세상에서 대성인의 가르침을 헐뜯었던 죄가 없어지는 겁니다. 욕을 들으면 들을수록 바꾸어 말해 힘들게 절복을 하면 할수록 행복해지는 겁니다. 물벼락을 맞으면 울지 말고 기뻐하며 감사해야 합니다. 그래도 한겨울에 물벼락을 맞으면 아무래도 좋지는 않겠지요.[42]

낮은 사회적 위치로 인해 어쩔 수 없이 굴욕을 감수해야하는 사람들을 신앙으로 격려하고 북돋아주는 이런 좌담회는 1950~1960년대 창가학회의 독특한 기풍을 잘 보여준다. 그런데 이와 같은 자립의 강조가 스승과 제자 사이 강한 유대로 지탱된다는 것을 잊어서는 안 된다. 위에 인용한 내용에서도 이전의 학교 교사와 학생 사이 관계와 유사한 지도자와 말단 신도 사이 정서적 유대를 읽을 수 있다. 사제관계의 강조는 지도자 숭배로 이어진다. 이러한 사제관계의 규범은 집단의 일치단결된 행동을 뒷받침한다. 『창가학회 지도집』(1976)에 나오는 이케다 타이사쿠의 말을 인용한다.

> 불법의 궁극은 스승과 제자가 하나라는 데 있다고 해도 과언이 아니다. 스승은 원리를 보여주고 제자는 스승의 가르침을 그대로 실천하고 응용하며 스승의 이상을 몸에 익히고 실현해 간다. 거기에 털끝만큼의 어김도 있어서는 안 되며 목숨을 바칠 결의가 없으면 안 된다.[43]
>
> 나의 마음속에는 언제나 너희들이 있다. 그러니 너희 마음속에도 항상 내가 있음에 틀림없다. 나와 너희 사이에는 눈에 보이지 않는 절대로 끊을 수 없는 생명의 끈이 이어져있어 서로 끌어당기고 있다. 그것은 말로 표현할 수도 없고 단순한 감정 나부랭이도 아니다. 생명과 생명의 대화라고도 할 수 있다.[44]

제2대 회장인 도다 조세이(1900~1958)에게는 초대 회장 마키구치 쓰네사부로(1871~1944)와의 만남이, 제3대 회장인 이케다 타이사쿠(1928~)에게는 도다 조세이와의 만남이 인생을 완전히 바꾸어놓았다. 이케다 타이사쿠가 쓴 소설 『인간혁명人間革命』[45]은 그와 같은 스승과 제자의 결합을 세밀하게 그렸다. 그 소설에서 마키구치 쓰네사부로와 도다 조세이는 실명으로 나오지만, 이케다 타이사쿠는 '야마모토 신이치山本伸一’라는 이름으로 나온다. 1948년 여름에 있었던 법화경 강의에서 도다 조세이가 정치, 경제, 과학, 모든 영역에 걸쳐 “인류 최고의 문명을 구축한다”고 말한 부분을 아래에 인용한다. ‘인간혁명’은 사회혁명이기도 하며 ‘제3문명’의 창조이기도 하다. 그 위업에 참가하는 사명감을 빼놓고는 이 운동의 에너지를 이해할 수 없다.

> 그들은 도다의 이야기를 의심하지는 않았으나 완전히 믿는 데에는 일종의 저항을 느꼈다. 그런 까닭에 감동은 순간적이고 그대로 지속되지 못했다. 진실로 믿는다는 건 믿는 그대로 행하는 것인데 그들의 이해에는 얇은 천이 한 장 가려져있어서 어쩔 도리가 없다.
>
> 그런데 그 자리에 한 청년이 있었다.
>
> 그는 도다의 말 하나하나를 그대로 자신의 뇌세포에 빨아들이면서 전혀 저항을 느끼지 않았다. 그는 한 점을 응시하듯이 눈을 크게 뜨고 미동도 하지 않은 채 도다의 안경 너머 눈동자를 뚫어져라 바라보았다.
>
> ―『인간혁명』 제3권, 158면

이 인물이 바로 ‘야마모토 신이치’ 즉 이케다 타이사쿠이다. ‘야마모토’는 그날 밤 일기에 다음과 같이 썼다. 아마도 이케다 타이사쿠 자신의 기록에 기초해 썼을 것이다.

> 아, 깊고 무한한 법화경의 오묘한 이치를 만나다니 몸의 복운이다.
>
> 도다 선생이야말로 인류의 스승이시다.
>
> 조국을 걱정하시며 인류에게 반드시 최고의 행복을 주시려고 힘차게 나아가는 큰 믿음. 그리고 무엇이라도 불태울 것 같은, 정의에 대한 정열. (…중략…)
>
> 종교혁명은 곧 인간혁명이다. 그리하여 교육혁명, 경제혁명이며 또 진정한 정

치혁명이다.

혼탁한 세상. 사회와 사람을 정화시킬 자 누구인가.

학회의 사명이 중대하다. 학회의 전진만이 그것을 결정한다.

혁명은 죽음이다.

우리의 죽음은 묘법妙法으로 돌아가는 것이다.

진정한 죽음이야말로 조국과 세계를 구하는 주춧돌이 될 것이다.

—『인간혁명』제3권, 158~160면

"조국과 세계를 구한다"는 말에서 13세기에 니치렌이 말한 가르침을 계승함과 동시에 1880년대에 니치렌주의日蓮主義와 내셔널리즘을 결합시켰던 다나카 치가쿠田中智學 무리의 소리가 들리는 듯하다. 좀 더 나아가 1950~1960년대 '전후부흥戰後復興'의 내셔널리즘을 반영한다고 볼 수도 있다. 도다 조세이는『절복교전折伏教典』에 수록된「종교혁명과 세계평화宗教革命と世界平和」라는 글에서 정법正法에 귀의하지 않았기 때문에 "불벌佛罰이 일본에 내려 나라가 망했다"고 했다. 그러나 "이렇게 나라가 망한 것이 원인이 되어 일본 민중은 구제받는다"고 말했다. 그 이유를 설명하기 위해 도다 조세이는 몽고가 일본을 침략했을 때 니치렌이 친 호통을 상기시킨다.

동양 전체가 전화戰禍에 휩쓸려 민중의 고통이 극에 달했던 것은 지금 상태와 비슷하다. 일본 민중이 몽고의 침략에 끝없는 두려움을 느꼈던 모습은 오늘날 일본 민중이 원자폭탄을 두려워하는 것과 마찬가지이다.

일본 민중의 고통은 입정안국론立政安國論에서 볼 수 있듯이 실로 비참했으며 그 시기에 니치렌 대성인은 본존을 건립하셨다. 그래서 바로 그 건립 당시와 마찬가지로 전 동양의 민중이 인고의 극에 달한 지금을 기점으로 대법이 일본국에 퍼지고, 전 동양으로 번져나간다. (…중략…) 인도의 불교가 동으로 동으로 건네 졌듯이 인도, 지나로 건너간다. 이 일본에 건립된 진정한 불법은 니치렌 대성인을 본불로 받들며 조선으로, 지나로, 인도로, 서쪽으로 발전해가면서 전 동양의 민중을 구제한다. 창가학회는 이것을 절대적으로 믿음과 동시에 이 목적을 위해 활동을 시작했다.

대성인의 불법이 전 동양으로 나아갈 때 일본 한 나라의 광선유포廣宣流布는 아무 문제없이 반드시 달성된다. 그때 계단戒壇의 건립도 당연히 실현되고 나라 전체 민중의 숭배를 받게 될 것은 말할 것도 없다.[46)]

'계단'(이후 개정판에는 '본문本門의 계단'으로 되어 있다) 건립이란 니치렌이 후세에 위탁했다고 간주되는 목표로, 국가가 니치렌정종을 모시고 후지다이세키지富士大石寺에 국가 공인의 유일한 승려 수계授戒를 위한 장을 설립하는 것을 말한다. 즉 법화경 불교에 의한 국가통일을 실현하고 이상세계를 이 세상에 세운다는 비전이다. 일본이 이상적 불교국가가 됨으로써 동양을 정신적으로 통일하고 나아가서는 세계를 통일한다. 여기에 대동아공영권과 팔굉일우八紘一宇[21]의 이념이 민주주의에 상응하는 '민중'의 가치 이념을 더하면서 되살아났다고 해도 좋을 것이다.

사실 전쟁이 끝난 후 미국은 일본을 아시아의 순종적인 협력국으로 자리매김하는 제휴관계를 중시하여, 일본이 경제적으로 미국에게 이로운 역할을 수행하도록 하기 위해 일본의 부흥에 힘썼다. 1960년대 이후 동남아시아를 대상으로 한 일본의 경제 발전은 예전의 대동아공영권 구상을 냉전체제 아래 미국의 이익에 합치하는 형태로 재

---

[21] 니치렌주의자인 다나카 치카쿠가 만든 말로, 온 천하가 한 집안이라는 뜻이다. 일본제국주의의 대동아공영권 표어로 사용되었다.

구성하려는 미국의 전후 아시아정책에 따른 것이었다. 그렇다면 창가학회의 '동양광포東洋廣布'라는 목표는 미국의 보호를 받는 새로운 대동아공영권의 구성과도 합치하게 된다. 창가학회의 해외진출은 반드시 아시아에만 한정된 것은 아니지만 특히 한국, 타이완, 동남아시아가 해외 진출의 유력한 거점이 되었다. '일본'의 세력범위 확충이라는 패전 이전의 국가적 구상이 패전 후에 형태를 바꿔 창가학회로 인계되었다고 여겨도 틀리지 않는다.

반면 '인간혁명'이라는 말은 패전 이전에 이미 이세신궁의 타이마大麻[22]를 받아들일 것을 거부하여 탄압받았던 창가학회의 반체제적 자세와 통한다. 여기서 '인간혁명'이라는 말이 창가학회에서 어떤 과정을 거쳐 사용되었는지를 논할 생각은 없다.[47] 하지만 전쟁이 끝난 직후부터 학계 및 논단의 유력한 논조와 가까웠음을 추측할 수 있다. 예를 들면 오쓰카 히사오大塚久雄, 가와시마 타케요시川島武宜, 나카무라 하지메中村元, 마루야마 마사오男丸山眞男 등은 '근대적 인간 유형'이나 '종교의 근대성' 형성이 급선무라고 강하게 주장했다.[48] 그리고 "우선 주체적인 개인이 태어나지 않으면 안 된다"는 식의 사고방식은 그 후에도 오랫동안 큰 영향을 미쳤다. 이런 논조를 사상사가인 히라이시 나오아키平石直昭는 '인간혁명'이라는 말로 요약하고, 비평가인 쓰루미 순스케鶴見俊輔는 '정신혁명'이라고 불렀다.[49]

창가학회가 말하는 '인간혁명'의 이념은 패전 후 지식인이 내건 '근

---

22 일본의 조상신을 모시는 이세신궁의 액막이 부적으로 아마테라스고다이진구天照皇大神宮라고 적혀있다. 보통 진구타이마神宮大麻라고 한다. 이세신궁이 직접 혹은 신사본청을 통해 배포하며 일본의 각 가정에서는 가미다나神棚에 모셔두고 아침저녁으로 집안의 안녕을 빈다. 일제시대에는 조선의 각급 관공서, 학교, 주재소, 파출소 등에도 진구타이마를 모시는 가미다나를 설치하고 참배하도록 하였으며 가정에까지 진구타이마를 나눠주고 아침저녁으로 예를 올리도록 강제했다.

대적 주체의 형성' 이념과 상통하는 부분도 있지만 서로 들어맞지 않는 부분도 있다. 서로 들어맞지 않는 부분에서 주요한 것 중 하나는 개인의 자유와 정교분리 제도에 대한 평가이다. '사교邪教'에 대한 공격을 담은 절복이 주요한 포교 형태가 된 창가학회는 자신들에 대한 비판을 기록한 후지와라 히로타쓰藤原弘達(마루야마 마사오에게 정치학을 배운 평론가)의 저서 『창가학회를 참한다創価學會を斬する』(日新報道, 1969)의 출판을 방해하려했다가 여론의 혹독한 비판을 받아 태도를 바꾸지 않을 수 없었다. 1970년에 표면화된 이런 언론억압 사건을 통해 창가학회는 공명당과의 사이에 일정한 거리를 두고 '정교분리'를 수용하도록 압박을 받았다.50)

이 과정은 다양한 각도에서 논할 필요가 있는데 앞에서 말한 종교연합체제라는 관점에서 보자면 다음과 같다. 창가학회는 니치렌종日蓮宗 내부의 배타주의적 전통을 이어받아 전쟁 중에도 국가신도체제에 대한 협력을 거부하여 탄압을 받았으나 전쟁이 끝난 후에도 종교연합체제는 거들떠보지도 않았다. 그러기는커녕 『절복교전』에서도 볼 수 있듯이 타종교, 타종파를 철저하게 비판하고 개종을 압박하는 배타적이고 공격적인 자세를 취했다. 그러는 한편 의회와 정계를 통해 국민사회 안에 일정한 위치를 차지하고자 했다. 그러나 종교 쪽에서 보여준 공격성을 정치 활동에도 그대로 가지고 들어와 조직력을 살린 활동이 민주주의적 공공성을 침해한다는 지탄을 받았다. 공격적인 활동 형태 외에 정치 이념면에서도 창가학회의 주도 아래 국교國教체제를 구축하려는 정치 목표가 헌법이 보장하는 종교의 자유 이념에 반한다는 비판을 받았다.

이렇게 비판을 받는 과정에서 창가학회는 정치 활동과 정치 이념 측면에서 배타적 교설에 기초한 공격성을 뒤로 물리지 않을 수 없었다.

다원적 주장을 가진 시민이 대의제를 통해 합의를 형성하는 것을 수긍하고, 자신들이 여러 이해관계를 가진 집단들 중 하나라는 것을 인정하고, 민주주의 원칙을 따른다는 의지를 명확하게 보이라는 압박을 받았다. 창가학회가 공명당을 통한 정치 활동에서 이런 상대화된 시민적 주체로서의 태도를 형성해 간 과정은 유엔 NGO단체의 지위를 얻는 등 국제적인 사회활동단체로 스스로를 시민사회 안에 자리매김해 간 과정과 병행한다. 이렇게 창가학회는 1970년대에 국민사회, 국제사회를 통해 시민사회를 작동하는 종교단체로 '주체 형성'을 행하였다.

그렇다고 해서 서양 근대를 본뜬 '주체' 이념이 '왕불명합王佛冥合'[23]을 내건 '중세적'인 불교의 천년왕국적 변혁 이념을 완전히 누른 것은 아니었다. 종교적인 측면에서는 그 후에도 배타성이나 공격성을 계속 유지했다.[51] 지도자 숭배는 그 후에도 신앙의 핵심으로 자리 잡고 있었다. 선거 때 교단이 일치단결하는 행동력으로 알 수 있듯이 창가학회는 그 정치적 영향력을 실제보다 더 크게 행사할 수 있는 조직으로 간주되었다. 그것은 여러 측면에서 위협적인 느낌을 주었기 때문에 더욱더 비판받았다. 창가학회의 운동에는 민주주의를 추구하는 종교 근대화의 추진자라는 겉으로 드러난 얼굴과 함께, '컬트'라는 내부폐쇄적인 종교단체나 세계 각지의 '근본주의fundamentalism' 세력과 일맥상통하는 배타성, 강하고 공격적인 집단적 동일성도 함께 따라다닌다. 이는 패전 후에 성립된 종교연합체제의 틀을 깨부술 가능성을 품고 있었다.

1970년대를 거치면서 종교적으로 동기가 부여된 '인간혁명'이 낳은

---

23 니치렌이 말한 니치렌종의 근본 이념 중 하나. 창가학회에 따르면 불법의 생명존엄과 자비를 바탕으로 한 문화와 사회의 건설을 의미한다. 결국은 정교일치를 뜻하는 것이라는 세간의 비판을 받고 있다.

'주체'는 다원적 시민사회의 질서에 어느 정도 적응해가면서 여러 종교 세력의 글로벌한 각축 안에서 세력 확충을 꾀하고 계속 전진하고자 했다. 해외로 진출하는 신흥종교, 포교하는 불교의 이런 세계적인 확장과 전체적인 세력은 선禪불교를 능가하며 일본 종교 안에서 두드러진 성공사례가 되었다.52)

3. 종교 교단의 평화운동, 그리고 역사를 묻다

　1955년 처음으로 정치 활동에 나선 창가학회는 그해 4월 지방의회 선거에서 52명의 당선자를 냈다. 1959년에는 국회의원 선거에도 참가하여 참의원 선거에서 6명을 당선시켰다. 그리고 그 다음해 이케다 타이사쿠가 제3대 회장으로 취임하였고 1961년에는 공명정치연맹이 결성되었다. 1964년에는 공명당으로 발전한 후 처음 맞는 참의원 선거에서 약 510만 표, 13.7%의 지지를 얻기에 이른다. 공명당의 창당 선언은 위기를 예언하는 어조인데, 그 서두에 '평화'에 대한 공헌을 최대의 목표로 내걸고 있다.53)

　지금 혼란스러운 세계 정세는 점점 더 긴박해지고 있다. 한편 국내 정세는 여전히 혼미를 계속하며 국민 부재의 무책임정치가 되풀이되고 있다. 이대로 방치할 것인가. 일본이 격심한 동서대립의 희생물이 되지나 않을까 심히 우려된다. 일본이 낸 대성인인 니치렌 대성인께서는 입정안국론立政安國論에서 말씀하시길, "천하태평 국토안온은 군신과 백성이 바라는 바이다. 이 나라는 법에 의거하고

법은 사람에게서 나온다." 이런 불법佛法의 절대평화사상, 즉 왕불명합의 커다란 이념만이 세계를 전쟁의 공포로부터 구할 수 있는 유일한 길이라고 굳게 믿는다. 이에 우리는 공명당 결성을 내외에 선언한다. 공명당은 왕불명합, 불법佛法민주 주의를 기본 이념으로 삼아 일본의 정계를 근본적으로 정화하고 의회민주주의의 기초를 확립하고 대중에게 깊이 뿌리를 내려 대중복지의 실현을 꾀한다. 그리하 여 널리 지구민족주의의 입장에서 세계에 항구적인 평화 기구를 확립할 것을 최 대 목표로 삼아 용감하게 싸울 것을 국민 앞에 굳게 맹세한다. 이상, 선언한다.

1970년대에 들어 창가학회는 유엔과의 연대를 중시하는 한편, 군 축·반핵을 위한 국제 시책을 제안하고 '반전 출판'이나 '반전·반핵 전시회'에 힘을 쏟게 된다.54) 공명당의 정책과 함께 창가학회 활동의 의의에 관해서는 고찰해야 할 것이 많지만 여기서는 종교계를 두루 보기 위해 다른 종교 세력을 살펴보고자 한다.

종교 세력의 평화운동에 대해 말하기 전에, 그 시대의 평화의식과 평화운동의 전반적 특징에 관해 기존의 연구 성과들을 개관해보고자 한다.55) 1950년대부터 1960년대에 걸쳐 '평화'는 국민의식의 가장 주 된 주제였다. 1950~1953년의 한국전쟁, 1954년의 다이고후쿠류마루 第五福龍丸사건(비키니사건)[24]을 계기로 한 반핵의식의 고양, 1960년의 미 일안보조약 개정문제, 미소 핵전쟁에 대한 위기감, 그리고 1960년대 부터 1970년대까지 이어진 베트남전쟁에 대한 의혹 등을 통해 '평화' 라는 목표가 어느 정도 현실감과 절박감을 가지며 많은 사람들에게

---

[24] 1954년 3월 1일 미국이 마셜제도 비키니 환초에서 실시한 수폭 실험(브라보 숏트)으로 인해 근처 해역에서 조업하던 일본 어선 다이고후쿠류마루 호의 선원들을 비롯해 마셜 제도의 주민, 미국 병사가 피폭된 사건. 1945년 3월 16일 『요미우리신문』이 일본인 선원 들 중 "비키니에서 원폭실험으로 23명이 원자병, 1명은 도쿄대에서 중증으로 판단"이라 고 보도함으로써 비키니 핵실험으로 인한 재해가 외부에 알려졌다.

받아들여졌다.

이런 평화의식의 배후에는 샌프란시스코 강화조약과 미일안전보장조약으로 미군 점령 후 일본이 미국의 군사적 이익에 종속되어 완전한 주권을 행사하지 못하는 상황에서 군사적 위험까지 짊어질 수밖에 없었다는 인식이 깔려있다. 따라서 평화운동은 미국 지배에 대한 불만과 결부되어 전개되었다. 하지만 미국이 냉전에 따른 자국의 이익을 미처 강하게 반영하지 못했던 시기에 성립한 '일본국헌법'은 이런 샌프란시스코강화체제와 모순되는 평화주의를 내걸었다. 또 원폭피폭국의 경험에 따른 반핵의식도 바탕에 깔려있었다. '평화'를 요구하는 운동은 냉전체제 아래에서 강경한 대아시아정책을 관철시키려는 미국의 지배를 벗어남과 동시에 '일본국헌법'의 평화주의를 지키고 핵을 배제하며 군비를 억제한다는 공통의 이해 아래 진행되었다.

그러나 이와 같은 전제 아래 진행된 평화운동에는 몇 가지 심각한 약점이 내재되어 있었다. 우선 모든 정치 세력이 평화와 반핵을 목표로 내걸었기 때문에 그것들은 단순한 슬로건으로 전락하기 쉬웠고 실질적인 내용을 가진 유효한 행동으로 연결되지 못했다. 또 냉전의 틈바구니에서 미소 대립으로 불똥이 튀어 희생을 강요당할까봐 꺼리는 분위기와 함께 유일한 원폭피폭국으로서 비참한 피해자 경험을 했다는 역사이해로 인해 피해자 의식이 강조되고 내셔널리즘과 결부되어 내향적으로 되는 경향이 있었다. 압제적인 식민지 통치와 일본군에게 피해를 입은 다른 나라의 많은 사람들에게 눈을 돌려 가해자 입장에서 역사에 대해 반성하지 않는다면, 국제적인 연대나 상호성을 가진 역사이해는 그 방향성을 잃기 쉽다. 이는 또 평화주의가 반대파의 지위에 안주하는 야당이나 노동조합의 당파적인 운동에서 벗어나지 못하고, 개인의 자발적인 의지에만 기초해 제대로 성장하지 못하는 결과를 가져왔다.

경제적인 자립을 이루어 미국의 경제적 보호정책의 우산으로부터 벗어나게 된 1970년대 후반 이후 평화운동이 정체하게 된 건 그때까지의 운동이 이런 약점을 안고 있었다는 것과 관련 있다. 국제적인 경제 질서 안에서 미국이 추구하는 이익을 자신들 역시 나누어 가지고 있음을 자각함에 따라 평화운동은 방향성을 잃고, 군비 증강과 비핵 원칙의 무효화가 진행되고 해외파병마저 추진되었다. 1960년대 말에 발족한 '베트남에 평화를! 시민연합'운동은 최초로 개인 참여에 기반을 둔 평화운동을 벌인 시민운동이었다. 하지만 그것은 싹을 틔운 데 그쳤을 뿐 1974년에 해산되고 말았다. 이 운동이나 같은 시기에 학생운동을 했던 사람들 가운데에는 자신들이 제국주의 질서 안에 편입된 가해자임을 표명한 사람도 있었지만 이후 그들이 이 운동을 크게 발전시키지는 못했다. 1950~1960년대에 많은 국민들을 고무시킨 이상이었던 '평화'는 1970년대 들어 영향력 없는 비현실적인 정치 이념으로 후퇴하는 듯 했다.

이시다 타케시石田雄 등 자유주의자나 진보파가 사회과학이나 역사학의 시각에서 서술한 패전 이후의 평화운동에는 종교 세력이 등장하지 않는다. 그들은 평화운동의 주된 담당자를 정당, 노동조합, 학자·지식인, 그리고 '시민' 개개인으로 보았다. 또 '보수'와 '혁신'으로 색깔을 가르면서 평화운동의 주체를 전망하였다. 그러면서 '보수'로 분류된 단체들이나 '보수'·'혁신' 어느 쪽에도 속하지 않는 사람들의 평화운동에 관해서는 별로 다루지 않았다. 애당초 이런 정치지형도 자체가 냉전시대 사고방식의 틀 안에 머무른 것이다. 그러나 종교 세력까지 시야에 넣어 평화운동의 역사를 되짚어보면 그 양상이 달라진다. 다시 말해 패전 직후부터 21세기에 들어선 지금에 이르기까지 여러 종교 세력들이 다양한 평화운동에 힘써온 사실을 알 수 있다.

1947년에 이미 전일본종교평화회의가 일본종교연맹 주최로 쓰키지혼간지築地本願寺에서 열렸던 것을 비롯해 미군점령기부터 불교계, 기독교계, 진루이아이젠카이人類愛善會(오모토교) 일본산묘법사日本山妙法寺 등이 단독강화 반대, 핵무기 폐기 등을 내건 운동을 벌였다.56) 이런 종교인의 평화운동이 크게 활발해진 것은 일반인의 평화운동과 마찬가지로 1954년 비키니사건 이후였다. 1955년의 제1회 원수폭금지세계대회 이후 반핵운동은 종교계의 평화운동을 결집시키는 중심이 되었다. 1958년에는 가가와 토요히코賀川豊彦가 발기인이 되어 종교 세력을 폭넓게 결집한 원수폭금지종교인간담회를 발족했다. 그러나 1960년 미일안보조약 개정문제를 둘러싼 원수폭금지운동의 분열(자민당계의 핵무기금지평화건설국민회의 결성)로 인해 이 간담회는 곧 분열되고 만다. 어찌됐든 이 간담회의 호소로 1962년 진보파에 속하는 일본종교인평화협의회日本宗教者平和協議會가 결성되었다. 이제 이소오카 테쓰야磯岡哲也의 서술에 의거해 이 운동의 성격을 살펴보자.

일본종교인평화협의회의 결성에 앞서 1961년 7월 교토에서 제1회 세계종교인평화회의(나중에 언급할 1970년의 '세계종교인평화회의'와 이름은 같으나 훨씬 규모가 작음)가 열려 16개국에서 47명, 일본에서는 200여 명이 참가하여 다음과 같은 구절이 들어간 '교토선언'을 채택했다. 이것은 일본종교인평화협의회의 운동 방향을 결정지은 글이라 할 수 있다.

우리는 종교적·정신적 태도가 안으로는 마음의 평화와 밖으로는 세계의 평화를 함께 묶으려는 목적을 가지고 있음을 확인했습니다. 마음의 평화는 모든 사람들의 행복 없이는 불가능합니다. 종교인이 인류의 복지와 관련한 모든 문제에 대해 책임을 느껴야 한다고 믿는 점에서 우리는 완전한 의견 일치를 보았습니다.

현재 우리가 직면하고 있는 가장 중요한 문제는 전쟁과 평화입니다. 우리는 우리 자신의 견해를 표명하고 동시에 다른 사람들의 견해를 듣기 위해 여기에 모였습니다. 이 회의가 목적을 이룰 수 있도록 만드는 기본 태도는 관용의 정신입니다.

특정 종교의 입장이 아닌 범종교적인 입장에서 평화운동의 이념을 형성하기 위해 노력했음을 이 글에서 엿볼 수 있다. '마음의 평화'를 호소하는 데에서 한발 더 나아가 적극적으로 행동하려는 의지가 전면에 드러나 있다. 또 1960년대 초기에 이미 국제 교류를 통해 다양성을 전제로 함께 행동하는 종교인의 연대라는 이념을 찾아낸 것은 주목할 만하다. 한편 합의된 17개 항목은 이상주의적인 이념과 함께 상당히 현실성을 띤 제안도 포함하고 있었다. 즉 비핵무장지대의 설치, 각국의 군사 예산 삭감, 제국주의·식민지주의의 억압에 대한 반대 등이 들어있었다. 가장 이념적 제안인 첫 번째 항목은 다음과 같다.

우리는 군비軍備의 전면 폐지를 목표로 삼으며 다음과 같이 생각합니다.

이 목적을 실현하기 위해 미일안보조약 등의 군사동맹조약은 폐기되어야 합니다. 외국 군사기지는 일제히 폐쇄되어야 합니다. 그리고 국제우호와 상호신뢰에 바탕을 둔 상호불가침조약을 체결해야 합니다.

이후 종교계에서 이와 같은 이상주의적 평화 이념이 사라져간 과정을 이 글에서 자세하게 밝히기는 불가능하다. 1960년대 일본의 국내외 정치 상황에서 군사동맹의 폐기라는 이념은 비현실적이라는 시각이 힘을 얻음에 따라 이 운동은 종교계나 교단 내부의 사회주의파 혹은 좌파의 시각에서 나온 것으로 간주되었다. 일본종교인평화협의회는 1960년대에 두 번의 세계종교인평화회의와 다섯 번의 일본종교인평화회의를 개최하는 등 활발하게 활동을 전개하였다. 하지만 1970년대 이후에는 좌파 세력 내부의 그저 그런 운동으로 축소되었다. 1965년에 사회주의국가의 핵실험을 옹호하는 공산당계 세력이 원수폭금지일본국민회의를 만들어 원수폭금지일본협의회로부터 갈라져 나가는 일이 발생했다. 이처럼 혁신정당과 연대했던 원수폭금지운동이 분열하고 주력 멤버였던 오모토교가 운동과 선을 긋게 된 것이, 운동이 후퇴하게 된 주요 원인이었다. 종교 협력에 기반을 둔 평화운동이 당파적인 정치 대립에 밀려 후퇴한 것이다. 그때까지의 전개는 패전 후 일반인들의 평화운동이 밟은 길과 일치하는 부분이 많았다.

그런데 종교협력에 의한 평화운동이 일본종교인평화협의회의 후퇴로 끝을 맺은 것은 아니었다. 오모토교, 기독교, 불교, 신도神道 등이 별도로 진행했던 세계연방운동이 합류해 1967년 세계연방 일본종교위원회가 결성되었다. 이 조직은 1969년에 제1회 세계연방평화촉진 종교인대회를 열었으며 이후 매년 대회를 열어 종교 이외의 세계연방운동—예를 들자면 세계연방도시선언을 한 아야베綾部시, 무사시노武藏野시 등—과도 연대하였다. 특히 영향력 면에서는 세계종교인평화회의World Conference on Religion and Peace(WCRP)운동이 주목을 끈다. 이 운동의 중심은 1970년대 이후 4, 5년에 한 번씩 세계 각지에서 열리는 대회이다. 1999년 요르단의 암만에서 열린 제7회 세계종교인평화회의WCRP에는 전 세계 70개국에서 1,200명이 참가했다. WCRP 본부(국제위원회)는 뉴욕에 있는데 2003년 현재 35개국에 하부조직인 각국 위원회가 설치되어 있다.[25] 그 가운데 도쿄 릿쇼코세카이立正佼成會의

25　한국에서도 1986년 제3차 아시아종교인평화회의ACRP의 서울 총회를 계기로 국제 종교기구와 유대관계를 갖는 한국종교인평화회의KCRP가 결성되었다. 현재는 7대 종단(개신교,

시설에 있는 세계종교인평화회의 일본위원회가 가장 활발하게 활동하고 있다.[57] 이 WCRP 일본위원회의 적극적인 활동에 힘입어 1977년에 아시아종교인평화회의ACRP가 결성되었는데 WCRP와는 자매관계라 할 수 있다.

1972년에 WCRP 조직이 결성되기에 앞서 1968년에는 미일제종교평화회의의米日諸宗教平和會議가, 1970년에는 제1회 세계종교인평화회의가 교토에서 개최되었다. 항구적인 조직을 만드는 계기가 된 후자는 그 후 큰 성과를 거둔 '교토대회'로 기억되고 있다. 39개국 300여 명이 참가하여 '비무장', '개발', '인권'을 주제로 서로 이야기를 나누었다. 이 대회의 개최를 위해 힘쓴 사람들 중 하나로 WCRP 초대 사무총장을 지낸 호머 A. 잭Homer A. Jack(유니테리언)은 이 운동이 많은 사람들의 협력으로 성립되었다고 하면서 굳이 이름을 들자면 창설자는 다음과 같다고 말한다. 미국의 데이나 M. 그릴리Dana McLean Greeley(유니테리언), 모리스 아이젠드라스Maurice Eisendrath(유태교 개혁파), 인도의 R. R. 디와커R. R. Dewakwer(힌두교), 안젤로 페르난데스Angelo Fernandes(가톨릭), 일본의 니와노 닛쿄庭野日敬(불교, 릿쇼코세카이), 미야케 토시오三宅歲雄(신도, 곤코교), 서독의 마리아 A. 뤼커Maria A. Lüker(가톨릭) 등 7인이다.[58]

이를 위해 개최국인 일본이 애를 쓴 것은 말할 것도 없다. 미국에서도 1960년대 초부터 데이나 M. 그릴리 등이 범종파·범종교 평화운동을 모색하였으며 국제적인 협력에도 적극적이었다. 그 주요 구성원들은 여러 종교들 사이 통합을 목표로 하는 종교협력의 입장을 취했다. 1960년대 말에는 이런 미국의 운동과 일본의 국내 종교협력운동이 연

불교, 원불교, 유교, 천도교, 천주교, 한국민족종교협의회)이 참가하고 있다. 또한 월간『종교와 평화』신문을 발행하고 산하에 종교평화국제사업단PCR을 설립하여 종교 분쟁 지역의 평화 정착을 위한 지원 사업, 인도적 지원 사업 등을 추진하고 있다.

대하여 국제 연대를 더욱 확대해 나갔다. 그때까지 이루어지고 있던 종교 조직들의 국제 교류가 미국과 일본의 운동으로 확충되었으며, 교토회의가 열렸고, 그 후에는 항구적인 조직 결성으로 나아갔다. 미국과 일본의 운동을 연결하는 역할을 한 것은 여러 종교간 통합을 목표로 하는 국제자유종교연맹International Association for Religious Freedom(IARF) 운동이었다. 즉 교회통합이나 여러 종교들 사이 통합을 꾀하는 운동이 그 틀을 넓혀 종교협력을 통한 평화운동을 지향하게 되었고, 결국에는 평화운동이 주목적이 되었다.

　1970년대에 WCRP는 베트남 전쟁의 조기 종결을 위한 운동, 인도차이나 난민에 대한 지원, 평화개발기금의 발족 등을 위해 힘썼다. 평화개발기금을 발족하게 된 계기는 '한 끼 바치기 운동'이었다. 이것은 1974년 제2회 세계종교인평화회의WCRP가 벨기에의 루베에서 열린 후, 미소기교禊教의 관장인 사카타 야스요시坂田安儀, 쇼로쿠신토야마토야마松綠神道大和山의 교주인 다자와 야스사부로田澤康三郎가 '기도에서 행동으로'에 대한 구체화 방안으로 제안한 운동이다. 미소기교의 교조인 이노우에 마사카네井上正鐵가 덴포天保대기근(1833~1839) 때 "우리의 한 끼를 바쳐 굶주리는 다른 이들을 구하자"고 말한 것을 본떠, 한 달 중 하루 단식·금욕의 날을 정하고 그 한 끼에 해당하는 돈을 모아 WCRP 일본위원회에 기탁했다. 거기에는 단순히 생활물자가 부족한 사람들을 물질적으로 돕는다는 의미 외에 스스로 공복을 경험함으로써 세계의 고통을 함께 느끼고 힘들어하는 사람들과 연대하는 마음을 가진다는 수행의 의미도 들어있었다.

　1976년에 싱가포르에서 열린 아시아종교인평화회의는 ACRP의 발족을 가져왔다. 그 회의에는 인도의 마더 테레사, 후에 사회참여 불교운동가로 널리 이름을 알리게 되는 베트남의 틱낫한Thich Nhat Hanh도 참가하였다. 그때 채택된 '싱가폴선언'에는 다음과 같은 구절이 들어있다.

> 우리가 모인 지금도 아시아의 많은 나라에서 제2차 세계대전의 기억이 아직도 가시지 않았으며 지속된 국지적 전쟁의 상처가 여전히 아물지 않고 있다. 우리가 모인 이때, 아시아 대부분이 위기 상황에 처해있고 많은 나라에서 경제 불균형과 착취가 극도의 빈곤을 초래하고 있으며, 자유를 압살하는 권위주의 · 이데올로기로 인한 문화 대립 · 소수민족 문제가 산적해 있다. 이것들 전부가 인간적인 고뇌를 더욱 깊게 한다.
>
> 우리는 평온하고 쾌적한 싱가포르에 모여 있으나 난민들의 한탄, 학대받는 사람들과 고통을 겪고 있는 사람들의 원망과 고민, 가난한 사람들과 버림받은 사람들의 비통한 절규는 여기까지 들려오고 있다.[59]

이미 말했듯이 WCRP운동은 일본 국내의 종교협력운동과 밀접한 관련을 맺으며 형성 · 전개되었다. 일본의 종교협력운동을 되돌아보는 것은 쉬운 작업이 아니다. 그러기 위해서는 1872년에 대교원大教院[26] · 중교원中教院이 행한 신도 · 불교 등 여러 교파들의 합동포교 강제, 1893년 만국박람회와 제휴하여 시카고에서 열린 만국종교대회, 1912년 도쿄 나미 타케지로床次竹二郎와 아네사키 초후姉崎嘲風를 중심으로 민심안정이라는 정치적 의도 아래 열린 '3교회동三教會同'까지 거슬러 올라가지 않으면 안 된다. 이마오카 신이치로今岡信一良(1881~1988)는 젊을 때부터 종교통합에 관심을 가지고 평생 종교협력을 실천하고자 노력하였으며 WCRP의 창설에도 공헌한 인물이다. 여기에 그가 WCRP운동의 원

---

[26] 대교원은 일본 메이지 초기에 국민에게 존황애국 사상을 교화시키기 위해 신도神道의 총본산으로 설치된 기관이다. 1875년 폐쇄되었으나 그 조직은 신도사무국으로 이어져 신도 단체들의 육성을 담당했다.

천을 종교협력운동의 시각에서 회고한 글을 소개한다.[60]

　이마오카 신이치로의 회상은 1924년 일본종교인간담회까지 거슬러 올라간다. 이 간담회는 미국의 배일운동을 계기로 신도가神道家가 주창해서 열렸다. 몇 년 후 이 간담회의 추진자는 당시 의도를 다음과 같이 요약하였다.

　　1924년(다이쇼 13) 6월 일미문제에 관한 국론이 그야말로 비등할 때 아자부麻布의 신도본국神道本局에서 신도선양회神道宣揚會가 열렸다. 그 자리에서 오이카와 토모오及川智雄, 아쓰미 마사루渥美勝, 사와타 고로澤田五郎 등이 일미문제에 대해 신도가가 취해야 할 태도를 두고 서로 의견을 주고받았다. 그 결과, 세계 인류는 미국인도 포함해 모두가 정의인도正義人道를 사랑하고 평화를 추구하는 양심을 가졌다고 믿는다. 따라서 우리는 오직 '있는 그대로 올바름을 사랑하는' 가무나가라노미치惟神道[27]의 정신을 바탕으로 원한을 그대로 받아들이고 천천히 문제를 해결하는 것이 유일하고 진정한 영구해결방법이라는 데 의견을 같이 했다. 이런 믿음을 실제화하고 행동으로 옮기기 위해 일본의 신도·불교·기독교도 및 종교를 이해하는 재야 인사들을 규합하고 일종의 일본종교연맹을 만들어 그 단결력으로 국내외를 움직이기로 했다. 그리고 위 사람들은 곧바로 이를 실행에 옮겼다. 그러자 이노우에 테쓰지로井上哲次郎를 비롯해 호나가 시게스케補永茂助, 엔도 류키치遠藤隆吉, 간자키 잇사쿠神崎一作 등이 먼저 찬동의 뜻을 표하였다. 또 와다和田對白와 와타나베 카이쿄쿠渡辺海旭 두 사람은 불교 쪽에 대한 홍보를, 노구치 스에히코野口末彦는 기독교 쪽에 대한 홍보를 맡기로 하였다. 이리하여 각계 명사 24명이 자진해서 발기인이 되기로 하고 각 방면의 인사들을 초청하여 7월 5일 제1회 회합을 개최하기에 이르렀다.[61]

---

[27] 가무나가라는 신이 바라는 대로, 신이 다스리던 태고적 그대로를 뜻한다.

천황즉위식을 기념한다는 의미를 덧붙여 1928년에 메이지진구^{明治}^{神宮} 외원^{外苑}에 있는 일본청년관에서 일본종교대회가 열렸다. 3년 후에는 일본종교평화회의가 개최되었는데 이때 이마오카 신이치로가 총간사를 맡아 애썼다. 그 후 세계회의도 고려했던 것 같지만 1931년 중일전쟁이 일어나면서 종교계의 자발적인 종교협력운동은 좌절되었다. 그러나 이 운동의 의도들 가운데 일부는 1940년 무렵 구체화되는 종교익찬회나 '종교단체법'에 의한 신도·불교·기독교의 합동, 나아가서는 1943년 대일본전시종교보국회^{大日本戰時宗敎報國會}로 이어졌다. 패전 후 종교 행정에 깊이 관여했던 오이시 슈텐^{大石秀典}에 따르면 대일본전시종교보국회는 1946년 2월에 일본종교회로 이름을 바꿔 일단 문부대신이 회장을, 문부성 종무과장이 총무국장을 맡았다가 곧 정부로부터 완전히 독립한 기관으로 재발족하여 같은 해 6월에 일본종교연맹으로 개칭되었다.[62] 바로 이 일본종교연맹이 패전 후 종교협력운동의 중요한 거점이 되었다. 오이시 슈텐은 후에 신일본종교연합회 등 종교협력운동의 지도자로 크게 활약하였으며 WCRP 일본위원회의 감사로 일하기도 했다.[63]

앞에서 1947년 전일본종교평화회의부터 1962년 일본종교인평화회의 결성까지의 과정을 개관하였는데, 일본종교연맹은 그 과정에서 매우 중요한 역할을 담당했다. 하지만 패전 후의 종교협력운동과 패전 전의 그것은 매우 달랐다. 패전 이후의 종교협력운동은 국가에 대한 적극적인 협력을 최우선의 동기로 삼기보다는 다양한 민간운동으로 횡적인 연대를 넓히고 경우에 따라서는 국가 사이 연대를 도모하는 성격도 강했다. 1955년에 열린 종교세계회의의 준비위원장을 맡은 사람은 세계연방운동에 열심이었던 헤이본샤^{平凡社}의 시모나카 야사부로^{下中弥三郎}(1878~1961)였다. 이마오카 신이치로도 일본자유종교연맹을 설립하여 국제자유종교연맹운동에 열심히 참여했다. 하지만 이보다 더 큰 변화는 패전 전에는 '유사종교'로 간주되어 정부의 억압적 단속으로 고초를 겪어야 했던 신흥종교 교단이 연합체를 만들어 적극적으로 참여한 것이다.

릿쇼코세카이立正佼成會의 교조 니와노 닛쿄(1906~1999)는 곤코쿄金光教의 미야케 토시오三宅歲雄(1903~1999)와 함께 일본의 WCRP운동을 추진하면서 뛰어난 리더십을 발휘하여 국제적으로도 이름을 알린 인물이다. 그는 WCRP운동에 앞서 신일본종교단체연합회의 결성과 운영에도 크게 공헌했다. 신일본종교단체연합회는 2002년 현재 PL 교단, 릿쇼코세카이, 게다츠카이解脫會, 묘치카이妙智會, 젠린교善隣教, 엔노교円応教, 쇼로쿠신토야마토야마松綠神道大和山 등 69개 교단이 참가한 연합체이다. 하지만 1951년 결성 당시에는 24개 교단에 불과하였다. 결성 당시에는 이후 탈퇴하여 보수정당과 강한 연대를 맺는 세카이큐세쿄世界救世教, 세이초노이에生長の家도 포함되어 있었다. WCRP 일본위원회와 신일본종교단체연합회는 완전 별개의 조직이지만 니와노 닛쿄를 비롯해 힘 있는 추진자들이 양쪽에 다 관여했으므로 서로 영향을 주고받았다고 할 수 있다.

WCRP의 역사를 통해 패전 후 일본 평화운동의 성격을 살펴볼 때 신일본종교단체연합회와의 연관은 매우 중요하다. 특히 WCRP운동을 함께 일으켜 참가하고 해외 종교인들과 교류하는 과정에서 일본 종교인이나 종교단체가 '역사를 되묻기' 위한 공부를 많이 하게 되지 않았나 하는 생각이 든다. 릿쇼코세카이, 묘치카이妙智會 교단, 묘도카이妙道會 교단, 쇼로쿠신토야마토야마松綠神道大和山 등 신일본종교단체연합회에 가입한 교단 몇몇은 WCRP운동에서 큰 역할을 담당하였다. 이는 신일본종교단체연합회의 종교협력운동이나 사회 활동의 사상적 내실에 깊은 영향을 주었다.

　나는 신일본종교단체연합회와 그 청년조직인 신일본종교청년회연맹의 전몰자에 대한 인식 변화에 관심을 가졌는데, 마침 역사학자인 나카지마 미치오中島三千男가 「전쟁과 일본인戰爭と日本人」이라는 논문에서 이를 다루었다.[64] 1950년대 신일본종교단체연합회는 '영령英靈'을 위로하는 데 큰 관심을 가졌으며 정부나 일본종교연맹과 협력하여 7차례에 걸쳐 유골수습위령파견단을 조직했다. 니와노 닛쿄는 1955년에 "여러분 모두가 자신을 돌보지 않고 헌신했기에 빛나는 우리의 국체를 최후의 일선에서 겨우 지킬 수 있었으며, 존엄한 희생의 피 덕분에 조국 일본은 민주국가로 훌륭하게 부활할 수 있었습니다"라는 조사를 읽었다. 나카지마 미치오는 여기에서 전몰자를 대하는 방식을 '위업자偉業者형 영령관'이라고 부른다. 그러나 야스쿠니신사를 국가가 수호하자는 법안에 반대하며 '국민수호'를 주창하게 되는 1960년대 말의 신일본종교단체연합회 소책자에서는 그 어조가 크게 바뀌었다. 나카지마 미치오가 인용한 그 구절은 나의 논지와도 아주 잘 맞으므로 여기에 그대로 인용한다.

　일본은 1945년(쇼와 20) 진정한 평화를 향해 발걸음을 내딛었습니다. 그전까지는 군국주의였던 일본이 평화로운 문화국가를 만들 것을 전 세계에 맹세하였으며 평화의 이상을 좇는 헌법이 발포되었습니다. (…중략…) 이제 일본은 세계에서 손꼽히는 산업국으로 부상했습니다. 그러나 우리는 이 평화 이 번영의 그늘에 전몰자의 존엄한 희생이 있었다는 것을 잊어서는 안 됩니다. 조국과 동포의 영원한 '번영'을 빌며 전쟁터에서 스러져간 300여 분 하나하나가 목숨을 바쳐 평화와 번영을 쌓아 올려주신 겁니다. (…중략…) 평화의 주춧돌이 되어주신 전몰자 여러분의 '혼령'을 참배하고 받들며 위로하고 그 위업을 영원히 전하며, 그 일을 통이 자료는 신일본종교단체연합회에 가입한 교단들이 WCRP운동에 합류하던 시기에 만들어진 것이다. 나카지마 미치오는 여기에서 전몰자를 대하는 방식을 '희생자형 영령관'이라고 부른다. 여기에는 애초부터 WCRP에 적극적으로 참여했던 일본 종교인의 평화관이 잘 나타나있다. 패전 이후 일본은 한국전쟁이나 베트남전쟁을 위한 미군기지를 제공하고 그로부터 많은 경제적 혜택을 받았다. 반면, 전투에 나가는 미군을 위한 기지를 기반으로 한 경제나 사회 환경으로 곤경을 겪고 있는 오키나와 등지의 주민도 적지 않았다. '평화로운 문화국가'라는 자기인식에는 그와 같은 '그림자' 부분에 대한 인식이 결여되어 있었다.

그런데 세계종교인평화회의에 참가하여 평화를 구축하기 위한 학습에 힘쓰는 과정에서 많은 지도자와 신도들이 충격을 받고 인식을 바꾸지 않을 수 없게 되었다. 신일본종교단체연합회의 한 참가자인 묘도카이妙道會 교단의 무로하라 요시카즈室原慶和는 "이 회의를 통해 베트남 전쟁터에서 반전을 외치고 있는 불교도, 인종차별과 싸우는 목사 등 평화를 위해 활동하는 세계 여러 종교인들이 호소하고 종교의 본질적인 움직임을 논의하게 되면서 분명하게 드러났다"고 말한다. 이런 새로운 흐름 속에서 1969년부터 1973년에 걸쳐 신일본종교청년회연맹은 '오키나와문제 연구 세미나' 등을 기획하여 청년지도자와 신도들을 오키나와에 파견했다.

이런 경험들을 통해 신일본종교청년회연맹 활동의 성격이 바뀌어갔다. 특히 신일본종교청년회연맹의 주최로 1962년부터 지도리가후치千鳥ヶ淵 전몰자 묘지에서 매년 8월 14일에 열리던 '전몰자위령 및 평

화기원식전'(8·14식전)의 성격이 바뀌었다. 1972년의 '8·14식전'에서 는 신일본종교청년회연맹 제2대 위원장인 후카타 미쓰히로深田充啓(엔 노교円応教)가 "일본 국민의 평화 이념 형성은 히로시마, 나가사키의 피 폭자, 오키나와의 민간인을 포함한 대량학살, 도쿄 대공습으로 인한 엄청난 피해, 또 타국에서 병사 200여만 명의 전몰 등의 참혹한 체험 이 그 기반을 이루었다"고 말하기에 이른다. 시민의 피해에 관심을 기 울이게 된 것이다.

신일본종교청년회연맹은 1974년부터 거의 한 해 걸러 '동남아시아 청년평화사절단'(통칭 '동남아시아 참회행懺悔行')을 파견하였다. 1974년 여 행은 타이멘泰緬철도 건설 희생자를 위한 공양탑 건립과 위령제 집행, 보루네오 라푸앙 섬의 허물어진 일본인묘지 청소, 그곳에서 '가라유 키상'[28]으로 여겨지는 무연고 묘 발견, 싱가포르의 '일본점령기 민간 인 희생자 기념비日本占領時期死難人民紀念碑'에서 행한 묵도, 필리핀의 세 인트피터 성당에서 현지 기독교 신자들과 함께 행한 현지인 희생자 를 위한 합동 추도 미사, '바탄 죽음의 행진' 기념비 참배 등으로 이루 어져있다. 나카지마 미치오는 이런 체험들을 통해 '희생자형 영웅관' 이 결정적인 타격을 입게 되었다고 말한다. 신일본종교청년회연맹은 1974년 야스쿠니신사를 국가가 수호하자는 법안에 대해 적극적으로 반대행동을 벌이게 되는데 이 같은 학습과 경험이 거듭된 결과라고 생각된다.

바로 이 시기에 WCRP도 '한 끼 바치기 운동'을 시작하고 ACRP 결성 을 시도하며 인도차이나 난민 지원에 힘쓰기 시작했다는 것을 덧붙이

---

28 19세기 후반 동아시아 또는 동남아시아로 건너가 매춘부로 일했던 일본 여성을 가리키 는 말이다. 대부분이 가난한 농어촌 출신으로 알선업자를 통해 해외로 팔려나갔다. 처음 에는 '낭자군娘子軍'으로 선전되기도 하였으나 나중에는 '나라의 수치'로 간주되어 그 존 재가 감추어졌다가 1970년대 이후 일반에게 알려지게 되었다.

고 싶다. 1976년에 싱가포르에서 열린 아시아종교인평화회의의 '싱가
포르선언'을 앞서 인용했는데, 그 회의에 관해 『WCRP 세계종교인평화
회의 30년사WCRP世界宗教者平和會義三○年史』는 이렇게 회상하고 있다.66)

회의가 진행되면서 일본 측 종교인들은 충격을 받지 않을 수 없었다. 오랜 시
간에 걸쳐 서구에게 지배당하고 착취당한 아시아 여러 나라의 고민을 직접 접했
기 때문이다.

전쟁의 상처가 아직 치유되지 않았으며 경제적으로 선진국들에게 크게 뒤처
진 가운데 빈곤과 기아로 허덕이고 있는 아시아 여러 나라의 현실이 적나라하게
이야기되었다. 그리고 인간생존권의 보장, 새로운 국제 경제 질서의 수립, 실질
적인 개발 지원, 식량 증산, 교육의 보급, 의료 시설 확충, 종교의 권위 회복 등이
잇달아 호소되었다.

또 제2차 세계대전 중 있었던 일본의 잔학 행위와 종전 후 일본 제품의 시장진
출 등이 겹치면서 일본에 대한 뿌리 깊은 반감이 마음 속 깊이 남아있음을 일본
종교인들은 새삼 절감했다.

싱가포르 시내에는 전쟁 중 일본군에게 학살당한 민간인 6천 명의 영혼을 달
래는 희생자위령탑이 하늘 높이 솟아있다. '원념怨念의 탑'이라고 불리는 이 탑은
일본이 저지른 잘못을 상징하는 것으로 그 참화가 아직도 이야기되고 있다. 일
본대표단은 그 탑에 헌화하면서 희생자의 영혼을 달래고 전쟁을 하지 않겠다는
맹세를 새로이 했다.

또 일본 종교인들은 이 회의의 자원봉사자들 가운데 그 때 학살로 혈육을 잃은
사람들이 많다는 사실에 감동받았다. 일본인에 대한 증오와 분노는 분명 마음속
에서 계속 격하게 들끓고 있을 터이다. 그런 원한과 증오를 넘어선 그들의 봉사
가 회의를 뒤에서 받쳐주고 있었던 것이다. 일본대표단은 그들의 그런 태도를 접
하고 다시 한 번 그 죄를 참회하며 평화를 위한 헌신을 다짐하지 않을 수 없었다.

이시다 타케시石田雄에 따르면 1970년대 이후 일본의 평화주의가 정체된 것은 개인의 책임에 의거한 평화라는 수용방식이 미숙했기 때문이다.67) 1960년 미일안보조약 개정문제가 있기까지 평화운동에서는 '평화로운 가정'이 위협받고 있다는 의식이 강했고 '평화로운 가정'만 유지된다면 국가 문제에는 무관심한 비정치성이나 보수성이 두드러졌다. 그런데 '베트남에 평화를! 시민연합'의 운동은 생활방어적인 평화관에서 한발 더 나아가 '가해자로서의 자기의식'을 가짐과 동시에 국가와 개인의 긴장관계에 대한 의식을 가지려고 했던 부분이 새로웠다. 가해자였다는 것을 포함해 개인의 책임을 중심에 두고 평화를 생각하게 되자 평화운동 역시 조직에 의존하지 않고 자발적인 참가에 따른 단체 만들기라는 방향을 취하게 되었다. 그러나 이후 일본의 평화운동은 '베트남에 평화를! 시민연합'의 운동에 담겨있던 그런 방향성을 더 이상 키우지 못했다.

하지만 WCRP운동을 보면, 이 같은 평가는 일부만 맞는다. 종교단체나 종교협력운동을 통해 국제회의와 국제 교류가 늘어나면서 실제로 '닫힌 평화'관의 한계를 통감하고 역사를 되묻는 경험을 하게 된 사람들이 생겨났다. 분명 그와 같은 체험을 한 건 교단 내 소수의 사람들이었다. 많은 신도들은 그들이 배운 것을 말로 전해 듣고 그 안에서 이해했는데 그것을 얼마만큼 실감했는지 의심스러운 부분도 있다. 그렇지만 1970년대 WCRP운동이나 그 주변 단체들이 가해자로서의 자각을 기반으로 한 평화관을 어느 정도 공유했던 건 분명하다. '마음의 평화'를 강조하는 개인 중심의, 정치적으로는 보수적인 평화관에 익숙했던 종교계 사람들이 타자의 고통을 배려하면서 역사를 되묻는 길에 발을 내딛은 것이다.

피해자의 입장에 공명하는 것이 가능한지 여부를 '조직과 개인'이라는 관점과 관련지어 생각하기 위해서는 이시다 타케시가 제시한 것보다 좀 더 복잡한 고찰이 필요하다. 자율적인 개인의 순수한 주체성이 국민 주체성을 뛰어넘을 수 있다는 상정은 비판적인 지성을 행사하는 개인의 힘을 과대평가할 우려가 있다. 제각각 짊어진 공동의 역사 경험을 통해 전통적인 가치를 유지하면서 이질성에 문을 열고 타자를 받아들이는 유연한 감성, 신체성이 길러지는 경우도 있다. 오랜 전통을 가진 종교적인 평화관의 내부에서 역사를 되돌아보며 가해／피해의 관계 즉 과오와 책임의 양상을 재검토하고 그와 같은 역사를 짊어진 존재인 자신을 반성하는 시도가 종교적인 공동의식과 함께 진행되었다고 생각된다.

이 글에서 되돌아본 것은 역사의 재검토에 대해 압박감을 느끼며 몸으로 익힌 경험이다. 이와 같은 경험은 1920년대에 구상되어 전시와 전후에 당연한 전제로 받아들여졌던 '국가와 국민사회의 발전을 위한 종교협력'이라는 틀이 세계적인 규모의 종교협력이라는 이념으로 전개되는 과정에서 이루어졌다. 거기에서 '일본 종교의 전후^{戰後}체제'를 넘어서는 과정의 한 국면을 볼 수 있다.

4. 일본 종교의 전후^{戰後}체제와 그 사회적 기반

이 총설의 제목인 '일본 종교의 전후체제'라는 용어는 이 글의 취지를 분명하게 하기 위해 내가 만든 개념이다. 지금까지 ① 패전 이전 일본 종교체제의 전체 틀을 규정하고 있었던 국가신도가 패전 이후 어떻게 변화했는지, ② 국가신도를 축으로 하는 패전 이전의 체제를 대신해 형성된 종교연합체가 어떤 것이었는지, ③ 신흥종교단체가 그 안에서 어떤 위치를 점하고 패전 이후 일본 사회에서 일어난 정치적 사회적 활동에 어떻게 관여해왔는지, ④ 국민 집단의식을 토대로 하면서 종교단체를 매개로 어떤 주체성이 형성되었는지, 나아가 ⑤ 종교연합을 통한 평화 실현이라는 이념이 1970년대에 변용되면서 '일본 종교의 전후체제'를 넘어설 조짐을 어떻게 표면으로 드러내게 되었는지를 논했다. 지식인의 종교사상이나 종교관 혹은 기독교, 불교, 민속종교 등에 관해서는 충분하게 다루지 못했으나 전후戰後종교사에서 가장 눈에 띄는 현상이 신흥종교의 발전이었음은 모두가 인정하는 바이므로 이런 치우침은 허용되리라 믿는다. 이 마지막 장에서도 신흥종교에 비중을 두었지만 그 외 지금 언급한 전후종교사의 여러 측면도 고려해 '일본 종교의 전후체제'라는 말을 사용한다.

여기에서 말하는 '전후戰後'의 범위는 미군점령기에서 1970년대 전반까지이다. 1951년 샌프란시스코 강화조약 체결로 종교체제가 크게 바뀌긴 했지만 그것을 뛰어넘는 연속성이 있었다. 전후체제의 많은 요소는 패전 이전에 이미 형성되어 있었다. 1920년대부터 형성되어온 대중 동원의 사회체제를 반영하여 종교단체나 종교를 둘러싼 제도적 기반도 크게 바뀌어왔다. 따라서 '일본 종교의 전후체제'를 명확하게 하는 작업은 1920년대부터 뚜렷했던 사회, 사상, 실천의 변화를 일일이 확인하면서 서술할 필요가 있다. 전시戰時체제가 전후戰後체제를 준비했다는 측면에서 보는 시각은 특히 중요하다.68) 한편 이 전후체제는 1970년대부터 차츰 붕괴될 조짐을 보였다. 2000년대에 접어든 지금, 종교를 둘러싸고 1970년대에 모습을 나타내기 시작했던 다양한 현상들이 현저해진 것을 알 수 있다. 1970년대 이후는 '일본 종교의 전후체제' 이후의 사태로 기술될 수 있다.

'일본 종교의 전후체제'의 특징으로 우선 여러 종교단체의 공존과 그것을 지탱하는 종교의 자유 이념을 들 수 있다. 그것은 신도·불교·기독교·신흥종교가 국민 개개인의 시민적 주체성을 형성하고 대등한 입장에서 사회 복지에 공헌하고 민주주의 사회를 뒷받침한다는 명분이 되었다. 그러나 여기에는 몇 가지 유의해야 할 점이 있다. 첫째, 패전 이전에 비해 아주 약화된 형태이긴 하지만 국가신도가 존속되어 국민통합이라는 관점에서는 다른 종교들 위에 서려고 계속 기회를 엿보고 있다는 것이다. 이에 관해서는 앞에서 약간이나마 언급했다. 국가의례에 관한 종교적 상징 혹은 역할수행자로서 천황의 지위는 남았으며 국민의 숭경도 어느 정도 존속되었다. 신사神社 계에는 황실숭경을 중시하고 국가와의 관계에서 특별한 지위를 갖고 있다는 의식이 뿌리 깊게 남아있다. 또 야스쿠니문제나 천황의 승계의례에서는 국가신도의 기능이 표면으로 드러나면서 정치적인 쟁점으로 떠오르게 된다.

둘째, 여러 종교의 공존이 국민사회 복지에 공헌한다는 사고방식이 큰 역할을 했다는 것이다. 많은 교단들이 종교연합체제에 가담하는 것을 당연하게 여겼다. 그럼으로써 국가나 국민사회와 협력관계를 유지하고 국가로부터 보호받을 수 있다는 기대가 암묵적으로 담겨있었다. 또 국가와의 제휴를 유지하면서 국민사회 전체와 종교단체들이 상부상조하는 관계에 있음을 깨닫게 되었다. 국가나 국민사회와의 이런 깊은 연결의식과 그와 결부된 종교연합체제는 패전 이전 늦어도 1930년 무렵부터 형성되어 있었다. 거슬러 올라가면 '국민사회에 공헌하는 종교'라는 이념이나 제도는 메이지유신 시기부터 작동되었는데, 균질성과 밑으로부터의 제휴 협력이 더욱 굳건해지고 특히 지도하고 보호한다는 '익찬翼贊'적인 긴밀성과 지배력을 갖게 된 것은 쇼와기였다. 그런데 이런 종교연합체제에 편입되지 않은 종교단체, 교단 세력도 있었다. 창가학회, 기독교나 정토진종淨土眞宗 가운데 사회비판적인 종파가 대표적인 예이다. 그러나 창가학회를 비롯해 이런 세력들도 국민사회에 대한 공헌이라는 측면에서는 '참가'의지를 강하게 드러내며 종교연합 참가와는 다른 형태로 정치참여를 꾀하고 공동행사에 적극적으로 참가했다.

셋째, 일본의 '전후戰後'는 세속교육의 확충이라는 점에서 두드러진 변화가 있었던 시기였으며 근대교육과 결부된 사고방식이 넓고 깊게 침투했다. 한편 종교단체는 성직자 중심에서 재가신도(민중) 주도로 급격하게 변화했다. 이렇게 종교 영역에서 현세주의·합리주의·민중지향(대중지향)이 뚜렷해졌다. 이 점에 관해서는 창가학회를 예로 들어 보충 설명하겠다. 도다 조세이의 「과학과 종교」(『대백연화大白蓮華』, 1949.8)에서 다음과 같이 인용한다.

> 종교를 과학의 시각으로 논해서는 안 된다고 주장하는 사람들은 과학의 힘을 두려워하는 것이며 과학의 합리성에 대해 종교의 비과학성을 달리 설명할 수 없는 무기력한 종교를 믿기 때문이다. 생각해보라. 정령이 내린다든가, 볼 수도 없고 실증할 수도 없는 하늘이나 신이 이 세계를 만들고 우리를 지배하고 있다든가, 서방 십만억토 너머 극락정토가 있고 아미타불이라는 부처가 있으며 사람이 죽으면 세지勢至, 관음의 두 보살이 구름을 타고 맞으러 온다든가, 병이 낫고 돈을 번다든가 등등, 과학과 이런 종교들이 일치할 리가 없지 않은가.
>
> 적어도 불교에서 석가가 불교 교단을 조직했을 당시에는 생생하게 민중을 지도하였으며 비과학적이지 않았다. 사제四諦의 법륜法輪을 굴릴 때도 십이인연론十二因緣論을 이야기할 때도 육바라밀六波羅蜜을 행할 때도 묘법연화경의 세계관,

여기서 비판받고 있는 전통불교 역시 다른 형태로 현세주의·합리주의·대중지향을 추구했다. 물론 실제로는 비합리적인 요소와 신분적인 계층의식이 강하게 존재하였다. 하지만 이념으로서는 합리주의와 민중지향을 강하게 주장하였다.

넷째, 가족생활의 중시와 균질한 가족을 기반으로 한 평등주의적 공동성의 중시라는 특징도 두드러졌다. 주민 개개인이 자신들의 의지로 열심히 조상을 공양하는 일이 패전 이후 더욱 두드러졌다. 전통불교 교단에서는 '장례의식 불교'[70]라는 자각을 공유함과 동시에 가족의 화목에 관한 설법을 활발하게 행했다. 신흥종교에서는 레이유카이 계열의 교단들처럼 조상공양을 축으로 하는 파들이 세력을 넓혀갔다. 물론 그 전에도 조상공양은 성행했었다. 그런데 패전 이후 각 가정이 핵가족을 중심으로 한 종교 활동의 장으로서 점점 더 큰 역할을 맡게 되었다. 그와 함께 종교단체에서 적극적으로 활동하는 신도로서 주부의 역할도 현저하게 커졌다. 성별역할분업을 특징으로 하는 근대가족은 이 시기 계속 확대되어 1970년 무렵에 절정을 맞는다. 종교단체들은 그 시기에 대량으로 발생한 전업주부에게 횡적 연대의 장을 제공하고 강한 연대의식을 배양했다.[71]

한편으론 성별역할분업을 신성시하여 '남편을 앞에 내세운다'는 실천이 널리 행해졌다. 종교적 도덕성으로 주도권을 쥐고 남편을 중심으로 한 가족질서의 재구축을 꾀한 것이다. 다음은 사회학자 누마타 켄야沼田健哉가 짓센린리코세카이實踐倫理宏正會를 예로 들어 요약한 것이다. 이 글에서 다루고 있는 가족의 전환기는 구체적으로 나와 있지 않지만 기술 내용을 보건대 1970년대로 생각된다.

현재 짓센린리코세카이 신도인 부부는 예전에 결혼생활의 위기를 맞은 적이 있었다. 그 원인은 일하는 아내의 수입이 꽤 많았는데, 남편이 그것을 핑계로 매일 술을 마시고 놀았기 때문이다. 고민 끝에 어느 날 아내가 후에 본부의 강사가 되는 N씨를 방문해 사정을 털어놓았다. 그것을 들은 N씨는 '남편을 존경하지 않고 책망하는 당신이 나쁘다'며 아내만 나무랐다. 그런데 뜻밖에도 그 일을 계기로 남편이 반성하고 성실하게 일하기 시작해 지금은 행복한 가정을 이루게 되었다. 남편 말로는 '그때만큼 가슴이 벅찬 적이 없었다'고 한다. 그 이후 남편은 N씨를 생불처럼 존경하였다.[72]

다섯째, 집단의 통합을 위해 조화를 중시하는 도덕성을 들 수 있다. 종교적인 가르침을 바탕으로 평온을 추구함으로써 가족, 직장, 혈연, 지연 등 인간관계에서 좋은 결과를 낳고 나아가서는 조화로운 사회의 실현에도 공헌한다는 사고방식이다.[73] 이것은 평화관과도 관련이 크다. 릿쇼코세카이立正佼成會의 니와노 닛쿄는 '평화로운 마음'에 관해 다음과 같이 말하고 있다.

넓은 마음으로 남을 포용하고 남의 잘못을 책망하지 않고 싸우지 않고 괴로워하지 않고 화내지 않고 질투하지 않고 항상 남과 함께 행복하고 싶다고 바라는 마음입니다.

그렇다면 별로 대단할 것도 없다고 생각할지 모릅니다만 우리가 이런 대단할 것도 없는 마음을 갖기가 좀처럼 쉽지 않습니다. 왜 어려울까?……그 원인을 파고 들어가 보면 마지막에 부딪치는 것이 인간의 탐욕입니다. 탐욕이 바로 원흉입니다. 법화경의 제3비유품譬喩品에서 '여러 고통의 이유는 바로 탐욕이 그 근본이다'라고 갈파한 그대로입니다.[74]

욕망을 누르고 '남을 포용하는' 마음을 지니고 조화로운 관계를 쌓는 것이 평화의 출발점이라는 생각이다. 종종 이와 같은 '조화의 정신'은 일본의 전통, 혹은 동양 문명의 핵심이라고 주장되어 왔다.[75] 이런 주장이 강해지면 다른 문화를 폄하하게 된다. 그렇지 않더라도 '마음의 평화'를 강조하는 입장은 타자와 불일치할 가능성이 있고 타자의 피해에 대해 눈을 감고 조화로운 미래를 기대하는 낙관주의로 흐르기 쉽다.

여섯째, 이와 같이 집단화합을 지향하고 현세주의적이고 국민사회를 중시하는 종교단체의 태도는, 냉전구조 속에서 정치적 군사적으로 미국의 우산 아래 보호를 받으며 국민사회 전체의 수준을 끌어올리는 경제 발전에 관심을 쏟아 온 정치체제와 상호보완적이다. 또 미국이 내건 물질적인 부의 확충과 정신적인 성숙의 합치라는 진화주의적 이념이 일부 의심스럽기는 해도 큰 줄기에서 보자면 타당하다고 받아들여졌다. 또 다른 한편엔 사회주의혁명을 통한 사회 이상의 실현이라는 이념이 있었는데 두 쪽 다 물질적인 부와 정신적인 행복의 일치를 낙관했다. 이런 상황 아래 현세에서의 향상을 바라며 영원한 생명력을 찬미하는 다음과 같은 도다 조세이의 설법이 나오게 되었다.

> 그렇다면 성불成佛이란 어떤 것일까. (…중략…)
>
> 영원한 행복을 얻는 것이다. 우리의 생명은 현세에만 한정된 것이 절대 아니다. 영원히 살아있는 것이다. 영원히 살면서 태어날 때마다 풀, 나무, 개, 고양이 혹은 사람이 되어 빈곤·병·고독·바보 같은 생활을 반복하는 것은 생각만 해도 도저히 견디기 어려운 일이다.
>
> 성불의 경지가, 언제나 다시 태어나는 강한 생명력으로 넘쳐나며 태어난 사명을 잊지 않고 생각한 그대로 행동하고 그 소기의 목적을 이루며 누구에게든지

깨지지 않는 복운을 가져다주는 생활을 몇 십, 몇 백, 몇 천, 몇 억 번이나 즐겁게 되풀이하는 것이라면 그 이상 행복한 일이 어디 있겠는가.[76]

지금까지 종교단체와 사회계층의 상관관계에 관해 열거했다. 그런데 여섯 번째 점에 관해서는 이 글에서 거의 다루지 않았기 때문에 이 시기의 창가학회에 관한 연구를 조금 살펴보고자 한다. 패전 이후 종교 변동의 가장 큰 특징이 신흥종교의 현저한 확대라면 그것은 어떤 사회변동에 대응하는 것이었는지 살펴보자. 스즈키 히로시鈴木廣는 1962년 후쿠오카福岡시의 창가학회 회원 약 2만 세대에서 무작위로 추출한 회원 세대를 대상으로 면접조사를 실시하여 268개 회답을 받았다. 이 집계를 토대로 스즈키 히로시는, "후쿠오카시에서 창가학회원이 속한 계층은 영세상업이나 서비스업의 업주와 종업원, 영세공장이나 건설업의 공원, 단순노동자 중심이라고 볼 수 있다"[77]고 말했다. 이런 조사 결과가 타당하다고 해서 1960년대 창가학회를 '도시하층'의 종교단체라고 성급하게 특징지어서는 안 된다. 스즈키 히로시는 처음부터 "후쿠오카시가 이른바 '하층사회'형의 대도시"라는 것도 언급하였다. 또 교단 내에서 간부직을 맡고 있는 자와 그렇지 않은 자의 참여도에 큰 차이가 있었다고 하면서 간부층의 소득 수준은 상당히 높았다고 말한다.[78] 한편 제임스 화이트James W. White는 1960년대 중반 여러 자료에 기초해 창가학회 지지층의 학력이 일반 사회의 평균보다 조금 낮았음을 보여주면서도 "생활에 불만이 많은 화이트컬러 노동자를 끌어들이는 데 점차 성공하였다"고 말한다.[79]

그러나 많은 논자들이 이 종교단체의 신도 중 대도시 비중이 높다는 것, 고향을 떠나 도시로 이동한 사람들이 많다는 것에는 의견을 같이하고 있다. 고도 경제성장에 따른 사회 변동과 신흥종교의 발전이 밀접하게 관련되어 있었던 건 분명하다. 경제 성장에 따른 계층차가 새롭게 나타남과 동시에 급격하게 변화하면서, 부유해지는 사람들과 부유해지길 기대하는 사람들이 많이 늘어났다. 이런 상황이 '앞으로 나아가는 주체'와 '화합에 의한 평화'에 대한 희망을 뒷받침했다. 많은 사람들이 사회적으로 상승할 가능성이 있다고 느끼는 사회에서 지금까지 말한 종교의 여러 특징 특히 세 번째, 네 번째, 다섯 번째 특징이 길러졌다.

'일본 종교의 전후체제'를 지탱해온 정치사회적 조건은 1970년대에 들어서 크게 바뀌었다. 1980년대 후반부터 1990년대 전반에 걸쳐 눈부시게 발전한 옴진리교의 현세에 대한 평가가 앞에서 예로 든 창가학회와 대조적이라는 것은 쉽게 알 수 있다. 고학력의 젊은이들을 끌어들인 아사하라 쇼코麻原彰晃의 설법에는 다음과 같은 구절이 들어있다.

> (존사尊師) 말하자면, 지금 가치관이라고 하는 것은 좋은 학벌, 그 다음엔 대기업, 그 다음엔 스타일 좋은 여자랑 결혼하고, 편안히 살면서 돈 벌고 재테크 따윌 하며 풍요롭게 살다 죽는 거. 이걸 지금 가치관이라고 생각하는 거지, 그런데 내가 말하는 가치관이라는 건 그런 게 아니라 그 안쪽에 있는 거야. 안쪽에는 뭐가 있냐면 모든 걸 아는 거야, 지금 살고 있는 이 세상이 실은 고통이라는 걸, 가령 부자가 되는 것도 스타일이 좋은 여자에게 집착하는 것도 미인에게 집착하는 것도 모두 고통이야. 그게 아닌 또 다른 길은 누구도 부술 수 없는 절대적 경지로 진정한 의미에서 자신을 이해할 수 있는 거야. 그런 가치관을 주고 싶어.[80]

1970년대 이후 일본의 여러 종교단체와 종교문화에 어떤 변용이 일어났는가에 관해서는 이 글에서도 평화운동 등과 관련해 조금 다루었다. 그러나 본격적인 논술은 다음 기회로 미룬다.[81]

제1부 **일상으로의 소급**

가파른 성장과 미스터리

가파른 성장과 미스터리[*]

우치다 류조 內田隆三[**]

1. 고도성장기의 시스템 연쇄

　일본의 고도성장기는 일본 역사와 사회에 있어서 두드러진 시기이며 세계경제사에서도 흔치않은 시기였다. 그렇다고 단절된 시기는 아니었다. 패전으로 초토화된 1945년 8월을 기준으로 시간의 전후를 살펴보면, 1931년 '주요산업 통제에 관한 법률'[1]이 공포되고 만주사변이 일어나면서 약 15년에 걸친 '전쟁'의 시대로 접어들었다. 그리고 1946년 1월 일본 천황이 '인간선언'을 하고, '전후 부흥'의 시대가 10년 정도

[*] 　이 글은 이현희가 번역했다.
[**] 　1949년생. 오사카부大阪府에서 태어난 사회학자로 현재 도쿄東京대학 대학원 종합문화연구과 교수. 저서로는 『탐정소설의 사회학探偵小説の社会学』(岩波書店, 2001) 등이 있다.
[1] 　1931년 4월 1일에 공포된 이 법은 쇼와공황 속에서 기업연합의 강화와 통제로 산업의 불안정한 상황과 위기를 극복할 목적으로 만들어진 법이다.

지속된다. 1955년 사회당 좌·우 양파의 통일, 자유당과 민주당 보수합동으로 실질적인 자민당 일당지배의 정치체제가 발족되었다. 이러한 체제아래 제1차 석유파동이 일어날 때까지 연 10% 전후의 성장률을 기록하는 '고도성장'의 시기가 출현했다.[1] 1969년에는 사토佐藤·닉슨Nixon 회담으로 미일안보조약 고수와 1972년 오키나와沖縄 환원에 합의하는 '미일공동성명'이 발표된다. 이러한 시대적 흐름 속에서 1970년에는 미시마 유키오三島由起夫가 자결[2]한다. 사회적으로 보았을 때 이 시점에서 비로소 일본 전후戰後의 정신구조가 갖추어지게 된다.

1971년 닉슨성명에 따라 금·달러 교환이 정지되었고 1973년의 제4차 중동전쟁으로 야기된 제1차 석유파동으로 경제적 고도성장의 시대가 종언을 고한다. 1974년 실질 GNP는 패전 이후 처음으로 마이너스를 기록했다. 1976년에는 고도성장을 주도한 전 다나카 가쿠에田中角榮 일본 총리가 록히드사건[3]으로 기소된다. 정신적으로 위축되고, 그리 높지 않은 성장이 이어지는 정체된 이 시기는 제2차 석유파동을 겪고 1979년 즈음까지 이어졌다.[2] 1982년 말에는 나카소네 야스히로中曾根康弘 정권이 들어서고, '제4차 전국종합개발계획第四次全國總合開發計畫' 정책을 실행하여 이윽고 '버블' 시대와 소비사회가 본격화된다. 일본경제에서 평균 주식 가격은 1989년 말에 정점을 찍은 후 급속한 하

---

2 미시마 유키오는 1925년 도쿄 출생으로 일본을 대표하는 소설가 중 한명이며, 극작가, 평론가뿐만 아니라 민족주의적 성향의 정치활동가로도 활약했다. 1970년 도쿄 이치가야市ヶ谷의 자위대 주둔지에서 일본 자위대의 각성과 천황의 신격화와 군국주의의 부활을 외치며 총감부에 총감을 감금시키고 할복자살한다.

3 일본의 고위 관리들이 미국의 군수 업체 록히드Lockheed사로부터 금품을 수수한 사건으로 1976년 7월 27일에는 전 총리 다나카 가쿠에가 마루베니의 자금 5억 엔을 수뢰한 혐의로 체포됐다. 그는 무죄를 호소했으나 1983년 징역 4년, 추징금 5억 엔의 실형을 선고받고, 그의 항소는 기각되었다. 다나카 가쿠에는 중·일 외교정상화를 이끌어낸 정계의 거물이었으나 록히드 사건의 추문으로 몰락하고, 그의 파벌도 분열되었으며 자민당 내 6명의 의원은 이를 계기로 탈당하여 '신 자유클럽'을 창립했다.

강국면으로 접어들었고, 1995년 한신阪神·아와지淡路대지진과 옴진리교사건으로 화려했던 꿈은 불길한 종언을 맞이한다. 대략적 구도로 보았을 때, 고도성장은 '전쟁'-부흥-'성장'-정체-'버블', 그리고 헤이세이平成불황이라는 장기 불황으로 이어지는 시대의 흐름에서 한 국면을 차지했다.

　전쟁 / 성장 / 버블이라는 이러한 강박적인 리듬은 돌이켜보면 20세기 일본인 삶의 활력을 고무시킨 커다란 물결이었다. 그러나 그 후 지속된 헤이세이불황은 이 강박적인 리듬을 이완시킨 기간이라기보다 이러한 **리듬을 등지는 방향으로 되풀이한 것으로** 보일 수도 있다. 물론 불황 속에서, 이전의 성장 리듬이 되살아난 것처럼 보이는 IT버블이나 도시재생의 붐도 있었고, 도시재생 붐은 지금도 계속되고 있다. 그렇지만 1980년대 버블과 함께 실제로 나타난 '소비사회'의 침투로 인해 20세기 일본 사회를 움직였던 강박적인 리듬은 그 현실성을 잃어버렸다. 소비사회란 그저 풍족한 사회의 또 다른 이름이 아니다. 그것은 인간의 삶, 실존 양태의 주체성에 대한 확신, 현실적인 층위를 반 이상 무력화할 수 있는 힘이기 때문이다. 고도성장의 시대에도, 버블 시대에도, 사회적 부는 확대되고 또한 팽창했다. 그러나 버블 시대는 '불평등사회'의 이미지를 일종의 체념과 함께 정착시켰다. 이것은 경제의 흐름에서 버블이 개인의 노력을 무력화시킬 정도로 기존 주가 가치를 팽창시켰기 때문이다. 그와 동시에 소비사회라는 삶의 형식은 개인 주체로서의 확신이나 실존의 의미를 갖게 하는 힘을 잃게 만들었다. 성공을 지향하는 경쟁에 참여하려는 의욕을 의기소침하게 만들어 버린 셈이다.

　15년 전쟁, 고도성장으로 이어지는 강박적인 리듬의 밑바닥에서는 1920년대 이후 인구의 급속한 증가라는 감당하기 힘든 에너지와 불안이 뿜어져 나왔다. 그리고 인구 증가는 끊임없이 무언가를 재편하고 구축하는 요인이 되었다. 특히 고도성장기에 인구 증가와 인구 이동이 맞물림으로써 사회적인 재편과 구축작업이 극대화되었다.[3] 한편 소비사회의 심성 또는 윤리＝감각은 오히려 삶의 의미를 가볍게 여김으로써 위안을 찾았다. 이는 인구 증가라는 불안한 벡터를 억제하는 방향으로 작용했다. 버블은 인구 증가가 거의 정체된 상황에서 튀어나온 것이다. 이는 인구의 급격한 증가에서 오는 에너지와 불안의 근원이 없어진 빈 공간에 의제擬制적으로 드러난 환상이었다. 또한 버블은 20세기 일본의 동일성을 은밀히 지탱했던 천황의 죽음으로 텅 비어버린 공간 속에서 정점을 이룬 불안한 축제이기도 했다. 20세기 강박적 리듬은 사라진 후 남겨진 공동空洞 안에서 도시재생이라는 이름아래 묘비처럼 초고층 빌딩들이 끝없이 세워지는 수도의 광경은 초토화된 예전 모습을 뒤집은 것으로 보인다.

84

고도성장기는 동원과 상실의 전쟁이 끝나고 복원과 부흥의 시기를 거쳐, 1955년부터 1973년까지 약 1,980만 명으로 인구가 증가하고 이동함에 따라 새로운 정주定住 형식을 요구한 시기였다. 이처럼 인구와 생활상의 다양한 조건들을 빠르게 충족시키기 위해서는 어느 정도 이상의 경제 발전이 필요한데, 부흥기의 성장은 이러한 경제 발전을 위한 토대가 되었다. 1956년의 『경제백서經濟白書』에서 "더 이상 전후가 아니"라고 강조했듯이, 고도성장이 시작된 1955년, 국민소득은 패전 이전보다 50% 이상 증가 했고, 1인당 국민소득도 패전 이전의 최고 기록이었던 1939년 수준을 넘어섰다.[4] 1931년 만주사변, 1936년 2·26 사건,[4] 1941년 진주만공격으로 전쟁이 고조되고 마침내 1945년 패전이라는 파탄이 극에 다다랐다. 그러나 이러한 혼란 속에서 경제 부흥이 시작되어 일종의 복원력이 작동되기 시작했다.[5] 그리고 1955년 경제지표는 패전 이전인 1935년 수준의 2배까지 회복되었다. 그러나 문제는 그 후에 일어났다. 이미 패전 전의 사회상태도 이전에 겪어보지 못했던 차원이었는데 이후의 사회는 패전 전과는 또 다른 경험이 기다리고 있었다.

패전 전 그리고 부흥기에도 사회개발 시스템이나 방법이 어느 정도 고안, 축적되어 있었지만 경제가 한층 더 성장했다는 사실은 사람들의 생활양식이나 가치관의 변화를 포함해서 산업구조나 국토의 구조적 변용이 실제로 일어났음을 의미한다. 1956년의 『경제백서』는 이 문제를 다음과 같이 기술하고 있다.

> 근대화란 트랜스포메이션transformation, 즉 자기개조의 과정이다. 이 수술에 고통이 없을 순 없다. 메이지 초기 우리의 조상들은 이 수술로 낙후된 농업국 일본을 아시아의 선진공업국으로 개조시켰다. 그 후 일본 경제는 이에 견줄만한 대규모 구조변혁을 경험하지 못했다. 자기를 개조하는 고통을 회피하고 자신의 조건에 맞춰 외부세계를 개조transform하고자 한 시도는, 결국 군사적 팽창으로 이어졌다.[6]

분명 '구조 개혁'은 필요한 것이었고, 새로운 형식으로 종합적인 정책을 전개해나갈 것이 요구되었다. 고도성장은 산업구조 차원에서 자체 완결되는 것이 아니다. ① 도시로 급속한 많은 양의 인구 이동과

---

4 2·26사건은 1936년 2월 26일부터 29일에 걸쳐 일본 육군 황도파의 영향을 받은 청년 장교들이 "쇼와유신 단행, 존황토간尊皇討奸 — 간신배를 척살하고 천황 중심의 정치가 이루어져야 한다"라는 명분아래 일으킨 쿠데타 사건이다. 그들은 1,483명의 병력을 이끌고 총리·내대신內大臣·시종장·육군상·대장상·교육총감 등의 관저와 사저, 육군성·참모본부·경시청·아사히朝日신문사 등을 습격하였다. 그러나 2월 27일에 계엄령이 선포되고 천황 친정을 쿠데타의 명분으로 삼고 있던 쿠데타군은 28일 천황이 복귀 명령을 내리자 반란의 근거를 잃게 되면서 쿠데타는 수포로 돌아간다.

증가, 교통, 정보망 정비를 포함한 '국토'의 새로운 종합개발 ② '가정'
생활규범의 형성, 그리고 가정 / 기업이라는 성별역할분업의 체계 형
성 ③ 선거, 후원회, 낙하산 인사, 파벌, 협잡과 배타적 이익을 순환시
키는 정치적 '공동성共同性'의 형성 등과 연동하면서 실현되었다. 부흥
기와는 다른 새로운 성장은 '국토 종합개발', '마이홈 창조', '토건국가
적 정치 공동체 형성'과 연관된 거대한 프로젝트였다.[7] 굳이 말하자
면 '지상의 별'이라고 불린 전사와 같은 사람들은 성장 시대의 프로젝
트에 참여한 남자들이었고 들판 한 구석에 조그마하게 핀 '엉경퀴'로
위로받은 것은 성장 시대 끝 무렵에 있는 위축된 남자들이었다. 고도
성장이라는 두드러진 이 현상은 산업 시스템 발전인 동시에 국가·
공공公共에 의한 '공간'의 개발이고 '성애' 차원에서 공통되는 개인의
사적인 영위이다. 또한 '관습'으로 위장하는 공동체지향의 정치학적
현상이기도 했다. 상대적으로 안정된 국내외 정치체제 아래, 이들의
사회적 사슬들을 시스템화하여 잘 회전시켜나가는 것, 그것이 고도
성장의 기본적인 의미이다.

이런 고도성장 시기를 개인의 영위라는 측면에서 살펴보면 '가정'
의 형성이라는 규범적이면서도 전략적인 요구가 부각된다. 첫 번째
로 경제적인 면에서 보면, 기업과 가정의 성별역할분업 체계를 구축
하는 형태로 가정에 대한 규범적 책임이 부과된다. 가정은 부모나 친
척간의 유대보다 오히려 자유로운 주체 의사에 따른 결합 장소로서
제도화되었다. 그러나 이러한 자유의지는 젠더 규범으로 회수되었
다. 여기서 가정은 사적 영역이면서 성애에 의해 닫힌 작은 영역으로
서의 측면이 강조된다. 이러한 가정이 소비생활이라는 접점을 통해,
결국 '소비의 주체'로서 적극적으로 사회 전역으로 퍼져나갔다. 주택

또한 일종의 상품이며 여기에 갖춰진 가구나 3종신기三種の神器[5]로 여겨지던 전자제품, 혹은 자동차도 마찬가지로, 아메리칸 스타일의 생활양식을 지향하는 가정 규범이나 소비풍조를 축으로 한 담론의 흐름을 통해 '가정' 안으로 들어갔다.

두 번째로 국토 형성이라는 측면에서 인구 구성의 기본단위인 가정에 '공간'을 부여하기 위해 기본제도들이 재검토되었다. 이들 제도가 공간이라는 변수를 통해 가정에 대한 규범을 강화했다. 이러한 규범의 특징은 가정을 '이에家'[6]라는 고유한 제도적 유대로부터 해방시키고, 역사적 시간의 두께를 없애고 조성된 '추상적 장소'로 정착시켰다. 주택의 내부는 먹는 곳·잠자는 곳의 분리를 기본으로 최소한의 공간 분할이 이루어졌는데, 이런 공간의 경제성은 고립된 작은 단위의 설정과 내적 유대를 부부간의 성애에서 찾는 가정의 규범과 대응했다. 세 번째로 정치적인 공동성이라는 면에서 폐쇄적인 이익순환 회로와 그 외부사이에 위상位相적 분할이 생긴다. 닫힌 회로 내부에서는 의제적인 관습의 정치학이 지배하고, 회로 외부에서는 '정치적 무관심'이 제도화된다. 가정이 사적인 것에 있는 한, 가정은 이러한 정치적 회로의 외부에서 부유 상태로 배열될 가능성이 크다. 의제적인 관습의 정치학에 의한 지배는 그 성립 기반 바로 옆에 가정이라는 불안정한 요소를 품고 있는 듯이 보이지만 대부분의 경우, 그 불안정성은 정치적 무관심으로 상쇄된다.

그럼에도 고도성장과 가정의 접점을 생각할 때, 기묘한 구도가 형

5　일본 천황의 정통성을 표시하기 위해 고대부터 전해지는 세 가지의 보물로 검, 곡옥, 거울이 있는데, 근대 사회에서 전자제품의 3종신기로는 텔레비전, 냉장고 세탁기를 일컫는다.

6　1898년 메이지 민법에 의해 채용된 일본의 가족제도로 친족관계에 있는 사람들 중 더욱 가까운 범위의 사람들을 호주와 가족으로 한 집에 속하게 하여, 호주에게 집家의 모든 통솔 권한을 부여한 제도이다. 1947년 전후개혁으로 폐지된다.

성되어 있음을 느낄 것이다. 실제로 고도성장은 사람들에게 가정의 형성과 유지를 중요한 과제로 요청했다. 그리고 이를 경제적으로 뒷받침하기 위해 소득증대정책이나 재산증식제도가 만들어졌다.[8] 정서적인 뒷받침을 위해서는 사적인 성애의 차원을 순정 로맨스부터 에로스의 영역까지, 또는 출산부터 육아의 영역까지, 가정 내부로부터 이웃 간의 사소한 일상생활에 이르기까지, 적극적으로 '행복'의 모습이라고 가치를 부여하는 기호들이 음악이나 영화, 연극, 텔레비전, 소설 등을 통해 대량으로 마련되었다. 특히 황태자의 결혼은 사람들에게 다양하고 화려한 의식을 보여주기만 한 것이 아니라, 오히려 자유연애로 이루어진 새로운 가정의 탄생이 성장 시대에서 인간의 이념적 가치이자 목표라는 것을 상징적으로 보여주었다. 미시마 유키오가 어떤 위기감을 가졌던 것도 이 때문일 것이다.[9]

이러한 축제나 경제정책, 정서적 기호들 속에서 마이홈이라는 이념적 형상이 다소 비판을 받으면서도 점점 더 부상했다. 그렇지만 이 시대는 마이홈이라는 형식아래 가정을 단순히 긍정적으로 보았던 것만은 아니다. 이와 같은 시대에 사람들이 즐겼던 미스터리라는 장르에서는 오히려 가정과의 유대를 끊고 피로 물든 처참한 비극이야기가 반복되어 나타나고 계속 읽혔기 때문이다. 명랑한 홈드라마가 영화에서 텔레비전으로 확장되어 나가듯이[10] 이러한 비극적인 미스터리도 소설에서 영화로 만들어져서 사람들의 기호를 만족시켰다. 한편으로는 아무렇지도 않게 가정의 행복이 칭송되고 동시에 다른 한편에서는 혈연으로 묶인 사람들이 무참하게 서로를 죽였다. 여기에는 이 시대의 이중 잣대가 존재한다. 성장의 시대가 그 정신 깊숙이 지니고 있었던 것은 기묘한 불균형이었다. 그곳에선 소소한 행복의 이미지는 격렬한 분노나 회한의 이미지를 이면에 숨긴 채 사랑스럽게 흔들린다. 무수한 죽음과 혼란과 타락 속에서 한결같이 요구되었던 삶의 성과가 가정의 행복이었을 때, 이 지점에 아무리 노력해도 긍정하기 어려운 무언가 부조리한 감정이 밀려 올라오는 것을, 일군의 전후 미스터리 작품들은 말하고 있다.

2. 설화적 미스터리 장르

일본 전후사회가 고도성장기에 반복적으로 만들어 내고, 끊임없이 소비한 설화적 담론 유형이 있다. 이 기호의 이면에는 성장기에 들어선 사회에서 치유하기 힘든 감정이 담겨 있다. 이러한 치유하기 힘든 감정은 이 서사가 구비한 상상적인 리얼리티에 빠짐으로써 위안을 얻는 동시에, 그 위안을 되새기면서 재차 강화되기도 한다. 그런데 이러한 서사적 담론은 종교적인 설교에 속하지도 않으며, 관습적 도덕적인 이야기에도 속하지도 않는다. 이것은 미궁에 빠진 살인사건에 초점을 맞춘 '미스터리'—더욱 정확하게 말하자면 코넌 도일Arthur Conan Doyle의 「주홍색의 연구」로 비롯된 인과구조를 가지고11) 대중소설 시장의 인기 '상품'으로 소비되었다.

이 글에서는 고도성장기의 대표적 미스터리 세 작품인 마쓰모토 세이초松本清張의 『모래그릇砂の器』(1961), 미즈카미 쓰토무水上勉의 『기아해협飢餓海峡』(1963), 모리무라 세이치森村成一의 『인간의 증명人間の証明』(1970)을 그 예로 들고자 한다. 이 외에 마쓰모토 세이초의 『제로의 초점ゼロの焦点』(1964)과 같이 위의 세 작품의 변주로 볼 수 있는 작품도 많다. 이

세 작품은 가능성의 폭을 정했다는 의미에서 표준 모델이 되는 작품이다. 이들 작품은 소설 형식으로서만이 아니라 영화나 텔레비전 드라마 등으로도 각색되어 큰 인기를 모았다.

이 미스터리 작품에 대해서 설화적·서사적 구조를 문제로 삼는 것은 그 나름의 이유가 있다. 근대의 순수문학은 개인의 운명이나 실존을 그리고자 하지만, 미스터리에 등장하는 개인은 실존보다는 오히려 표상된 유형의 존재이다. 미스터리에서 사건의 특이성을 살리는 주인공이나 특수한 인물이 설정되는 것은 그것이 '있을 수 없는 일을 **있을 법한** 일처럼 이야기'하는 설화적 구성을 취하고 있기 때문이다.12) 미스터리에서는 분명 개인의 이름, 연령, 직업, 신분, 이력 등이 상세하게 기술/분류되어 있다. 오히려 순수문학은 개인의 실존을 추구하면서도 이런 종류의 규정이 불명확한 것이 많다. 히라노 켄平野謙이 말했듯이, 그것은 마쓰모토 세이초의 『제로의 초점』에서 살해당한 우하라 켄이치鵜原憲一와 나쓰메 소세키夏目漱石의 『마음心』에서 자살한 선생님에 대한 기술을 비교해보면 분명해질 것이다.13) 그런데 미스터리에서 상세한 기술이 표상하는 것은 한 사람의 실존보다는 설화적인 구조를 성립시키는 데 적합한 유형적인 존재이다. 또한 정서를 중요시하는 모노가타리物語문학7과 비교해보면 설화문학은 서사적이며, 인간의 성격이나 심리를 제거하고, "사건과 사물에 맞춰서, 줄거리의 흐름을 중시"한다고 전해진다.14) 이러한 구성에 적합한 유형적 인물 표상을 통해 설화는 신화, 전설, 전기伝奇, 우화, 교훈 등을 내용으로 하며 종종 규범을 담은 담론을 이야기하기 때문이다. 설화

---

7 일본의 9~10세기 헤이안平安시대에 등장한 고전 문학 장르의 하나로, 신화·전설과 같은 구전口伝 세계에 뿌리를 두고 있으며 작자가 보고 들은 일이나 상상을 토대로 하여 뭔가를 누군가에게 이야기하는 식으로 서술되었다.

는 여기서 특정한 주제, 우의寓意, 훈계, 계도가 포함되는데15) 이러한 의미에서는 미스터리 담론 역시 마찬가지이다. 이러한 점에서 근대 소설 속에서 미스터리는 의외로 설화에 가까운 장르라 할 수 있다.

실제로 탐정소설의 구성을 취하는 미스터리는, 에도가와 란포江戸川 亂步가 말했듯이 주로 범죄를 둘러싼 '난해한 비밀을 논리적으로 점차 풀어나가는' 과정의 재미가 중요한 초점이 되어16) 등장인물의 개성이나 실존의 양태, 또는 인격 탐구에 대한 문제는 부차적으로 다루는 경향이 있다. 인격이나 개성의 탐구가 요구되기는 하지만 그것은 일종의 범죄 유형으로 분류된 특징이며, 그 유형의 특징에 들어있는 초월론적 주체성 그 자체가 문제시 되지는 않는다. 여기서는 범인의 족적이나 수법에서 보이는 성격적 '정합성'이 문제가 될 뿐이다. 이러한 경우에도 트릭이나 엽기성, 혹은 줄거리의 재미를 우선시하기 위해, 범인은 종종 편향된 성격이나 분열된 행동을 보인다. 그러나 이것도 일종의 '광기' 또는 '빙의현상'이라는 설명으로 정당화된다. 본격 탐정 소설에서는 이러한 측면이 한층 더 강화된다. 한편 사회파 리얼리즘[8] 은 추리를 통해 개인의 인간적인 동일성에 다가가고자 하지만, 이 경우에도 개인의 존재 양태를 이해할 수 있는 가능성은 설화적인 구성과 연관된 사회적 유형성 수준에 머물러 있다.

두 번째로 미스터리에는 종교나 관습 대신에 탐정 활동을 통해 경찰 또는 감금, 감시 시스템과 연계하는 '규범적인 이야기'의 구조가 들어간다. 미스터리는 이러한 의미에서 설화적 담론의 한 종류가 된다. 미스터리에서는 '의외성'에 초점을 맞추고 있으며, 근처에 있으면서

8　에도가와 란포나 요코미조 세이지 등은 전쟁 전부터 전후에 걸친 탐정작가의 환상, 괴기, 에로그로 등과는 대조적으로 사회성이 있는 테마를 이용하여 '리얼리티를 갖춘' 추리소설을 주장하게 된다. 이러한 소설들은 사회파 추리소설이라고도 불리며 사회성을 접목하여 범인의 동기나 심리를 중시하는 것이 그 특징이다.

가장 평범해 보이는 인물이 실은 무서운 범죄자였다는 것을 밝힌다.[17] 한편 대중매체의 범죄 보도는 동떨어진 세계에나 있을 법한 범죄자가 우리 옆에 숨어 있을 수도 있다는 '불안'을 부채질한다. 범죄자가 숨어있는 곳은 더 이상 동떨어진 세계도 아니고, 가까운 장소도 아니다. 그들은 멀고 / 가깝다는 구별 자체가 모호한 공간에 불안하게 자리 잡고 있다. 미스터리는 범죄 보도와 교차하면서 일상생활의 경계나 좌표가 불확실해진 사회공간의 성립을 말해준다.[18] 그것은 시민사회의 일상에서 탐정적인 감시 시선의 도입을 자연스러운 것처럼 작동시킨다.[19] 더구나 미스터리는 『주홍색의 연구』에서 전형적으로 보여주는 것처럼 범죄 동기에 관해 인간학적 해석을 통해서 결국에는 범인의 좌절을 묘사한다는 점에서 직접 도덕적 규범의 선을 긋는다.

여기서 전후 미스터리에서 '설화'를 읽어내는 것은 개개의 작품 안에서가 아니다. 반복적으로 나타나는 같은 부류의 작품들을 통해 작품의 성립 속에서 설화적 동기를 발견해 내는 것이다. 어떤 부류의 작품을 같은 형태의 '설화'로 밝히는 것은 다양한 개개의 사람 얼굴을 '헤노헤노모헤지へのへのもへじ[9]'의 형상으로 이해하는 것과 같은, 일정한 거리나 추상의 시선이 필요하다.[20] 예를 들어 묘사된 내용이 달라도, 또한 등장인물의 성별, 지위, 이력, 성적 취향, 가족관계가 일반적이지 않다고 해도, 이러한 부류의 이야기가 같은 구조로 묶어낼 수 있는 수준이 있다. 추상의 시선이란 이러한 구조적 수준을 정하는 것이며 여기에 담론 기능의 등가성이 있다고 한다면 이 부류의 작품이 같은 위치에 속하고 있다고 말할 수 있을 것이다. 주인공이 아무리 다른 설

---

9   히라가나ひらがな의 '눈썹へへ', '눈のの', '코も', '입へ', '얼굴윤곽し'의 7글자로 사람의 얼굴을 그리는 글자 놀이이다.

정의 인물이라도, 설화 유형적으로는 같은 존재로 성립된다. 여기에서 『기아해협』으로 대표되는 전후 미스터리에 대해서 작품에 녹아있는 설화 유형의 기본구조를 살펴보자.

이들 미스터리의 주인공들은 한 사람의 '개인'—유형적인 표상의 존재이지만—이며, 자기동일성이 수수께끼의 초점이 된다. 여기에는 전후사회의 급속한 성장과 함께 변모한 한 사람의 인간, 즉 금전적 '성공'이나 지위와 명예를 획득한 인물이 있다. 그들—주인공들은 모두 부와 지위를 얻고 신문, 잡지, 라디오, 텔레비전 등 대중매체에도 이름이 오르는 유명인사이다. 그러나 고도성장기에서 주인공의 화려한 성공은, 패전 직후 부흥기의 혼란 속에 어두운 비밀을 감추고 있다. 잊고 있던 오래된 과거에 주인공과 깊은 인연으로 묶인 '방문자'가 어느 날 불시에 나타나 주인공의 현재 성공과 어두운 과거 사이에 감춰진 끈을 연결시켜 드러나게 한다. 물론 방문자는 주인공의 과거를 폭로할 의도는 없었다. 그들은 모두 단순하고 순진무구한 사람이다. 우연히 대중매체의 보도나 출판물 또는 주인공의 유명세 때문에 그의 소재를 알게 되고 말로 표현할 수 없는 향수, 그리움, 그리고 그저 배려의 마음으로 방문을 결심한다.

그러나 그들의 '재회'는 비극적 결말로 이어진다. 성공의 정점에 있는 주인공은 이러한 방문자의 예상 밖의 출현에 당황하고 결국 자신의 '현재'를 지키기 위해 다시는 떠올리고 싶지 않은 '과거' 그 자체인 방문자를 제거한다. 이야기는 형사들이 살인 동기를 조사하여 범인인 주인공으로부터 인간적인 고백을 통해 범행의 진실을 이끌어내는 '주홍색의 연구'의 과정으로 그려진다. 범인은 성공의 연장선상에서 자신과 인연이 깊은 인물을 죽이지만 경찰에 쫓기게 되고, 고백을 함으로써 그제야 인간적인 감정을 되찾는다. 또는 형사들이 사건의 해

명(고백의 대행)을 행함으로써 주인공이 살인까지 저지른 동기에 대한 인간적인 배경을 밝힌다.[21]

여기서 설화의 시선은 범인보다도 전쟁 이후의 성공 그 자체가 가진 일종의 인간성 상실을 향하고 있다. 이들 미스터리는 성공을 향한 노력이나 집착이 언젠가 비극적 좌절을 불러온다는 것, 그리고 이러한 파탄으로 인해 비로소 인간성을 되찾게 되거나, 또는 도덕적으로 균형을 되찾는다는 구조를 끈질기게 그리고 있다. 여기에 삽입된 설화의 인간학은 개개의 범인에 대해서가 아니라 전후 일본 사회에 있었을 '성공'에 대해 냉소적이고 비판적인 시선을 보낸다. 주인공은 잔혹한 살인행위를 자행함에도 불구하고 어느 정도 면책을 받는다. 주인공의 살해 동기에는 개인적 자의성을 넘어선 필연성이 숨어있으며, 이러한 필연성 속에 사회적 리얼리티가 있는 것이다. 설화는 이렇게 주인공을 어느 정도는 면책시켜주지만, 이로 인해 오히려 성공 자체에 숨겨진 허무함을 깊게 각인시킨다.

이들 작품에서 주인공이 저지른 범행 동기의 핵심이자 발각되기를 두려워하는 '비밀'에는 사회적인 필연성이 존재한다. 『모래그릇』에서 유명한 음악가인 주인공의 비밀은 그의 아버지가 한센병 환자였으며 그 때문에 전후 혼란기에 자신의 호적을 날조했다는 것이다. 『기아해협』에서 주인공은 회사의 경영자로 성공했지만, 예전에 빈곤과 좌절의 끝에 떳떳치 못한 막대한 돈을 손에 넣었다는 것이 비밀이다. 이 돈은 질 나쁜 친구가 강도, 살인까지 해서 빼앗은 돈이며, 주인공은 그 친구를 살해했다는 혐의를 받게 된다. 『인간의 증명』의 주인공은 유력한 정치가의 부인으로, 가정문제 전문가로도 유명한 여성이다. 그녀의 비밀은 과거 흑인병사와 동거하여 아이를 낳은 것이다. 이러한 비밀들은 모두 주인공들이 전쟁 이후 부흥의 혼란기에 경험한 일들이다. 『제로의 초점』에서도 범인인 여성은 지방도시의 유명 인사인데, 전쟁 직후 혼란기에 도쿄에서 미군을 상대로 하는 직업여성이었다고 추측된다. 비밀로 해야만 했던 것은 일본 사회가 감춰야 했던 음습한 '금기'의 영역에 가두어버린 것 혹은 '범죄'의 혐의이다.

범죄와 금기는 다른 차원의 이야기이지만 이런 폭로가 사회제재나 배제의 장치를 작동시킨다는 점에서는 같은 기능을 가지고 있다. 주인공들은 전부 유명인사이다. 어리석게도 이들은 이러한 비밀의 폭로로 기나긴 노력 끝에 쟁취한 성공이 무너지는 것만을 걱정한다. 그렇다고 주인공들의 이러한 범죄가 허용되는 것은 아니다. 그들의 범죄에 사회적인 리얼리티가 있다고 해서 그러한 상황에 처하면 누구나 이들처럼 살인을 저지를 수도 있을 거라는 의미가 아니다. 그것은 결코 그 행위가 윤리적으로 자연스럽게 용인될 수 있는 것이 아니기 때문이다. 설화는 주인공의 행위를 어느 정도 면책을 해주지만, 결코 용납하는 것은 아니다. 여기서 주인공들의 행위가 어떤 리얼리티를 지니게 되는 것은, 가령 범죄를 저지르지 않아도 독자 모두가 그처럼 불확실하고 불안한 삶을 살고 있다는 의식을 공유하고 있기 때문이다. 그것은 그 시대의 불안한 삶의 양상과 관련이 깊다. 수많은 죽은 자의 기억과 패전에 따른 혼란의 긴 그림자가 만든 어둠 속에서 삶의 행복을 가정에 맡기는 것으로 위로 삼고 급속하게 성장한 이 시대는 그 자체로 기적이지만 그 옆모습에는 불안한 그림자가 길게 드리워져 있다.

3. 주홍색의 인연

앞서 언급한 세 작품에는 고도성장기의 시스템 연쇄와 관련된 특징적인 구조가 존재한다. 그것은 살해된 '방문자'가 모두 범인인 주인공과 깊은 인연으로 맺어진 사람이라는 점이다. 부차적인 피해자도 주변에서 발생하지만 범인이 살해한 대상은 과거의 비밀과 직접 연루되어 있는 뜻밖의 '방문자'이다. 더욱 중요한 점은 그들은 '아버지'나 '부인'이나 '자식'처럼 주인공과 혈연으로 맺어진 사람, 혹은 그 대리표상격인 사람이라는 것이다. 『모래그릇』에서 범인에게 살해된 방문자는 시골에서 경찰을 하다가 은퇴한 인물이다. 과거 떠돌던 시절에 경찰은 불쌍해 보이는 아버지와 그 아들을 만났는데 아버지는 한센병 환자였다. 경찰은 병에 걸린 아버지를 보살폈고, 또한 같이 있던 어린 소년을 아버지를 대신해서 보살펴줬던 인물이다. 당시 아이였던 범인에게 이 경찰은 자신의 아버지와 그 비밀을 상징하는 인물이며, 그의 방문은 전쟁 이후 혼란기에 호적을 위조해서까지 숨기고 싶었던 아버지의 출현과 같은 의미를 지닌다. 방문자는 여기서 '아버지'의 대리 표상으로 기능한다.

『기아해협』에서 살해된 방문자는 예전에 주인공이 생각지도 못한 막대한 돈을 얻게 되고 도주하던 중에 우연히 몸을 숨기게 된 가게에서 만난 술집여자였다. 주인공은 도주의 불안감과 공포 속에서 이 여자에게 위로를 받는다. 주인공은 여자의 신세한탄을 들어주면서 자신의 상처를 치료받았다. 그리고 헤어질 때 여자에게 약간의 돈다발을 건네주었다. 이 남자에게 호의를 느꼈던 여자는 경찰 심문에서 남자를 감싸주고자 거짓말을 한다. 이렇게 거짓말을 할 수 있었던 것은 주인공에게도 여자에게도 잊을 수 없는 대환상對幻想[10]으로 그려지고 있기 때문이다. 살해된 방문자는 '부인'이나 애인이 아니라 '단발성 사랑'의 상대처럼 스쳐간 술집여자이지만 주인공의 성애나 대환상의 실상과 연결되는 여자였다.

『인간의 증명』에서 살해된 방문자는 주인공 여성의 아들이다. 주인공 여성은 전쟁 이후 혼돈 속에서 다시 도쿄로 상경하게 되는데 그곳에서 무슨 일을 했는지 불명확하다. 다만 그녀는 흑인 병사를 만나 아이를 낳는다. 이후 흑인 병사와 아들은 미국으로 돌아간다. 사정상 일본에 남은 그녀는 현재 유력한 정치가의 아내이며 가정문제 전문가로도 저명한 인물이 되었고 슬하에 두 명의 아이도 있다. 이 작품에서 그녀는 어머니를 만나고 싶다는 일념으로 찾아온 친아들을 비정하게도 살해하고 만다.

살해된 자는 뜻밖의 방문자지만 그들은 '이인異人'이 아니다. 또한 그들은 처음 본 인물도 아니다. 여기서는 범인과 깊은 인연이 있는 인물과의 '재회'가 이루어진다. 범인에게 이들은 아버지의 인연, 성애의 인연, 자식의 인연을 실체적, 또는 상징적으로 체현한 존재이다. 즉 미스터리에서는 근대가족의 핵심인 관계의 살해, 즉 은밀한 '이에家 죽이기'가 그 근원적 차원에서 행해지고 있다. 물론 이는 현실이 아니라 설화적 상상 속 세계의 일이다. 그러나 이 이야기가 자의적이고 이차적이라고만 할 수는 없다. 현실에서는 용납하기 어려운 일이, 상징적인 꿈의 세계에서 비로소 이야기될 수 있기 때문이다.[22] 현실에서 이러한 용납하기 힘든 사건 중에는 이들 설화의 역사적 비밀 — 바꿔 말하면

---

10 대환상이란 일본의 사상가 요시모토 타카아키吉本隆明가 만든 인간의 환상 영역의 카테고리 중 하나로 개인과 타자와의 개인적인 관계, 즉 가족, 연인, 애인 등이 이에 해당한다. 그는 가족의 본질을 대환상으로 보았고 이는 단순히 피로 연결되는 것이 아니라 대환상이 존재하기 때문에 가족이나 가정이 성립된다고 보았다.

현실보다 더 사실적이고, 현실을 뛰어넘는 것 — 이 깃들어 있다.

　저항하기 힘든 현실 속에서 전후 미스터리의 설화는 성장의 시대를 살아가는 사람들의 현실이 내포한 자기기만과 자의성을 조명하는 형식의 한 방법이 되었다. 오리구치 시노부折口信夫에 따르면 설화는 있을 수 없는 사건을 있을 법한 사건으로 이야기하는 기법이다. 전후 미스터리는 오로지 '있을 수 없는 일'로만 이야기되며, 그 실체가 없다는 불안을 잠재우기 위해 설화적 담론을 끌어들인다. 설화는 '있을 수 없는 일'을 '있을법한 일'로 만들어 실체화시켜 이야기한다. 바로 이것이 주인공들의 과거 범죄나 금기에 해당하는 '비밀'이다. 이 비밀은 어느 정도 이해할 수 있고 또한 그럴싸하다. 그러나 이러한 그럴싸한 비밀을 형사들이 밝혔을 때, 얇은 막 저편으로 비밀의 실체는 모습을 감추어버린다.

　문제의 근원에는 성장의 시대가 가족 관념의 재구성을 촉진시켰다는 사회적 현실이 있다. 이는 큰 흐름에서 말하자면 가족이 친족이나 지역의 구속력에서부터 상대적으로 해방되어, 오히려 대중소비사회의 주체로서 산업 시스템의 작동을 지탱하도록 탈바꿈해야 한다는 요구와 깊은 관련을 가진다. 여기서 요구된 것은 중간 레벨의 공동체나 조직의 구속력에서 벗어나 자유로운 결혼에 의한 가정생활의 사적 성격이 그대로 사회성의 장을 구성하는 시스템이다. 이 시스템은 친족이나 지역 관습에 뿌리내린 규범적 요소를 생략한 채 크고 유동적인 사회성의 장을 성립시킨다.

　그곳에서 가정의 형성, 그 이동과 정주, 주거공간의 구성, 저축·보험·대출·소비 등의 경제 활동, 부모자녀 관계, 성애의 규범, 행복의 형태 등에 대한 새로운 관념의 지층이 점차 확대되어 갔다. 핵가족이

가족의 중요한 단위로 부상한 것은 근대가 시작된 메이지 초기부터이다. 그러나 자율적인 표상으로 가정생활을 부상시키는 지평이 고도성장의 산업 시스템으로 확립되었을 때 가정의 내면 또한 중요한 변화를 겪게 된다.

고도성장기에 들어서면서 가정은 새로운 양상의 근원, 사회 시스템 속에서 가장 중요한 매개항이 되었고 제도적으로 구축·유지·강화가 확대되었다. 이전의 신성한 '국가'대신 작은 '가정' 또는 마이홈의 행복을 이상으로 추구하는 다양한 기호나 담론이 대중적인 규범으로 유통되었다. '사회'라는 고유의 장은 사람들의 삶의 거점이 되지 못했다. 결국 전후사회에서는 핵가족의 일상생활 그 자체가 사회와 외연을 공유하는 사회성의 장으로 출현했다. 이러한 사회 시스템은 가정에 과도한 기대를 부여하여 고도성장이 끝나는 지점에서 가정은 그 무게를 버티지 못하게 된다. 그러나 그 이전에 가정에 대한 과도한 기대를 다종다양하게 변주하는 기호나 담론들이 공급되었다.

이러한 기호나 담론은 낭만적 사랑, 성애의 기술, 과학적 육아, 가전제품, 미국적 생활양식, 내 집 마련, 교외생활, 성별역할분담, 가정 일상의 행복론 등으로 다양하게 표출되었다. '국가'와 기능적으로 맞닿아있는 가정의 형상도 있을 것이다. 그러나 여기에서는 오히려 '자본주의'에 기능적으로 연결된 가정의 형상(성애의 형식)이 문제가 되었다. 그 닫힌 성애를 바탕으로 한 핵가족은 자본주의 시스템의 중요한 요소로서 국토개발, 고도성장, 폐쇄적 이익의 순환과 연결되는 책임을 부여받았다.

황태자의 결혼이야기는 이러한 책임과 관련된 새로운 가정 형성에 관해 이념적인 모델을 제공하고, 대중적 기준에서 마이홈주의에 앞장서고 호응한다고 말할 수 있겠다. 그 전제가 된 것이 패전 다음해 1

월에 내놓은 천황의 '인간선언'이었다. '인간선언'은 국제연합진흥이라는 명목아래 사람들에게 새로운 사명을 부여하였다. 그리고 부흥기에 꿋꿋이 살아갈 수 있는 '삶'의 긍정성을 보증했다. 그리고 이러한 연장선에서 황태자의 결혼은 고도성장기에 들어간 삶의 구체적 형식으로 새로운 '가정'의 형성을 받아들이게 했다. 이는 황태자 부부가 스스로 육아를 함으로써 완성된다. 전쟁 직후 사카구치 안고坂口安吾[11]는 인간의 삶을 긍정하는 가능성을 문제 삼았고 그 실상을 '타락'에서 찾았다. 또한 타락의 시련을 '집'으로부터의 이탈로 보고자 했다. 이러한 시도는 인간선언과 새로운 가정이야기라는 두 개의 벡터가 규정하는 전후적 삶의 공간과는 다른 종류의 가능성을 모색한 것이었다.[23] 사카구치 안고의 상상력과는 다르지만 여기서 문제는 이러한 시대적 추세 속에서 전후 미스터리가 대중적인 기반을 유지하면서 은밀하게 '이에家 죽이기'의 설화를 거듭하고 있다는 점이다.

'이에家 죽이기' 또는 '이에家'의 비극이라는 점에서는 오히려 패전 직후에 미스터리 무대를 장식한 요코미조 세이시横溝正史의 작품들을 꼽을 수 있다. 그가 패전 직후에 쓴 『옥문도獄門島』, 『팔묘촌八つ墓村』, 『이누카미 일족犬神家の一族』 등이 그렇다. 긴다이치 코스케金田一耕助 시리즈의 대표 작품에서는 이야기의 대상이 어느 부락이나 지방에서 가장 유력한 '일가'이며, 그 가문에 비극적 사건이 일어난다. 피비린내 나는 사건은 이 집의 '재산' 상속·횡령을 둘러싸고 발생하며 가문 자체, 또는 가문 내부가 전멸할 위기에 처한다. 왜냐하면 가문의 정당한 상속인이 부재하거나 전쟁으로 죽거나 또는 상속인이 다수 설정되어 있기 때문이다. 이러한 혼란이 범인의 잔인한 집념을 불러일으

---

11 사카구치 안고(1906~1955)는 니가타현新潟県 출신의 일본 소설가로 순문학뿐만 아니라 역사소설, 추리소설 등 광범위한 작품 활동을 했다.

키게 한다. 현실적인 동기는 가문이나 친척이라는 닫힌 공동체 내부에서 재산 보존이나 갈취라는 주체적이고 현세적인 것이다. 그러나 대량살인이라는 점에서 보면 그 범죄 동기에는 일종의 '광기'가 서려 있다. 게다가 이러한 광기는 자신을 '가문'과 동일시하여 가문의 계승을 추구하는, 말하자면 개인을 넘어선 욕망을 발산한다. 범인의 집념을 일깨우는 것은 실은 그 욕망이며 거기에는 간접적이지만 가문이 스스로에게 주술을 걸어 자기 자신을 죽이는 형태가 투영되어 있다.

존 딕슨 카John Dickson Carr의 영향을 받은 요코미조 세이시는 그의 작품에서 단순한 트릭 중심의 본격 탐정소설을 지향하지는 않았다. 『혼진살인사건本陣殺人事件』에서 본격적인 추리소설의 갈망은 어느 정도 해소했고 이후 작품에서는 오히려 본격적인 트릭과 '기괴한 정서'의 배합을 지향했다.24) 요코미조 세이시는 '공동체'에 뿌리내린 관습의 지층과 함께 '전쟁'으로 인한 가문 계승의 혼란이라는 현실을 그려 넣음으로써 트릭의 세계에 일종의 독특한 리얼리티와 분위기를 부여했다. 탐정이 범행 동기를 파헤칠 때 재산의 보존 또는 횡령이라는 현실의 축에 관습이나 전쟁을 둘러싼 전설의 축이 더해진다. 유력한 집안의 과거에는 '해적이나 유민의 자손'(『옥문도』), '싸움에 지고 도망친 무사를 살해했거나'(『팔묘촌』), '남색으로 자본을 획득하는'(『이누카미 일족』) 등 부정적 계보가 있다. 가문에 비극이 발생하는 점에서는 '이인異人 죽이기'라는 전설에 가까운 설화적 구조가 그려진다. 그중에서도 『팔묘촌』의 설화구조는 '이인 죽이기' 전설과 가장 비슷하다. 그러나 가문의 비극이 과거 비밀에 기인하고 있는 것이 아니라 현재에 기인하고 있다는 점이 다르다. 문제는 번창했던 집과 쇠약한 공동체가 긴장관계에 놓인 것이 아니라, 번창했던 가문과 그곳에 침입한 사적인 화폐의 욕망이 긴장관계에 놓여 있었기 때문이다.

부흥기에 쓰인 요코미조 세이시의 작품들에서는 동기의 타협성은 어찌되었던 간에 지방도시나 부락에 뿌리를 내린 이에제도를 체현하는 유력한 '가문' 또는 그 혈족의 일부가 철저하게 몰락한다. 여기서는 번영했던 '가문'이 소멸하거나, 축소되거나 일종의 도태 또는 변용이 일어난다. 그러나 지금까지 논의해왔던 고도성장기의 미스터리에서 그 무대는 닫힌 부락이나 공동체를 넘어선다. 나아가 사회성의 장의 확대와 표리를 이루듯이 이 지점에서 말살되는 것은 가문보다는 더욱 작은 단위인 '가정' 내부를 구성하는 핵가족 범위에서 개인에게 가장 친밀한 성애의 관계나 그 은유이다. 물론 성공한 현재에서 주인공들은 자신의 가정을 가지고 있으며 거기서 말살된 성애의 인연은 과거의 가능성이 된다. 그러나 이러한 과거의 인연을 말살시켜야만 하는 것은 무엇 때문일까.

표면상의 이유는 그러한 과거의 폭로가 주인공을 사회적으로 실격시키기 때문이며, 또한 현재 혹은 장래의 가정에 검은 그림자를 드리우기 때문이다. 그렇지만 결국에는 드러나듯이 과거의 인연은 혼란 속에서 그들이 필사적으로 살아온 현실 그 자체이다. 이러한 삶의 관계를 살펴보면 오히려 현재 또는 미래에 약속된 가정 쪽이 공허하고 애매하다. 현재의 가정은 성애의 환상을 가진 자연적 신체라기보다 오히려 이 사회의 공동환상共同幻想[12]이 요구하는 일반적 규격에 따라 자기상을 부여받은 무언가에 지나지 않기 때문이다. 살해를 불러일으키는 과거의 인연은 일반적인 자기상을 위협한다. 현재 가정의 안녕을 추구하고자 그 핵심이 되는 과거의 관계를 제거해 버려도 그 관계 자체의 불확실함이 드러나 버린다. 또한 그 불확실함밖에 의지할 것이 없다는

---

12 요시모토 타카아키의 「공동환상론」에 의하면 공동환상이란 개인과 타자와의 공적인 관계를 말하며 국가, 법률, 기업, 경제, 주식, 조직 등이 이에 해당한다.

불안이 여기에 중첩된다. 과거의 관계를 성급히 말살하는 것은 범인들이 실제로 불확실한 삶을 살고 있다는 반증이다. 또한 과거의 관계를 쉽게 묻어버리지 못하는 것은 존재의 기반이 이런 불안에 깊이 침식당했기 때문이다. 그러나 그들이 이러한 불안 한가운데 서 있는 것은 불안이 없는 쪽이 더욱 불안하기 때문이다.[25] 이러한 불안이라는 경계의 내부에 성장 시대의 가정과 이해하기 어려운 관계를 어떻게든 담는 것, 미스터리의 설화적 담론은 이 점을 고집하고 있다.

4. 성공의 불안

　성장의 시기를 가로지르는 미스터리라는 부류가 암시하고 있는 것은, 화려한 성공 어딘가에 어두운 비밀을 감추고 있으며 언제 무너질지 모른다는 불안이다. 이 설화에 사람들이 공감한다는 것은 성장의 시기를 살면서 그 나름의 성공 그리고 '행복한 가정'을 추구하는 그들의 의식 어딘가에 불안이나 가책을 공유하고 있기 때문이다. 그러나 이러한 인간적인 불안이나 가책은 삶 그 자체에 대한 더욱 크고 막연한 불안을 떨쳐버리는 방법이기도 했다. 실제로 이 막연하게 떠다니는 불안이야말로 고도성장기의 감각이다. 이 감각 안에서 사람들은 인간적인 불안에, 즉 위태로운 성공의 불안에 기댔던 것은 아닐까. 성장과 성장에 의문을 던지는 사람들의 게임으로 무대를 바꾸어야 하며 그렇게 하기 위해서는 전쟁에서 죽은 자들의 시선을 되살리고 성장의 뒤안길에 남겨진 자들의 목소리를 의제擬制적으로 부활시켜야 한다.

그들의 시선이나 목소리의 움직임을 통해서만 미스터리라는 장르는 막연한 불안을 떨쳐버리고 성공의 불안으로 사람들을 이끌 수 있다. 그런데 여기서 미스터리가 이야기하는 성공의 불안은 어떻게 실제로 정립될 수 있었을까. 전후의 성공은 왜 그토록 깨지기 쉬운, 불안한 것으로 비춰질까. 다양한 주체들의 필사적인 노력 끝에 획득한 것임에도 불구하고 범죄나 금기를 꺼내서까지 그 나약함을 묘사해야 할 정도로 성공은 떳떳하지 못한 것인가. 우리들은 이것이 일본 근대사회의 '성공담'이라는 것, 그리고 정확하게는 전후의 성공이라는 특이성에서 생각해봐야 할 것이다. 그것은 역사적으로 봤을 때 성공이 반드시 바람직한 것은 아니었으며 또한 간단히 용인할 수 있는 것도 아니었기 때문이다.

이런 점에서 성공을 무조건 칭찬하는 근대사회가 특이하다고 말할 수 있다. 신분제나 민속사회의 기억의 지층을 되짚어보면 성공이나 부는 오히려 조심해야 할 무엇인가였으며, 부의 축적을 정당화하는 것은 쉬운 일이 아니었다. 한편 일본의 근대사회는 자본주의적 경제발전을 도입하여 '개인'의 자유로운 이동을 인정하였고 성공 동기를 사회 형성이나 경제성장 에너지의 원천으로서 적극적으로 받아들였다. 미타 무네스케見田宗介가 지적한 것처럼 그것은 '입신출세주의'로 근대 일본의 내면적 추진력이 되었다.

일본 소학교, 중학교, 고등학교의 졸업식에서 반드시 부르는 〈우러러보면 존경스러워あおげば尊し〉라는 노래에 "입신출세하여 이름을 높이자" 등의 구절이 있는 것을 일본인들은 모두 알고 있다. "입신출세하여 이름을 높이자"라는 사상은 '오래된 규범' 혹은 '봉건적'이라는 등 거칠게 규정되기도 한다. 그러나 에도시대의 농민이나 초닌[13]의 아이들에게 "입신출세하여 이름을 높이자"는 교육은 하

지 않았다. 농민 자녀의 생애는 농민으로 끝난다는 점, 신분을 넘어서겠다는 의
지를 품지 않는 것이 봉건 세계의 체제 이데올로기였다. "인민의 천성은 같으니
현명함과 어리석음에 따라 등용"해야 한다는 이토 히로부미伊藤博文의 이상이 당
시 얼마나 혁신적인 것이었는지, 즉 가문을 보지 않고 능력과 업적에 따라 지위
를 부여한다는 생각이 당시 얼마나 참신한 것인가.26)

　　근세 봉건사회에서는 신분제의 문턱을 넘거나 자유롭게 직업을 선
택하거나 사회이동을 하는 데 분명한 제약이 있었으며 이를 위해서
는 특정한 절차가 필요했다. 그러나 각 신분 내에서 무사는 가문의 명
예나 이름을 높이거나 입신하는 것, 초닌이나 농민은 출세 또는 부를
취하는 것처럼 각각의 신분에 맞게 구분된 성공의 모습이 있었다.27)
물론 무사사회에서는 입신출세나 사적인 욕망을 상대화하는 두덕이
나 윤리적 책임이 있었다.28) 그러나 초닌의 경우는 부를 취하는 것이
용인되어 『일본영대장日本永代藏』14 과 같이 부자가 되는 다양한 방법
과 그 성공의 비밀을 기술한 서적도 있다. 그러나 이런 책을 저술한
이하라 사이가쿠井原西鶴도 돈을 버는 것을 긍정하기보다 금전만능의
초닌 세계를 냉정하게 비판하는 입장에 서 있었고 "사람이 강직하고,
분수에 맞게 처신하는 것이야말로 큰 부자를 이길 수 있다"라고까지
썼다.29) 입신출세 등 사적 욕망이나 성공을 추구하는 의식은 보편적
또는 적극적으로 가치를 매기는 것이 아니라, 도리나 인의 또는 지위
나 신분제를 지키고자하는 생각에 따라 내적으로 또는 외적으로 억
제, 상대화된 것이다.

13　근세의 사회 계층의 하나로 도시에 사는 상인·장인 계급의 사람들을 지칭한다.
14　1688년에 간행된 이하라 사이가쿠井原西鶴의 우키요조시浮世草子(에도시대 화류계를 중심
　　으로 한 세태, 인정을 묘사한 소설)로 초민이야기의 대표작 중 하나이다. 어떻게 부자가
　　되었는지 등 초민의 세세한 생활을 그린 내용이다.

여기에서 사회 시스템을 관습의 내부에 포함시키고 그 동일성 아래 생산력이나 인구 규모도 상대적으로 변하지 않는 민속사회의 공동체를 생각해보면 이러한 공동체 내부에서 누군가의 성공(부의 축적)은 다른 누군가의 실패(쇠퇴)로 이어진다. 이러한 폐쇄 시스템의 경우 성공을 추구하는 게임은 제로섬zero-sum 게임이 되어버리고 이러한 성공은 공동체를 '교란하는 요인'으로 파악하여 쉽게 인정받지 못하게 된다.30) 예를 들어 근세의 민속사회에서는 '쓰키모노스지憑き物筋'[15]라는 전설이나 그와 연동하는 배제의 관습이 있었다. 이는 한 가문의 급속한 부의 축적이 불러일으키는 공동체 내부의 혼란에 대해 제로섬 게임의 관점에서 설명한 것으로 보인다. 물론 이 설명에는 보류되어야 할 점도 있다. '쓰키모노스지'에서 공격당하는 부유한 가문은 종종 돈을 빌려주는 일을 했듯이 이미 공동체 내부에 화폐경제가 침투해 있었기 때문이다.31)

한편 '이인異人 죽이기' 전설의 경우는 비난의 대상이 되는 가문 번성의 기반이 공동체 외부로부터 주어진다는 것이 정확히 표상된다. 이인(의 소지금)은 외부성을 상징하며, 가문을 번성시키는 기반을 마련하는 공급 통로가 된다. 이 전설에는 부락의 공동체가 이와는 이질적인 사회성의 장, 즉 화폐경제나 시장 영역과 교차하는 위상이 있고 이를 통해 공동체의 잠재적 위기가 커지게 된다. 이러한 열린 시스템 아래에서는 제로섬 게임이 되지 않으며 한 가문의 번영이 반드시 다른 가문의 쇠망으로 이어지지 않는다. 따라서 이러한 번영은 공동체 내부의 국소적인 혼란이 아니라 오히려 공동체 전 지역의 흔들림을 증

---

15 민간신앙의 한 종류로 일본의 몇 농촌에서 악령憑きもの은 가문 대대로 이어진다고 믿고 악령이 씐 가문은 악령이 다른 사람에게서 재물을 도둑질하게 만들어 부유한 집이 많고 또한 악령을 다른 사람에게 씌우게 할 수도 있다고 생각하여 싫어하는 자가 많았다는 내용의 전설이다.

폭시키는 요인이 된다. 이는 가문 차원이 아니라 공동체의 규범적인 힘 그 자체의 쇠망과 관계가 있다.

좀 더 이야기하자면 '이인 죽이기' 전설에서 특정 가문의 급격한 번영을 용납하지 않는 것은 많든 적든 공동체 스스로가 이러한 번영을 가능하게 한 힘에 의존하고 있다는 점에서 오는 불안감을 느꼈기 때문이라 할 수 있다. 공동체의 위기란 순진무구한 공동체가 먼저 존재하고 그것이 화폐로 상징되는 이질적인 사회성에 오염되는 것이 아니다.[32] 왜냐하면 이러한 공동체에는 많든 적든 이러한 이질성이 이미 그 바탕에 깔려있기 때문이다. 단지 공동체는 이러한 사후적인 교란이나 소외로 구성된 설화적 담론을 통해 스스로의 동일성을 보완하고 위장한다.

전후 미스터리의 배경인 고도성장기에는 공동체의 논리에 뿌리내린 이러한 제약이나 기제는 이차적인 것이 된다. 왜냐하면 첫째로 성장이란, 시스템이 만들어낸 부를 끊임없이 확대함으로써 한 사람의 성공이 반드시 다른 누군가의 수탈로 이어지지 않는 시스템의 구축이며, 고도성장이란 전체 시스템의 부가 빠르게 곱절로 확대되는 것을 의미하기 때문이다. 둘째로 고도성장기는 인구 증가뿐만 아니라 대량이동이 일상화되어 성공의 무대가 공동체 외부로 넓어져 대도시를 향해 전개되었기 때문이다. 예를 들어 1960년부터 10년간 일본의 인구는 약 1,000만 명이 증가하였다. 그러나 통계자료를 보면 도시인구는 약 1,500만 명 증가한 반면 도시 이외의 군郡·부附의 인구는 500만 명 감소했다.[33] 고도성장은 이러한 급속한 인구 증가와 이동을 통해 전국적으로 사회성의 장을 넓히고, 여기에 어느 정도 차이는 있지만 성공이야기를 생산하고 다양화하여 상대화하는 방향으로 움직였다. 삶의 표준이 된 시스템은 이처럼 전국으로 확산되었고 성공한 자를 단순하게 배제하는 공동체의 시각은 조직적으로 붕괴되었다. 성장의 시대에서 성공은 용인 가능한 것이고 나아가 시스템 발전을 지탱하는 개인의 내면적 구동력으로 요구되었다. 배제해야 할 것은 이러한 성공의 기회를 막아버리는 제도였다.

성공의 동기는 이미 메이지 이후 근대사회에서 입신출세주의라는 이데올로기의 형태로 정착해 있었다. 물론 메이지 근대의 입신출세주의나 여기에 잠재된 성공 개념과 고도성장기의 성공은 그 의미가 다르다. 메이지 근대사회가 형상화한 성공에는 '자본제'의 관여가 어느 정도 상대적이었다. 입신출세를 하기 위해서는 단순히 부나 지위를 손에 넣는 것뿐만 아니라 '천황'을 중심으로 한 국가 공공의 공헌을 인정받고 나아가 개인이 태어난 '고향'의 자랑거리가 될 필요가 있었다. 여기에는 출발점으로서의 고향과 나아가야 할 목표 = 중심으로서의 천황이라는 두 가지의 요소가 관여하고 있다. 이 두 가지 요소를 충족시킴으로써 성공은 완전해진다. 그러나 이러한 입신출세는 모든 사람들에게 가능하지 않다. 실천으로도 이야기로도 성공은 금전적 성공으로 왜소화되던지 또는 목표로부터 멀어진 내면적인 노력이나 금욕의 과정으로 관념화되었다.[34] 경제 시스템은 확대되어 갔지만 성공이야기 자체가 암묵적으로 그 한계나 사회적 불평등을 제도화했던 것이다.

패전 후 성공의 바탕이 되는 시스템의 경우에는 목표로서의 '천황'이나 출발점으로서의 '고향'이라는 의식 그 자체가 상대적으로 약해지고 해체되어가는 과정이기도 했다. 물론 전후사회에서도 성공을 구체적으로 형상화하는 주요한 바탕은 '자본제'이며 화폐적 부의 축적이 그 기본이 되었다. 이런 의미에서는 전쟁 이전과 그다지 다르지 않았다. 그러나 신성한 '천황'이라는 상징적 힘의 환상을 대신하는 것으로 행복한 '가정'이라는 성애 차원에 뿌리 내린 환상이 부상했다. 또한 성공을 '자랑거리'로 찬미하는 고향 대신, 성공을 '유명성'으로 확인하고 사회화하는 대중매체가 성공을 판가름하는 기준이 되었다. 물론 천황의 상징적인 위신이나 고향 의식이 약해졌다 해도 완전히 없어질 순 없고, 그 이전에도 가정을 잘 꾸리는 것이나 유명성이 성공 요소 중 하나였다. 그렇지만 이들은 윤리적 책임의 크기나 배치를 바꿔 버렸다. 성공은 그 바탕을 자본제에 두면서도 중요한 규범적 지지를 전쟁 이전과는 다른 바탕으로 이동해서 변화시켜 갔다. 거기에는 패전과 함께 천황제의 변모에 따른 민주주의적 균질성의 정당화, 고도 경제성장이나 국토종합개발에 의한 인구 이동과 고향의 해체라는 현실이 얽혀있다. 전후 미스터리가 '성공'을 포착한 것은 이러한 현실의 과정과 병행하고 있다.

그렇기 때문에 고도성장기에서 성공은 '저주받은 것'일 리가 없다. 그럼에도 불구하고 미스터리라는 장르는 성공의 초상에 암담한 비극이나 불행을 투사시킨다. 이 미스터리들은 앞서 지적한 바와 같이 '이에 죽이기'라는 특성을 가지지만, 이러한 골격에서 '이인 죽이기' 전설의 텍스트와 비슷한 종류의 설화적 구조를 가진다. 그러나 '이인 죽이기' 전설은 대략 에도 중기 이후의 사회경제구조와 관계된 민속사회의 모순을 기반으로 등장했다.[35] 물론 근세 이전에도 비슷한 내용의 '인과담'이 텍스트로 만들어졌다.[36] 또한 거꾸로 근대 이후에도 공동체의 관습이 강하게 남아있는 곳에서는 이러한 종류의 텍스트가 전설로 이야기되는 경우도 있었다. 예를 들어 고마쓰 카즈히코小松和彦가 소개하고 있는 '육부-순례자의 징'사건이 일어난 것은 1929년(쇼와 4)의 일이다.[37] 이 글에서는 전후 미스터리와 '이인 죽이기' 전설의 텍스트 사이의 다른 점을 살펴보고자 한다.

  '이인 죽이기' 전설에는 다양한 사례가 있다. 그런데 고마쓰 카즈히코는 이인살해 텍스트가 가진 전설로서의 위상과 그것이 하나의 역사 속에 존재하고 있다는 점에 특히 주목했다. '이인 죽이기'에도 특정 지역이나 가문과 상관없는 텍스트가 존재하지만 전설이라는 형식을 통해서 공동체와의 기능적인 관계가 여실히 드러난다고 할 수 있다. 전후 미스터리는 분명 텍스트로서 소비되었지만 그것이 대중적으로 읽힐 때 사회와의 관계 속에서 하나의 역사적 사건이라는 측면을 가지게 된다. 중요한 것은 이러한 사건으로서의 측면이며 여기에 비교의 시각을 설정하는 것이다. 먼저 '이인 죽이기' 전설의 서술 방식을 시간의 흐름에 따라 정리하면 다음과 같다.

1. 어느 날 여행자가 마을로 찾아와 마을에 있는 어느 집에 묵는다.
2. 그 집의 주인은 여행자를 속이고 죽인 다음 여행자의 금품을 갈취한다.
3. 그 집은 빼앗은 금품으로 부를 늘려 번성한다.
4. 그러나 어느 날 그 집의 자손이나 마을에 불길한 일들이 벌어진다.
5. 무당 등에 의해 이는 살해당한 이인의 저주라는 것이 밝혀진다.
6. 저주를 풀기위해 살해당한 이인의 원혼을 달래준다.

  고마쓰 카즈히코에 따르면 '이인 죽이기' 이야기는 실제 마을 사람들에게 전설로 전해지는 살인자 집안의 이름이 고유 명사화되어 구체적으로 언급된다. 또한 이 이야기의 진실성을 뒷받침하는 증거물에 관해서도 이야기된다. 물론 '이인 죽이기' 설화는 옛날이야기처럼 특정한 공동체의 자장에서 벗어난 텍스트 공간으로 퍼져, 그것이 민속사회에서 집안의 불행을 해석하는 코드로 이용되었고 어떠한 사건을 매개로 특정 장소에 전설로 뿌리내렸을 것이다. '이인 죽이기' 전설에서는 ① 어느 집의 불행이나 공동체에서 생긴 이변은 '무당' 등의 입을 빌려 그 비밀이 밝혀진다. ② 사건의 무대는 공동체 내부에 한정된다. ③ 또한 이야기의 대상은 공동체 관습을 지키며 살아가는 '집안'이며 ④ 설화의 주제는 그 집의 갑작스러운 '번영'—'치부致富'로 보장되는—과 쇠퇴와 관련이 있다.

그러나 여기에서 다루는 전후 미스터리들에서는 다음과 같은 다른 점을 발견할 수 있다. ① 이변은 살인사건이며, 비밀을 밝히는 것은 조사를 담당하는 '형사'들이다. ② 사건의 무대가 되는 장소는 작은 공동체가 아니라, 광범위한 사회 전역이다. ③ 또한 이야기 대상은 태어나 자란 공동체를 떠나 넓은 사회에서 고독하게 살아가는 '개인'—결국 유형적인 존재이지만—이며 ④ 설화의 주제는 이러한 개인의 갑작스런 '성공'—부뿐만 아니라, 사회적인 '유명성'을 포함한—과 추락에 대한 것이다. 이렇게 전후 미스터리와 '이인 죽이기' 전설 사이에는 '비밀을 이야기하는 매체', '사건의 무대', '이야기의 대상', '설화의 주제'와 관련하여 변화를 볼 수 있다. 그 배경에는 정체나 이완 상태가 아니라 급속도로 성장하는 사회이자 성공을 용인하고 성공을 정당한 요구로서 적극적으로 개방하는 사회가 있다. 그러나 이런 시대임에도 불구하고 성공은 '이인 죽이기' 전설의 경우처럼 내부가 떠안고 있는 어두운 비밀로 인해 무너지는 불안한 형상으로 묘사된다.

따라서 전후 미스터리의 배경에도 '이인 죽이기' 전설을 유발하는 것과 비슷한 기제, 또는 이를 대행하는 의제가 작동한다고 볼 수 있다. 전후 미스터리가 묘사하는 '성공'에는 어두운 그림자가 잠재되어 있지만 그 어둠을 품고 삶을 살아가는 주체는 가문이 아닌 개인이며 그 무대 역시 작은 공동체가 아닌 사회 전체이다. 그러나 광범위한 사회에도 대중매체라는 공동체의 논리를 위장한 장치가 작동하고 있다. 대중매체는 사회 전체를 의제擬制적으로 폐쇄시키고 그곳에 '추상적 공동성'의 공간을 창출한다. 전후의 성공은 이러한 의제적 공간을 무대로 한다. 이곳에서 대중매체는 성공을 증폭시키고 다른 한편으로는 가치 박탈의 장치로서도 기능한다. 대중매체는 익명성 속에서 분산된 거대한 사회적인 장을 '감시성'이 통용되는 일종의 공동체와 비슷한 닫힌 공간으로 환원하기 때문이다. 여기서 대중매체의 담론은 의제적으로 공동체의 이야기에 접근하여 '이인 죽이기' 전설처럼 배제 장치로 작동할 가능성을 가지게 된다.

그러나 성공과 대중매체 사이에는 더욱 깊은 상관관계가 감추어져 있다. 대중매체는 성공을 '유명성'이라는 형식으로 증폭시켜 신성시하기 때문이다. 미스터리에서는 주인공들의 성공이 대중매체에 실릴 정도로 유명해져서 과거 인연이 되살아나고 비참한 결과를 초래하게 된다. 유명성이라는 가치의 분배는 시스템 성장이나 발전과는 상대적으로 독립되어 있기 때문이다. 대중매체는 사회에 의제적인 공동 공간을 만들어내는 동시에 이 닫힌 공간 속에 '유명성'이라는 희소한 가치를 특정 인물에게만 부여한다. 유명성의 획득은 그렇기 때문에 제로섬 게임의 양상과 비슷하다. 풍요로운 사회는 금전적 부에 관해서는 제로섬 상태를 어느 정도 극복했다고 하더라도 유명성에 관해서는 닫힌 공동체 상태로 되돌려 버렸다. 문제는 유명성이라는 성공의 형태, 그 자체에 있다. 금전적인 성공의 경우 제로섬 게임을 회피하면 배제의 장치는 작동하지 않고, 공동체적 구성을 지양한다면 배제의 장치 자체를 해제할 수 있다. 그러나 대중매체가 매개하는 유명성의 경우 이러한 방법들은 통하지 않는다.

‘유명성’은 금전적 부의 분포에서 비껴나 있으며 그 자신도 욕망의 대상이 된다. 고도성장기에 금전적 부는 성장 시스템이 끝없이 공급해 줄 수 있지만 일정한 요구로 규정된 유명성은 언제나 희소한 가치(자본)가 된다. 유명성은 어떤 하나의 성공을 사회적으로 특별한 다른 것과 변별되는 성공으로 신성시하게 만든다. 성공이 유명성을 동반할 때 이 특이한 팽창은 시스템의 고도성장이나 부의 확대만으로 완화하거나 해소할 수 없는 것이 된다. 그러므로 타자와의 사이에 강한 위화감을 불러일으킬 수 있다. 이는 공동체에서 갑작스런 부의 축적이 내포했던 것과 비슷한 문제 틀을 부각시킨다. 대중매체는 이 지점에서 광범위한 사회를 이중으로 재-공동화共同化한다. 즉 ‘감시성’이 통하는 닫힌 공간으로서, 그런 동시에 ‘유명성’이라는 희소한 가치가 순환되는 폐쇄적인 공간으로서이다.

고도성장기에는 ‘성공’을 쉽게 용인하지 않는 몇 개의 힘이 움직이고 있다. 첫 번째로 이 시대의 대부분의 성공은 ‘고향을 떠나’서 도시에서 이루어진다. 그러나 성공을 위해 고향을 떠나는 것은 단순히 약속이나 의지에 의한 것만은 아니다. 그러한 사람들의 대부분은 가난 때문에 고향을 떠날 수밖에 없었던 것이다. 성공은 인정하더라도 고향에 남은 사람들의 입장에서 보면 그것은 선망과 질투의 대상이었고 고향을 떠난 사람들의 입장에서는 고향을 떠날 수밖에 없었다는 원통한 마음이나 패배의 감정이 섞여있다.[38] 성공의 바탕에 있는 고향을 떠난다는 것은 많든 적든 윤리적인 책임이 따르는 행위이다. 게다가 고향을 떠났다는 것은 도시생활에서 적응이나 생활 근거의 이동에 의한 인간적 아이덴티티의 변모를 요구한다. 성공의 전제조건인 고향을 떠난다는 토폴로지topology에는 이러한 윤리적이고 인간적

비틀림이 잠재되어 있다.

두 번째로 고도성장은 사회 전체를 똑같이 윤택하게 만들지 않고 태평양 연안 인접의 대도시권과 동해 연안 인접의 지방 농촌 사이에 경제 발전의 격차를 초래했다. 윤리적이고 인간적으로 성공에 대해 상투적으로 비꼬는 일도 이러한 지역적인 경제 발전의 격차와 겹쳐지면서 더욱 증폭되었다. 다나카 카쿠에田中角榮는 대도시 중심의 고도성장이나 국토개발, 그리고 토건국가의 정치구조 형성을 주도한 인물이면서 경제 발전의 격차를 절실히 느끼고 또한 강조한 인물이다. 나아가 눈이 많이 내리는 니가타新潟현 출신인 그가 성공의 정점에서 록히드 사건으로 말미암아 금권정치의 단죄를 받은 것은 어떤 의미에서 전후적 설화 구조를 표상하고 있다. 고도성장이 끝날 즈음 다나타 카쿠에는 성장이 낳은 불균형과 격차를 없애는 비전을 제시했지만39) 실제로 고도성장은 지방의 정체나 과소過疎·고령화 또는 폐촌을 만들어냈다. 예를 들어 1926년부터 1995년까지 사이에 도야마富山현에서 '폐촌'의 숫자는 총 75개였는데 그중 약 4분의 3에 해당하는 56개의 폐촌은 1956년부터 1975년까지 20년간에 집중되어 있다.40) 앞에서 언급한 세 개의 미스터리에서도 범인의 출신지를 살펴보면『모래그릇』에서는 이시카와石川현,『기아해협』에서는 교토京都부,『인간의 증명』에서는 도야마현 등 가난한 산촌이거나 사회발전에서 소외된 낙후된 마을로 설정되어 있다.

이처럼 '성공'은 용인할 수 있는 것으로 정당화되는 동시에 그 이면에서는 과거의 어두운 기억과 비슷한 종류의 문제를 불러일으키는 것이 된다. 즉 성공의 불안은 사라지지 않는 것이다. 성장의 시대가 남긴 많은 사람들이나 과소화된 지방, 사라져버린 폐촌과 관습은 셀 수 없이 많다. 이 여백은 자신들의 목소리를 들려주기 위해 성장사회를 일종의 거대한 공동체로 설정할 것이다. 성장 사회는 그 여백에 둘러싸임으로써 어떠한 공동의 윤곽이나 공통의 운명을 지녔다는 사실을 확인하도록 추궁당한다. 그리고 그 윤곽을 확인하는 순간, 여백은 성공의 어두운 그림자가 될 것이다. 물론 그러한 목소리는 자기 자신의 이야기에만 한정되지 않고 다른 매체를 통해 보완된다. 그것이 타당한지 아닌지는 차치하고 다양한 담론이 등장하였고 미스터리도 그중 하나인 것이다.

그것뿐만이 아니다. 아직 깨어나지 않은 기억을 더듬어 보면 일본 안팎에서 전쟁으로 죽은 달랠 수 없는 죽은 자들의 시선은 성장사회가 아무리 변모한다 해도, 하나의 공동체라는 의제 속에서 그 동일성의 상을 가질 것을 끊임없이 요구하는 가상초점盧焦點[16]이 될 것이다. 그들의 죽음을 개인의 죽음으로 파편화시키지 않기 위해서는 ㄱ들을 공동의 운명으로 하고 그 공동성에 대응하는 하나의 의제가 필요하다. 죽음은 이 사회에게 공동성을 보충해주는 장치로 기능한다. 장-뤼크 낭시Jean-Luc Nancy가 시사하듯이 공동체의 본질이 사람들의 자기희생에 있고 공동체가 죽음과 상실 속에서야 비로소 성립하는 것이라면, 죽은 자의 시선은 공동체라는 가상을 향한 커다란 유혹이 될 것이다. 급속하게 성장하고 변모하려는 사회가 동시대에 사라져가는 여백의 목소리나 그 이전에 쓰러진 죽은 자들의 시선이 요구하는 공동의 동일성의 투사를 뿌리칠 수 없는 한, 성공은 어딘가에 그림자를 드리우고 또한 일련의 전후 미스터리의 이야기들은 일종의 실정성을 가지게 된다.

---

[16] 볼록 거울에서 반사하거나 오목 렌즈에서 굴절된 광선의 연장선이 거울이나 렌즈의 뒷면에 모이는 가상의 한 점.

| 제2부 **역사의 장소** |

'근대'에서 '현대'로

쇼와昭和의 종언

전쟁주체로서의 국가·국민

'근대'에서 '현대'로

마루야마 마사오丸山眞男와 마쓰시타 게이이치松下圭一*

미야케 요시오 三宅芳夫**

1. 시작하며

제2차 세계대전 후, 한 동안 일본의 담론 공간에는 '근대'와 '전근대'라는 틀이 두드러졌다. 이러한 틀은 대부분 규범적인 '근대'의 시각으로 '전근대'를 비판하는 태도를 가지고 있었다. 이때 '근대'에는 '서구'의 '민주주의'가, '전근대'에는 '일본'(경우에 따라서는 '일본의 파시즘')이 각

---

* 이 글은 한윤아가 번역했다.
** 1969년생, 지바千葉대학 교수로 주된 연구 영역은 철학, 사상사, 역사이론. 저서로는 『이동과 혁명—디아스포라들의 '세계사'移動と革命—ディアスポラたちの'世界史'』(공편저, 論創社, 2012), 『지식인과 사회—사르트르의 정치와 실존知識人と社会—J.-P.サルトルにおける政治と実存』(岩波書店, 2000) 등이 있다.

각 배치되는 경향이 있었다.

하지만 전후 수년이 지나자 크게 두 가지 계기에 의해 이 틀에 전환이 일어난다.

첫째, 미국과 소련 양 진영의 냉전이 격화됨에 따라 세계와 일본국내 질서가 재편성되었다는 점이다. 유럽에서는 1947~1948년 동안 마샬 플랜 실행과 코민포름의 창설, 베를린 봉쇄, NATO 설립으로 이어졌다. 동아시아에서는 1949년 중국공산당이 내전에서 승리하여 중화인민공화국이 탄생하고 1950년에 한국전쟁이 발발함으로써 미국과 소련의 대결 구도가 부상했다. 일본의 경우, 전후 미점령군이 전전戰前의 체제를 비판하며 일본의 '민주화'와 '비군사화'를 주창했으나, 미소대결이 부각됨에 따라 '반공산주의화'의 방침으로 전환했다. 이것이 이른바 '역 코스'[1]이다. '자유 민주주의'의 '서쪽' 국가들 대 '전체주의 · 공산주의'의 '동쪽' 국가들이라는 틀이 동원되면서, '레드 퍼지red purge(빨갱이 사냥)'[2]가 벌어졌다.

이러한 상황이 펼쳐지자 지식인들은 '역 코스'와 '레드 퍼지'를 비판하면서 '서구' 근대의 '자유와 민주주의'의 논리에 대해 거리를 두었다.

두 번째 계기는 한국전쟁이 초래한 '특수'가 일본의 경제성장을 가져온 것이다. 특히 GNP와 국민소득이 전전戰前을 상회했던 1955년과, 『경제백서經濟白書』에 "더는 '전후'가 아니다"라는 표어가 등장한 1956년 무렵부터 본격적으로 '고도경제성장'이 전개되었고, 사회에는 근

---

1   연합군최고사령부GHQ는 전후 일본의 독점 자본을 해체하고 농지 개혁, 민주화, 비무장 등에 주력하였다. 그러나 1950년의 한국 전쟁 등 미소 간의 냉전체제가 심화되자 이러한 정책은 정반대 방향으로 바뀐다. 그 결과 일본의 독점 자본이 부활하게 되었고 재군비가 이루어졌다.

2   제2차 세계대전 직후 1950년, 미점령 아래 일본에서는 맥아더 지령에 의해 공산당원과 동조자가 공직과 기업에서 차례차례 해고된 것을 가리킨다. 이 일로 1만 명 이상이 실업자가 되었다.

본적인 변동이 일어났다. 그럼으로써 '현대' 일본을 더 이상 '전근대'의 틀로 묘사할 수 없게 되었다.

이 글에서는 마루야마 마사오丸山眞男에서 마쓰시타 게이이치松下圭一로 이어지는 담론의 흐름이 어떻게 '현대'로 변모되어 가는가를 읽고자 한다. 두 사람의 언설 속에 자리한 '근대 시민사회'에 대한 비판을 살펴봄으로써 전후 사상의 두 개의 축을 이루고 있는 '시민사회파'와 '마르크스주의'의 관계를 되묻고자 한다.[1]

2. 마루야마 마사오의 '전환'-'현대'의 부상

전중戰中에서 전후戰後 수년 동안 마루야마 마사오의 글에서는, 일본의 '전근대성'을 비판할 때 '쟈코뱅' 모델이라 불리는 규범적 '근대'를 제시하는 패턴을 자주 관찰할 수 있다. 마루야마가 서구사상을 설명하는 맥락의 글인 「러셀의 '서양철학사'(근세)를 읽는다ラッセル'西洋哲學史'(近世)を讀む」(1946)나 「존 로크와 근대정치원리ジョン·ロックと近代政治原理」(1949), 일본사상을 분석하는 맥락의 글인 「후쿠자와 유키치의 사상에서 질서와 인간福澤に於ける秩序と人間」(1943), 「국민주의의 '초창기' 형성과정國民主義の'前期的'形成」(1944), 「구가 카츠난―인물과 사상陸羯南―人と思想」(1947), 「일본의 자유의식 형성과 특질日本における自由意識の形成と特質」(1947), 「메이지 국가의 사상明治國家の思想」(1949) 등의 글에서 자코뱅 모델의 전형적인 특징을 살펴볼 수 있다. 이러한 글들이 서로 공유하고 있는 논점을 다음과 같이 간단하게 정리할 수 있다.[2]

첫째, '봉건적'이란 개념으로 표현된 '전근대적' 질서를 극복하고자 했다. 구체적으로 말하면, '길드'나 '부락공동체' 같은 '중간집단'을 해체하고, 유일불가분한 '주권'을 가진 '국가'와 '중간집단'의 속성이 박탈된 '개인'이라는 양극을 도출하고자 했다.

둘째로 유일불가분한 '주권'을 독점하는 '국가'의 정통성은, '중간집단'에서 도출된 '개인' 간의 사회계약에 기초를 두었다. 동시에 사회계약에 의해 '주권국가'가 창출되는 과정에서 '국민'이라는 '정치적 공공공간'이 생겨났다는 것이다. 개인은 '국민'이라는 매개를 통해 '주체'로 변모하는 것이다.3)

첫 번째 논점은 『러셀의 '서양철학사'(근세)를 읽다』에 다음과 같이 명쾌하게 기술되어 있다.

근대국가는 중세의 위계적 질서를 부정한 형태로 등장한다. 즉 근대국가는 교회, 길드, 장원 같은 이른바 중개 세력pouvoirs intermédiaires이 최고 유일의 국가주권과 자유평등한 개인이라는 양극으로 해체 흡수되는 과정으로 나타난다. 이 양극이 서로 어떻게 관계맺는가라는 점이 근대정치사상의 일관된 과제이다. (III : 72)

'중개'적 혹은 '중간'적 부분의 해체를 '근대'의 지표로 삼는 태도는 『일본정치사상사연구日本政治思想史研究』에 들어있는 「국민주의의 '초창기' 형성과정」에서도 일관되게 나타난다. 이 글에서는 '중개 세력의 자립적 존재'를 '국가와 국민의 내면적 결합의 족쇄'로 보고, 권력의 '최고주체'인 국가로 '응집'하면서 동시에 그것을 지탱하는 '국민'의 탄생을 목표로 하는 '중간 세력 해체' 프로젝트가 '국민주의 이념'으로서 제시되고 있다.

두 번째 논점인 유일불가분의 '주권' 개념에는 분명히 루소의 『사회계약론』의 그림자가 드리워져 있다. 마루야마는 「러셀의 '서양철학사'(근세)를 읽다」에서도 「존 로크와 근대정치원리」에서도, '일반의지'를 내건 루소Rousseau식 '민주주의' 이론에 대해 높이 평가한다. 예를 들어 전자에서는 "개인이 '공민'으로서 주권과 일체화한 극단적 상황"을 설정한 뒤, '국민주권'에 기반을 둔 '민주주의' 국가의 이념형인 "개인의 자유와 주권의 완전한" "일치"를 주장하고 있다. 여기에서 "**이론적으로는**"(강조는 원문) "국민이 주권을 완전하게 장악하고 있는 한 국가주권의 만능"은 "조금도 국민적 자유를 제한할 수 없다"라고까지 서술하고 있다. 후자의 논문에서도 "인간이 스스로에게 규범을 짐지운 주체적 자유"라는 개념을 토대로 "사회계약"에 의한 국가질서의 창출과 이에 대한 복종이라는 "근대정치 원리"가 로크에서 루소까지 계보를 더듬어가며 서술된다. 여기에서 마루야마는 로크에서 버크Edmund Burke에 이르는 흐름을 대략 언급하며, 특히 로크가 쓴 "일체의 정치권력은 궁극적으로 인민의 신뢰trust에 기반을 둔다"는 구절을 들어 그의 사상이야말로 '주권sovereignty'이라는 단어를 쓰지는 않았지만 "이른바 인민주권"의 논리임이 "분명하다"고 말한다. 이를 통해 마루야마는 로크의 사상과, 루소의 『사회계약론』에 나오는 '일반의지volonté générale'의 친화성을 부각시킨다.

이 모델은 논리적으로 '민주주의'와 '국민주의'의 결합을 도출한다. 마루야마는 「구가 카츠난—인물과 사상」을 통해서 이러한 양자의 결합을 근대 일본사상사의 과제로 제시한다. 마루야마는 이러한 관점을 통해 후쿠자와 유키치와 구가 카츠난의 대립, 민권론과 국권론의 이분법을 상대화하고 그에 따른 '현재'의 시대적 요청을 다음과 같이 서술하고 있다.

울트라 내셔널리즘의 오랜 지배를 벗어난 현재야말로, 올바른 의미의 내셔널리즘, 즉 올바른 국민주의운동과 민주주의 혁명의 결합이 이루어져야 한다. 이것이 구가 카츠난 등의 과제를 이어받는 것이며, **중도에 멈춰버린** 그들의 불철저함을 씻어버리는 것이다. (Ⅲ : 105, 강조는 원문)

또한 '쟈코뱅' 모델이 부각된 시기의 파시즘론에 대해서 마루야마는 다음과 같이 주장했다. '파시즘'이 '독점자본'과 손잡은 것은 세계 공통의 현상이라고 전제하면서도, 이런 보편성에 주목하기보다는 오히려 '서구' 특히 나치독일과 비교하여 '일본 파시즘'의 특수한 양상을 고찰하고자 했다. 이 경우, 특히 파시즘 지도자의 정신구조를 분석할 때는 주로 '일본 파시즘'의 '전근대성'에 초점이 맞춰지게 된다.

예를 들어 마루야마는 1946년 『세계世界』 5월호에 게재된 「초국가주의의 논리와 심리超國家主義の論理と心理」에서, 정치철학자 칼 슈미트Carl Schmitt가 유럽의 근대국가란 '진리'나 '도덕'의 내용적 가치에 대해서는 중립적 입장을 취하며 국가주권의 기초를 철저히 "순수하게 형식적인 법기구 위"에 놓은 "중성국가Ein neutraler Staat"라고 규정했던 것을 끌어들인다. 그리고 근대 일본의 정치체제인 '국체'와 유럽의 근대국가의 차이를 설명하고자 했다. 즉 마루야마에 따르면 유럽 '근대'에서 '사상'·'신앙'·'도덕'의 문제가 '사적인 일'이 됨에 따라 이를 통해 '주관적 내면성'은 '공公'의 국가질서로부터 독립이 보증된 것에 비해, 일본의 '국체'에서는 "근대적 인격의 도덕이 내면화"되지 못하여 그 결과 '국가'가 사회의 모든 영역에 편재하게 되었다.

"내면적으로 자유롭고, 주관主觀 속에 정재定在, Dasein를 가진 존재는 법률 안에 들어가서는 안 된다" 며 헤겔이 주관적 내면성을 존중한 것과 반대로, 국법이 절대

가치인 '국체'로부터 흘러나오는 한 스스로의 타당근거를 **내용적** 정당성에 두기 때문에 어떠한 정신 영역으로도 자유자재로 침투할 수 있다. (Ⅲ : 22, 강조는 원문)

'도덕'·'윤리'와 '국가'·'권력'의 미분화라는 관점은 일본 파시즘 지도자의 성격을 분석할 때도 도입된다. 여기에서도 '윤리'와 '권력'의 분화가 전제된 나치독일의 지도자와 비교하며 일본의 경우, '주체'가 결여되어 있다는 논점을 부각한다. 마루야마는 이 논고에서 '학대'와 '피학대'의 관계를 예로 들어 나치의 경우 "'자유로운' 주체Sache"의 모습으로 '주체'가 출현하고 있는 데 비해, 일본의 경우에는 "자유로운 주체의식"을 결여한 채 "궁극적 가치인 천황에 대한 상대적인 접근 의식"밖에 없다고 기술하고 있다. 그 결과, 나치독일의 정신구조에서는 어쨌든 행위의 책임을 귀속시킬 수 있는 '주체'가 확립되어 있는 것에 반해 '일본 파시즘'의 경우, 책임질 주체 자체가 결여되어 있다는 논지를 전개한다. 이것이 이른바 '일본 파시즘'의 '무책임의 체계'이다. 1949년 5월 『조류潮流』에 '일본 파시즘 공동연구'의 일환으로 게재된 「군국지배자의 정신형태軍國支配者の精神形態」에서도 같은 주장을 펴고 있다.

그런데 1950년대에 들어서면[4] 오히려 '현대'의 '파시즘'이라는 관점이 강하게 도입된다. 게다가 이 '현대'의 '파시즘'은 '자유와 민주주의'를 표방하는' '서구'와 결코 무관하지 않다는 점이 강조된다. 마루야마는 특히 당시 미국의 '매카시즘'을 의식하고 있다. 이 경우 '파시즘'을 설명할 때, '전근대성'에 주목하는 관점은 크게 후퇴하고 또한 '서구' 근대의 규범적인 흡입력도 저하한다.

이와 같은 파시즘론에 속한 글로, 1952년 「파시즘의 문제들ファシズムの諸問題」, 1953년 「파시즘의 현대적 상황ファシズムの現代的狀況」, 「현대문명과 정치의 동향現代文名と政治の動向」 등을 들 수 있다. 마루야마는 이러한

글을 통해 '파시즘'의 가장 기본적인 특징으로 모든 자발적 결사의 해체와 그에 따라 '대중mass'화, '원자atom'화된 개인의 '사회'와 '강제 동질화'되는, 즉 '획일화Gleichschaltung'를 거론하고, 또한 이 '강제 동질화'의 요인으로서 '현대'의 '고도자본주의' 구조를 지적한다.

예를 들어 마루야마는 「파시즘의 현대적 상황」에서 '파시즘'은 "현대의 고도자본주의 조건들"에 내재되어 있는 경향이 '급격'하고 '극단'적인 모양으로 드러난 것에 불과하다고 말한다. 또한 마루야마는 '강제 동질화'의 전제인 "원자화한 대중과 그것을 조작하는 권력"이라는 구도는 '근대' 자본주의의 산물이라고 설명한다.[5]

> 근대사회에서는 산업조직이나 정치체제 모두 조직화가 진행됨에 따라 피라미드의 끝은 점점 뾰족해지며 거기에 권력이 집중되는 반면, 피라미드의 저변은 점점 넓어져 여기에는 원자적인 대중이 형성되는 내재적 경향이 있다. 흔히 이야기되는 자본의 집중과 집적에 따른 계급의 양극화에는 이러한 경향이 가장 포괄적으로 드러나 있다. (V : 313)

마루야마는 '현대'에 '자유와 민주주의'라는 '이념'이 '자본'이라는 '현실'에 강하게 구속되어 있음을 지적한다. 혹은 '자유와 민주주의'라는 이념을 '자본'이라는 '현실'이 배반하고 있음을 비판한다.

> 현대사회에서는 종종 자유와 민주주의가 사기업, 자유기업과 등치된다. 그러나 실은 근대자본이나 기업 내부만큼 비민주적인 조직은 없다. (…중략…) 모두가 더 많은 이윤을, 이라는 절대 지상명령의 아래에서 움직인다. 이 지상명령을 누구도 비판할 수 없다. (VI : 30)

모든 자본주의 체제는 자유기업이라는 이름으로 불릴 수 있지만, 자본주의가 오늘날처럼 독점단계에 이르기 전에도 대체로 자본제 기업의 내부구조만큼 **본래** 권위주의적인 것은 없다. (V : 314, 강조는 원문)

마루야마는 이와 같은 '현대자본주의' 구조의 기초 위에 ① 대의정치에서 관료주의로 진행 ② 전문분화와 기계화에 따른 전문가주의와, 그와 짝을 이루는 반동적인 테크놀로지 허무주의, ③ 매스 커뮤니케이션의 발달에 따른 지성의 단편화와 획일화 등이 더해져 '파시즘'의 위험성이 상승하고 있다고 생각한다.

'현대'의 '파시즘'화에 대한 저항의 전략으로 마루야마가 구상한 것은, 이미 '개인'과 '국가'라고 하는 양극구조로 유지되는 '쟈코뱅' 모델이 아니라, 오히려 이 '쟈코뱅' 모델에서는 부정적 역할을 했던 다양한 '자발적 결사'의 네트워크이다(물론 '결사'는 '중간집단' 형태의 하나이다).[6] '자발적 결사' 중에서도 '현대' '자본'의 위치와 대응하는 노동조합의 중요성이 특히 강조된다. 「파시즘의 현대적 상황」에서 마루야마는 "근대사회나 근대문명의 조건들이나 경향 속에 내재"하고 있는 "파시즘의 강제 동질화"에 저항하기 위한, 작은 단위의 "공공성" 담지자로 "노동조합을 필두로 하는 자발적 결사"를 요청하고 있다. 1952년에 쓴 「정치의 세계政治の世界」에서는 더욱 직접적으로 조합의 역할에 대해서 서술하고 있다.

뭐니뭐니해도 직장조합은 중요한 의미를 가진다. 노동조합이야말로 현대사회에서 대중의 원자적 해체에 저항하는 가장 중요 거점이 되어야 한다. 그러므로 히틀러 같은 파쇼적 독재자가 권력을 획득하자마자 가장 먼저 손을 쓴 것이, 자주적 노동조합의 해체였다는 것도 당연하다. 노동조합의 사명은 단순히 좁은 의미의 경제투쟁에만 있지 않다. 오히려 노동조합에서 정치·사회·문화의 모든 문제를 대중적으로 토의하고 교육함으로써 인간의 규격품화, 대중매체, 보도기관에 의한 지식의 획일화, 취미·교양의 말초화의 경향과 싸우며, 대중의 자주적인 비판력과 적극적인 공공정신을 부단하게 환기하는데 있다. 민주주의의 뿌리를 견고하게 배양하는 것을 진실로 원하는 사람들이라면, 대중의 정치적 관심을 **일상화하는** 장으로 조합의 강화, 발전을 도모하고, 이것을 불구화시키거나 왜소화하려는 움직임과 싸워야 한다.[7] (Ⅴ : 190~191, 강조는 원문)

이와 같은 마루야마의 '현대'에 대한 문제제기를 보다 대대적으로 이어받은 이가 초기의 마쓰시타 게이이치이다.[8]

초기의 마쓰시타는 마루야마 이상으로 마르크스주의적 시각을 도입하여 '현대'의 위상과 저항의 전략을 더욱 상세히 분석했다. 그는 단순히 전후 일본 사회의 변화를 파악하는 것에 그치지 않고, 세계사의 차원에서 19세기 말부터 20세기 초두에 걸쳐 일어났던 시스템의 대규모 지각변동을 이론화하려 했다. 특히 이때 주목한 것은, 제2차 세계대전의 '총력전'을 계기로 나타난 '독점자본'과 '복지'국가('복지국가'는 동시에 '행정'국가, '경제'국가이기도 하다)·'내셔널리즘'의 결합이다. 마쓰시타가 말하는 대중사회는 이 '독점자본'과 '복지국가'·'내셔널리즘'이라는 구조에 의해 구성된 '20세기 시스템'이라 할 수 있다.

마쓰시타가 '20세기 시스템'으로서 '현대'를 바라보았다는 사실은, '전근대'와 '근대'라는 '근대주의'·'계몽주의'적인 틀을 되묻는 것과 당연히 연결되어 있다.

3. '전후 계몽'과 '근대주의'에서 벗어나다

마쓰시타는 1956년 11월 잡지 『사상思想』의 "대중사회 특집"으로 게재된 「대중국가의 성립과 문제성大衆國家の成立とその問題性」의 말미에서, 전후의 어느 시기까지 나타났던 '근대'주의적 틀에 대한 거리감을 아래와 같이 표현하고 있다.

> 일본의 경우에도 특수성이 없는 것은 아니지만, 독점단계의 사회형태 변화라는 일반적 상황이 진행되고 있었다. '봉건' 대 '근대' 뿐만 아니라, 더 날카롭게 '근대' 자체의 문제가 제기되어야 한다. 그래서 이 '근대' 자체가 내부에 품은 문제를 서구를 통해 추적하는 것이 이 글의 동기이다. (IV : 34)

또한 1960년 『사상』 10월호에 게재된 「오늘날 사회과학의 상황社會科學の今日的狀況」(첫 출간 시 제목은 「오늘날 대중사회론의 위치大衆社會論の今日的位置」)에서도, '민주주의' 대 '파시즘'이라는 이항대립을 상대화하려는 자신의 문제의식에 대해서 서술하고 있다.

> 천황제에서 데모크라시로 전환을 말하는 전후 계몽주의의 근대주의적 발상에 대해 비판한다. 즉 파시즘조차 데모크라시를 내세우며 등장할 수 있는 현대 데모크라시가 배태한 모순을 날카롭게 파고들지 않는 한, 전후 정치과정에 대한 유효한 시각 형성이 불가능하다. 때문에 어떻게든 오늘날 데모크라시의 상황을, 전후 계몽주의의 틀을 넘어서 이론화할 필요가 있다. 대중사회론이라는 형태로, 봉건 대 근대, 천황제 대 데모크라시라는 패전 직후의 근대 일단계론과 대결하는 근대·현대의 이단계론을 제기하는 것이다. (IV : 252)

또한 1959년에 출판된 『현대정치의 조건現代政治の條件』 후기에서도, 마쓰시타는 '봉건 대 근대'라는 틀에서 파생된 일본의 '근대적 자아' 나 '시민사회'의 결여를 문제 삼는 '계몽주의·근대주의'에 대해 비판하는 이론을 좀 더 정리해서 기술하고 있다. 마쓰시타는 이 글에서 전후의 '계몽주의·근대주의'가 규범으로 만들어 이상화했던 '서양 근대'는 이미 완전히 다른 시스템인 '현대'로 전환되었다고 본다.[9]

마쓰시타는 이와 같은 관점을 1952년부터 1954년까지 『법학지림法學志林』이나 『히토바시논총一橋論叢』에 발표한 뒤, 이후 『시민정치이론의 형성市民政治理論の形成』이라는 책으로 집약 정리하며 존 로크의 '근대' 정치사상의 논리 구조를 분석했다면, **동시에** 1954년부터 1955년에는 동일한 『법학지림』 지면에 「집단관념의 형성과 시민정치이론의 구조전환集団観念の形成と市民政治理論の構造転換」을 연재하면서, '근대'로부터 '현대'로 전환된다는 문제를 주제로 끌어냈다. 마쓰시타에 따르면 「대중국가의 성립과 문제성」은 원래 이 논고 제2장의 서문으로 집필된 것이라 한다.

이 글에서 마쓰시타는 전후 '계몽주의'가 규범화해온 근대 '시민사회' 개념을 마르크스주의적 시각을 통해 역사적 문맥 안에 재위치 시켰다.

마쓰시타는 19세기의 '시민사회' 주체는 '개인' 일반이 아니고, "'자본주의적 사적소유' 즉 자본의 성립을 기초로 하는 산업자본"을 가진 부르주아지에 한정되었다고 지적한다. 자본주의가 논리적 전제로 삼은 '본원적 축적'으로 창출된 '노동자계급'은 '자유'·'평등'·'독립'이라는 원리로 구성되는 '시민사회'로부터 배제되었다.[10]

그리고 산업자본을 중심으로 한 부르주아지는 구지배층의 일부와 제휴하여 '명망가' 그룹을 형성한다. 19세기의 '공공권'과 '여론'은 기본적으로 '명망가' 그룹이 구성하는 공간 내부에 한정된 문제이며, 또한 이 그룹은 선거권 제한을 전제로 '의회'를 장악한다. 마쓰시타는 월터 배젓Walter Bagehot를 인용해서, 19세기의 '의회'를 '상류 일만upper ten thousands'의 지배라고 규정한다.

그러나 주식회사제도로 자본이 집중·집적되고 은행자본과 결합하면서 '생산의 사회화Vergesellschaftung'가 촉진된다. '생산의 사회화'라는 흐름 속에서, 자본주의는 산업자본단계로부터 독점자본단계로 이행하기 시작한다. 마쓰시타는 독점자본주의로 이행하며 19세기의 '근대 시민사회'는 마침내 붕괴하고 20세기형의 '현대'가 탄생한다고 생각했다.

다음으로 마쓰시타가 '20세기 시스템'으로서 '현대'를 어떻게 묘사했는지 살펴보자.

4. '20세기 시스템'으로서의 '대중사회'

「대중국가의 성립과 문제성」은 '근대'에서 '현대'로 전환을 다루는 마쓰시타의 시각을 집약한 논고이다. 이 글에서 마쓰시타는 이미 서술했던 것처럼 레닌의 『제국주의론』을 인용하며, '현대'가 출현하는 가장 기본적인 조건은 19세기 말부터 20세기 초에 걸쳐 일어난 산업자본주의에서 독점자본주의로 이행이라고 주장하고 있다. 마쓰시타는 그 지표로 생산력의 비약적 상승과 자본의 집적·집중, 제2차 산업혁명에 의한 석유·전기 에너지의 신개발, 나아가 테크놀로지가 낳은 기능이 전 사회로 확대된 것을 들고 있다.

생산의 사회화를 기초로 자본주의가 산업자본단계로부터 독점자본단계로 이

행하게 된다. 이러한 이행은 자본과 노동의 기본적 모순을 안은 채, 석탄을 대체
한 석유·전기라는 새로운 에너지원의 개발에 힘입어서, 대량생산mass production
및 대중매체mass communication를 새로 만들어냈다. 또한 그때까지 직접적인 생산과
정의 내부에서 주로 발달해온 **테크놀로지**가 사회과정의 내부에까지 들어오게 되
어, 사회의 조직기술에 혁명적 변혁이 일어난다. (IV : 10)

마쓰시타는 '현대'로의 이행을, ① 대규모 공장제의 성립과 기계적
조직화, ② 미숙련노동자의 압도적 증대라는 '생산과정'의 변화로 먼
저 파악하려 한다. 이 경향은 "포드 시스템, 즉 대량기계생산과 노동
질의 양화量化"가 결정적이다. 마쓰시타는 20세기 독점자본주의 '생산
과정'의 특징을 '포드 시스템'으로 간파했던 것이다.

'생산과정'의 변화는 필연적으로 '사회형태'의 변화를 일으킨다. 전
통적인 생산수단과 공동체로부터 이탈한 프롤레타리아는 '원자화'되
어 다른 한편으로 새롭게 편성된 '집단'으로 '조직화'된다. 테크놀로지
의 비약적 발달은 이 '원자화'와 '조직화'라는 양극을 '관료제'를 매개
로 결합하여 이러한 방향으로 사회는 전면적으로 재편성된다.

동시에 전통적인 소공동체 내부에서 순환하고 있던 '감정'도 이러
한 공동체의 붕괴에 수반해 외부로 배출되며, 미디어와 커뮤니케이
션 기술에 의해 조종된다. 마쓰시타는 20세기에 들어서 '기술'과 '감정'
의 결합이 전쟁 시기에 전형적인 모습으로 드러났다고 말한다.

이러한 '기술화'와 '정서화'의 과정은 현 단계의 '전체전쟁'[3]을 통해서 더욱 명
확하게 파악된다. 국가는 전쟁기계로서 완전하게 기술화되어가고 동시에 '산 제

---

3 전체전쟁general war은 국가의 사활을 거는 이익을 위해서, 다른 국가에 대해 총력을 동원
하여 적극적으로 임하는 전쟁을 말한다.

마쓰시타는 ‘현대’ 인구의 대다수가 ‘프롤레타리아화’된다고 해서 그들이 무조건 ‘20세기 시스템’으로 통합되는 건 아니라고 했다. 프롤레타리아가 ‘20세기 시스템’에 통합되어 ‘대중’으로 출현하기 위해 경제사회적 조건 위에 어떠한 ‘정치’통합이 수행되었는가를 고찰할 필요가 있다.

사회는 19세기 말부터 본격적으로 독점자본주의로 이행되기 시작했고, 이는 노동자계급의 형태에도 질적인 변화를 가져왔다. 또한 대공장제로 조직되어 미숙련노동자가 압도적으로 증대하게 되자, 산업자본단계에서 직인층과 숙련노동자를 기반으로 했던 조합운동의 형태가 결정적으로 바뀌게 된다.

> 독점자본은 방대한 노동자를 새롭게 축적하지만, 이들은 산업자본단계까지의 직인층, 특권적 숙련노동자층과는 다른 미숙련노동자층이라 할 수 있다. 이 계층이 독점자본단계에서 새롭게 노동조합으로 조직된다. 기존의 생각과는 달리 노동자계급과 노동조합이 폭발적으로 등장한 것은 그리 오래된 일이 아니다. 오히려 산업자본단계의 노동조합은 투쟁 조직이라기보다는 소수 특권적 숙련노동자의 동업 형태를 띤 주식회사였다. (IV : 21)

이와 같이 대량의 공장노동자를 조직화한 노동조합과 사회주의 세력은 선거권이 확대되면서 의회에 진출했다. 이들은 ‘사회정책’을 중심으로 한 ‘복지국가’의 출현을 촉구하는 압력이 되었다. 마쓰시타는 세기말 토마스 힐 그린Thomas Hill Green의 이상주의 국가철학에서 출발, 네빌 체임벌린Neville Chamberlain을 거쳐 데이비드 로이드 조지

David Lloyd George의 '인민예산'이 등장하기까지, 영국의 '복지국가'화 과정에서 나타난 전형적인 징후를 설명한다.

이러한 흐름과 더불어, 사회주의 안에서도 '국가'의 위치는 급속하게 집중 부각된다. 즉 보통평등선거권과 의회제도를 통해 '국가' 권력에 접근하거나 혹은 권력 그 자체를 획득하는 것에 의해 사회주의를 실현하려는 '사회민주주의' 프로그램의 영향력은 증대한다. 일찍이 '명망가'체제와 산업자본이라는 배경 아래에서 19세기적 '국가'로부터 배제되었고, 이 배제를 만회하려고 '국가'와 대립해온 사회주의가 이런 상황에서 분열하게 되었다.

> **위로부터** 이루어진 국가의 복지국가화는 **아래로부터** 노동자계급의 자기순화와 대응해 간다. 지금까지 국가와 대립했던 사회주의는, 보통평등선거권을 전제로 **국가에 의해 실현될** 사회주의로 바뀐다. 즉 사회주의는 **수정되어야** 했다. 노동자계급은 의회주의의 형태를 띠고 사회정책을 점진적으로 확대시켜 '해방'된다. 점진주의적 '운동이 전부이다'. 사회주의는 수정되어, 레닌의 이른바 '근대사회주의', 이어서 '사회민주주의'가 성립된다. 여기에 대결하며 새롭게 생디칼리즘syndicalisme, 스파르타쿠스단Spartacus Party, 볼셰비즘Bolshevism 등이 등장한다. 사회주의는 '분열'했다. (IV : 22, 강조는 원문)

20세기 초에 '사회민주주의'와 '복지국가'가 결합하자, 노동자계급은 국가의 수혜자가 되어 이제껏 그랬던 '위험한 계급'이 아니라 '국가'에 대한 귀속의식이 농후한 '대중'으로 변모한다. '내셔널리즘'에 노동자계급이 통합된다. '데모크라시'도 '사회국가'로 통합하는 채널로 기능한다.

노동자계급은 정치적 지배를 쟁취하는 것이 아니라, 대중데모크라시를 전제로 자본주의국가의 '국민'으로 바뀌고, 이에 따라 '조국'을 가지게 된다. 노동자계급은 국가의 내부에서 '대중'으로 **해방됨**과 동시에 **순화**되었다. 노동자계급은 본래의 조직을 강화하면서도 국가 내부에서 한층 **수동적** 존재로 국가의 **의사주체**疑似主体가 된다. (IV : 24, 강조는 원문)

일찍이 마르크스는 『공산당선언』에서 "노동자는 조국을 갖지 않는다"고 썼지만, 이제는 노동자계급과 사회주의정당이 '조국'으로 통합되었고 '프롤레타리아 인터내셔널리즘'은 무너졌다. 1957년 마쓰시타는 「마르크스주의 이론의 20세기적 전환マルクス主義理論の二〇世紀的轉換」에서 의회주의를 매개로 노동자계급과 사회주의가 '내셔널리즘'으로 통합한 것에 대해 다음과 같이 기술하고 있다.

『공산당선언』에 묘사된 국가와 **대립**하는 고전적 사회주의는, 국가를 통해 **실현**할 수 있는 사회주의로 바뀌었다. 사회주의는 의회주의화된 동시에 애국주의화되었다. (IV : 87, 강조는 원문)

'대중'으로 변모한 노동자계급과 사회주의정당이 국가로 귀속·통합된 결과는 전쟁 시기에 결정적으로 드러났다. 제1차 세계대전 발발에 직면했던 때, 거의 대부분의 '사회민주주의' 세력은 총동원체제에 전적으로 협력했다.

제1차 세계대전 발발은 대부분의 사회주의자가 체제의 충성스런 병사인 것을 증명했다. '향후 짐은 어떠한 당파도 인정하지 않는다. 짐은 단지 독일 국민의 일치단결한 모습만을 인정한다'라는 카이저의 말은, 또한 그 단계 사회민주주의자

의 말이기도 했다. (IV: 31)

세계전쟁에 대한 이러한 총동원을 통해서 '복지국가'와 '내셔널리즘'의 결합인 '20세기 시스템'에 대중이 완전히 통합되었다. 다음은 마쓰시타의 이러한 관점을 단적으로 보여주고 있다.

① 전선戰線이나 공장으로 동원되면서 가속화된, 인구의 프롤레타리아화, ② 국가총동원을 위한 정치적 테크놀로지가 발달하고, 관료가 이러한 정치테크놀로지를 더욱 숙련시킨 것, ③ 전후에 정치적 평등의 확대를 약속한(영국, 독일 등) 것과 발맞추어, **전쟁 자체가 사회형태의 혁명적 완성으로서도 기능하면서 동시에 체제의 논리를 관철해 간** '대중 국가'의 완성. 따라서 대중국가가 전체전쟁을 원형으로 대중 데모크라시와 대중 내셔널리즘을 전제로 하는 '전체 국가'로서 실현된 것에 주목해야 한다.[11] (IV: 23, 강조는 원문)

'20세기 시스템'의 대중 내셔널리즘 단계에서 국가는 예전의 종교가 가졌던 형이상학적 심급을 독점하게 된다. 종교와 국가를 분리된 것으로 보았던 '계몽 근대' 프로젝트는 현대국가에 와서 반대로 뒤집힌다. 『현대사상現代思想』 3권(이와나미강좌, 1956)에 실린 「국가적 이익―계급 및 집단과의 관계國家的利益―階級および集団と關係」에서 마쓰시타는, '국가 종교'가 된 대중 내셔널리즘에 대해 고찰하고 있다.

현재 대중 내셔널리즘은 국가를 '지상의 신'으로 만듦으로써, 새로운 대중적 국가종교로서 기능하게 된다. 대중 내셔널리즘은 성서(국사책), 찬송가(국가), 성물(국기), 성자(민족 영웅), 기적(전쟁승리)을 완전하게 갖추었다. (IV: 140)

마쓰시타는 '20세기 시스템'의 극단적 모습이 '파시즘'이라고 말한다. '파시즘'은 '정치적 자유'을 완전하게 탄압하지만, 통치자와 피치자가 일치한다는 의미에서 '데모크라시'와 대립하지는 않는다고 지적한다. 오히려 '파시즘'은 20세기 '대중데모크라시'와 테크놀로지에 의한 '감정의 기술화技術化'를 지렛대로 삼아 스스로를 출현시켰다. 한나 아렌트는 『전체주의의 기원』에서, '전체주의'를 분석하는 열쇠로 끝없는 '운동'과 '대중'을 '주목했는데, 마쓰시타도 '파시즘'에서 연출된 '영구혁명'을 언급하고 있다. 마쓰시타에 의하면 이 '영구혁명'은 테러나 전쟁과 같은 '정치 제전'과 결합된 '거리의 데모크라시'에 의해 지탱되고 있다.

이제까지 살펴본 것으로 알 수 있듯이, 마쓰시타는 나치 독일이나 이탈리아 등의 소위 '파시즘' 국가들의 사회체제뿐만 아니라 미국, 영국을 비롯한 제2차 세계대전 때 '민주주의'를 표방했던 '연합국'의 사회형태도 '20세기 시스템'으로서 '대중사회'라고 주장했다(덧붙여 말하자면 '소비에트 권력 더하기 전기동력화電氣動力化'라는 이념 아래 공업화를 수행했던 소비에트 러시아도 또한 이 문제와 무관하지 않다). 이런 이유로, 마쓰시타에게는 이른바 '파시즘'이라는 것은 '20세기 시스템' 그 자체에 내재된 가능성이 현재화한 현상이다. 따라서 '파시즘'의 위험은 '서구 데모크라시'에도 '현대 일본'에도 연결된다. 실제 마쓰시타는 냉전하 미국의 '매카시즘'을 '파시즘'에 상당히 가까운 것으로 파악했다.

마쓰시타는 신체의 자유·양심·언론의 자유, 결사의 자유 등 기본적 인권의 보장 수단으로써 '시민적(혹은 형식적) 자유'의 확보라는 점에서, '대중사회' 일반과 협의의 '파시즘'간 의 차이도 지적한다. '파시즘'은 '대중사회'를 '가능 조건'으로 삼아 출현한 것이지만, '대중사회'가 필연적으로 '파시즘'을 낳는 것은 아니다. 오히려 마쓰시타는

'대중사회'라는 구조 자체가 20세기의 상황이고, '파시즘'에 저항하는 '가능성의 조건'도 가지고 있다고 생각한다.[12] 여기에 '가능성의 기술'로서의 '정치'라는 발상이 개입한다.[13]

> 실상 정치의 논리에서 파시즘의 가능성은 동시에 반反파시즘의 가능성이며, 가능성이 있는 곳에 책임도 존재한다. (IV : 99)

그렇다면 마쓰시타는 '파시즘'이라는 위험까지 포함한 '20세기 시스템'인 '대중사회'에 대한 전략을 도대체 어떤 식으로 구상했을까.

5. '자유'와 '사회주의' – 저항의 전략

마쓰시타 게이이치는 '대중사회'의 통합에 대한 대항전략으로 '저항권'과 결부할 수 있는 '자유'의 관념을 중심에 놓았다.

그는 '통치자'와 '피통치자'의 일치라는 '민주주의' 이념이 '전체주의'의 정당화에 빠질 위험을 지적하며, 오히려 '리버럴리즘'적인 '시민적(혹은 형식적) 자유'의 '현대'적 가능성을 읽어내려 한다. 예를 들어 1957년의 「현대정치에서 자유의 조건現代政治における自由の條件」에서는 소위 '적극적 자유'와 '소극적 자유'의 대립을 다루며, 후자에 좀 더 긍정적인 평가를 내린다. 왜냐하면 '소극적 자유'는 정치권력으로 통합하려는 벡터를 끊임없이 상대화하는 관점을 제공할 수 있기 때문이다. 또한 마쓰시타는 '소극적 자유'가 '소수파' 권리를 제도적으로 보장한다

는 장점을 강조한다. 혹은 대중사회 단계의 '데모크라시'는 항상 '소수파'의 권리를 보장하는 '소극적 자유'라는 점검 기능을 필요로 한다고 말한다.

> 데모크라시 안에 있는 '무엇으로부터의 자유'라는 것은 결국, 다수에 비해 소수의 권리를 얼마만큼 보장하고 있는가를 실질적으로 의미한다. 소수의 자유는 윤리적으로, 결국 개인의 자유로 귀착된다. 예전에는 소수의 특권지배자에 대한 '다수의 자유'가 데모크라시로 요구되었지만, 이제는 다수가 지배하는 데모크라시 내부에서 거꾸로 '소수의 자유'가 자유의 근본적 의미를 갖게 된다. (Ⅳ : 183)

> 「잊혀진 저항권忘られた抵抗權」(1958)에서는 이러한 '자유'와 '저항권'의 관계를 논하고 있다. '저항권'과 제휴함으로써 '자유'는 '루소 혹은 자코뱅'적인 '일반의지'에 의해 '전체'로 통합되는 것과는 다른 논리로 구성된다. 즉 "저항권 관념은 인민의 전체의지라며 개인을 지우지 않고, 늘 전체의지를 표시하는 정부에 대해 개인의 판단 및 평가를 남겨둘 수 있다."(Ⅳ : 193)

이러한 마쓰시타의 태도는, 어떤 의미에서 '민주주의'를 비판하는 '리버럴리즘'의 논지를 상기시킨다. 그러나 그의 이론은 '근대'적인 '리버럴리즘'이 '현대'에 와서 붕괴되었다는 전제에 의거하고 있다는 점을 주목해야 한다. '근대'적 '시민사회'의 붕괴야말로 마쓰시타가 '현대'의 위상으로서 제기했던 주요한 논점의 하나였다. 또한 이 시기의 마쓰시타의 이론은 기본적으로 '사회주의'적 관점에서 구성된 것이다. 따라서 '현대'적 맥락에서 '리버럴리즘'의 가능성을 추구하고, '사회주의'와 연동한 '자유'를 모색하고 있는 것이다.

이와나미강좌 『현대사상現代思想』 6권에 수록된, 1957년의 「민주주

의의 역사적 형성民主主義の歴史的形成」 말미에 나오는 다음과 같은 문장
은 마쓰시타의 '사회주의'와 '자유'에 대한 문제구성을 상징적으로 보
여준다.

> 만약 **현대**가 민주주의 전개에 기여하려 한다면 대중민주주의의 구조적 해결과
> 더불어 근대적 개인 자유의 자본주의적 성격을 비판해야 한다. 동시에 개인 자
> 유의 경제적 기초를 확보하고 있는 사회주의를 참조해야 된다. (IV : 82, 강조는
> 원문)

또한 1964년의 「민주주의의 현대상황民主主義の現代状況」에서도 '민주
주의'를 구성하는 것으로 '민주적 참여', '권리의 법적 보장', '개인 자발
성의 존중'이라는 세 가지의 요소를 도출하고,[14] 이 요소들을 '사회주
의'와 관련시켜야 한다고 주장한다.

> 확실히 민주주의는 현대의 과제이다. 그러나 민주주의는 고대 폴리스의 민주
> 적 참여, 중세시대 권리의 법적 보장, 근대의 시민적 개인 자발성 전통의 계승 위
> 에 보편적 이념으로서 성립했다. 더불어, 오늘날 민주주의는 이 세 가지 문제를
> 사회주의와 관련시켜 가며 구체적으로 해결해야 할 것이다.[15] (III : 53)

그래서 마쓰시타는 '리버럴리즘의 극단'이 '아나키즘'으로 이어지
는 것을 인정하면서도 '개인' 차원의 '자유'가 20세기의 현대사회에서
실효성을 가지기 위해서는 '자유'로운 '개인'의 자주적인 집단 형태의
'연합체association'와 연결되어야 한다고 생각했다. 독점자본단계의
'대중사회'에서 생산수단으로부터도 공동체로부터도 소외된 채, '대
중'으로서 원자화된 개인은 자주 쉽게 '국가'에 의한 조작의 대상이 되

기 때문이다. 마쓰시타의 이론은 국가관료 기구나 매스컴에 의해 조작되는 대중동원에 대한 '저항'의 방파제로서 자주적인 '연합체'를 구상하고 있다.

1957년의 「'거대사회'의 집단이론巨大社會'における集団理論」에서는 주로 H. 라스키Harold Laski의 이론을 분석하면서 '자주적 집단association'이 국가적 동원에 저항할 수 있는 가능성을 논의하고 있다.16) 여기에서 유의해야 할 점은 마쓰시타가 자주적 연합체의 핵으로 생디칼리즘적 노동조합을 염두에 두고 있다는 점이다. 부연하면, '생디칼리즘'이란 '20세기 시스템'으로서 '현대'가 성립될 때 통합의 외부에서 머문 사회주의 그룹의 상징이다.17) 마쓰시타는, 19세기 말에서 20세기 초에 걸쳐 일어났던 '대중국가' 통합에 대한 생디칼리즘의 저항을 **"인민의 주체성이자 자유의 재구성"**(IV : 152, 강조는 원문)으로 파악하고 있다. 이 논고에는 프루동의 '자유'와 '연합'의 이론에 접근했던 시기의 라스키에 대해서, 다음과 같이 서술하고 있다.

> 라스키에 의하면, '집단'이야말로 **대중적 주권** '국가'의 내부로 흡수되고 있는 노동자계급의 '개인'에게 다시 한번 주체적 자유를 확보하게 해준다. 의회를 통해서 '국가'가 획득하고자 했던 자유에 대립하여(신자유주의, 여기에 대응하는 페이비어니즘Fabianism을 상기하자), 새롭게 '집단'에 의한 자유가 제기되고 있다. 자유로운 '개인'의 자발적 '집단'으로서 '목적단체(어소시에이션)'인 '공동사회(커뮤니티)'의 연합적 구성 이론이 그것이다. (IV : 155, 강조는 원문)

여기에서 '대중'과 '주권' 양쪽을 강조한 것에 주목해야 한다. 마쓰시타에 의하면, '20세기 시스템'으로서의 '현대'는 '주권' 모델과 '집단의 분출'을 전제로 한 '대중통합' 모델의 결합이기 때문에, '저항'의 측에도 이 양쪽의 전략이 요청된다. 이 저항의 이중성을 마쓰시타는 "고전적 시민정치이론에서 개인 대 국가를 연관시킨 '주권국가'와 20세기적 문제 상황으로서의 '대중국가'라는 논리적으로 구별되어야 할 국가에 대한 이중의 저항"(IV : 153)이라고 했다.

또한 마쓰시타는 라스키를 따라 생디칼리즘으로 상징되는 노동조합을 중시하면서도 '개인'의 '자유'를 보장하는 '집단' 자체를 복수화하는 시각을 도입한다. 즉 '개인'은 복수의 '집단'에 동시에 소속됨으로써 어떤 특정의 '집단'에 절대적으로 구속되는 것을 벗어날 수 있다. 이것은 '집단'에 의한 '개인'의 통합, 억압이라는 위험을 정치이론적으로 고려한 것으로 볼 수 있다.

> 라스키에 따르면 집단에 의한 개인자유의 실현 가능성은 또한 집단의 다원성을 전제로, 다원적 경로로 현실화되어야 한다. (…중략…) 개인은 단일집단으로 흡수되지 않는다. 단일집단에서는 개인의 '특정의 목적difinite purpose'(Grammar, p.67)[4] 만을 충족시키는 것이고, 결코 전체 목적을 충족시키는 것은 아니다. 복수집단이 자유 현실의 다원적 경로를 가능하게 만든다. (IV : 157)

이렇게 '현대'의 '저항' 이론을 구상하며 마쓰시타는 동시에 '현대일본'에서 나타나는 '저항'의 현실을 분석하고자 한다. 그가 초점을 맞춘 것은 '저항'을 위한 중심적인 연합체인 노동조합운동의 구조이다.

---

4 인용문 내의 서지사항이지만, 표기된 것 외의 정보는 원서에 없었다.

6. '노동운동'과 '지역 민주주의' – 기업통합에 저항하며

이 시기의 마쓰시타 게이이치는 현대 일본의 사회주의와 노동운동에 대해 다양한 형태로 설명했다. 그 가운데 1959년의 「노동조합의 일본형 정치 활동^{勞働組合の日本形政治活動}」과 1963년의 「노조 정치 활동의 논리^{勞組政治活動の論理}」라는 글에 그의 주장이 잘 나타나 있다. 그러나 거기에서는 '저항'의 가능성에 대한 기대보다 오히려 노동조합이 '압력단체'화되는 것에 대한 위기감을 강조한다고 할 수 있다.

물론 이 두 글은 '총평'[5]을 중심으로 했던 노동조합운동이 호헌과 평화주의로 상징되는 '전후민주주의' 정치운동의 중심에 있었던 것을 상기시키며, 노조에 대한 긍정적인 면도 언급한다. 즉 샌프란시스코 강화회의 시기 전면강화운동에서부터 파괴활동방지법안(파방법^{破防法})[6] 반대운동을 거쳐 경찰관직무집행법(경직법^{警職法}) 반대, 안보조약 개정을 둘러싼 투쟁에 이르기까지, 사회당을 필두로 한 비판정당이 약체였던 상황에서 신헌법 이념인 '인권'과 '평화'를 옹호하고 개헌을 저지하는 데 있어 '총평'의 역할이 매우 중요했다고 평가했다. 그러나 마쓰시타의 시선은 오히려 이러한 성과의 그림자라 할 수 있는, '총평'을 비롯한 동시대의 노동조합 문제점을 향하고 있다. 여기에서 마쓰시타의 논지를 재구성해보자.

---

[5]　일본노동조합 총평의회^{日本労働組合総評議会}의 약칭으로 일본에서 가장 컸던 노동조합 연합체였다. 1950년 7월에 공산주의 주도의 노조운동을 반대하며 창설되었고, 1989년 11월에 해산되었다. 주로 기업소속 노조가 아닌, 공무원, 공공기관 노조로 구성되어 있었다. 그러나 일본노동법에 따라 공무원, 공공기관 노조에게는 파업권이 없었기 때문에 이들은 경제투쟁보다 주로 정치투쟁에 치중하여 활동했다.

[6]　파괴활동방지법안, 일명 '파방법'은 조직적으로 폭력 파괴 활동을 한 단체를 해산시키거나 개인 가담자를 처벌하기 위해 1952년 7월 도입된 '일본판 보안법'이다.

우선, 고도경제성장이 시작된 후 수년 동안 일본자본주의의 주요한 에너지원이 석탄에서 석유로 바뀌어감에 따라 일본 석탄산업이 사양화되고 '탄광노조'가 약화되었다는 점을 지적한다. 미이케三池쟁의[7]의 패배가 상징적이다. '총평' 투쟁의 주요한 역할을 담당했던 '탄광노조'가 약화되고 전후 경제성장의 중심에 있던 자동차, 과학, 전기 등 민간 기간산업 노조가 '총평'으로부터 이탈함에 따라 노동조합운동이 빠르게 변질되었다.

다음으로 일본의 노동조합이 대기업을 중심으로 전체 노동자의 상위 3분의 1을 조직했던 것에 불과했다는 점을 주목한다. 게다가 이 조합의 조직형태가 기본적으로 '기업별 조합'이라는 사실은 아래와 같은 질문을 불러일으킨다.

첫째, 기업과 노동조합이 서로에게 편승하여 기업의식이 노동조합 내부에 들어온 것. 이로 인해 여러 차례 조합기구와 직제職制기구의 유착이 일어났다. 이것은 노동조합 내부에 '관료주의'와 '출세주의'를 발생시켰다.

둘째, 대기업조합의 운동이 결국 '기업복지'의 틀로 수렴된 것. 나아가 고도경제성장이 시작되고 기술혁신이 일어나자, 상위 3분의 1에 해당하는 노동자의 현실과 나머지 노동자 현실의 격차는 더욱 벌어지게 되었다. '소비혁명'까지 감안해 생각해보면 '신중간층'이라는 모습으로 재구성된 상위 3분의 1에 비해, 나머지 층은 임금, 노동조건, 보험 등 여러 가지 면에서 열악한 상태에 여전히 놓여 있었다.[18]

이러한 노동시장의 이중구조에 대해 '춘투春鬪'[8]로 대표되는 대기업

---

7   미쓰이광산주식회사의 미이케탄광에서 발생한 노동쟁의를 가리킨다. 1953년과 1959~1960년 두 차례에 걸쳐 발생했지만, 일반적으로 후자만을 지칭한다.

8   '춘투'는 매년 3~4월에 임금인상 교섭을 중심으로 산별노조가 주도하는 노동조합의 통일투쟁이다. 1955년에 시작됨.

중심의 기업별 노동조합의 운동은 거의 대응하지 못한다. 마쓰시타
는 이런 노동조합의 현상을 고도경제성장과 '대결'한다기보다는 그것
에 '의존'하는 것으로 특징짓는다. 이러한 상황은 본래 '자유'를 위한
'저항단체'여야 할 노동조합이 급격하게 '압력단체'화되는 것을 촉진
시킨다. 마쓰시타는 노동조합의 '압력단체'화가 이미 호헌평화운동에
도 그림자를 드리우기 시작했다고 파악한다.

> 현재 일본의 노동조합은 총평을 중심으로 호헌·평화, 경직법, 안보 등 국민
> 과제에 적극적으로 참여하며 대외적으로는 정치적 첨예성을 주목하게 하는 반
> 면, 개별 조합 단위에서는 실질적으로 기업별 색채에 매몰된 트레이드 유니온
> trade union[9]으로서 정착해가는 것이라 해도 과언이 아니다. 이 모순이 국민운동에
> 도 명확하게 나타난다. 경직법, 안보국민운동은 '지역'에, 획기적인 '지역공투회
> 의'를 만들었고 실질적으로 '직장'을 무시하고 단위조합보다 지역노조, 현평縣
> 評[10]에 정력적으로 몰두했다. '직장투쟁론'은 불가능하기 때문에 숭배되었다고
> 볼 수 있다. (V : 110)

이상과 같이 노동조합운동에 대한 상황분석을 전제로 한 후, 사회
당과 '총평'을 중심으로 했던 노동조합 블록의 형성과 그 문제점을 고
찰한다. 마쓰시타에 의하면, 사회당은 노동조합의 지지를 기반으로
하면서 호헌·평화를 지향하는 부동표를 흡수하여 중의원의 3분의 1
의석을 차지하고, 일단 개헌을 방지하는 정당으로까지 성장했다. 그
러나 이른바 '총평'과 사회당의 블록 형성은 당 조직을 극단적으로 약
화시키며 사회당이 의원 인재와 자금 양쪽 면에서 노조에 의존하는

---

9   산업별 노조.
10   현縣단위의 노동조합평의회.

결과를 가져왔다. 게다가 마쓰시타가 보기에 조합출신 의원의 활동은 출신노조의 로비스트 역할일 뿐이었다. 게다가 출신노조가 기업별 조합이어서 기업의식에 사로잡힌 경우, 이 의원의 활동은 사실상 '기업 이기주의'로 기능하게 되었다.

이렇게 도식적으로 대기업 중심의 기업별 노동조합에 의존했던 운동은 '현대'에 '저항'이라는 계기가 되기보다는 '대중국가'를 지향하는 '압력단체'로 변모해갈 뿐이라고 진단할 수 있다. 이에 대해 마쓰시타는 '저항'의 전략으로서 다음과 같이 주장한다.

첫째 노동조합의 기본적인 형태인 대기업 중심 '기업별 조합'을 극복하기 위해서 '지역조직'을 중시하는 것. 이때 "① 조합의 기업의식 극복 ② 중소영세기업의 조직화 ③ 지역의 광범위한 정치투쟁"을 과제로 하는 '지역 노조'의 역할이 중요하다. 또한 '지역 노조'와는 별도로 노동자 개인참여를 원칙으로 하는 '지역 거주조직'의 가능성을 추구해야 한다는 과제를 제시한다.

둘째로 이러한 '지역 거주조직'을 담당하는 '무당파 활동가'와 제휴하여, '지역 자치체' 차원의 정치에 초점을 맞출 필요성을 거론한다.

'지역'과 '자치체' 차원에서 '정치'의 중요성은 1961년 『사상』 5월호에 게재된 「지역 민주주의의 과제와 전망地域民主主義の課題と展望」이나 「지역 민주주의의 전망地域民主主義の展望」(『전후 민주주의의 전망戰後民主主義の展望』에 수록)과 같은 글들에서 집중적으로 다루고 있다.

여기에서도 '지역'에 주목하고, 이를 일본 자본주의와 노동시장의 이중구조를 비판하는 시선과 연동시킨다. 호헌·인권을 기둥으로 삼는 '전후 민주주의'는 신중간층과 조직노동자의 지지를 받는 것에 그치고, 남은 구중간층과 중소 영세·농촌은 '마을회·부락회'라는 형태로 보수·자민당 측에 편입되어버렸다. '혁신' 측이 안보투쟁의 고

양된 분위기에서조차도, 총선거에서 3분의 1의 벽을 돌파할 수 없었던 것은 이러한 상황 때문이다.

이것은 '기술혁신' '소비혁명'을 내걸고 고도성장을 뽐낸 대기업의 이면에 구중간층이 장악한 영세기업과 농촌 등 저임금, 열악한 노동조건의 직장이 광범위하게 존재하는 일본 경제의 이중구조에 대응하는 정치적 문제 상황이다. (Ⅱ : 217)

또한 일상생활의 공간인 '지역'이 '보수' 측에 의해 '마을회 · 부락회'라는 형태로 조직화된 구조는 '혁신' 측이 국회에서 3분의 1을 점했음에도 불구하고 지방선거에서는 압도적으로 '보수' 측의 우위를 내어주는 요인이 되었다. '혁신' 측은 구의회선거를 치르며 도쿄에서조차 국회의원 선거 득표율의 3분의 1에도 미치지 못했다.

게다가 공장진출이나 콤비나트로 상징되는 '지역구조개발'에 따라 독점자본이 지방으로 진출하면서, 지역 자치체가 대기업의 대리기구가 되는 위험에 처했다. 쓰레기문제나 교통문제, 혹은 공해 등의 '도시' 문제도 '자치체' 정치를 가시화한다. 이렇게 구체적인 생활 문제의 창구 역시 우선 '자치체'이기 때문이다.

그러나 기존 일본 좌파의 사상은 보수 측처럼 중앙집권적 틀로 형성되어 있기 때문에 '지역'과 '자치체' 정치의 역량을 가늠할 수 없었다. 다양한 운동도 기본적으로 각 단체의 수직 관계에 따라 동원되었기에 지역내부의 횡적인 연대는 분절된 상태가 되었다. 마쓰시타는 이러한 상황에 대처하기 위해 '지역민주주의' 이념을 제시함으로써 '저항'의 전략을 다듬어 완성해야 한다고 했다.

여기에서도 역시 '지역'의 장에서 대기업 중심의 '기업별 노동조합'의 틀을 넘어서는 네트워크의 중요성을 설명하고 있는데, 이때 '지역

최저임금제'에 입각한 '직종별 지역노동조합'이라는 관점의 도입을 강조했다.

또한 '지역'의 다양한 요구를 지역 유지들의 '마을회 정치'와 같은 경로가 아닌 '지역 거주조직'에 의해 구체화하는 것이 필요하다고 한다. 이것은 기존 보수지배의 온상이 된 지역유지·국가관료·보수의원이 '삼위일체'가 된 '이익 분배'정치를 해체하는 것으로 이어진다.

마쓰시타는 '기업 노조'를 배경으로 하는 자본과 일상적 생활공간인 '지역'에서 보수지배가 결합하여 만든 헤게모니를 뒤흔드는 '지역 민주주의'의 핵심으로, 지역의 노동자가 개인참여라는 형태로 네트워크화한 '근로자협의회'를 중시했다. 마쓰시타는 이른바 '현대 일본'에서 '자유'의 조직화로서 '근로자협의회'의 과제를 다음과 같이 제기한다.

1. 지역의 저변에 노동자계급의 정치 활동 거점을 만듦과 동시에 다른 국민층과의 일상적 교류를 조직화할 뿐 아니라,

2. 개인 자격으로 참여하기 때문에 일상 활동에서 노동자의 기업의식을 극복하는 조직론적 조건이 되며,

3. 이어서 노동조합과 지역노조의 활동을 지역에서 지원하고,

4. 영세기업 등의 미조직 노동자를 조직하고 훈련하는 장이 된다.

5. 앞으로는 다른 계층의 사람들, 여성과 청년도 개인 자격으로서 참여시킴으로써 거주지 단위의 민주적 주민조직으로 바뀔 수 있다.[19]

나아가 연금·보험·주택 등의 복지 기반을 '기업'이 아닌 '자치체'로 이행시켜 대기업을 중심으로 한 '기업별 조합'의 기반을 뒤흔드는 것을 지향한다. 즉, '기업복지'라는 장치야말로 일본 사회의 대기업에서 '기업통합'의 중추가 되기 때문이다. 이후의 역사가 분명히 보여주

듯이, '기업복지'에 의해 통합된 대기업 노동조합은 전형적으로 '압력
단체'가 되어, '지역'이나 '환경'이라는 이슈에 대해서는 오히려 기업
측의 입장을 대변하는 경우가 많다. 이런 탓에 '복지'를 둘러싼 '자치
체'의 정치는 '독점자본'에 대항하기 위한 '민주주의'가 기능하는 장으
로서 부각되어야 할 것이다.

> 자치체 개혁은 반독점 민주주의의 토대로서 의미가 있어야 한다. 그러나 대기
> 업 노동자는 지금까지 기업 내 보장을 노무정책의 일환으로 받아들여 왔기 때문
> 에, 자치체 문제를 자각적으로 이해한 경우가 거의 없었다. 예를 들어 노령연금·
> 건강보험 혹은 주택, 여가 시설은 기업에 의해서가 아니라 자치체를 창구로 하여
> 국민적 기준에 맞춰 실현되어야만 국민의 보편적 권리로서 보장되는 것이 아닐
> 까. 기업별 조합을 극복하는 데는 산업별 행동뿐 아니라, 내셔널 미니멈national
> minimum[11] 요구를 근거로 한 자치체 개혁을 필요로 하고 있다.[20] (Ⅲ : 143~144)

이와 같이 이른바 '시민운동'적인 계기와 '노동운동'적인 계기가 만
나 '지역'과 '자치체'라는 장에서 프로그램이 기획되고 있다고 할 수
있다. 마쓰시타도 『쇼와 후기의 쟁점과 정치昭和後期の爭点と政治』에 「노
동조합의 일본형 정치 활동勞働組合の日本型政治活動」을 수록하면서, 앞에
서 말한 '지역 거주조직'이나 '무당파 활동가'가 이후 '시민운동'과 '시
민활동가'의 기반이 되었다고 한다.

그러나 그 후 일본 사회는 '기업별 조합'이 '자본'으로 통합되어 이
를 축으로 하는 '기업사회', '기업국가'의 길을 걷게 되고, '노동조합'의
대부분은 '저항'의 계기를 상실하고, '압력단체'로만 기능함으로써 겨

---

11 국민의 최저 생활수준.

우 스스로 존재의의를 유지하게 된다. 그리고 오늘날에는 '신자유주의'적 재편 속에서 '종신고용'과 '연공서열'로 상징되는 '일본적 경영'을 폐기한 새로운 자본축적 양식의 출현과 함께, 조합은 '압력단체'의 기능조차 할 수 없게 되었다.

마쓰시타 자신도 이후, 점차 '노동운동'으로부터 '시민운동'으로 무게중심을 이동시켰으며, '마르크스주의'적인 어휘는 텍스트에서 서서히 사라지게 되었다.[21] 이러한 마쓰시타 게이이치의 변모는 그 자체로 '전후사상'의 또 다른 전환의 상징이라 할 수 있다. 그 의미를 묻는 일은 다음 과제로 남겨두고자 한다.

쇼와昭和의 종언

천황제의 변용[*]

구리하라 아키라栗原彬[**]

1. 천황 신체의 변용

쇼와昭和 천황의 죽음은 어째서 그토록 많은 사람들에게 충격을 주었던 것일까. 물론 64년이라는 오랜 재위기간을 거치면서 쇼와 천황에 대한 심리적 거리나 관심의 정도는 세대, 사회적 위치, 지역, 천황을 접한 경험의 여부 등에 따라 크게 다를 것이다. 게다가 그런 감정이나 관심은 시대와 개인사의 추이 속에서 변화해 갔다. 애정이든 증

---

[*] 이 글은 전미경이 번역했다.

[**] 1936년생. 릿쿄立教대학 명예교수·리쓰메이칸立命館대학 특별초빙교수로 전공은 정치사회학. 저서로는 『역사와 아이덴티티─근대 일본의 심리=역사 연구』(1982), 『존재 현상의 정치─미나마타水俣병이라는 사상』(2005) 등이 있다.

오든 천황에게 농밀한 정서적 유대를 느끼고 있는 장년층부터, 천황을 기껏해야 우상이나 관광 상품 정도로 여기는 젊은층에 이르기까지 관심의 정도는 차이가 있고, 따라서 상상의 공동체 역시 다양한 모습을 하고 있다. 그럼에도 불구하고 혹은 다양하다는 바로 그 점 때문에 사람들의 의식은 천황이라는 한 점에 모아졌다. 서로 다른 의식이 교착하고 또 중첩되는 가운데 충돌하는 역학이 천황이라는 소실점 즉 공허한 중심을 찾아냈던 것이다. 그러나 그 소실점을 오직 천황만이 채울 수 있는 한, 사람들 심성 안에는 보통사람과 다른 성스러운 유일자 즉 '지고至高한 신체'를 수용하는 장이 잠재하게 된다. 그 한 점의 소멸, 즉 이 '장場'의 결락이 사람들에게 충격을 주었다. '지고한 신체'가 지속될 것이라는 막연한 신앙 세계가 갑자기 절단되면서 '성스러운 신체'의 갈라진 틈새로 인간의 신체가 드러났다는 사실, 그리고 의식화 여부와 관계없이 자신의 아이덴티티에 대한 참조점을 잃었다는 사실에 따른 충격이었다. 천황에게 무관심한 젊은층 역시 조문에 참여함으로써 내셔널한 자신을 받아들이면서 상실이라는 감정의 파도에 올라탔다.

전전戰前 천황의 신체는 신격화神格化 되었다. '성스러운 신체'는 애니미즘 종교에서 자주 볼 수 있는 것으로 신체에 영혼이 깃들어 있다는 사고방식에 기반을 두고 있다. 천황이 그야말로 진정한 천황이 되는 것은 오직 성스러운 천황령天皇靈이 천황의 신체와 일체화되는 의례를 통해서만 가능하다. 선대 천황의 죽음과 동시에 그 몸을 떠난 황조신皇祖神의 영혼은 대상제大嘗祭[1]에서 새로운 천황이 될 몸과 숙식을 함께 하는 비밀스러운 의식을 통해 새 천황의 신체로 옮아간다. 즉 천

---

1 천황 즉위 후 처음 지내는 신상제新嘗祭. 매년 11월 23일 천황이 햇곡식을 천지의 여러 신에게 바치는 궁중 제사.

황 개인의 신체는 용기^{locus}에 불과하며 천황령이 그것을 채우는 순간 천황이 된다.

전전 국체론자이자 헌법학자인 가케이 카쓰히코筧克彦는 이러한 신도神道의 사고방식을 『고지키古事記』에 나오는 '아마노마나이天の眞名井'[2]로 재구성했다.[1) 가케이 카쓰히코에 따르면 천황은 '아마노마나이'이다. 오리하라 슈조折原脩三의 글을 읽다보면, 하늘에서 둥근 빛이 내려오고 그 빛의 중심에 사람은 없고 '자리座'만이 눈부시게 떠오르는 광경이 연상된다.[2) 천황의 본체는 텅 빈 그러나 성스러운 '자리'인 것이다.

'자리'로서의 천황이라는 관념은 의미의 진공지대에 엄청난 힘을 불어넣었다. 그것은 진·선·미·충·효 같은 가치가 나오는 원천이며, 또 텅 빈 중심의 주변에 각양각색의 권력과 사회질서를 흡인시켜 서열화하는 장치이기도 하다. 천황 '자리'를 기점으로 하여 궁성宮城, '제도帝都' 도쿄, '신국神國' 일본, 나아가 '대동아공영권'에서 세계로라는 환상의 공동체가 동심원 모양으로 확장되었다.

1) '성스러운 신체'의 제작

천황의 신체가 죽음으로 인해 바뀌어간다 하더라도 '자리座'는 불변한 것이며 황조신의 령이 '자리'에 강림하는 극劇도 영원하다. 이렇게 천황의 '자리'는 공간을 진공 상태로 만드는 동시에 시간을 무화시키는 장치이다. 즉 '황통연면皇統連綿'이나 '유구悠久' 등의 언표가 말하고 있듯이, 천황제의 시간 구조는 지속성·연속성의 가치 의식과 '영원

---

2   톳토리鳥取현 지하수로, 천정한 물에 붙일 수 있는 '마나이眞名井' 중에서도 최상급이라 여겨 '하늘의 마나이'란 이름이 붙여졌다.

153

한 지금'이라는 관념에 의해 현실의 시간을 정지시키고 역사를 소거하고 시간을 망각케 하는 기능을 한다.

천황의 신체는 성스러운 '자리'에 걸맞은 성스러운 신체로 만들어져 왔다. 천황이라는 존재를 사람들에게 수용시킴으로써 상상의 공동체를 만들어야 했기 때문에, 메이지 천황의 순행巡幸은 사전에 미리 '교조敎祖 중의 최고 교조'라는 것을 퍼뜨리며 진행하였다. 당시 가와라판瓦版[3] 신문에는 천황 순행에 앞서 일어난 길조나 기적을 전하는 기사가 실렸다.

천황이 순행하는 모든 곳에 '검역을 위한 호구조사'와 소독, 그리고 '임시 청결법'이 실시되었는데, 이는 각 도부현道府縣의 경찰부 위생과가 편집한 '순행에 관한 위생상 주의사항行幸啓ニ關スル衛生上注意事項' 등의 방대하고 상세한 규정에 기초한 것이다. 페스트, 콜레라, 이질은 물론, 유행성 감기, 결핵, 안질, '정신병', '나병' 등의 질환이 있는 자를 발견하면 이미 완치된 사람까지 격리, 입원, 치료, 소독을 비롯한 그 밖의 '조치'가 행해졌다. 또 그 연장선에서 '부랑자, 수상한 자, 정신이상자' 등을 격리·수용하였으며, '나환자' 집락이 있는 경우에는 습격이나 검거 등의 방법으로 철저하게 '정리'했다.

또 천황에게 올리는 글은 미농지에 먹으로 쓴 것을 소독한 후 장갑 낀 손으로 천황에게 전해졌다.[3]

이러한 소독이나 배제는 단순한 위생 장치 이상의, 천황의 청정무구한 신체를 연출하는 의례적 행위였다.

어진영, 교육칙어, 봉안전奉安殿, 히노마루, 국장기菊章旗 등 천황의 대리신체에 대한 예배, 또 거듭되는 국가의례의 동원을 통해 사람들은

3　에도시대 찰흙에 글자나 그림을 새겨서 기와처럼 구운 인쇄판.

천황 신체와의 긴장된 그러나 행복한 일체감 속에서 '국민 = 신민臣民'의 내셔널 아이덴티티를 획득하는 동시에 그것과 상반되지만 이를 보강하는 측면에서 천황의 신체를 신격자로 세웠다.

그러나 패전 후 성스러운 '자리'로서의 천황이라는 신도神道 관념은 점령군의 신도지령과 신헌법의 상징천황제 규정 및 정교분리의 원칙에 의해 점점 퇴색되었다.

패전 직후인 1945년 9월 27일 쇼와 천황이 맥아더 원수元帥를 방문했을 때 촬영한 사진이 신문에 크게 보도되었는데, 두 사람이 나란히 서 있는 사진은 사람들에게 큰 충격을 주었다. 작은 체구의 천황은 모닝코트의 정장차림으로 차렷 자세를 하고 있는 반면 큰 체구의 맥아더 원수는 노타이 셔츠 차림에, 손을 허리에 얹고 (혹은 양손을 뒷주머니에 꽂은 채) 양발을 편안히 벌린 채로 서 있었다. 사람들이 충격을 받은 것은 참담하면서도 우스꽝스러운 천황의 모습에 패전 국민인 자신의 모습을 투영시켰기 때문이다. 동시에 가치를 박탈당하고 성스러운 '자리'의 아우라를 잃은 천황의 벌거벗겨진 신체가 눈앞에 내밀어졌기 때문이다.

연합국 최고사령관 총사령부인 GHQ는 전후 일본 국민의 재통합을 진행하였고, 일본을 반공 요새로 삼기 위해 쇼와 천황의 전쟁 책임을 면책시키면서 천황제를 '상징천황제' 형태로 존속시켰다. 성스러운 '자리'를 잃어버린 천황이지만 국민통합의 기능을 담당하기 위해서는 어느 정도의 아우라를 회복시켜야만 했다. 그렇기 때문에 천황 신체는 '인품人品신화'에 의해 보전될 수 있었다.

쇼와 천황이 양복차림으로 행한 정력적인 순행과 황태자와 '평민 딸' 간의 결혼이라는 연출은 대중매체에 의해 '인간 천황'과 '천황 일가'라는 표상으로 증폭·가속화되어 천황과 황족의 신체를 예배적 가치에서 전시적 가치로 변용시켰다. 사람들의 시선은 '신격자' 대신 '인격자'를, 결국 그곳에서 '인품'을 찾아낼 수밖에 없었다. 이렇게 천황의 신체는 '청정·순수·무구한 사람', 또는 경우에 따라 '온화한', '평화주의자'와 같은 의사적 아우라에 둘러싸이게 되었다.

그러나 '청정·순수·무구한 사람'이란 거의 백지와 같아 아무것도 아닌 존재다. 그것은 스크린이라 해도 좋을 것이다. 이 스크린에 국가 목표, GHQ의 의도, 가족의 위기의식, 국민자아의 그림자 등이 상황에 따라 자유롭게 혹은 자의적으로 그려 넣어졌다. 천황의 신체에는 시민사회의 욕망이 투영되었고, 피억압자의 몽상적 환상도 들어 있었다. 또 근대적인 표상도 있으며 만들어진 '전통'을 비추기도 하였다.

2) 천황 신체의 상연 목록

패전 이후 천황의 신체는 신성함을 잃었다. 그렇다 해도 신성함을 부여하려는 퍼포먼스는 계속 되었다. 사회 각 부문의 중간층을 포함해 권력들이 신성한 중심이라는 허구의 실체화를 요구했기 때문이다. 사회 각 부문의 사람들은 상연 시나리오에 따라 제시된 신성한 신체에 대해 여타의 사람들과는 다른 찬앙贊仰의 반응을 보였다. '엄숙함' 또는 '엄숙하면서도 온화한' 분위기를 만들어 낸 것을 보면 사람들의 심성 안에 이미 신성한 중심을 받아들일 장이 준비되어 있었다고도 할 수 있다.

신성함의 재생산을 위해 천황의 신체가 어떻게 상연되었는지 그 목록을 살펴보면 다음과 같다. 궁중에서 진행되는 신도神道 의식, 공식적인 민간 방문을 '임행臨幸'으로 재구성 하는 것, 천황이 나무 심은 곳이나 숙박 장소의 신성화, 황거皇居의 풀을 베어 고향으로 가지고 가 그 풀을 거름으로 한 청정미를 거두어 천황에게 헌상하는 '조국봉사단' 제도, 천황의 모내기 행사 등이 있다.

신성한 신체라는 허구와는 별개로, 생태주의자 천황, 문화인 천황, 과학자 천황, 가부장 천황 등의 상도 있었다. 신성한 신체는 이들 역할 신체의 후광이 되었다. 또 신성함의 중심으로부터 '일본의 자연', '전통 문화', 과학, 가족 등의 가치가 뿜어져 나왔다.

다케우치 요시미竹內好에 따르면, 일본의 자연에는 "나무 한 그루 풀 한 포기에도 신神이 깃들어 있다." 여기서 '신'을 신도의 신, 황조신의 신으로 본다면, 자연의 복수성은 사라지고 모든 자연은 '일본의 자연'으로, 결국 천황의 시선 아래로 포섭되어 버린다. 자연을 사랑하는 천황, 모내기 하는 천황, 자연 속에서 산책하는 천황 등의 영상은 와카和歌와 함께 '일본의 자연'을 재생산하는 장치였다.

천황은 연초 연례행사인 우타카이하지메歌會始[4]를 주재한다. 메이지기에 시작된 우타카이하지메는 와카를 즐기는 사람들이 늘어남에 따라 국민적 행사가 되었다. 야마자키 마사카즈山崎正和의 말을 빌리면 "와카는 가장 고귀하고 순수한 한 사람으로 수렴된다." 여기서 천황은 만들어진 '전통'이기는 하지만 '전통문화'의 사제 역을 연출하면서 서구문화의 교양과 상응한 문화 위계의 정점에 서 있다.

과학자 천황도 상연되었다. 쇼와 천황은 섭정 취임 중 아카사카고쇼赤坂御所[5] 안에 생물학 연구소를 만들었다. 천황으로 취임한 이후 후키아게교엔吹上御苑[6]에 생물학 연구소를, 하야마葉山에는 임해臨海 연구

---

4 천황·황후·황족이 지은 와카와 더불어 일반 국민의 영진가詠進歌(궁중이나 신사에 바치는 시가)에서 선택된 와카를 낭독하는 행사로, 매년 1월 황실에서 행해진다.
5 도쿄도東京都 미나토구港区의 아카사카赤坂에 있는 황궁.
6 일본 황궁 정원의 하나.

소를 세우고, 가쿠슈인學習院 시절 박물학 선생이였던 핫토리 히로타로服部廣太郎 등의 지도와 협력 아래 주로 해양생물 표본채집과 분류연구를 했다. 천황의 이름으로 나온 논문이 있는 것도 아니고 또 천황 자신이 생물학에 관심을 드러낸 적도 없는데 전후 '평화주의자 천황' 상을 보강하기 위해 주변 사람들은 대중매체를 통해 '생물학자 천황'이란 이미지를 내세웠다. 분류학은 근대의 표상이므로, 천황은 근대 과학 질서의 상징으로 연출되었다.

서로 모순적인 이러한 신체는 전전에 비중이 컸던 '대원수大元師'로 기억되는 신체까지 포함해서 내면의 균열 없이 소위 '텅 빈 중심' 주변에 만다라 모양으로 배치되었다.

다면체인 천황의 신체를 포섭하고 있는 것은 가부장 천황 및 '천황 일가'의 상연이다. 쇼와 천황의 죽음을 조문하러 온 젊은이들에게 천황의 이미지를 물었을 때 적지 않은 사람들이 '일본의 아버지'라 답했다. 천황은 일본인 모두의 아버지라는 이미지를 가지고 있었다. '정다운', '미소 짓는', '서로 아끼는', '온화한' 등의 상투어가 붙어진 천황 가족의 초상은 '일억 중류' 가족의 행복을 상징하고 있었다.

TV와 여성잡지는 종종 천황 일가의 행동거지, 패션, 관습, 몸가짐을 다루었다. 여성잡지는 천황가의 왕비가 될 수 있는 '최고의 규수'를 정점으로 '아가씨'의 계층적 위계를 만들었고, 이것은 남자의 위계와 대응하였다.

천황의 '성가족'은 사회적 위계의 정점으로, 가족의 사회적 위치를 차별화하는 내셔널한 장치였다.

천황의 병과 죽음, 다시 말해 칸트로비치Ernst Hartwig Kantorowicz가 말한 '왕의 자연적 신체'의 쇠약과 소멸은 천황제 최대의 위기를 초래한다. 반면 황태자의 탄생과 결혼, 그리고 천황의 장기간 재위를 축하하는 국민제전은 천황제 존속을 다시 한 번 확인하는 좋은 기회이다. 왕의 자연적 신체의 변용을 둘러싼 천황제 존속의 위기와 호기는 상상의 공동체 통합의 위기 또는 호기와 바로 연동된다.

위기를 타개하고 호기를 극대화하기 위해 국가권력은 국민의 통합을 위한 의사결정을 행하고 기획과 실행 조직을 만들어 전략과 시나리오를 작성한다. 즉 국가행사를 주최하여 상상의 공동체의 국민 재통합을 추진하려고 한다.

그중에서도 특히 사회의 변동기 또는 정치 시스템이 재편되는 시기에 국가 질서가 위협받는 경우, 위기가 배가될 수 있지만 권력은 그 위기를 최대의 호기로 전환시킬 수도 있다. 메이지, 다이쇼, 쇼와라는 세 천황의 죽음과 대체를 둘러싼 국가의례는 그때마다 국제관계 및 국가체제의 다양한 위기와 맞물려, 또한 상극적 역학 속에서 새로운 내셔널리즘을 불러일으켰다.

패전 이후 천황이 내셔널리즘을 이끌어내는 핵심적 역할을 수행한 국가적 사건이 세 번 있었다. 첫 번째는 패전 직후 쇼와 천황의 국내 순행이다. 천황의 순행은 정치 순례로서, 전후 초기의 국가 통합에 커다란 역할을 담당하였다. 통합의 사후 관리는 매년 각 도도부현都道府縣 별로 순조롭게 개최된 국민체육대회였다.

두 번째는 고도경제성장 직전인 1959년 황태자와 마사다 미치코正田美智子의 혼례였다. 알다시피 가루이자와輕井澤에서의 테니스가 두 사람이 만나는 계기가 되었다는 뉴패밀리 전설에 의해, 마이홈 만들기를 매개로 한 내셔널리즘이 보급되었다. 1928년 1월부터 12월에 걸쳐 행해졌던 쇼와 천황의 즉위식 때 라디오 방송이 수백만 국민을 라디오 앞에 모이도록 했던 것처럼, 황태자 혼례의 경우에는 텔레비전이 많은 국민을 내셔널한 스펙터클에 동원하였다.

세 번째는 쇼와 천황의 죽음과 새로운 천황의 즉위를 둘러싼 의례였다. 선대를 답습한 장례식부터 즉위식, 그 정점인 대상제大嘗祭로 연이은 국가의례가, 다양한 상상의 공동체에 텅 빈 중심이 있다는 것을 사람들에게 재확인시켰다.

쇼와 천황의 병세가 심각하다는 소식이 전해진 1988년 9월 19일부터 시작해 1989년 1월 7일 쇼와 천황의 죽음과 '천조踐祚'[7] 즉 새로운 천황의 임시 즉위식을 거쳐 2월 24일 장례식을 마칠 때까지 '쇼와의 종언'의 정치 즉 사회과정은 한 편의 극 구조를 가진다. 그렇다면 '종언'의 극은 천황제의 심성 구조를 어떻게 드러내고 또다시 만들어냈던 것일까?

4) 자숙의 구조

국가권력의 의도는 관료를 통해 '통지'와 '협력 요청'이라는 형태로 사회의 중간적 의사결정 수준에 전해진다. 이때 관리되는 영역의 구석구석까지 전달사항을 전하는 회로의 검토와 더불어 이를 실천하기 위한 가이드라인이 만들어진다.

---

7   세자가 왕위를 계승함.

상황에 따라 정식 통지가 없는 경우도 있었다. 이런 경우에는 중간에 위치한 의사결정 기구가 스스로 결정하고 이를 아래로 내려 보내는 식이었다.

예를 들면 다음과 같다. TV의 경우는 1988년 9월 22일 천황의 병세 악화가 보도되자마자 도쿄에 있는 5개 민영방송국 편성국장회의에서 X-데이 특별편성에 관해 합의를 보았다고 한다.

은행의 경우, 전국은행협회가 12개 항목의 메모를 작성한 후 그것을 전국지방은행협회와 전국상호은행협회에 내려 보냈고, 다시 개별 은행으로 내려갔다.

영화의 경우, 전국흥행환경위생동업조합연합회의 정례이사회에서 자숙하자는 의사결정이 정해졌고, 이것이 각 도도부현의 조합, 이어서 현 내 지부, 그리고 지부에서 각 영화관으로 전달되었다.

1989년 1월 7일 천황 죽음에 따른 내각 회의 결정이 이루어졌고, 자치성으로부터 "천황폐하 붕어함에 있어서 주의해야 할 사항"이라는 사무차관 통달이 1월 7일부로 각 도도부현 지사에 보내졌으며, 이 통지는 지사에서 다시 시정촌장에게로 전달되었다.

2월 24일 장례식이 있던 때에는 미리 '대상의 예가 행해질 날을 휴일로 삼는 법률大喪の礼の行われる日をとする法律'을 제정하고, 이에 따라 각 도도부현·시정촌은 '직원의 근무시간 휴일 휴가에 관한 조례職員の勤務時間休日休暇に關する條例'를 개정했다. 많은 경우 자치단체장의 전권사항으로 결정되었지만, 의회에 개정을 자문한 지방자치단체도 있었다. 오키나와의 오기미大宜味촌의 경우 촌 의회에 자문했는데 찬반 동수로 휴일조례의 개정이 부결되었다. 이에 그 촌의 사무소는 2월 24일 평상시대로 근무하였다.4)

장례를 치르는 당일은 전국 56개의 도도부현과 정부령에 의한 지

정도시의 91개 중앙시장 전체, 그리고 약 1,700개의 지방시장 대부분이 문을 닫았다. 농수성農水省의 '지도' 아래 휴업을 최초로 내정한 곳은 쓰키지築地와 간다神田 등 도쿄도 중앙도매시장이었다. 이것을 시작으로 전국중앙도매시장협회가 임시휴업을 '합의'했고, 지방시장 대부분도 이를 따랐다.

1988년 9월 천황의 병세 악화가 보도되자 아마가사키尼崎 시민 축제, 나가사키長崎 축제, 신바시新橋 축제 등이 잇달아 중단되고, 많은 학교에서 운동회 개최를 취소했다. 뉴욕 교외를 달리고 있는 닛산日産 세피로의 조수석에 앉은 가수 이노우에 요스이井上陽水가 "여러분 건강하신가요?"라고 밝게 소리치던 TV의 광고가 멜로디만이 작게 흘러나오고 대사가 삭제되는 바람에 화면에는 이노우에 요스이가 입만 뻐끔거리는 영상이 나왔는데, 그것이 좋은 평판을 받았다. 닛산은 "상식적인 배려였다"고 설명했지만 패러디가 등장할 정도로 '상식적 배려'는 과열되었다.

'자숙'이라는 이상한 사회현상을 이 정도까지 부풀린 것은 TV와 신문의 천황 보도 과열이었다. 대중매체는 천황의 병세와 혈압, 체온, 맥박, 호흡을 계속 전했다. '황송'해 하는 한편 과잉된 천황 보도 자체는 다이쇼 천황의 병세와 죽음에 대한 보도 양상을 그대로 답습하였다. 이것은 국민의 의식에 앞서 대중매체에 깊게 뿌리내린 천황제의 심성과 신민臣民의식의 연속성을 그대로 드러내는 것이었다.

2. 천황제 심성의 변용

'쇼와의 종언'이라는 이름의 극에서 빠질 수 없는 최고 주역은 대중이라는 이름의 관중이다. 이 관중들은 다양한 동기를 가지고 혹은 어떤 동기도 없이 갖가지 형태로 극에 참여하였다. 자숙의 모습을 보이기도 했고, 조문에 참여하기도 했고, 또 거실에서 천황에 관한 보도를 접하기도 했다. 극에 참여하기를 거부하는 사람들도, 진행 중인 극에 무관심한 방관자도 극 공간을 다양화하고 활성화시킨다는 점에서 상상의 전체 극장에 빠질 수 없는 존재였다. 관중의 말과 행위가 상상의 공동체인 천황제의 심성을 구성하였다.

도쿄제국대학 일본어학 교수로 근무한 영국인 B·H 체임벌린 Chamberlain은 메이지기에 이미 관료에 의해 '일본의 새로운 종교', 즉 천황 숭배를 중심으로 하는 '충군애국교忠君愛國敎'가 성립되었음을 지적하였다.[5] 이 '종교'를 기축機軸으로 상상의 공동체 성립과 함께 '국민 = 신민'의 아이덴티티가 널리 확대되어 갔다.

1930년대 철학자 도사카 쥰戶坂潤도 마찬가지로 앞서의 것을 '일본민족종교'라 불렀다. 도사카는 1930년대 세 개의 종교 흐름이 있었다고 했다. 첫 번째 흐름은 당시 언론에서 '종교부흥'이라 불렀던 현상으로, 불교, 기독교, 신도神道 등의 경전이 출판되고, 종교의 '고전'이나 '전통'이 제작된 것을 말한다. 두 번째는 오모토교大本敎, 히토노미치, 래이유카이靈友會 등 신흥종교의 흐름이다. 세 번째는 도사카 쥰이 '일본민족종교'라 부른 흐름이다. 이것은 국가신도만이 아니라 천황제를 지지하는 심성을 가리키는 것으로, 국체, 일본주의, 정신주의, '비상사태 시의 정신' 등을 넓게 포함하는 개념이다. 도사카는 일본 민족

종교가 풍속, 교육, 문학, 예술, 그리고 정치나 경제에 이르는 전 영역에 침투했다고 말했다.[6] 그것은 일상 의식으로서 국민의 심성에 스며든 상상의 공동체로서의 천황제이다. 도사카는, 두 번째 종교 흐름인 신흥종교가 가진 사회 비판력을 높이 평가하면서도 첫 번째와 두 번째 흐름이 강한 흡인력을 가진 세 번째의 일본 민족종교에게 삼켜질 것이라고 예측하였다. 그리고 그의 예측은 역사적 현실이 되었다.

구노 오사무久野收는, 1988년 9월부터 자숙과 금기를 향한 국민총동원을 눈앞에 둔 '비상 시기'에 드러난 '천황신앙의 사회 심리'에 대해 이야기했다.[7] 구노 오사무는 천황의 "병환 쾌유를 진심으로 빈다"고 하면서도, 자유로운 표현을 봉쇄하는 '일억일심一億一心'이나 '거국일치'로 기울어지는 사회 심리를 비판하였다.

'일본의 새로운 종교', '일본 민족종교', '천황신앙의 사회 심리'. 이 개념들은 비중을 두는 바도, 개념의 진폭도 다르다. 그렇다 해도 여기에는 믿음으로 성립된 상상의 공동체 내지 심성으로서의 천황제라는 성분을 공유하고 있다.

이제 '쇼와의 종언' 무렵 황거 앞 광장에 나타난 사람들로부터 천황제를 둘러싼 그들의 심성을 읽어보고자 한다. 천황제 심성에서 어떤 부분이 변했고 어떤 부분이 지속되고 또 새롭게 시작되었을까.

1) '일본이 좋아!'—전중戰中 세대[8]의 심성

쇼와 천황이 사망한 1989년 1월 7일 이후, 나는 대학 교수, 정치사회

8　전중 세대戰中世代란 전쟁 중에 자란 사람들, 특히 1920년대(다이쇼 말기~쇼와 초기)에 태어나 제2차 세계대전 기간 동안 청춘을 보낸 사람들을 가리킨다.

학 강좌 수강생, 그리고 이들의 친구들과 함께 황거 앞 광장에 조문
온 사람들을 대상으로 설문조사를 실시하였다. 구조화된 설문지가
아니라 인터뷰 도중에 질문을 던지면서 사람들이 편하게 말할 수 있
도록 하는 방식을 취했다.[8] 인터뷰 기록지에 기재된 이야기 가운데
천황제에 대한 심성을 읽을 수 있는 몇 개의 전형적 사례를 살펴보자.

(A) 쇼와 천황은 우리들의 신이다. 이번에 붕어하신 것은 정말로 대단히 큰 충
격이다. 나는 쇼와 원년(1926)에 태어났다. 말하자면 천황과 함께 태어났고 함께
쇼와를 살았기 때문에 그야말로 감회가 깊다.

(1월 8일, 니주바시二重橋 앞, 남성, 63세)

(B) 쇼와 천황은 내게 아버지 같은 존재였다. (조문하러 온 동기를 묻자) 내 아
버지가 돌아가신 것과 같기 때문에 조문은 전쟁 책임과 상관없는 일이다. 그런
책임을 이러쿵저러쿵 묻기 전에 조문하러 오는 것이 당연하고, 나에게 '왜 왔는
가'라고 묻는 것 자체가 부자연스럽다.

(1월 8일, 니주바시二重橋 앞, 남성, 회사원, 60세 전후)

(C) 마에바시前橋에서 왔습니다. 저는 다이쇼 13년(1924)에 태어났습니다. 종
전 때는 다롄大連에서 소련군에게 잡혀 2년간 포로생활을 했어요. 풀려난 것이
쇼와 22년(1947) 3월이었지요. 천황이라고 하면 지금은 어떤지 모르겠지만 당시
한 사람의 일본인에게는 절대적인 존재였습니다. 무턱대고 믿은 것이 아니냐고
해도 당시 그것은 당연한 것이었습니다. 국민이 어떻게 생각하든 존경해야 할
사람이었죠. 쇼와 연대가 말하고 있듯이 64년간 별의별 일들이 많았죠. 우리들
도 그에 맞춰 움직였던 느낌이에요. 돌아가신 폐하에 대해서는 오직 한마디로
'고생하셨습니다'라고 말하고 싶습니다. 당신들은 말이죠, 단지 일본에서 태어났

165

기 때문에 일본인인 것이 아니라 여기 일본의 흙을 밟고, 일본의 공기를 숨쉬고, 일본의 물을 마시고, 일본의 쌀을 먹고 있기에 일본인인 것입니다. 일본인인 이상 애통한 마음을 가져야만합니다.

(1월 13일, 니주바시二重橋 앞, 남성, 65세)

(D) (천황의 이미지는?) 인내심이 강한 사람! 온화한 사람! (황태자의 이미지는?) 글쎄요. 천황의 뒤를 이어 분발했으면 합니다. (…중략…) 공산당이 뭐라 뭐라 하는데 그렇게 말하는 건 국민으로 용납할 수 없어요. 전쟁책임은 어쩔 수 없잖아요.

(1월 8일, 니주바시二重橋 앞, 여성, 주부, 55세)

(E) 남편은 전쟁터에 갔다 왔기에 "지금 천황이 고생했으니까"라고 말해요. 천황제는 좋기 때문에 쭉 이어졌으면 좋겠어요. 천황이 제일 위에 있기 때문에 정리가 되는 거죠. (조문하는 모습을 보며) 이런 것을 보면 '일본은 좋구나'라는 생각이 들어요. 현인신現人神이었던 천황이 전후에는 국민들 속에 있는 모습으로 바뀌었죠.

(1월 8일, 니주바시二重橋 앞, 여성, 정미소 경영, 61세)

이상은 모두 전중 세대 사람들이 한 이야기이다. 쇼와 천황은 "우리들의 신", "아버지 같은 존재", "절대적인 사람", "존경해야 할 사람", "인내심 강한 사람", "온화한 사람", "고생한 사람", "제일 위에 있는 사람" 등으로 일컬어졌다. 전중 세대 사람들에게조차 '현인신' 천황에 대한 신앙은 이미 풍화되어 버렸다. (E)가 명확히 말하고 있듯이, 천황은 "전후에는 국민들 속에 있는" 존재로 이미지화 되었다. 처음부터 천황이 일상적으로 숭경의 대상이 된 것은 아니다. 그렇지만 '국민'으로서 또는 '일본인'으로서 그들 자신의 하루하루의 삶에서 그 주변을 위성처럼 돌고 있는 허초점으로 천황은 그들의 심성 속에 확고한 위치를 차지하고 있었다. 사회적 위기를 맞아 이 허초점으로 환기된 천황상은 인내심 강하고, 온화하고, 순수하고, 성실한, '신성함'을 가진 책임을 물을 수 없는 인격이었다.

'특별한 인격'이 만들어 낸 절묘한 내면의 거리에 주목해보자. 이것은 '현인신'을 대하는 절대적 거리가 아니다. 절대적 거리를 중화시키는 '대부모大御親'란 개념이 전후에 '아버지'라는 의제擬制로 전환되어 이와 유사한 친밀한 거리를 만들었다. 이 허초점을 마주하는 것은 판단이 정지된듯한 감정적 융해를 수반한, 한쪽으로 치우친 중거리라 해도 좋을 것이다. 그것은 천황을 국민과 비견할 수 없는 '제일 위에 있'는 권위로 성스럽게 구별시키면서, 자식으로서의 국민이 "주변을 맴도는", 즉 엄한 아버지와 자애로운 아버지를 겸비한 국가의 가부장이라는 의제擬制를 성립시키는 중거리였다. 그 거리가 적정했기 때문에 사람들은 천황이라는 스크린 위에 '국민'이라는 자기상을 투영시킬 수 있었다. (A), (B), (C), (D), (E) 모두 쇼와 천황과 어느 정도의 일체감을 가졌기에 천황의 긴 세월에 걸친 "고생하심"의 궤적을 자신의 생활사·가족사와 중첩시켰다. 바꿔 말하면 천황은 시간 (무)의식 속에 자기 자신들의 삶의 참조점이 될 수 있는 허초점 즉 텅 빈 중심으로 내재되었다. "천황제는 좋기 때문에 쭉 이어졌으면 좋겠어요"(E)라는 말에는 '우리 집'의 영속과 안녕에 대한 소망이 담겨져 있다.

천황은 또 공간 (무)의식 속에 '일본적인 것'의 정박점, 즉 내셔널 아이덴티티의 정박점으로 박혀있다. (C)의 말에 내재된 논리의 전개에 주목할 필요가 있다. (C)는 말한다. 일본인은 출생지와 국적이 일본이기 때문에 일본인인 것이 아니다. 일본의 흙, 일본의 공기, 일본의 물, 일본의 쌀로 살아가고 있기 때문에 일본인이다. '일본의'라고 말하면 모두가 알 수 있는 것은 여기에 황은이 널리 깃들어 있다는 것이다. 즉 "나무 한 그루 풀 한 포기에도 신(천황)이 깃들어 있다." 천황에 의해 살아가고 있는 일본인이기에 천황의 죽음을 애도하는 것은 마땅한 일이고, 자숙 역시 당연한 것이 된다. 천황제가 '일본적 자연'의 원천이 된 것, 자연이나 문화를 '일본적인 것'으로 전체화하는 궁극의 광원이 되었다는 사실에 주목해야만 한다.

"그런 책임을 이러쿵저러쿵 묻기 전에 조문하러 오는 것이 당연"하고(B), "일본인인 이상 애통한 마음을 가져야만해요"(C)라는 말은 물을 필요조차 없다는 교화의 어조이고, 또 "그렇게 말하는 건 국민으로 용납할 수 없어요"(D)라는 단언은 내셔널한 문화 코드를 감각적으로 재인식해서 확대한 것이다. 나아가 "이런 것을 보면 '일본은 좋구나'라는 생각이 들어요"(E)라는 당연한 이야기는 "말하지 않아도 알 수 있잖아요. 일본인이기 때문에 천황의 죽음에 마음을 모아서 이렇게 많은 사람이 조문하기 위해 줄을 서는 겁니다. 슬픔 속에서도 차분하게 서로의 마음이 통하는 것을 느낍니다. 천황제가 있기 때문에 일본은 좋구나"라는 식으로 공동성을 정서화시켜 마음속에 천황제를 착착 쌓았다. 이 모든 말들은 천황과 일본의 동일시를 기축으로 해 '일본적인 것'을 전체화시켜 내셔널한 규범의 시스템을 네트워크 형태로 구축하였고, 이런 의미에서 시스템적인 문화 권력을 구성하는 것으로 저절로 수렴해 갔다고 말할 수 있다.

조사 기록지를 분류한 결과, 황거 앞 광장에 온 전중 세대 대답의 공통된 주제는 다음과 같다.9) ① 전중·전후 체험의 핵심인 천황, ② '천황을 접한' 경험의 기억, ③ 천황상에 자신의 아버지 또는 가족을 끼워 맞추기, ④ '성스러운 사람'으로서의 천황, ⑤ 천황에 대한 정서적 일체화, ⑥ 전후 일본에 번영을 가져온 은총적 힘인 천황, ⑦ 규범으로 전체화된 '일본' 및 일본인. 이 7개의 주제는 다양한 방식으로 조합되고, 다시 강조점을 달리하는 방식으로 각양각색의 이야기를 만들어냈다.

2) '화살표'의 유혹―젊은 세대의 심성

쇼와 천황 사후 황거 앞 광장에 모인 사람들 가운데 전중 세대 외에도 10대 중반부터 30대 전반의 젊은 세대가 있었다는 사실은 주목할 만한 일이다. 젊은 세대의 이야기는 전중 세대처럼 자신의 경험에서 나온 확신에 찬 이야기가 아닌, 대부분 대중매체, 가족, 학교 등에서 들은 것들을 받아들인 것이다. 또 오히려 황거 앞에 이렇게 온 것 자체로, 인터뷰에 응답하는 퍼포먼스 속에서 천황제 체험을 새롭게 구축하는 것으로조차 보인다. 그러나 여러 갈래로 흩어진 두서없는 말투와 아무런 동기 없이 황거 앞 광장에 모인 행동에서 '쇼와의 종언' 이후 천황제에 대한 심성을 선취하는 형태를 찾을 수 있다.

(F) 전쟁 경험이 없어 실제 어떤 것인지 알 수 없지만, 7일 TV를 보고 쇼와 천황이 훌륭한 인격을 가진 사람이라는 생각을 했다. 그런 일도 있어서 오늘 인간 히로히토에게 깊은 애도의 마음을 표하기 위해 왔다. 자숙은 대찬성이다. 전쟁 책임 같은 것은 전쟁 경험이 없어 잘 모르겠지만, 전후 일본국의 부흥과 국민의 행복을 염원하며 전국을 순회했다는 이야기를 들었다. 오늘날의 일본이 있는 것도 천황이 있었기 때문에 가능하다고 생각한다. 그런 인물이 생사를 헤매고 있는데 축제 따위를 생각하면 안 된다. (…중략…) 새 연호는 평화를 염원한 전후 쇼와 천황의 생각도 담았다고 하니 좋은 것 같다. (…중략…) 과거는 과거로 끝내야 한다. 새 천황에 대해서는 그다지 뭐라 말할게 없지만 (…중략…) 황실 외

교는 전가前家의 보도寶刀라는 느낌이 있기 때문에 앞으로도 국제 평화 실현에 적극적으로 나섰으면 한다.

(1월 8일, 니주바시二重橋 앞, 남성, 20대 중반)

(G) 7일 아침 출근 도중 차 안에서 라디오로 폐하가 돌아가신 것을 들었습니다. (…중략…) 8일은 하루 종일 집에서 TV를 봤죠. 전쟁 때와 전쟁 끝나고 나서 참 고생했구나 하고 생각했습니다. 조문은 16일까지라고 들어서 오늘 회사에 휴가를 내고 왔습니다. 국민의 한사람으로 매우 애통한 마음으로 조문하러 왔어요. 집에는 조기를 걸었습니다. 일하는 동안은 상장喪章을 달고 있습니다. (…중략…) 전후 교육은 왜곡되었습니다. 매스컴도 편향되었죠. 교과서도 일본교직원조합이든가 좌익 이데올로기가 강한 쪽에서 집필했습니다. (…중략…) 학창시절 천황에는 관심이 없었어요. 고등학교 2학년 때 열린 국민체육대회에 천황이 도치기栃木에 오셨어요. 그때 개회식 마스게임에 나가 천황을 보았습니다. 거리가 멀었지만 마음이 갔고, 그때부터 존경했습니다. (…중략…) 연호는 전 세계에서 일본과 타이완에만 있어요. 일본의 문화유산으로 역사의 중량을 느낄 수 있는 중요한 것이라 생각합니다. 천황제에 대해서는 돌아가신 후 내 나름대로 TV를 본다거나 책을 읽는다거나 했지만, 지금까지 일본 내에서 수행한 역할이 중요하면서도 중요하지 않다고 해야 할까, 미묘합니다. 오늘날 일본에 의미가 있다고 할까 (…중략…) 일본인의 지혜가 응집된 것으로 훌륭하다고 생각합니다. 책에서 읽었는데 그 지혜라는 것은 천황이 권력을 갖지 않았던 시대도 있었는데, 무사들이 천황제를 없애지 않고 권위적 존재로 두었다는 겁니다. 이 때문에 혁명 같은 것이 일어나지 않았죠. 무사가 실권은 가졌지만 2인자이고 제일 위에는 천황이 있었습니다. 사회의 안전판 같은 역할도 했다는 것을 알고, 그렇게(지혜를 한데 모은 것으로) 생각했습니다.

(1월 13일, 사카시타몬坂下門, 남성, 회사원, 25~26세)

(H) 7일에는 집에서 TV를 보면서 지냈어요. 오늘은 쇼와의 마지막 날로, 새로운 시대가 시작되기 때문에 조문하러 왔어요. 마침 도쿄 역에서 약속이 있었는데 오늘 만난 김에 조문가자고 이야기가 되었어요.

(1월 8일, 니주바시二重橋 앞, 여성, 회사원, 20세)

(I) 천황이 빨리 낫기를 바랐는데 슬프다. 천황은 온화한 할아버지였다. 가족이나 친구들과 종종 천황에 대해 이야기했다. 전쟁 책임은 천왕만이 아니다. 군인들이 나쁘다. 학교 선생님과 할머니한테서 그렇게 배웠다.

(1월 7일, 니주바시二重橋 앞, 여성, 중학생, 10대 초반)

(J) '붕어崩御'라는 단어만으로도 천황은 대단한 사람이었다고 생각한다. 작년 9월 이전만 해도 천황은 상징이고 노인이라는 인상이 있었다. TV에서 보면 비실비실한데도 국가원수元首 역할을 하는 게 불쌍하다는 생각이 들었다. 9월 들어 병에 걸려 매스컴이 이것을 크게 다루는 걸 보고 그의 영향력이 상당하다는 것을 알게 되었다. 걱정하면서 뉴스를 유심히 봤다. 우리 할아버지 같아 걱정이 되었다.

(1월 7일, 니주바시二重橋 앞, 여성, 회사원, 20대)

(K) 폭풍슬럼프밴드의 콘서트 투어를 보려고 오사카에서 왔어요. 어제 밤 11시에 버스를 타고 오늘 아침 7시 그랜드 팔레스에 도착했죠. 버스 안 TV로 알았어요. 도쿄 친구들에게서 도쿄를 안내해 준다는 약속 받았던 터라, 오늘 아침 만나 어디로 갈까하다가 그렇다면 황거에나 가볼까 해서 오게 되었어요. 콘서트는 취소되었어요. 슬퍼요. 운이 없어요. 작년 11월에 이미 콘서트를 예약했는데 (…중략…) 천황에 대한 이미지는 특별히 없어요. (…중략…) 작년 가을부터 보도가 나왔는데 처음부터 신경 쓰면서 봤어요. 역사적인 큰 사건이 일어났다는 느낌이 들었거든요. 마침내 쇼와가 끝나는 사건이죠. (…중략…) 집에서는 서로 안됐다고 이

야기했어요. 재작년 할아버지가 돌아가셨는데 그 때 생각이 확 났죠. 그 때 일을 생각하면 혈압 같은 것이 상세히 보도되는 것이 신기하기도 하고 좀 이상했어요.

(1월 7일, 니주바시二重橋 앞, 여성, 여학생, 19세)

(L) TV를 보면서 조문하러 갈까하는 생각도 했지만 가지 않았다. 오늘 온 것은 충동적인 거다. 오후 하교 길에 가스미가세키霞ガ關 역에 화살표가 있는 것을 보고 조문하러 가자고 생각했다. 오길 잘 했다고 생각한다. 지금까지는 TV에서 무릎 꿇고 있는 사람을 보면 바보 같다는 느낌이 들었는데 조문하고 나니 좋은 일을 했다는 생각이 든다.

(1월 10일, 니주바시二重橋 앞, 남성, 중학생, 10대 초반)

(M) (조문하러 갔습니까?) 가지 않았어요. 가고 싶지도 않아요. 왜냐하면 저하고 상관없는 사람이거든. 이름 하나 쓸려고 그렇게 줄을 서대다니 바보 같잖아. 그렇지만 날씨가 좋으면 가자고 (남편도) 말했었죠. 소풍가는 기분으로. 사람들이 북적거리는 곳이니까. (…중략…) 사람이 북적거리는 곳에는 가고 싶어지잖아요? 디즈니랜드나 선샤인이 생겼을 때에도 '벌써 갔다 왔지'라고 말하잖아요. (…중략…) 그래도 저는 안 갔어요. 가벼운 마음으로 가는 곳과 진지하게 생각해야 하는 곳이 있잖아요. 이런 경우에는 그래요. 축제 기분과, 어떤 의미인지 진짜 의미를 비교적 진지하게 생각해야 할 때의 의미. 그거 생각하면 역시 가면 안 되죠. 내 부모는 전쟁 체험자예요. 어머니도 전쟁을 경험했었죠. 도교 대공습을 겪었어요. 그런 가벼운 마음으로 간다면 미안할 것 같았어요. (…중략…) 외삼촌도 제로전의 가미가제 특공병으로 출격할 뻔 했대요. (…중략…) 그래도 한번 가면 좋겠다고 남편이랑 이야기 한 적도 있지만, 만약 간다면 나중에 굉장히 미안할 것 같아서 안 갔어요. (그렇다면 쇼와 천황의 이미지는?) 그 사람……, 살아서는 '어딘가의 행사에 가야하는 사람'. (…중략…) 하지만 죽어서는 '무책임함의 대표'.

172

일본인은 애매하고 무책임하잖아요? 일본은……, 섬나라니까 애매해도 통하잖
아요? 그 사람은 애매함과 무책임함의 상징이었잖아요. 그 사람이 무책임하기 때
문에 모두 그래도 괜찮다고 생각하는 거예요. 그 사람의 이미지는 전쟁 밖에 없
어서. 그것 말고 뭘 했는지 본적이 없어요. (행사에는 참석하시잖아요?) 그 사람
은 단지 그 자리에 그냥 있었을 뿐이잖아요? 뭐 하고 있다고 말했나요? 전쟁 말고
는 생각나는 게 없어요. (…중략…) 저는 천황 따위는 없어도 괜찮아요. 그래도
(남편은) "일본의 전통이기 때문에 있는 게 좋다"고 하더군요. 그래도 난 천황이
있는 거 귀찮아요. 자숙도 해야 하고, 거기에 서기랑 원호 계산하기도 귀찮지 않
아요? 원년이 1991년이나 2001년이면 '더해서 얼마'하고 쉽게 알겠지만 그게 아니
라서 계산이 귀찮아요.

(1월 20일, 시부야渋谷 찻집에서, 여성, 주부, 유학생상담실 근무, 26세)

젊은 세대의 이야기에서 조문하러 온 분명한 동기가 뚜렷하지 않
은 것은 그들 자신들의 생활 속에 천황과 연결된 경험이 없기 때문이
다. 조문 '동기'로는 "훌륭한 인격을 가진 사람"으로 "오늘날의 일본이
있는 것도 천황이 있었기 때문"(F), " 전쟁 때와 전쟁 끝나고 나서 참
고생했구나 하고 생각했"다면서, "국민의 한사람으로"(G) 등 자신의
인생과 연결되지 않는 일반적인 정보를 받아들이고 있었다. 그 외에
시대가 변하는 역사적인 사건에의 참여(H), 취소된 콘서트 대신 "그렇
다면 황거에나 가볼까"(K)라는 극히 이벤트 지향, 조문 참석은 "충동
적"인 것(L)이라는 답도 간과할 수 없다. 동기가 막연하고 또 아무런
이유가 없는 참여와 동원이었다 해도, 젊은 세대의 심성이 천황제와
무관하다고는 할 수 없다. 오히려 동기나 이유가 빠져있기 때문에 아
무런 매개 없이 천황제를 곧바로 수용하고 있다고도 생각할 수 있다.
젊은 세대의 천황상은 젊은이들 자신이 종종 언급하고 있듯이 TV

등의 매스 미디어의 정보, 가족과의 대화, 학교 선생님이나 친구들과의 이야기 속에서 구성되었다. 이를 통해 온화한 사람, 순수한 사람, 성실한 사람, 사심이 없는 사람, 원래는 평화를 사랑한 사람, 성스러운 사람이라는 긍정적 이미지가 만들어졌다. '인품신화'의 경우 전중 세대와 젊은 세대 사이에 연속적인 공통점이 있으나 미묘한 차이도 있다. 쇼와 천황의 이미지를 물었을 때, 젊은이들은 "일본인의 아버지"라고 답한 경우가 있다. 이 '아버지'는 전중 세대가 말하는 '아버지'와 다르다. 전중 세대의 '아버지'는 권위와 은총을 모두 갖춘 강권적 가부장이지만, 젊은 세대의 '아버지'는 아버지 부재 시대에 다시 등장한 온화하면서도 동시에 조금은 의지하고 싶은, 그러나 현실에서는 어디에서도 찾을 수 없는 '아버지'이다. 젊은 세대의 이야기 가운데 자주 부상하는 '할아버지'도 "비실비실한데도 국가원수 역할을 하는 게 불쌍"한 '할아버지'(J)나 "온화한 할아버지"(I)여서 이 경우에는 오히려 어느 집에나 있는 동정과 가여움의 대상인 '할아버지'인 것이다.

젊은 세대가 천황으로부터 '권위'를 찾는 방식은 전중 세대와 완전히 다르다. '붕어'라는 익숙지 않은 말에서 천황을 '대단한 사람'으로 생각한다거나, 매스컴이 크게 다루었기 때문에 "그의 영향력이 상당하다는 것"을 알게 되어 천황을 큰 존재로 인식하는(J) 방식으로, 또 조문소를 방문한 사람이 많은 것에 깜짝 놀라 "천황이 엄청 대단하구나"(1월 10일, 니주바시二重橋 앞, 여성, 고교생, 10대 후반)라고 여김으로써 젊은 세대의 마음에 천황의 '카리스마'가 구축된다. 그러나 여기서의 '카리스마'는 막스 베버가 말한 카리스마가 아니라 젊은 세대가 '네일 페인팅의 카리스마'나 '에스테틱esthétique 숍의 카리스마 점장'이라는 식으로, 젊은이들이 쓰는 말에서 나타나는 카리스마이다.

젊은 세대는 천황에 관한 정보를 매스 미디어, 가족, 학교에서 얻는

다. 그러나 천황을 자신의 삶과 연결시킬 수 있는 경험을 갖지 못했기 때문에, 천황 정보는 일단 정보 수준의 지식으로 수용될 수밖에 없다. 정보 수준의 지식에 머물러 있는 한, 천황상은 전중 세대의 그것과 달리 절대화나 신격화가 될 수 없다. 그러나 대중매체나 가족을 포함해 사회 시스템에 의한 천황제 아이덴티티 전략이 젊은 세대의 일상의식에 감각적으로 호소함으로써 정보 수준의 지식이 이들의 마음을 흔들기 시작하였다. 예를 들면 자기네 할아버지처럼 '온화하다'거나 '가여운' 할아버지라는 식으로 말한다. 천황과 젊은이들의 일상생활 사이의 관계가 갑자기 한층 깊게 연결된 것은 조문소와 같은 장소에 직접 가는 행위, 또 외부 정보를 받아들여 자기 것인 양 천황에 대해 말하는 행동에 의한 것이었다. 게다가 "오늘은 쇼와의 마지막 날로, 새로운 시대가 시작되"었다(H)는 것을 깨달아 조문이라는 행사에 참여함으로 '천황 시대'를 재인식함으로써 천황제가 심성에 각인되도록 했다.

　몸과 말에 의한 행사 참여는 '모두 함께'라는 것을 재발견하도록 만들었다. TV에서 무릎 꿇고 있는 사람들이 바보 같아 보였는데, "오길 잘 했다고 생각한다", "조문하고 나니 좋은 일을 했다는 생각이 든다"(L)고 했다. TV에서 볼 때 이들은 자신과 상관없는 사람, 바보짓을 하고 있는 사람들이었다. 그러나 한 자리에 모인 사람들 속에 자신도 더해져 조문이라는 행위를 함께 함으로써, 사람들과 연결되었다는 것도 확인할 수 있었고 '좋은 일을 했다'면서 조문하는 행위의 의미도 찾을 수 있었다. '오길 잘 했다고 생각'했다는 막연한 생각들이 모여진 공동성과 의미 있는 행동을 했다는 느낌은 이러한 총체적 의미를 만들어 보다 상위의 의미나 가치로 수렴되어 갔다. 황거 앞 광장처럼 수많은 사람들이 모인 장소에 자신도 있음으로써 발견하는 공동체적

감각을 붙들고, 또 조문이라는 행위를 가치 있게 만들어 냄으로써 호출되는 최후의 관념은 '일본'과 '일본인'이다. "오늘날의 일본이 있는 것도 천황이 있기 때문"(F)이라는 것이다. "국민의 한사람으로" 조문하러 왔다. 연호는 "일본의 문화유산"이자 "일본인의 지혜"(G)이다. 이러한 '우리' 감각·생각·행위에 동조하지 않는 사람은 종종 배제의 대상이 된다. 이질적 존재를 배제시킴으로써 '일본적인 것'의 동질성과 규범성이 높아진다. 젊은 세대의 "오길 잘 했다"(L)는 생각은 전중 세대의 "일본은 좋구나"(E)의 느낌과 근본적으로 같은 맥락이다. 천황제와 '일본'과의 동일시를 기축으로, 자연·문화·생활세계를 '일본'·'일본인'의 관념으로 전체화하는 심성이 작동하고 있다는 점에서 젊은 세대와 전중 세대 사이에서 연속성을 읽을 수 있다. 물론 연속성이라고 해도 그것은 불연속성이 복잡하게 얽힌 연속성일 수밖에 없다. 사실 전중 세대 심성 속의 천황제는 구심적이고 적분적積分的으로 움직이면서 이들의 생활사와 연결되는 가운데 여전히 성스러운 존재로 구별되었다. 이에 비해 젊은 세대의 심성 안에서 천황제는 원심적이고 미분적微分的으로 움직이면서 젊은이들의 생활사와 연결되지 않으면서 일상 의식화된다. 다시 말해 "하교 길에 가스미가세키霞が關 역에 화살표가 있는 것을 보고"(L), 그 화살표에 따라 별 생각 없이 조문하러 가는 행위 속에 젊은 세대가 취한 천황제의 양상이 그대로 드러나 있다. 세대 간 차이를 넘어 천황제에 대한 심성은 연속성을 가진 채 세대를 관통하고 있으며, 예를 들면 조문이나 자숙에 나타난 자발적 복종이라는 공통의 귀결을 만들어내고 있다.

그러나 젊은 세대는 가볍게 흐름을 타는 성향과 개인 생활을 중시하는 양면성을 가지고 있다. 몇 달 전부터 예약한 폭풍슬럼프밴드의 콘서트 투어를 위해 오사카에서 야간버스로 도쿄에 도착해 보니 콘서트가 취소되었다. 운이 없다고 탓하며 친구들과 어디 갈까하다가 "그렇다면 황거에나 가볼까"(K)해서 오게 되었다. 딱히 재미있는 이벤트도 없고 해서 가벼운 기분으로 황거 앞 광장에 오게 된 것이다. 그러나 황거 앞 광경은 개인적으로 관심이 있었던 콘서트와는 비교할 수 없는 것이다. 게다가 (K)의 경우 돌아가신 할아버지 생각이 깊어져 천황 병상의 보도를 이상하다고 받아들인 것, 결국 천황제의 탈심성화라는 것으로 연동된다. 이와 관련해 폭풍슬럼프밴드의 공연 연기를 알리는 니폰부도칸日本武道館 게시판에 쓰인 젊은이들의 메시지가 재미있다. "썬 짱!♡ 슬퍼요! 모처럼 즐거운 일이었는데", "♪안돼요~ 안돼요~ ♪ 연기는 절대 안 돼~~! 오늘이 아니면 오지 못해! by 30/10,000."10)

26세 주부 역시 "가벼운 기분으"(M)로 조문하러 가려고 했었다. 이런 기분을 막은 것은 어머니의 전쟁 경험이었다. 보다 정확히 말해 어머니의 기분을 무시해 버리고 가벼운 기분으로 "간다면 나중에 굉장히 미안할 것 같아", 이것이 싫어 조문하지 않았던 것이다. 어머니를 불쾌하게 만들기 싫고, 자신도 기분 상하고 싶지 않다는 개인적 고집이 그녀의 마음에 천황제가 아무런 동기 없이 자리 잡는 것을 막았던 것이다. 많은 젊은이들이 "나는 천황 따위는 없어도 괜찮아"(M)라는 감각을 공유하고 있는 것은 아닐까. 그렇다고 해도 공동성의 대체물을 찾아 별 생각 없이 움직이도록 하는 화살표의 유혹은 언제나 입을 벌리고 기다리고 있다.

3. 국체의 변용

1) 국체의 제작

근대 일본의 정치권력은 '문명개화'와 '부국강병'을 서둘러 달성하고자 하였다. 밖으로부터는 제국주의 열강의 위협이, 안으로는 군중의 위협이 있었다. 도쿄 우에노上野 공원에서 개최된 1877년 제1회 내국권업박람회에는 45만 명의 사람들이 모였고, 1903년 오사카에서 열린 제5회 박람회에는 530만 명이 밀어닥쳤다. 1872년 징병령에 반대하는 농민소요가 격발하였고, 1878년부터는 전국에 걸쳐 자유민권운동이 일어났다. 이렇게 출현한 군중은 어떤 과정을 거쳐 국민으로 통합된 것일까.

1888년(메이지 21) 6월, 제국헌법제정회의가 메이지 천황이 참석한 추밀원 어전회의로 열렸다. 잘 알다시피 이 회의를 시작하면서 의장 이토 히로부미伊藤博文는 헌법제정의 근본정신에 대한 자신의 소신을 피력하였다. 다음은 그중 한 단락이다. "지금 헌법을 제정하는 데 있어, 먼저 우리나라의 기축機軸이 필요하다는 것과 그 기축을 무엇으로 할 것인지를 정하지 않으면 안 된다. 기축 없이 정치를 인민에게 멋대로 맡긴다면, 정치는 그 기강을 잃고 국가 또한 결국 폐망할 것이다. (…중략…) 유럽은 헌법 정치가 싹튼 지 천여 년, 모든 인민은 이 제도를 숙지하고 있을 뿐만 아니라 또한 종교라는 것이 있어 이것이 기축을 이루어 사람들 마음속에 들어 있고 사람의 마음 또한 여기로 귀결된다. 그런데 우리나라에는 종교의 힘이 약하고 국가의 기축이라 할 만한 것이 없다. 우리나라에서 기축이 될 만한 것은 오직 황실뿐이

178

다.”[11] 신도神道, 불교, 유교, 기독교 가운데 어떤 것도 국민통합의 기축이 될 수 없다. 이토 히로부미 등이 찾아낸 길은 천황과 황실을 종교의 대체물로 내세워 이것을 국가의 기축으로 삼는 것이었다.

천황제는 사람들의 내면을 단단히 붙잡아 국가의 기축으로 거듭나기 위해 종교가 되어야만 했다. 그러나 근대국가의 정교분리나 교학분리의 원칙에 준해 볼 때 천황제가 누가 봐도 분명한 종교가 된다면 천황제와 국가와의 동일화가 어려울 뿐 아니라 천황제를 학교교육 안에 도입시키는 것도 불가능해 진다. 그때 이토 히로부미와 관료들이 취한 절묘한 전략이 천황제를 종교를 초월한 종교, 즉 ‘비종교적 종교’[12]로 구축하는 것이었다.

천황제의 핵심적 역할은 ‘성스러운 천황’이면서 어떠한 제도나 사회적인 것에도 잠입과 절합節合이 가능한 ‘국체’라는 이름의 모듈(교환 가능한 기능적 구성단위)이 되는 것이었다.[13] 메이지 천황은 1869년(메이지 2) 이세신궁伊勢神宮에 참배하여, 황실의 조상령이 있는 곳을 드러냄과 동시에 지상의 영이 강림하는 자리로서의 최대 신주神主, 최고 교조의 위치를 현시하였다. 또 1871년 메이지 정부는 신사를 여러 종교들로부터 분리하여 기존 종교와 격을 달리하는, 국가의 제사를 지내는 공적 시설로 보았다. 신사를 재정적 측면을 포함해 국가 관리하에 두었고, 이세신궁을 정점으로 모든 신사를 서열화하고 신관神官의 직제를 정비했다. 일본의 여러 종교들은 ‘대일본제국헌법大日本帝國憲法’ 제28조에 의거해 국가 우선의 조건 아래 종교의 자유를 획득하였다. 이러한 가운데 이들 종교에서 떨어져 나온 신사는 황조령皇祖靈부터 향토신에 이르기까지 종교를 초월한 종교로서 ‘국체’와 동일화하였다. 다시 말해 천황의 초종교화에 의해 천황은 ‘국체’와 합일화되었던 것이다.

메이지 정부는 1872년 ‘피앙출서被仰出書’[9] 공포에 의해 학제를 제정할 때부터 애초에 교육을 국가의 관리 아래에 두었다. '학제 2편' 개정에 의한 교학분리의 토대 위에서, 종교가 아닌 천황제가 종교가 아닌 '덕육德育'을 통해 학교교육의 중추로 도입되었다. 계속해서 '어진영'과 교육칙어가 전국 학교에 '하부下付'되어, 천황제 즉 국체에 의한 내면 지배를 완성하였다. 그러나 이때 '덕육'과 합치된 천황제는 종교가 아닌 종교인 동시에 권력 아닌 권력이었다. '국체'로서 천황제 위력은 이러한 초종교성과 결합한 초권력성에 있다.

'국체'라는 언표는 교육칙어(1890)에서 '국체의 정화精華'로 나타났고, '치안유지법治安維持法'(1925) 제1조에서는 법률 용어로 등장하였다. 또 대심원 판례에서는 제국헌법 제1조와 제4조의 규정에 의해 '만세일계의 천황이 군림해 통치권을 총람하는' 국가의 성격으로 정의되었다.[14]

천황제라는 기축은 '국체'의 전부였다. 메이지 정부는 자유민권운동과 개인주의에 대응하기 위하여 대권중심국가우선의 국체를 구축하고자 했다. 그래서 통수권의 독립과 대원수에 대한 절대 복종의 관념(군인칙유軍人勅諭), '충군애국'(교육칙어)의 교설 등을 추가해서 가르친 것이다. 나아가 이러한 절대성과 강권성을 탈색하기 위하여 '국체'에 국가를 만세일계의 대부모大御親와 자녀로 이루어진 커다란 성가족으로 간주한 가족국가론(예를 들면 국정 수신 교과서)을 끼워 넣었다. 가부장제적 온정주의, 은혜의 재분배 의제擬制, 일군만민론一君萬民論 등에 의한 가족의제는 '만세일계'의 권위, '일본적 자연 질서'의 주창과 서로 얽혀 '국체'를 비권력성이란 베일로 덮었다. 그리하여 가족의제는 다양한 모순·대립·저항을 유화하고 포섭함으로써 의사적擬似的 공동성을 재생산하는 친화장치가 되었다. 그러나 무엇보다 이 장치는

---

9   문부성이 공포한 법률로, 모든 국민의 교육 즉 교육의 기회 균등에 관한 내용을 담고 있다.

'일본'이라는 동일한 문화 코드 내의 사회적 차이에서 비롯된 대립에 대해서만 친화력을 발휘하였다. 동일화 코드에서 일탈하는 것에 대해서는 동화되도록 다그친다거나 '반국체'라는 꼬리표를 붙임으로써 배제·구금하는 폭력 장치로 바뀐다. '국체 수호'와 떨어뜨려 생각할 수 없는 '치안유지법'은 국체 변혁에 목적을 둔 결사나 사유재산의 부정을 주창하는 사람들에 대한 예방구금제도이다. 다시 말해 국체의 위기를 초래할 가능성이 있다고 단정된 사람에 대해 권력이 소위 미리 배제를 명령·집행하는 폭력 장치이다.

천황제의 존립 기반은 사회 모든 영역에 무수히 산재한 작은 천황제이다. 일단 대문자의 천황제가 구축되면, 이 상은 사회에 되던져진 소문자의 천황제를 재정의하고 보강한다. 이렇게 천황제 모듈은 사회 속에 소국체로서의 친화-폭력 장치를 넓게 증식해 갔다.

나카무라 고쿄中村古峽가 창설한 일본정신의학회의 월간기관지 『변태심리』는 1917년부터 1926년까지 10년간 모두 103권이 발행되었는데, 여기에는 다이쇼기에 '변태'로 간주된 것, 즉 '정태正態'에서 일탈한 심리-사회현상이 망라되어 있다.15) '변태'로 지목된 항목들을 잠시 살펴보면 다음과 같다. 군중, 폭동, 유언비어, 투기, 자기암시, 나태, 분노, 꿈, 방화, 살인, 자살, 정사, 간통, 질투, 범죄자, 정신병자, 신경쇠약, 히스테리, 결벽증, 주사酒邪, 향구사香具師, 창기娼妓, '반역 여성', '남성화된 여성', 뱀을 마음대로 조정하는 여자, 전기 아가씨電氣娘, 불임, 불구자, 사생아, 콜레라, 폐결핵환자, '나환자', 행려 사망자, 실업자, '부랑자', 사랑 도피자, '여인숙 사람들', 산카山窩,10 아이누, 조선인, '지나인', 정치운동가, 최면술, 메스메리즘mesmerism, 교령술交靈術, 심령

---

10 떠돌이 생활을 하며 특수 사회를 이루고 있던 사람들.

술, 기합술氣合術, 미신, 귀신술, 오모토大本교 등.

『변태심리』가 공들여 채록한 이 항목들은 일본 근대화와 국체의 형성과정에서 사회의 규범적 정태계로부터 차별화된 것들의 목록이라 할 수 있다. 어둠 속으로 밀어 넣어진 이 항목들은 일방적으로 배제되어 외부에 머무는 것이 아니라, 사회 내부에서 생겨나고 또 외부에서부터 침범하여 경계를 교란시켜 정태계正態系에 불확정성을 초래한다. 따라서 국가권력은 '국체'라는 이름의 정태계를 존립시키기 위해 반국체·비국체라는 이름으로 변태계를 반복해서 만들어내는 동시에 이것들을 계속 배제시켜야만 했다. '국체'가 '생산적인 양민, 충량한 신민'의 재생산 장치인 이상, 그것은 신체 즉 근대의 공통적 신체를 제작·관리하는 생권력bio-power이 '사회적인 것'의 다양한 영역, 이를테면 교육, 의료, 위생, 복지 등의 영역에 잠입해 미분화된 다양한 형태의 사회적 생권력으로서 스스로를 제시한 것이며, 중첩해 서로 싸우는 그 총체에 이름을 붙인 것이다.

2) 보호구류의 지배구조

천황제를 기축으로 한 국체는 친화-폭력의 이중 장치의 지속적 확대 속에서 '보호구류'의 지배구조를 구축하였다. 1872년(메이지 5) 러시아 황제 알렉세이Aleksei가 일본을 방문했을 때, '제도帝都' 도쿄를 '배회'하며 '떠돌아다니는 문둥이'들을 가가加賀 단지에 '보호'·'수용'하도록 조치했다. 이러한 근대 일본 최초의 '보호구류'가 '나병 구제-강제 격리'의 이중성을 가진 '나병예방사癩防史'의 시작이었다는 사실에 주목해야 한다.

근대의 '보호구류Schutzhaft'11 제도는 오히려 '개인의 자유 보호Schutz der persönlichen Freiheit'를 위한 인권규정으로 제기된 것이다. 이 제도의 기원은 1851년 공포된 계엄 상태와 관련된 프러시아 법에 있다. 이 제도는 1871년 바바리아 지역을 제외한 독일 전역에 보급되었고, 제1차 세계대전 때 대폭적으로 적용되었다. 문제는 '보호구류'가 적용된 문맥이었다. 애당초 '보호구류'는 법이 제 기능을 발휘하지 못하는 긴급상황, 즉 칼 슈미트Carl Schmitt가 말한 '예외상황'에서의 '보호'를 의미한다. 그러나 폭력이 지배하는 예외상황이 규범화되고 일상화될 때 그 의미는 전도된다. 아감벤Giorgio Agamben은 수용소를 "예외상황이 규범 그 자체가 되기 시작할 때 열리는 공간"16)이라고 정의하였다. 나치 수용소의 법적 근거는 보통법이 아닌 '보호구류'에 있었다. 나치 법학자가 말한 것처럼, 그것은 국가 안전에 대한 위험을 회피하기 위해 개인을 '보호'·'수용'하는 예방적인 경찰적 조치로 의미가 전도되었다.

보호구류 즉 슈츠하프트Schutzhaft는 인권보호 규정이 인권박탈 규정으로 바뀔 수도 있다는 것, '보호'와 '구류'(배제)의 회색지대를 구성하고 있음을 가리키고 있다. 영어의 어사일럼asylum(보호조치, 보호시설)도 그리스어의 asylon(a(부정) + sylon(잡을 권리))에서 유래해, 긴급 시 치외법권적 '보호'조치부터 정신병원 등의 '보호-수용시설'에 이르기까지 폭넓은 의미를 가지고 있다. 즉 슈츠하프트도 어사일럼asylum도, 파시즘 국가와 복지국가를 관통하는 근대 국민국가의 지배구조와 조직원리의 핵심을 해명하는 개념이다.

근대 일본의 '보호구류'는 처음부터 '규범화된 예외상황'인 '국체' 창출과 표리일체로 제도화되었기 때문에, '보호'는 배제와 '구류'를 은폐

---

11 예비·검속이란 뜻을 가진 독일어로 '방어적 구금'을 의미한다.

하면서 정당화하는 피막이었다. 국체 형성을 지탱하는 집행법이 '단속'이라는 것을 그대로 보여주는 '과격사회운동단속법안過激社會運動取締法案'부터 예방적 구금제도인 '치안유지법' 및 그 개정법을 거쳐 재범방지를 위한 보안처분이라 부를 수 있는 '사상범보호감찰법思想犯保護監察法'에 이르는 과정은, '비상시'라는 이름의 예외상황이 통상화하여 국체에 대한 충성에 동원되고 심성의 동질화와 민족정화가 진행된 과정과 그대로 중첩된다. '보호구류'와 '보호감찰'이 국체로 전반화되고 또 구조화되면서 자발적 복종이라는 천황제적 심성이 일반화되었다.

근대 일본의 '보호구류' 구조는 나환자의 '보호구류'로 응축해 나타났다. 모든 한센병 요양소에는 황족으로부터 하사된 기념수들이 황족의 이름과 기증일자를 기록한 표찰을 단채 숲을 이루고 있었다. '자혜慈惠'를 상징하는 상록수들은 '가지치기'(습격, 검거, 수용)의 상흔을 감추는 장치라 할 수 있다. '식수'와 '가지치기'의 이중성은 '보호'와 '구류'의 이중성을 그대로 보여주는 것으로, '나병구제사'와 '강제격리사'·'나병절멸사'의 이중성과 연동하였다.

'떠돌아다니는 문둥이'를 가가 단지에 '보호'·'수용'한 데 이어 1874년에는 도쿄부보육원東京府養育院이 개설되었다. 이곳에 근무했던 미쓰다 켄스케光田健輔는 『나병격리필요론癩病隔離必要論』(1902)을 출판했다. 그는 이 책에서 자신의 경험과 함께 당시 서구에서 지배적이던 '격리'론을 바탕으로 나환자를 격리해야 한다고 주장하였다. 당시 한센병은 감염 정도가 매우 낮은 병으로 알려져, '전염병신고규칙傳染病屆出規則'에서 규정한 콜레라, 페스트 등의 '8종 전염병'에도 포함되어 있지 않았다. 그러나 근대 일본의 생권력은 한센병 환자에게 근대 일본 스스로에 내재된 아브젝트(혐오스러운 것)[12]를 떠넘겨, '전염력이 강한 무서운 유전병'이라는 허구를 만들어냈다. 그에 덧붙여 이들과 이들의 가족을 외부화 해 배제(아브젝시옹abjection)시킴으로써, '명징'한 천황제적 국민국가의 존립이라는 내셔널한 욕망을 달성하고자 했다. 1907년 '떠돌아다니는 문둥이'를 강제 격리시키는 '나병예방에 관한 건癩豫防二關スル件'이 제정되었다. 미쓰다 켄스케는 나환자에게 비합법적인 단종斷種 조치를 처음으로 실시하였다. 1920년대 우생학의 보급과 함께 다카노 로쿠로高野六郎(내무성 위생국 예방과장), 미쓰다 켄스케, 고바야시 마사카네小林正金(일본 MTL. Mission to Lepers[13]) 등은 '민족정화'를 위한 나환자의 '박멸'을 부르짖었다.[17] '나병 없는 마을 만들기 운동無癩縣運動'(1929)이라는 이름의 민간운동을 필두로 '구나보국救癩報國, 조국정화'의 슬로건을 내세워, 전 국민의 감시 아래 나환자 '가지치기'운동이 휘몰아쳤다. 즉 사회 전체가 '보호구류'의 장치가 되었던 것이다. 1930년에는 최초의 국립요양소인 나가시마애생원長島愛生園이 설립되었다. 1931년 제정된 '나병예방법癩豫防法'은 모든 나환자의 강제 격리를 명문화하였다. 나환자는 '사라지는 것으로 건국의 이상을 실현하는 작은 국가'[18]인 요양소에서 '종신격리' 되어, 죽은 후에도 고향으로 돌아가지 못하고 '요양소 내 제일 멋진 건물'인 납골당에 머물러야만 했다. 1940년 '국민우생법國民優生法'이 제정되고, 유전성 정신병자 등과 함께 나환자에게도 우생수술이 실시되었다. 전후 1947년 한센병 특효약인 프로민의 시험적 치료가 일본에서도 시작되어 한센병이 치료가능한 병이라

---

12 아브젝트abject는 혐오스러운 것 또는 더러운 것들로, 경계 밖으로 배제되고 추방되는 것을 말한다. 초자아가 섞여진 자아가 이질적이고 위협적으로 것으로 여겨져 선택된 대상인 아브젝트를 경계 밖으로 몰아낸다. 아브젝트는 체계와 질서를 교란시킨다. 아브젝시옹abjection은 라틴어의 abjectio에서 유래하여 공간적 간격·분리·제거를 의미하는 접두사 ab-와 내던져 버리는 행위를 나타내는 jectio로 이루어진다. 줄리아 크리스테바, 서민원 역, 『공포의 권력』, 동문선, 2001 참조.

13 한센병 문제 해결을 위해 일하는 국제적 기독교 자선단체. 지금은 The Leprosy Mission(TLM)으로 명칭을 변경함.

는 사실이 분명해졌다. 그럼에도 불구하고 1948년 제정된 ‘우생보호법優生保護法’은 단종斷種과 중절수술까지 인정하였고, 1953년에 제정된 ‘나병예방법らい豫防法’은 강제 격리를 계속 용납하였다. 1956년의 ‘로마 선언’이나 1960년의 WHO의 제언이 격리를 부정하면서 차별적인 법의 철폐를 주장하였지만, 일본의 강제 격리는 지속되었다. 오랫동안 계속된 나환자들의 투쟁 결과, ‘나병예방법’은 1996년이 되어서야 가까스로 폐지되었다. 전전 파시즘 국가만이 아니라 전후 복지국가에서도 나환자의 ‘보호구류’가 지속되었다는 사실에 주목해야 할 것이다.

나환자 ‘박멸’과 ‘민족정화’운동이 정점에 달했을 무렵, 황실은 전국 나환자의 강제 격리 사업을 재정적으로 도왔을 뿐 아니라, ‘박멸’과 ‘강제 격리’를 ‘자애로우심’, ‘인자하심’, ‘구제하심’, ‘배려하심’ 등의 ‘자비와 은혜’의 언설로 덮는 일에 힘을 쏟았다. 1930년 11월 10일 황태후 사다코節子(데이메이貞明황후)는 내무대신 아다치 겐죠安達謙藏 등을 교토 대궁어소大宮御所로 불러 나병 사업 명목으로 24만 8천 엔을 하사했다. 다음해 1931년에는 일본, 조선, 타이완의 요양소에 하사금을 매년 내기는 것을 제도화 하는 동시에 이 하사금 중 10만 엔을 기금으로 한 나병예방협회를 설립하여 ‘나병예방법癩豫防法’의 제정으로 이어졌다. 그 결과 재원을 마련하지 못해 침체되어 있던 나환자 전면 격리 사업이 궤도에 오를 수 있었다.

황태후는 1932년 11월 10일, 2년 전 하사금을 내렸던 날을 의도적으로 선택하여 대궁어소에서 우타카이歌會를 개최하였고, ‘자애로우심의 노래’로 알려진 단가短歌를 지었다. “쓸쓸한 자의 친구가 되어 위로해주게. 찾아가보기 어려운 나를 대신하여.” 내무성을 비롯한 행정관계자들은 대중매체를 총동원하여 ‘황실의 인자하심’을 널리 선전하였다. ‘자애로우심의 노래’를 ‘모사’해 일본 내지와 외지의 요양소에 하사했고, 11월 10일은 '자애로우심의 날', 황태후 탄생일인 6월 25일은 '나병예방의 날'로 정했고, 황태후의 '인자하심'을 칭송하는 기념행사가 각지에서 개최되었다.[19]

황태후의 '인자하심'이 가시화 된 1931년 11월, 육군 특별대훈련이 구마모토熊本현에서 실시되었다. 쇼와 천황은 구마모토에 체류하면서 대훈련을 통솔하고, 현縣 내 23곳을 순행하고, 요양소를 포함한 46곳에 시종을 파견하였다.[20] 구마모토 육군 대훈련 이전인 1926년부터 1930년에 걸쳐 형성된 구마모토 시내 혼묘지本妙寺 근처의 '나병' 집락은 여덟 번에 걸쳐 '가지치기'를 당했다.[21] 구마모토시 서부방면 위원인 도토키 에이자부로十時英三郎는 1934년에 혼묘지의 빈민지구 주민 100명에게 면접조사를 실시하여, '공중위생상'의 이유, '사통과 불륜' 등의 '풍기상'의 이유, '전과자', '떠돌이', '상습 도박꾼'을 포함한 '질서상'의 이유를 들어 "나환자는 가급적 부랑자로 수용시킬 것"[22]을 제안하였다. 이러한 제안은 1940년 혼묘지 사건으로 바로 이어졌다. 1940년 7월 9일부터 11일까지 3일간 구마모토현 경찰부장의 지휘 아래 구마모토 남북경찰서 및 규슈九州요양소 직원을 포함한 총 220명이 혼묘지 집락을 급습해 157명을 검거함과 동시에 집락을 없애버렸다. 1935년 11월 규슈남부에서 육군 특별대훈련이 실시되었을 때도, 쇼와 천황의 방문 직전 가고시마鹿兒島와 미야자키宮崎 두 현의 요청아래 나환자 '가지치기'가 행해져 다수의 나환자가 호시즈카경애원星塚敬愛園에 수용되었다. 다키오 에이지瀧尾英二는 쇼와 천황의 육군 특별대훈련을 전하는 신문기사가 황태후의 '인자하심'을 전하는 기사와 같은 지면에 실렸음을 지적했다.[23]

육군 특별대훈련을 위한 쇼와 천황의 순행에 앞서 실시된 나환자 '가지치기'는 일종의 예방적 구금으로, '종신격리'의 서막이라 할 수 있다. 또 황태후는 시민사회로부터의 배제와 구류·강제 격리를 '자애로운 보호', '은혜로우신 구제'로 대치시켰다. '아버지'에 의한 구류와 '어머니'에 의한 포옹. 이 이중의 몸짓으로 탄생한 '보호구류'의 지배구조는 반국체·비국체적인 것을 배제시켜 '정화된 민족'과 '명증한 국체'를 창출하는데 그치지 않았다. 이 사정권 안에는 호적·국적에 의한 정주자定住者 즉 국민의 제작과 관리, 근대 가부장제 가족의 제작과 생식관리, 교육과 교화에 의한 '충량한 주체 즉 신민臣民'의 제작과 관리, 의료·건강·위생상의 조작에 의한 '생산적 양민'의 제작과 관리까지 포함하고 있었다. 이것은 또 다른 측면에서 볼 때 근대에서 '사회적인 것'은 교육, 의료, 복지에서도 알 수 있듯이 모두가 '보호구류'의 지배구조를 가지며, 근대적인 것의 재생산에 있어서 권력 즉 효율을 우선시하는 체계를 다층적으로 편성하는 것이었다고 할 수 있다.

3) 국체의 불연속적 연속성—아비투스habitus[14]로서의 천황

1919년 황태자 히로히토裕仁가 18세 성년식을 맞이할 무렵 황실의 권위는 땅에 떨어져 있었다. 섭정시대의 시작과 함께 정부와 궁내성은 데모크라시의 조류를 억제하기 위하여 황태자 행차 및 신문이나 시각미디어를 통해 대중에게 황실을 '숭배' 대상으로 각인시키고자 하였다. 1928년 1월부터 1년 동안 진행된 쇼와 천황의 즉위식과 제전은 쇼와 천황의 천황 아이덴티티를 만들어내는 마지막 장이었다. 즉

---

14 사회적 학습에 의해 구축되는 언설·행동의 생성 원리. 피에르 부르디외Pierre Bourdieu 사회학의 핵심개념인 아비투스는 어떤 방식으로 인간이 사회적 존재가 되는지를 설명하는 것으로, 개인이 차지한 위치와 사회적 여정에 따라 사회화의 결과가 달라진다는 점을 보여준다. 홍성민, 『문화와 아비투스』, 나남, 2000.

위례의 정점인 대상제를 지내면서, 요요기代々木 연병장에서 3만 5천 명 군인의 행진을 무대 위에 서서 몇 시간이나 비를 맞으며 열병한 관병식, 208척의 함정, 4만 5천 명의 승원, 2만 5천 명의 재향군인, 수천 명의 지방 유력자, 수십만 명의 구경꾼들, 그리고 라디오 앞에 모인 수백만 사람들 앞에서 진행된 요코하마横浜에서의 대례특별관함식大禮特別觀艦式은 말하자면 입교식入敎式의 마무리였다. 쇼와 천황의 아이덴티티 구축은 쇼와 국체의 형성과 연동되었던 것이다.

국체 형성은 정치적으로 만들어진 국체 관념이 대중의 사회의식 안에 받아들여질 자리를 발견한 것, 어느 정도의 내면화가 이루어져 대중의 아비투스(관습행동)로 각인된 것을 의미한다.

대중의 전중戰中 의식은 대략 다음 네 가지 의식의 층위로 되어 있다.24) ① 국체 관념 — 천황과 국가를 향한 충성, ② 죽음의 철학 — '군인칙유', '칠생보국七生報國',[15] ③ 동행 의식 — 가족·같은 세대·동포와의 일체감, ④ 삶의 욕구 — 삶의 철학, '살고 싶다'는 의식의 모든 영역.

제2차 세계대전의 패전과 함께 ④층이 한꺼번에 분출되었고, ①층은 분산되었고, ②층은 소멸되었다. 모두 알다시피 미점령군은 냉전 상황 아래에서 전후 일본의 국가 통합이 필요했기 때문에 관료제를 존속시켰고, 또 국민에게 심성화 된 천황을 상징 천황으로 꾸며 통합을 위한 전략으로 사용하였다. 대중의 주된 관심은 ④층 즉 사생활 보호로 옮겨갔다.

전후 부흥의 시기가 지난 1955년을 기점으로 한 기술혁신을 발판으로 1960년부터 고도경제성장이 시작되었다. 평화롭고 풍요로운 가족

189

---

[15] 일곱 번 다시 태어나도 즉 영원히 국가에 충성한다는 관념.

생활을 추구하는 시스템의 욕망이 경제 발전을 지탱하는 사회 질서를 만들어나가는 중심에 평온과 번영을 체현하는 성가족을 불러냈다. 고도경제성장기에 전형적으로 나타나 55년체제를 지탱해온 기업 전사형企業戰士型 사회의식은 다음의 의식을 기반으로 한다.25) (A) 상징 천황제, 경제 지상주의, 생산력 내셔널리즘, 새로운 국체로서의 55년체제, (B) 풍요와 안락의 철학, 행복과 쾌락, 편리함과 쾌적함, (C) 동행의식, 동반의식, (D) 삶의 욕구, 자신에 대한 배려, 생명에 대한 감수성, 생존subsistence적 삶, 환경의식, 생태학.

A층의 생산력 내셔널리즘이란, 전체 생산력이 증대됨으로써 개인이 풍요로워진다는 이데올로기이다. 즉 내 몫을 늘리기 위해서는 국가나 회사 전체의 파이를 키우는 것이 우선되어야 한다는 사고방식이다. 마이홈 만들기와 한 쌍을 이루고 있는 생산력 내셔널리즘의 국민정신총동원이 실시되었다. 전체에 대한 충성이나 자발적 복종이 제공되는 한 생산력 내셔널리즘은 새로운 국체라고 할 수 있다. 같은 의미에서 보수 일당지배하의 '풍요로운 사회'의 지속을 기축으로 삼은 55년체제 역시 국체라 할 수 있다. 다만 이 국체의 신은 경제 혹은 화폐라는 이름의 신이다. 전후 사람들의 의식 속에 천황이 중요한 존재는 아니라 할지라도 여전히 질서의식의 중심에 있었고, 매일의 평온한 가족생활의 소실점이 되는 대문자의 가족 즉 성가족이 있었다. 이런 의미에서 천황제가 대중의 일상생활에 미분화되어 있었다는 사실을 간과해서는 안 된다. 전중 세대 뿐 아니라 젊은 세대 중에서도 "오늘날의 일본이 있는 것도 천황이 있기 때문", "전후의 번영을 가져온"이라는 발언이 적지 않았다. B층의 풍요로움의 철학은 돈과 물질을 통해 일상생활 속에 침투했기 때문에 사람들이 자각하지 못하는 가운데 안락한 일억일심一億一心 체제로 미끄러져갔다. C층은 단일민족

론, ‘애국심’, ‘일억 중류’ 의식, ‘전당일치全党一致’, ‘전 사원이 하나가 되어’, ‘지연地緣’, 나아가 ‘계열’, ‘담합’, ‘유착’, ‘무책임의 체계’에 이르기까지, 이들 ‘모두’의 범위가 폐쇄 체계를 이루는 경우가 많았다. 그러나 개인이 국적이나 조직을 떠나 세계를 조망할 때 ‘모두’의 범위는 열리게 된다. 근대화에 따른 공동체 해체의 귀결로, 1980년대는 미이즘 me-ism 즉 자기중심주의 시대로 불린다. 쇼와의 종언이 가까워진 시기 미이즘의 황야에서 시민네트워크 같은, 기존의 ‘동반의식’과는 다른 새로운 형태의 개인적 유대가 생성되었다. D층의 경우 전중에는 극소화되었다가 전후에 극대화된 의식이다. 55년체제 아래에서 삶의 욕구는 대부분 경제 지상주의로 편제되었다. 그러나 D층은 ‘자신에 대한 배려’ 결국 에고이즘이 작동하는 장소이기도 하면서 에고이즘을 넘어선 삶이 태어나는 장소이기도 하다.

쇼와 종언 이후의 천황제에 대해 우선 말할 수 있는 것은, 천황제가 아무런 동기 없이 또 자각하지 못하는 사이에 사람들의 심성과 아비투스에 스며들 수 있다는 점이다. 현 천황에 의한 국민통합은 새로운 방식으로 전개되었는데, 그 특징적 측면은 1999년 11월 12일 천황 즉위 10년을 축하해 황거 앞 광장과 황거의 외원外苑에서 개최된 ‘국민제전’에 잘 나타나있다. 국민제전의 ‘시행 개요’ 가운데 가장 주목할 만한 내용은, 현 천황이 즉위한 10년 동안 전국 42개의 도도부현都道府縣에 순행한 것을 ‘기념’하기 위해 아오모리青森의 네부타,[16] 기후岐阜현 구조郡上의 오도리 등 19개 향토예능 참가자 3,100여 명을 축하 퍼레이드와 축제 광장에 참여토록 했다는 점이다. 또 기념식전에는 즉위 10

---

[16] 네부타는 일본 도호쿠東北 지방에서 행해지는 칠석날 행사의 하나로, 대나무 뼈대에 종이를 발라 커다란 인형이나 동물 모양을 만든 후 그 안에 불을 밝혀 수레에 싣고 밤거리를 누비고 다니는 것.

년간 '사적事積'과 관계된 사람들, 한신아와지阪神淡路, 오쿠시리奧尻섬, 시마바라島原 등의 재해 피해자, 브라질, 페루, 미국에 거주하는 일본인계 대표, 천황이 방문한 해외 국가들의 대표, 천황이 방문한 장애인 시설 및 복지시설의 관계자, 헤이세이平成 원년(1989)에 태어난 아이들을 동원하였다. 즉 천황의 순행이라는 '은혜'에 대한 반대급부 내지는 '보은'이 요구된 것이다. 이보다 사람들의 관심을 더 모았던 것은 가수 요시키YOSHIKI, 락 밴드 글레이GLAY, 인기 여가수 아무로 나미에安室奈美惠, 여성 보컬 그룹 SPEED 등의 연예인 동원이었다. 즉 천황신앙을 갖지 않은 사람들까지 '천황의 장소'에 불러들였다. 천황에 무관심하거나 관계없는 사람들을 천황 쪽으로 움직이게 하는 자각되지 않는 심성이 사회 시스템에 내재해 있다는 사실이 중요하다. 이처럼 천황제는 이벤트에 의해 적분화되어 비일상화 되는 것이 아니라 아비투스 안으로 미분화되어 오히려 일상화된다.

그러나 이러한 아비투스는 계층에 따라 다르다. 학력, 교양, 집안, 경력 등 여러 상징자본의 상승과 대립의 역학 속에서 아비투스의 계층이 나타난다. 천황제는 사회 질서화의 중심에 있기에 여러 상징자본의 배치에 관여하는 상징자본이라 할 수 있다. 천황제는 이러한 연쇄의 중심에 위치했기 때문에 사회 시스템이 차별화와 서열화를 만드는 것처럼 보인다.

천황제는 사회적 지위, 신분, 장소, 문화, 라이프스타일, 취미 등에 따른 차별화와 서열화를 행하는 파워 포지션을 지정한다. 파워 포지션이란 자원에 다다를 수 있는 특권적 위치이자, 그 연장선에서 타자에 대한 조작과 지배를 가능케 하는 서열화 된 위치라 할 수 있다. 파워 포지션은 상징자본에 의해 설정되고 화폐자본에 의해 보강된다. 그 다음 파워 포지션은 화폐자본을 상징자본으로 전환한다. 서훈敍勳

이나 원유회園遊會에 그치지 않고, 천황의 존재 자체가 학력 이상으로 차별화와 서열화의 원천이 되었다. 천황과 황실의 활동은 비정치적인 문화 영역으로 특화되었다. 그러나 천황이 일본문화 속의 파워 포지션을 규정하는 궁극의 상징자본으로 존재하는 한, 일본문화는 그 자체가 권력이 된다.

얼핏 보면 천황제는 세계시장화와 무관한 것처럼 보인다. 그러나 세계시장화와 천황제는 '풍요로운 사회'와 '행복한 가족'의 환상을 유지하는 장치로, 사회의 깊숙한 곳에서 서로 이어져있다.

세계시장화는 실제로 우승열패와 사회의 양극화 현상을 초래하였다. 여기에 특정 형태의 협동성이 요구되어, 예를 들면 사회정책, NPO(비영리민간단체), 자원봉사 활동 등이 호출되었다. 그리고 이 협동성의 위치에 '상상의 공동체'를 만들어내는 천황제가 미끄러져 들여가, 사회의 균열을 '유사 공동체'로 봉합시켰다. 그때 싹트기 시작한 협동성의 맹아는 공동체 의제擬制로 흡수되었다.

다시 말해 '쇼와의 종언' 이후에도 천황제는 여전히 친화작용을 하면서 동시에 폭력작용도 끌어들이는 이중 장치로 계속 작동하고 있다. 천황제는 한편에서 '행복한 가족'의 표상, '전통'·'일본문화'·'일본적 자연' 등의 원천이라는 자기 제시, 순행에 의한 '자애'의 현시, 나아가 '봉사 활동'이나 생태주의로 보이는 행위를 통해 포섭과 친화와 공동성을 연출했다. 그러나 또 다른 한편에서 이러한 친화작용 자체는 '보호구류'적 행동에 그치지 않았다. 즉 천황제는 히노마루·기미가요의 강제와 '적보대赤報隊'의 『아사히朝日신문』 습격 사건(경찰청 지정 116호 사건) 등의 테러리즘을 포함한 폭력적 위협으로 국체에 대한 충성을 강요하는 폭력 장치이기도 한다. 직무명령에 따라 모든 학교가 히노마루와 기미가요를 행하는 예외상황을 규범화·통상화하여 자

발적 복종의 심성을 완성시키고 있다는 점에서, '종언' 후 새로운 국체
는 오히려 강화되었다고 말할 수 있다.

　2003년 신춘 '우타카이하지메歌會始'에서 현 천황이 지은 단가를 살
펴보자. 제목은 '마을町'이다.

> 우리나라를 둘러보면서 생각에 잠긴다. 해가 거듭될수록 마을은 정비되는구나.

　이 구니미國見[17]는 순행에 의한 은총을 드러내면서 새로운 국체 즉
글로벌 시스템이 만든 수많은 고난의 흔적을 '마을은 정비된다'는 한
구절로 말끔히 지워버린다. 상징자본 스스로가 내보인 '보호구류' 심
성이 드러난 것이다. '우리나라'는 구조적 불황 속에서 실업자와 홈리
스가 계속 증가하고 있으며, 또 최근에는 매년 3만 명 이상의 사람들
이 자살을 하고 있다. 도산한 상점과 마을 공장의 셔터 문이 녹슬어가
는 광경이 일본 열도를 뒤덮고 있는 시대에 이 단가 속 마을은 어디에
있는가. 당신은 그리고 나는 어디에 있는가. 쇼와 천황과 같은 장소
에 있는가. 소국체 장소에 있는가. '보호구류'적 '은총'이나 보호에 무
릎 꿇을 것이 아니라, 또 '보호구류'가 초래한 테러에 테러를 가할 것
이 아니라, '소거'된 사람들 즉 시스템의 희생자, 난민, 피차별자, 소수
자, 그리고 '최대다수의 최대행복'이란 '국체'에서 이탈한 사람들이 자
신의 존재를 드러내, 생명과 생명을 연결하는 정치를 개척해야 한다.
그리하여 '보호구류'의 구조를 해체하고 사람들의 다층적 공공권을
구축하여야 한다.

17　천황이나 지방 장이 높은 곳에 올라가 지세地勢, 경치, 사람들의 생활 상태를 살피는 것.

전쟁주체로서의 국가 · 국민

야스쿠니문제에 대하여[*]

다카하시 테쓰야高橋哲哉[**]

1. 시작하며

2003년 1월 14일, 고이즈미 준이치로小泉純一郎 일본수상이 야스쿠니 신사靖國神社에 참배했다. 지금까지 일본 내외의 비판에도 불구하고 취임 이래 2년도 채 안 되는 기간 동안 세 번의 참배를 강행했던 수상은

---

[*] 이 글은 김연숙이 번역했다.

[**] 1956년생. 후쿠시마福島에서 태어나 도쿄東京대학 교양학부 프랑스과를 졸업 후 같은 대학원에서 철학으로 박사학위 취득, 현재 도쿄대학 대학원 종합문화연구과 교수. '반전, 반차별, 반식민지주의'를 내걸고 등장한 NPO '젠야前夜'의 공동대표로 잡지『젠야前夜』를 창간하는 등, 일본의 역사 왜곡과 인권 문제를 날카롭게 지적하는 대표적인 학자. 저서로는『내셔널 히스토리를 넘어서』(공저),『일본의 전후 책임을 묻는다』,『단절의 세기 증언의 시대』(공저),『글로벌화와 인권 · 교과서』(공저),『결코 피할 수 없는 야스쿠니 문제』,『국가와 희생』등이 있다.

없었다. 중국정부와 한국정부는 공식적으로 항의담화를 내놓았고, 한국의 김대중 대통령은 일본 외무대신 가와구치 요리코川口順子와의 회담을 취소함으로써 항의의 뜻을 전달했다.

1960년대부터 1970년대까지 '야스쿠니 문제'는 '야스쿠니신사를 국가가 수호하자는 법안靖國神社國家護持法案'[1]을 둘러싼 공방전을 의미했다. 그러나 오늘날 '야스쿠니 문제'라고 할 때는, 일반적으로 일본 수상의 야스쿠니신사 참배문제를 가리키며, 또한 야스쿠니신사에 대한 법안을 둘러싼 공방전은 'A급 전범' 합사문제 및 '정교분리'와 관련된 헌법문제로 이해되곤 한다. 이런 상황에서 야스쿠니 문제는 일본의 국내 정치·외교상의 문제이자 헌법상의 법률문제로서 다루어야 할 것으로만 여겨진다.

그러나 두말할 필요도 없이 야스쿠니 문제를 그런 차원으로만 파악하는 것은 불충분하다. 이 문제를 정치적·법적인 문제로 환원하

---

[1] 원래 야스쿠니신사는 일본 황실이 경비를 부담하는 특별 관폐官幣 신사로, 제국주의 시절에는 군국주의 확대정책을 종교적으로 뒷받침하는 역할을 했으며, 천황숭배와 군국 이념을 조장하였다. 제2차 세계대전이 끝난 뒤 국가 관리에서 벗어나 일개 종교법인으로 격하되었다. 현재 야스쿠니신사에는 청일전쟁·러일전쟁·만주사변·제2차 세계대전 등 일본이 벌인 주요 전쟁에서 숨진 군인 및 민간인 246만 6천여 명의 위패를 보관하고, 이들을 신격화해 제사를 지내며, 제2차 세계대전 당시의 전쟁 유물 및 전범들의 동상도 전시되어 있다.

1960년대에 접어들자 전몰자 합사에 필요한 조사와 비용 때문에 국가 후원 문제가 다시 거론되기 시작했다. 야스쿠니신사에 대한 국가 후원은 정교분리를 규정한 헌법 조항에 따라 위헌 소지가 있어 민간모금운동이 전개됐으나 큰 성과가 없었다. 또 야스쿠니신사와는 별도의 국립 전몰자 추도시설의 건립이 추진됐으나 야스쿠니를 대체할 수 없었다. 이에 따라 전몰자 유족단체와 집권 자민당 등 보수 세력이 중심이 돼 야스쿠니신사에 대한 국가 후원을 입법화하려는 시도가 나타났다. 야스쿠니신사를 국가가 관리할 것을 요구한 '야스쿠니신사를 국가가 수호하자는 법안靖国神社国家護持法案'이 계속 제출되었고, 이는 야스쿠니신사를 일본 정부의 관리 아래에 옮겨 정부가 영령에 대한 위로 의식·행사를 실시하고, 신사의 임원 인사는 국가가 관여하고 비용의 일부를 국가가 부담 및 보조한다는 내용이다. 이러한 '야스쿠니신사 법안'을 두고 1960년대 말에서 1970년대 중엽까지 의회 안팎에서 치열한 찬반 공방이 벌어졌지만 법안 제정은 결국 무산됐다.

는 것은 불가능하고, 그렇게 하는 것은 문제의 가장 중요한 측면을 놓칠 뿐 아니라 그것을 은폐하게 될 우려가 있기 때문이다.

야스쿠니 문제의 가장 중요한 측면이란, 첫 번째로 역사인식문제로서, 구체적으로는 일본의 전쟁과 식민지 지배에 대한 책임문제이다. 두 번째는 좀 더 보편적인 문제로서, 국가가 시행하는 '전몰자[2] 제사'의 문제, 전사자를 국가적으로 '추도'하는 문제이다. 전자는 서양 열강의 아시아 진출로 인해 강요당한 일본의 '근대화'가 '타자' 및 '자기'에게 행사했던 폭력의 문제이지만, 후자는 일본뿐만 아니라 모든 근대국가 나아가 근대국가뿐만 아니라, 어쩌면 **전쟁 수행주체로서 모든 국가가 공통**으로 가지고 있는 문제이다.

야스쿠니신사는 메이지유신부터 아시아태평양전쟁의 패전까지 '특별 관폐신사別格官幣社'였으며, 국가신도國家神道 체계의 중심에 위치했고, 대일본제국 군대가 대외전쟁을 되풀이하는 동안에는 전쟁수행주체로서 군과 국가 및 국민을 **정신적으로** 형성하는 데 결정적인 역할을 담당했다. 야스쿠니신사 없이는 전쟁수행주체로서의 국가도 국민도 존재할 수 없었다.

이 글에서는 일본 수상의 야스쿠니신사 참배라는 아주 구체적인 문제로부터 출발해서, 여러 의미로 해석될 수 있는 이 문제의 표상에 도전하면서, 국가 그 자체가 가진 '종교성'의 문제, **전쟁수행주체인 국가**가 가진 '희생' 논리의 문제에 대해 질문하고자 한다.

---

[2] 한국어에서는 전사와 전몰을 거의 동의어로 쓰고 있지만, 일본어에서는 전시戰時에 전쟁터에서 전투하다가 죽는 것을 전사라고 하고, 전사를 비롯하여 전쟁터에서 부상으로 인한 전상사戰傷死와 병환으로 인한 전병사戰病死 등을 모두 포함하여 전몰戰歿이라 한다.

2. A급 전범 합사合祀문제

　　오늘날 일본은 물론 아시아와 세계에서도 '야스쿠니문제'는 'A급 전범' 합사문제로 표상되는 경향이 있다. 그것은 일본 수상의 야스쿠니신사 참배에 대한 중국정부나 한국정부의 비판이 "A급 전범을 신으로 모신 신사에 수상이 참배하는 것은 전쟁책임을 부정하는 것이다"라는 데에 초점을 맞추기 때문이다.

　　도조 히데키東條英機 전 수상을 포함한 14명, 소위 A급 전범(극동국제군사재판＝도쿄재판에서 유죄를 받은 '주요전쟁범죄인')이 야스쿠니신사에 합사된 것은 1978년 10월 17일이었다(다음해 4월 19일 신문 보도로 알려짐). 합사가 알려진 후, 일본에서도 "전쟁을 긍정하는 것이다"라는 비판이 있었지만, 이 문제가 일약 주목을 받은 것은 1985년 나카소네 야스히로中曾根康 수상이 공식참배했을 때, 중국정부가 "도조 히데키 등 전범들이 합사되어 있다"며 격렬하게 비판했기 때문이다. 그 다음 해부터 나카소네 야스히로 수상이 신사 참배를 중지할 수밖에 없었던 주된 이유도 바로 이때문이었다.

　　하지만 A급 전범 합사를 문제 삼는 것은, 뒤집어 말하자면 그 이외의 것은 문제로 여기지 않는 셈이다. "일반 전몰자를 참배하는 것은 아무 문제도 없지만, A급 전범이 합사된 것이 문제다"(우다웨이武大偉 주일 중국대사, 2001.7). "고이즈미 수상이 야스쿠니신사에 참배한 것은 대단히 유감이다. 거기에 모셔진 전몰자들의 영혼과 유족들의 요구도 이해한다. 그러나 전범의 경우는 다른 이야기다"(노무현 대통령 당선자(당시), 2003.1).

　　A급 전범 이외에는 문제 삼지 않는다는 입장은 전후 중국정부가 기

회있을 때마다 표명해온 전쟁책임론과 같은 맥락이다. 그것은 '소수의 일본군국주의자'와 '일반 일본 국민'을 구별하고, 중국침략전쟁의 책임이 전자에 있는 것이지 후자에게는 없다는 원칙이다. 1985년 중국 외무성 대변인은, 고이즈미 수상의 야스쿠니 참배가 "일본군국주의자로부터 심각한 피해를 받은 중·일 양국 인민을 포함한 아시아 각국 인민의 감정을 다치게 하는 일이다"라고 말했다. 이런 인식에 따르면, '소수의 군국주의자' 이외의 일본 '인민'은 중국 인민과 마찬가지로 군국주의의 '피해자'가 된다. 중국정부의 이런 인식은 '중일우호'를 지향하는 일본 국민에 대한 메시지인 동시에, 일본군에 의해 심각한 피해를 직접 받은 자국민의 '민족 복수주의民族復讐主義'를 진정시키기 위한 '설득'의 논리였다.

이러한 입장은 중국 등 피해국으로서는 대폭적인 정치적 양보였을 것이다. 야스쿠니신사에는 A급 전범 이외에도, 전쟁범죄행위를 명령하거나 실행한 것 때문에 처벌받은 다수의 B급·C급 전범, 또한 전범 이외에도 중일전쟁에서 전사한 다수의 일본군 지휘관이 모셔져 있다. A급 전범을 '분사分祀'(합사자에서 제외)하면 문제가 해결된다는 것은 "B급·C급 이하의 전범을 문제 삼지 않음으로써 정치적인 결착을 꾀하는 발상"(주젠룽朱建榮, 도요가쿠엔대학東洋學園大學 교수)이다.[1] 나카소네 내각에서 A급 전범 분사를 검토한 것은, 이에 대한 일종의 정치적으로 '합리적'인 대응이었다. 한편 고이즈미 수상의 대응은 아연실색할 정도로 비논리적이었다. "일본인의 국민감정에서는 죽으면 모두 부처님이 된다. A급 전범은 이미 현세에서 사형이라는 처벌을 받았다. (…중략…) 죽은 자를 그렇게까지 선별해야만 하는 것인가"(당수黨首토론회, 2001.7). 나카소네 내각의 A급 전범 분사 시도는 실패했다. 야스쿠니신사 측에서 "일단 합사한 영혼을 다른 곳으로 옮길 수 없다"라며 분명히 거절했고, A급 전범 유족도 반대했기 때문이다. 만약 정부가 강제로 분사한다면, 그것은 '종교법인'에 대한 노골적인 정치개입이자 헌법위반이 되기 때문에 불가능하다. 패전 직후에 이시바시 단잔石橋湛山(훗날 수상, 자민당 총재)이 「야스쿠니신사 폐지론靖國神社廢止の儀」2)을 썼던 시점에서는, 오히려 야스쿠니신사가 국가기관이었기 때문에 정부의 결정에 따라 폐지할 수 있었다. 하지만 역설적으로, 그 이후에 야스쿠니신사가 일개 종교법인이 되어버렸다는 사실 때문에 정부의 결정이 미치지 않게 되었고, A급 전범 분사조차도 야스쿠니신사가 거부하는 한, 어느 누구도 할 수 없는 일이 되어버렸다.

야스쿠니신사가 스스로 A급 전범 분사를 실행하는 것이 절대적으로 불가능한 일은 아니다. 그렇게 했을 때 야스쿠니 문제의 더 중요한 여러 차원이 부각될 것이다. 정부 간의 '정치 결착'은 그 차원들에 대해서는 언급하지 않고, 오히려 그것을 잘라내 버리거나(중국·한국), 혹은 은폐하게 된다(일본). 야스쿠니 문제를 A급 전범 합사문제로 표상하는 것은 애당초 그러한 차원을 망각하는 것이다.

첫 번째로, A급 전범 분사에 의한 '결착'은 전쟁책임문제의 해결이 아니라, 그 문제를 축소시키는 것이다. 가령 지금, A급 전범을 배제한 야스쿠니신사에 쇼와 천황이(현재의 천황도 좋다) '몸소 참배하는' 그림을 상상해보자(수상의 야스쿠니 참배를 요구하는 사람들의 최종 목표는 천황의 참배를 실현하는 것이다). 그 구도는 도쿄재판에서 나타났던 최대의 정치적 문제점을 반복하는 것이다. 즉, '대원수大元師'로서 일본제국군 최고 사령관이었던 천황의 전쟁책임을 불문에 붙이고, A급 전범에게 모든 책임을 지우는 결착 구도가 반복되는 것이다. 또 영문도 모르고 동원되어 침략자가 되었다는 의미에서는 피해자이기도 하지만, 실제로 침략행위를 행했다는 의미에서는 가해자였던 '일반 병사'의 책임도

200

묻지 않는다. 그리고 나아가 육·해군성 소관의 '전쟁 신사神社'였던 야스쿠니신사가 "천황을 위해 나라를 위해 헌신하다 목숨을 버린" 군인·군속을 신으로 모심으로써, 국민을 전쟁에 동원하는 데 결정적인 역할을 했던 이들에게 전쟁책임도 묻지 않게 되는 것이다. "누군가가 전쟁 책임을 지지 않으면 안 된다. A급 전범들에게 제2차 세계대전의 책임을 지워서, 그들을 분사한다"(노나카 히로무野中廣務, 내각 관방장관, 1999.8).

두 번째로 A급 전범 분사론이 은폐하고 있는 것은 야스쿠니신사가 일본 식민지주의와 뼛속까지 뒤얽힌 관계라는 사실이다. 야스쿠니신사는 예전 식민지였던 타이완 출신자 약 2만 8천 명, 조선 출신자 약 2만 1천 명, 합계 5만 명 정도의 이민족 전몰자를 합사하고 있다. 1979년 2월에 타이완 고산족高砂族[3]의 유족대표 7인이 최초로 야스쿠니신사에 합사 철회를 요구했지만, 그 후 야스쿠니 측은 "전사한 시점에는 일본인이었다"라는 이유로 일관되게 철회를 거부해왔다. 2001년 6월, 한국인 유족 55명은 '합사 정지絶止'를 요구하며 도쿄 지방재판소에 제소했다. 이 재판 소장에는 자국에 대한 침략과 식민지 지배의 "주모자 및 적극 참가자와 함께" 우리 조상이 침략국의 "호국영령"으로 모셔지는 상황은 참을 수 없는 굴욕이라고 쓰여 있다. 특히 여기에서 "주모자 및 적극 참가자와 함께"라는 부분을 주목할 필요가 있다. 야스쿠니신사는 식민지인들을 전쟁에 동원한 후, 그들의 전사 통지도, 유골 반환도 하지 않고, 유족도 모르게 일방적으로 합사했다. 나아가 합사 철회를 거부하고 있을 뿐만 아니라, 식민지 획득과 저항운동 탄압에

---

[3] 타이완의 선주민족. 일본 식민지시대에는 고사족高砂族이라고 불렀으나 오늘날은 고산족高山族 또는 산지동포山地同胞라고 부르고 있다. 고산족은 대부분이 산악지대에 살고 있으며 타이완 전 인구의 2%를 차지한다.

몰두했던 일본군 지휘관·병사들의 전사자를 신으로 계속 모시는 것이다. 1933년 야스쿠니신사 발행의 『야스쿠니신사 충혼사靖國神社忠魂史』3)(전5권)를 읽어보면, 청일전쟁부터 '만주사변'까지의 큰 전쟁뿐만 아니라, 1874년의 타이완 출병부터 1882~1884년의 '조선사변(임오군란)', 청일전쟁 후의 '타이완 정벌'(1895), 한국병합 전후의 '한국폭도 진압사건'(1906~1911), 선주민 평정을 위한 '타이완 리번理蕃'4(1896~1915), '타이완 우서사건霧社事件'5(1930), '만주사변' 후의 '비적匪賊' 및 '불령선인不逞鮮人'의 '토벌'(1931~1932)까지, 식민지 획득과 지배에 동원된 일본군·경찰 사망자 전원의 이름과 소속군대, 신분, 출신 현, 사망일이 상세한 '전투경과'와 함께 기록되어 있다. 야스쿠니신사는 현재까지도 근대 일본이 행했던 모든 전쟁과 식민지 지배는 정당하다는 역사관을 바꾸지 않고 있다. A급 전범을 재판했던 도쿄재판은 '만주사변'(1931) 이후의 전쟁에 대해서만 책임을 물었을 뿐이다. 그렇기 때문에 A급 전범 분사론은 근대 일본의 식민지주의와 야스쿠니신사의 관련성을 보지 못하게 만들어 버리는 것이다.

4 청일전쟁에서 승리한 일본은 1895년에 맺은 시모노세키조약에서 타이완을 할양받아 식민지로 삼은 후 타이완총독부를 세우고 본격적인 식민 침탈을 시작했다. 그들은 '정부 소유 임야 및 장뇌 제조업 규제 규칙'을 만들어 원주민 땅을 국유지로 편입했고, 반항하는 원주민들을 다스리기 위해 수많은 살상을 저질렀다. 일본인들은 그들의 타이완 정복 과정을 '리번理蕃'이라 불렀는데, 그것은 원주민들의 피와 살점으로 도배된 기나긴 살육의 과정이었다. 1896년에서 1920년까지 138차례 이어진 리번 정책으로 타이완 원주민 7,080명이 숨졌고, 4,123명이 다쳤다. 1905년의 인구조사에서 확인된 타이완 원주민 수가 8만 2,795명이었음을 감안하면, 리번의 결과 전체 원주민의 8분의 1이 죽거나 다친 셈이다.

5 1930년 10월에 타이완 난터우현南投県 우서에서 일어난, 식민 지배하 최대이자 최후의 항일봉기다. 일상적 차별과 강제 노동 등에 대항하던 고산족들이 학교 운동장에 모인 일본인 134명을 살해했고, 이에 대해 타이완 총독부는 민족운동으로 번질 것을 우려해 11월 군경합동으로 무차별 진압작전을 감행했다. 그 결과 다음 해의 보복사건(제2차 우서사건) 등에 이르기까지 고산족 주민 약 1,000명이 살해되었다.

3. 정교분리政教分離 문제

　수상의 야스쿠니신사 참배가 '정교분리'를 규정한 일본 헌법 제20조, 제89조를 위반하는 지에 대한 문제는, 과거 판례를 보면 어느 정도 매듭이 지어진 것처럼 보인다. 수상과 천황의 공식참배를 "위헌 행위"라 했던 센다이仙台 고등재판소 판결(1991.1), "공식참배를 계속한다면 위헌"이라 했던 후쿠오카福岡 고등재판소 판결(1992.2), "위헌이 의심된다"고 했던 오사카大阪 고등재판소 판결(1992.7)은 모두 확정판결이었고, 에히메 다마구시료愛媛玉串料 위헌소송[6]의 최고재판 대법정판결(1997.4)은 공적 기관이 "일반인에게" 특정 종교단체가 "특별하다는 인상을 주면서, 특정 종교에 대한 관심을 불러일으키는" 것만으로도 위헌이라는 확정판결이었다. 이러한 판례에도 불구하고, 고이즈미 수상은 "헌법위반이라고는 생각하지 않는다"라거나, "종교 활동이기 때문에 좋다 나쁘다고 말할 수는 없다"(2001.7)라고 일방적으로 공언하면서 참배를 강행했다. 그에 대해 후쿠오카, 마쓰야마, 오사카, 도쿄, 지바, 나하의 각 지방재판소에 위헌확인·참배금지 소송이 일어났고, 원고의 총 숫자는 한국의 유족, 재일교포를 포함해서 1,000명이 넘었다. 또한 2003년 1월 17일에는 타이완인 124명을 포함한 236명이 고이즈미 수상의 3년 연속 참배에 대해 오사카 지방재판소에 소송을 제기했다.

6　다마구시료는 신사에서 치르는 의식에서 신전에 바치는 공물에 드는 비용이다. 에히메현은 지사知事와 도쿄사무소 직원이 현에 있는 호국신사와 야스쿠니신사에 참배할 때 다마구시료 등의 명목으로 1981년부터 1986년까지 6년간에 걸쳐 16만 6천 엔을 현의 공금에서 지출했다. 이에 대해 에히메현 주민들이 신사에 공금을 지출한 것은 정교분리 원칙을 정한 헌법 제20조 제3항 제89호에 위반된다며, 1982년 6월 마쓰야마松山 지방재판소에 손해배상을 요구하며 소송을 제기했고, 이것이 에히메 다마구시료 위헌소송이다.

정교분리는 철저해야 하지만, 그럼에도 불구하고 철저한 정교분리가 반드시 문제를 해결하는 것이 아니라, 역설적으로 한층 곤란한 문제를 불러일으킨다는 사실을 지적하고 싶다. 구체적으로는 헌법을 위반하지 않고 수상(이나 천황)이 전몰자를 추도할 수 있는 무종교의 '새로운 국립추도시설'을 지어야만 한다는 논의를 어떻게 생각해야 하는지의 문제다. 이런 구상도 몇 가지가 있지만, 대체로 종교법인 야스쿠니신사를 '비종교화'해서 특수법인화하는 안과 완전히 별도로 새로운 추도시설을 짓자는 안으로 크게 나누어 볼 수 있다.

전자에서, 야스쿠니신사의 '비종교화'란 도대체 무엇을 의미하는 것일까? 그것은 가능한 것일까? 정토진종의 승려이자 종교학자인 히시키 마사하루菱木政晴는 야스쿠니 신앙 = 국가신도神道의 '교의敎義'를 분석하고, 그 핵심으로 ①"자국의 전투행위는 항상 옳고, 거기에 참가하는 것은 숭고한 의무이다"라는 "성전聖戰" 교의, ②"그러한 전투에 종사해서 죽는다면, 신으로 모셔진다"는 "영령英靈" 교의, ③"영령을 모범으로 삼고, 그것을 본받아서 계승"한다는 "현창顯彰" 교의의 세 가지를 들고 있다.4) 이들 중 전통적으로 신사신도神社神道와 뭔가 관계가 있는 것은 "영령" 교의 안에 '죽은 자를 신으로 모신다'는 요소뿐이고, "성전" 교의와 "현창" 교의는 특정 종교와 관련이 없다.

여기에서 중요한 것은 원래 야스쿠니 신앙, 즉 국가신도 자체가 전전戰前 · 전중戰中에는 기독교나 불교 등 다른 모든 종교를 초월한 국가의 '초종교'로서 '신사 비종교神社非宗教'라는 이데올로기를 가지고 있다는 사실이다. 1932년 조치대학上智大學 학생 2명이 야스쿠니 참배를 거부한 사건이 일어났을 때 발표한 문부성의 견해에서도 이런 점을 엿볼 수 있다. 야스쿠니 신앙, 즉 국가신도는 천황국가에 대한 "애국심과 충성을 드러내는 것"이고, 그렇기 때문에 기독교 신자도, 불교 신자도

'신민의 의무'로서 절대복종을 서약해야 한다고 여겼던 것이다.5) 법률상 '종교법인'이 되어 있는 현재의 야스쿠니신사도 그런 자기인식을 여전히 가지고 있고, 그 사실은 구지宮司[7]의 다음과 같은 말에서도 잘 드러나 있다. "야스쿠니신사는 헌법에서 말하는 종교는 아니다. 일본인이라면 누구라도 숭경해야 마땅한 '도道'(도덕)이다. 야스쿠니신사의 이런 본질과 제사 내용은 전전에도 전후에도 또한 장래, 야스쿠니 법안이 성립해서 국영화된 후에도 변하지 않을 것이다."6) 이런 의미에서 '영령·현창'을 잔존시킨 채 '비종교화'하는 것은 사실상 '비종교화' 하는 것이 아니라 '신사 비종교'라는 전전戰前·전중戰中의 이데올로기로 복귀하는 것에 불과하다. 이런 의미에서 야스쿠니신사를 '특수법인'화해서 '국립 추도시설'이라고 하는 것이 하나의 종교법인으로 남겨두는 것보다 오히려 문제가 크다. 그렇다면 '영령·현창' 교의를 제거한다면 어떨까? 그것은 야스쿠니신사의 정체성을 없애는 것이나 마찬가지여서, 결국 야스쿠니신사가 야스쿠니신사가 아니게 되는 셈이니 야스쿠니신사 쪽에서 납득하지 않을 것이다.

이때 나오는 안이, 야스쿠니신사와는 전적으로 다른 '비종교 국립 추도시설'을 건설하고 그것을 '전몰자 추도 중심시설'로 만드는 구상이다. 이 문제가 중요한 것은, 중국과 한국 정부가 '야스쿠니 문제'의 해결책으로 그런 구상을 기대하고 있기 때문만은 아니다. 여기에서 중요한 점은 드디어 문제가 일본의 역사적 특수한 사정이라는 데서 벗어나 모든 근대국가, 나아가서는 일반적으로 국가가 행하는 '전몰자 제사'라는 문제로 인식될 수 있기 때문이다.

앞에서 언급했던 히시키 마사하루菱木政晴가 말한 야스쿠니 신앙, 즉

205

---

7   신사의 총책임자인 신관.

국가신도의 세 교의 중 '성전' 교의와 '현창' 교의는 특정 종교와 관계가 없다. 그뿐만 아니라 그것들이 정도의 차는 있지만 옛날에도 지금에도 전쟁을 하는 모든 국가에서 유지되고 있는 사상인 것은 부정할 수 없다. '영령' 교의도 '신'을 세속적인 '영웅' 개념으로 바꾸기만 한다면, "국가의 전쟁에 종사해서 죽는다면, 영웅으로써 국가적으로 찬양받는다"는 것이 되고, 이는 지금도 여전히 널리 찾아볼 수 있는 관념이다. 예컨대 야스쿠니신사의 '교의'로부터 특수한 일본적인 요소를 모두 없애버린다면, "조국을 위해 전쟁에서 죽는 자는 영웅으로 기억되고, 애국심의 모범으로 현창된다"는 방식이 된다. 이런 사상은 그것을 구체화하는 국가장치와 함께 세계 각국에 존재한다. 미국에는 알링턴Arlington묘지가 있고, 영국에는 세노타프Cenotaph가 있고, 프랑스에는 파리 개선문 아래에 무명전사의 묘지가 있다. 한국에는 '현충원'이 있고, 타이완에는 '충렬사'가 있고, 중국에는 '항일전쟁 기념관' 등등이 있다. 오스트레일리아의 수도 캔버라의 중심에는 제1차 세계대전 이후 오스트레일리아가 참전했던 모든 전쟁의 전사자를 기념하는 '국립전쟁기념관'이 있고, 매년 성대한 '전몰자 추도식'을 거행한다. 물론 침략전쟁과 방위전쟁의 구별을 무시할 수는 없다. 그렇지만 미국이 일으킨 전쟁으로, 오스트레일리아나 한국도 파병했던 베트남전쟁이 '정의의 전쟁'이었다라고 말하기는 어려울 것이다. 또한 방위전쟁의 전사자의 경우가 그 반대의 경우보다 더 강력하게 현창되는 것도 당연한 일이다.

조지 모스George L. Mosse는 『영령英靈―창조된 세계대전의 기억Fallen Soldiers : Reshaping the Memory of the World Wars』7)에서 근대 서구에서 탄생했던 국민국가들이 조국을 위해 전쟁에서 죽은 병사들의 '숭고한 희생'을 찬양·현창하고 미화해 '영령'으로 만듦으로써 내셔널리즘을 창출하고 고양시켜, 국민을 새로운 전쟁에 동원해온 과정을 구체적으로 검증하고 있다. 또한 에른스트 칸토로비치Ernst Kantorwicz에 따르면, "조국을 위하여 목숨을 Pro patria Mori"이라는 현창은 고대 그리스·로마로 거슬러 올라가며, 중세 초기에 일시적으로 쇠퇴했다가, 12~13세기 서구에서 부활해 근대에 이르고 있다고 한다.8) 이처럼 역사적이고도 현재적인 다양한 사례에서 이런저런 특수한 요소를 제거해보면, 전쟁수행주체로서의 국가가 전몰자를 기념하고, 국민의 모범으로 현창함으로써 새로운 전쟁에서 국가에 대한 국민의 충성과 희생적 헌신을 확보하려는 구조가 드러난다. 모든 특정 종교로부터 분리된 국가, 정치와 종교를 완전히 분리하고 있는 국가를 상정하더라도, 그 국가가 국가주권의 행사로서 전쟁을 수행하는 주체인 한, 여기에는 '국가'로서의 '종교성' '국가라는 종교'가 반드시 남게 된다. 다시 말하면 그것은 국가를 '신'으로 모시고, 전사자를 그 '신'의 '희생' 제물로 바치는 '제사종교'인 것이다.

4. 국가라는 종교, 희생의 논리

'국가라는 종교'에 대한 리트머스 시험지는 '희생'이라는 수사적 표현이 있는가 없는가이다. 예를 들어 수상으로서 처음 야스쿠니신사 참배를 할 때 고이즈미 수상이 한 말은 "나는 어려웠던 시대에 조국의 미래를 믿고 전쟁터에서 산화하신 영령 앞에 서면, 오늘날 일본의 평화와 번영이 그런 **존귀한 희생** 위에 쌓아 올려진 것임을 다시금 생각하게 되고, 해마다 평화에 대한 맹세를 새롭게 하게 됩니다"(2001.8.13)였다. "오늘날 일본의 평화와 번영"이 전몰병사의 "존귀한 희생 위에 쌓아 올려진 것"이라면, "평화와 번영"을 위해서 이런 "희생"은 필요했던 것이 된다. '희생sacrifice'이 종교적 제의 단어로 쓰일 때, 산 제물로 신에게 바쳐진 동물이라는 의미가 있고, 살해된 동물은 이런 과정을 통해서 '성화聖化, sacrifice, faire sacré'된다. 전몰병사를 '신'으로 모시는 야스쿠니 신앙은 바로 그 대표적인 사례이다. 전사자가 국가의 '존귀한 희생'이 되는 한, '국가'라는 세속의 '신'에 대한 '순교'가 현창되는 구조는 사라지지 않는다. 노골적인 현창이 아니더라도, 겸손하게 '감사와 경의'를 바치는 것만으로도 이런 과정은 가차 없이 작동한다. '희생'의 수사와 함께 이런 과정을 내포하고 있는 한, 어떠한 '비종교의 국립 추도시설'이라 할지라도 그것은 '국가라는 종교' 장치로서, 전쟁을 지지하는 '국민정신'을 창출해나간다. 오늘날 일본에서 '새로운 국립 추도시설'을 요구하는 움직임이 주목을 받는 이유 중 하나는, 일본 정부의 안전보장정책이 전개됨에 따라 일본에서 새로운 '전몰병사'가 등장할 것이라고 예상되기 때문이다.

'희생'의 수사가 필요한 것은 '국민의 생명을 지키기 위해' 일으킨 전쟁이 오히려 병사라는 '국민의 생명'을 빼앗아 버릴 수 있다는 모순이 있기 때문이다. 현대 정전론just war theory을 대표하는 철학자 마이클 월처Michael Walzer는 다음과 같이 설명한다.

> (국가가 외부의 침략에 대항해서 행하는) 보호는, 단순히 개인의 생명과 자유뿐만 아니라, 그들이 공유하는 생명과 자유, 그들이 만들어온 독립된 공동체community에까지도 미치고, 이 공동체를 위해서 개인이 희생된다는sacrificed 것까지도 포함한다. 어떤 국가의 도덕적 입장이란, 국가가 보호하는 공동생활common life의 현실성에 의거하고 있고, 그 보호를 위해 필요한 희생sacrifices을 자발적으로 받

아들이고, 가치 있는 것으로 생각하게 된다.9)

마이클 월처가 "정의로운 전쟁"의 전형으로 거론하는 방위전쟁에서도, 아니 오히려 방위전쟁에서조차도 병사의 죽음은 "존귀한 희생"으로 여겨질 수밖에 없다. 마이클 월처는 여기에서 정전론正戰論의 '어려움'이 있다고 지적한다.

> 바로 나타나는 문제는, 전투를 하는 병사들이 스스로 전쟁을 선택했다고는 할 수 없기 때문에, 그들이 지킨다고 생각했던 여러 권리를 상실한다는 점이다. 그들은 전투병사로 또 잠재적인 포로로 전쟁상의 권리war rights는 있지만, 머지않아 그들은 적의 뜻에 따라 공격당하고 살해당하게 된다. 그들의 개인적인 희망이나 의도가 어떻든 싸운다는 것 때문에 그들은 생명과 자유에 대한 권리를 상실한다. 또 그들이 침략군과는 달리 어떤 범죄도 저지르지 않는다고 해도, 그 권리들은 상실하는 것이다. 일찍이 나폴레옹은 "병사들은 죽임을 당하기 위해서 만들어졌다"고 말했다. 그러므로 전쟁은 지옥이다.10)

전쟁수행주체인 국가는, 국가에 자기 운명을 위임하는 '국민'에 의해 지탱된다. 인민주권의 국가에서 실제 전쟁수행주체는 '국민'이다. 그런 점에서 근대국민국가론의 고전인 에르네스트 르낭Joseph Ernest Renan의 『국민이란 무엇인가Qu'est-ce qu'une nation?』(1882)에 나오는 '국민'의 정의는 아주 흥미롭다.

> 과거에는 영광의 유산과 함께 나누어야 할 후회스러운 유산이 있고, 미래에는 실현해야 할 공통의 계획이 있습니다. 즉 고통을 함께하고 즐기고 기대는 것, 바로 이것이 공동의 세관稅關이나 전략적 사고에 맞춘 국경보다 훨씬 더 가치 있는

것입니다. 인종과 언어의 다양성에도 불구하고 사람들이 이해하는 것이 바로 이 것입니다. (…중략…) 그렇습니다. 함께하는 고통은 기쁨보다 훨씬 사람들을 단결시킵니다. 국민적인 추억이라는 점에서는 애도가 승리보다 낫습니다. 애도의 기억들은 의무를 부과하며, 공통의 노력을 요구하기 때문입니다. 그러므로 국민이란, 이미 치러진 희생과 여전히 치를 준비가 되어 있는 **희생의 욕구**sentiment des sacrifices에 의해 구성된 거대한 결속입니다.[8][11)]

르낭은 보불전쟁 패배 후, '피의 권리'로 성립된 독일의 '국민' 개념보다 공화주의적인 '의지'의 원리에 입각한 '국민' 개념의 우위를 주장하면서, '국민'의 내면에 '희생'과는 또 다른 의미의 '피'의 연대를 자리 잡게 했다고 한다. '국민'이란, 과거의 전쟁에서 '희생'된 자들에 대한 '애도'를 통해서 앞으로의 전쟁에서 스스로를 '희생'할 '의무'가 준비된 자들인 것이다.

이와 같은 르낭의 글이 나온 지 10여 년 후, 일본에서는 후쿠자와 유키치福澤諭吉가 자신이 직접 발행한 일간지 『지지신보時事新報』에 「전사자의 대제전을 거행해야 한다戦死者の大祭典を行すべし」를 발표했다(1895.11.14).[12)] 여기에서 후쿠자와 유키치는 "청일전쟁 및 타이완전쟁"에서 사망한 "우리 군인"의 수는 9월 29일까지 밝혀진 것만으로도 6,469명에 달한다고 말한다. 그런데 이런 사망자의 공적이 전쟁에서 이기고 돌아와 작위 훈장이나 보훈금을 수여받으면서 "광영을 다하는" 생환자에 비해 부당하게 경시되고 있다고 분개한다. 그리고 말한다.

얼마 전부터 각지에서 전사자의 초혼제를 지내고 있지만 이는 충분하지 않다.

---

[8] 이 부분은 한글판 번역본인 『민족이란 무엇인가』(신행선 역, 책세상, 2002, 81면)를 그대로 인용했다. 단 한글판 번역본의 '민족'은 원문의 표현을 살려 '국민'으로 바꾸었다.

한발 더 나아가 장소를 제국의 중심인 도쿄로 옮겨서 제단을 쌓고, 전국의 전사자 유족들이 참가하여 영광을 누리게 하고, 황송한 일이지만 대원수 폐하가 몸소 제주를 맡으시어, 문무백관을 이끌고 그 자리에 납시어, 전사자의 공훈을 칭송하시고, 그 영혼을 위로하는 칙어를 하사하는 것이야말로 우리들이 간절히 바라는 바이다.

후쿠자와 유키치는 왜 이렇게 말했을까.

특히 동양의 형세는 나날이 급박해져서 언제 어떤 변이 생길지 예측하기 어렵다. 만일 불행하게도 다시 전쟁의 움직임이 일어난다면, 어떤 것에 의지해서 나라를 지켜야 할까. 결국 용왕매진勇往邁進, 죽음을 불사하는 정신에 의지해야만 하는 것이라면, 더욱더 이런 정신함양이야말로 호국의 중요한 임무이고, 그것을 기르기 위해서는 최대한의 광영을 전사자 및 그 유족에게 부여해서, 전장에서 쓰러지는 것이 행복하다고 느끼도록 해야 한다.

후쿠자와 유키치가 전사자와 유족에게 "최대한의 광영"을 줘야 한다고 말한 것은, 그렇게 함으로써 그들이 "**전장에서 쓰러지는 것이 행복하다고 느끼**"게 하기 위한 것이다. 이어서 유족의 슬픔을 "광영"으로 전환시키는 "전몰자 제사"를 대단히 사실적으로 묘사하고 있다.

지난번 사쿠라佐倉의 병영에서 초혼제를 지낼 때 참가한 유족 중에 노인 한 사람이 있었다. 부모의 입장에서 자식이 불행히 전사했다고 처음에는 그저 울기만 했는데, 이런 성전에 참석하는 영광을 느끼고 나서는, 한 명의 자식을 잃고 슬퍼하는 데 머무르지 않고 크게 만족해서 돌아갔다고 한다. 오늘날 만약 대원수 폐하가 몸소 제주로 나서시어, 특별한 제전을 거행해주시면 죽은 자는 지하에서 천은의 감사를 받들 것이고, 유족은 광영에 감읍해서 아버지와 형의 전사를 기뻐하고, 일반 국민은 만약 무슨 일이 벌어지면 천황과 나라를 위해 죽겠다고 다짐하게 될 것이다.

이 글이 발표되고 약 한 달 후인 12월 16일부터 야스쿠니신사에서는 3일간에 걸쳐 청일전쟁의 임시대제臨時大祭가 행해지고, 대원수인 메이지 천황이 참배했다. 야스쿠니신사가 창건한 이래 유례없는 큰 제사였고, 야스쿠니 신앙, 즉 국가신도의 발전이라는 일대 획기적인 전환이 일어났다.

| 제3부 **경 계 를 다 르 게 읽 다** |

지역적인 것의 글로벌화, 글로벌한 것의 지역화
여성의 전후 문화사

지역적인 것의 글로벌화, 글로벌한 것의 지역화

후기 자본 시대의 대중문화와 아시아주의[*]

레오 칭Leo Ching,[**] 기모토 타케시樹本健 일역

1. 시작하며

아시아는 하나다. 히말라야 산맥이 아시아를 두 개의 강력한 문명 즉, 공자의

공동체주의(코뮤니즘)를 가진 중국문명과 베다Vedas[1]의 개인주의를 가진 인도문

---

* 이 글의 원문은 "Globalizing the Regional, Regionalizing the Global : Mass Culture and Asianism of the Age of Late Capital", *Public Culture*, Duku University Press, 2000이다. '근대 일본의 문화사 10'에 실린 것은 기모토 타케시가 일역한 것으로 한국어 번역은 두 글을 모두 참고하여 강현정이 번역했다.

** 듀크대학교 아시아&중동학과Department Asian & Middle Eastern Studies 교수이자 학과장. 주된 연구 영역은 식민지 담론 연구와 탈식민지 이론, 일본 대중문화, 글로벌화와 지역화 이론. 저서로는 *Becoming Japanese : Colonial Taiwan and the Politics of Identity Formation*(2001), *Japan in Asia*(2006) 등이 있다.

1 고대 인도의 성전으로 힌두교 교리를 초기에 집성한 것.

명으로 나눈 것은 각 문명의 특색을 강조하기 위해서일 뿐이다. 눈 쌓인 장벽으로 막혀 있다고 하지만, 모든 아시아 민족에게 있어 공통의 사상 유산이라고 할 수 있는 궁극적인 것, 보편적인 것을 향한 폭넓은 애정은 한순간도 막힌 적이 없다. 이러한 애정이야말로 아시아 민족으로 하여금 세계의 모든 위대한 종교를 만들어 내게 한 원천이다. 또한 이는 지중해나 발트해의 해양 민족들이 오로지 개별적인 것에 집착하여 삶의 목적이 아닌 삶의 수단을 탐구하는 데 힘쓴 것과 확연히 구분되는 점이기도 하다. (…중략…) 아랍의 기사도騎士道, 페르시아의 시, 중국의 윤리, 그리고 인도의 사상 이 모든 것들이 단일한 아시아의 평화를 이야기하며 거기서 자연히 공통의 생활이 생겨나고, 각각 다른 장소에서 다양한 특징을 가진 꽃을 피운다. 그러나 확고한 구분선을 긋지는 않는다.

— 오카쿠라 카쿠조岡倉覺三, *Ideal of East*, 1903(佐伯彰一 일역, 「동양의 이상東洋の理想」,

『오카쿠라 텐신[2] 전집岡倉天心全集』 제1권, 平凡社, 1980, 13~14면)

216

몇 년 전부터, 동남아시아의 여러 나라에 가면 거리 곳곳에서 독특한 8비트의 록 음악을 듣는 일이 흔해졌습니다. 그러나 이것은 분명 일본 혹은 아시아 현지에서 만들어졌다고 할 만한 것으로 미국의 비트와는 어딘가 다릅니다. 즉 같은 8비트여도 서구의 록과는 느낌이 다릅니다. (…중략…) 십 년 전에 일본에서 방영된 NHK드라마 〈오싱おしん〉[3]은 중국에서도 방영되어 2억 명이나 시청했다고 합니다. 그뿐만 아니라 싱가폴과 인도네시아, 베트남에서도 〈오싱〉은 매우 인기가

---

2 1863.2.14~1913.9.2. 일본 사상가, 문인, 철학자. 본명 오카쿠라 카쿠조岡倉覺三. 후쿠이번 무사의 아들로 요코하마에서 태어났다. 도쿄미술학교(現 도쿄예술대학)의 설립에 큰 공헌을 했으며, 일본 미술원을 창설했다. 근대 일본 미학연구의 개척자이자 메이지 이래 일본 미술개념을 성립시키는 데 기여했다. 1890년부터 3년간 도쿄 미술학교에서 진행한 강의 '일본미술사日本美術史'는 일본미술사 서술의 효시가 되었다.
3 일본 방송작가인 하시다 스가코橋田寿賀子(1925.5.10~)가 쓴 역사소설을 기초로 NHK에서 1983년 4월 4일부터 1984년 3월 31일까지 방송하였다. 슈퍼마켓 체인의 설립자이자 부사장인 오싱의 파란만장한 80년간의 생애를 다루고 있다. 소설과 드라마의 실제 모델은 일본 슈퍼마켓 체인 야오한八百半의 창시자인 가즈오 와다和田一夫의 어머니이다.

많았습니다. (…중략…) 신문 보도에 따르면 일본의 인기 만화 〈도라에몽ドラエモ
ン〉 역시 정식 판매를 하기도 전에 태국, 대만, 인도네시아, 필리핀, 한국, 중국으
로 흘러들어갔고, 베트남에서는 출판되자마자 매진이 되었다고 합니다. (…중
략…) 이러한 현상은 같은 아시아인으로서, 눈에는 보이지 않지만 확실한 공통
항이 핏속에 흐르고 있음을 보여줍니다.
　　　　—이시하라 신타로石原愼太郎,[4] 『'NO'라고 말할 수 있는 아시아—서구에 대한
　　　　　　방책'NO'と言えるアジア—對歐米の方策』(Mahathir[5] 공저, 光文社, 1994)

　위의 두 인용문은 글을 쓴 시기가 거의 한 세기나 차이가 나지만,
모두 국가 단위를 넘어서는supranational 아시아 지역주의 상상체라 할
만한 것을 설명하는 것으로 두 글 사이에는 몇 가지 유사성이 있다.
둘 다 지역주의적인 통합(아시아)을 이야기하는데, 그것은 동일성과
차이의 운동을 통해 수행되는 통합이다. 아시아의 통합은 지중해, 발
트해, 서구와 같이 또 다른 통합성을 상정할 수 있는 곳과 구별함으로
써만 상상할 수 있는 것이다. 그렇다면 차이는 동일성identity을 구성
하는 한계이며, 따라서 아시아는 서양이 아닌 것일 뿐이다. 두 인용문
에는 일본의 국민주의 이데올로기가 깊이 내재되어 있다. 또한 이 서
술들은 일본 국민이 서양의 보편주의를 거부하고 동양의 특수성을
긍정하며, 나아가 근대의 팽창주의를 끝낼 책무를 맡은 역사의 담당
자라는 것을 행간에 공유하고 있다. 그러나 이러한 이데올로기는 일

---

[4]　1932.9.30~ . 대학교 재학 중 「태양의 계절太陽の季節」로 아쿠타가와상芥川賞을 받아 작가
　　로 활동하다가 영화배우와 감독을 거쳐 참의원으로 정계에 진출하였다. 일본의 우익 보
　　수파를 대표하는 인물로 일본유신회日本維新の会 대표이자, 1999년부터 2012년까지 도쿄東
　　京 도지사를 지냈다.
[5]　풀네임은 마하티르 빈 모하마드Mahathir bin Mohamad, 말레이시아의 정치가(1925~). 1981년
　　수상이 된 후 일본·한국 등을 배워야 한다는 '동방정책Look East Policy'을 제창했다.

본 국민 특유의 화법monology일 뿐 아니라, 보다 큰 구조의 상호관계에서도 동일하게 작동한다. 즉 일본을 서양과 동등하게 위치 짓는 동시에 아시아 내부로도 위치시키는 것이다. 이는 19세기 후반 이래 일본이 굳건히 지속시켜 온 관계성이다.

위에서 인용한, 아시아주의를 둘러싼 담론이 비슷하다고 해서 각각의 글이 쓰여진 시대의 역사적 조건의 차이를 간과해서는 안 된다.[1] 오카쿠라 텐신의 시대는 역사적으로 내셔널리즘과 자본주의의 발생기라고 할 수 있다. 이 시기는 종교, 철학, 고급예술high-art이 분리되는 특정한 미학적-문화적 형태를 만들어냈고, 또 그에 따라 이 시기가 형성되기도 했다. 오카쿠라 텐신은 "동양의 이상"을 반드시 회복하여 다시 활성화하고 강화해야 한다고 주장하는데 "근대적인 저속함으로 인한 불타는 가뭄이 생명과 예술의 목구멍을 계속해서 말라붙게 하고 있기 때문"이다.[2] 제국주의가 기세를 떨치던 시대에는 소위 고급문화high-culture가 아시아를 하나로 묶는 것이었다. 그러나 포스트콜로니얼한 현재, 아시아주의를 실체화하는 것은 아시아 지역에서 형성되는 대중문화라고 이시하라 신타로는 말한다. '일본' 대중문화(멜로드라마, 애니메이션, 팝뮤직 등)의 인기는 오늘날 아시아 내부의 '공통성'이 '공명'하고 있음을 시사한다. 고급문화에서 대중문화로의 이러한 이행은 끊임없이 변화하는 아시아의 지정학적 배치 속에서 연속/단절의 지도를 그릴 때에 중요하며, 나아가 아시아 지역주의 상상체의 조직적이고 개념적인 구조의 윤곽을 그리는 데에도 빼놓을 수 없다. 사실 나는 이 이행을 생산의 물질적 토대가 진화한 것으로 보기보다, 아시아주의가 말하는 아시아 그 자체가 결국에는 불가능함을 알리는 이데올로기적 편성으로 이해해야 한다고 생각한다. 대중문화가 만들어내는 상품-이미지-음악이 아시아의 통합을 상상하는 기본적인 형태가 되어 버리면, 글로벌하게 분배되는 문화권력에 의해 아시아주의의 내적 모순들은 문화적 통일성과 공존을 위해 은폐되기 때문이다.

그렇다고 대중문화보다 고급문화가 더 진정한 아시아주의를 보여준다는 뜻은 아니다. 고급문화의 표현 그 자체는 지역주의가 고급문화를 구축함으로써 해체하려는, 바로 그 이분법적 구조(예술적 감성 대 과학적 합리성, 정신성 대 물질성)의 작동에 의존하고 있기 때문이다. 그럼에도 불구하고 아시아가 착취와 식민이라는 공통의 경험에 기초하여 정의되는 한, 이 미학은 — 실제로는 서구 제국주의의 글로벌한 확장을 나타내는 특정한 지정학적 조건 속에 놓여 있지만 — 여전히 아시아 지역적 통합을 암시하는 강력한 비유trope가 된다. 나아가 고급문화가 통합된 국민문화에 선행하는 문화적 변이와 혼합의 형식으로 정의되는 한, 그것은 서구 제국주의가 초래한 역사적 곤경을 일시적으로 뛰어넘기 위한 개념적 수단이 된다. 그러나 일본이 유일한 비-서구 식민지 권력으로 스스로를 확립한 이후(나는 이를 "완전한 백인은 아니지만, 백인과 닮은not-white, not-quite, yet alike" 동일화의 과정이라 명명한다), 아시아 해방의 급진적인 담론은 아시아에서 일본제국주의를 정당화하는 것으로 전도되어 재편성되었다.3)

이 글이 주목하는 것은 글로벌 자본주의하에서 경제적 생산과 상징적 재생산이 모두 "지역주의적 사고"의 경향을 띤다는 점이다. 점점 글로벌해지는 세계는 왜 여러 지역주의 연합을 만들어내는 것일까. 지역주의는 글로벌 자본주의의 효과인가 아니면 그에 대한 반응인가. 지역주의 문화, 혹은 그러한 문화의 개념화는 글로벌문화의 순환 속에서 어떻게 가능한가. 이러한 몇 가지 질문에 답하기 위한 예비 시도로써 나는 '글로벌화'와 '지역화'의 개념을 후기자본주의의 문화적·경제적 모순을 설명하기 위한 비유로 채택한다. 따라서 이 글의

본문은 '글로벌화'와 '지역화'라는 각각의 말이 상호간 어떤 영향을 주
는지 잘 보여주기 위해 "지역경제의 글로벌화"와 "글로벌문화의 지역
화" 두 부분으로 구성했다. 이러한 구성은 경제적인 것과 문화적인 것
이 서로를 기계적으로 결정하는 것이 아니라 변증법적으로 구성된
상호보완적인 형태임을 잘 보여주리라 생각한다.

나의 결론은 다음과 같다. 우선 지역주의는 내재적으로 트랜스내
셔널한 자본과 역사적으로 영토화하는 국민경제 간에 타협을 시도하
는 중재자라는 것이다. 지역주의적 재영토화는 글로벌 자본주의를
바로잡기보다 오히려 자본주의 그 자체가 가진 변하지 않는 모순을
강화한다. 두 번째로, 대중문화의 아시아주의는 일본인의 상상체 속
에서 아시아를 생산 양식이자 담론적 실천 체계로 지각하게 한다는
점에서, 보다 구조적이고 역사적인 변화들의 징후이다. 이전의 아시
아주의는 서양과의 명백한 차이를 조건으로 했다. 즉 아시아는 점점
식민지화하는 세계 시스템의 절대적인 타자이자 서양의 외부로만 존
재했다. 그러나 오늘날 아시아주의에서 차이는 오직 상품일 뿐이다.
더 이상 뚜렷한 외부성을 상상할 수 없게 된 글로벌 자본주의 시스템
속에서 차이는 소비되어야 하는 스펙터클로서만 존재하는 것이다.

2. 후기자본주의를 이론화하다―지역경제의 글로벌화

후기자본주의 발전 국면은 언뜻 모순되어 보이는 두 가지 방식으
로 이론화되었다. 하나는 자본주의가 이미 글로벌 단계에 이르렀다

는 논의이다. 노동의 사회적·기술적·국제적 분업의 도래, 공간 확대와 시간 단축에 의한 상품 생산의 탈물질화, 국가 간 채무경제의 증대, 초국적 기업구조로 전환된 자본, 분산되고 비공식적인 경제 성장, 상품과 금융시장의 국제화, 표준화된 시장 및 소비 방식의 확산 같은 여러 가지 사건들이 글로벌 단계의 신호로 이해된다. 많은 논자들은 이제 자본주의가 거대한 기계처럼 기능하는 글로벌 알고리즘이 되었다는 것에 동의한다. 마르크스를 인용하자면 "자신의 모습을 따라 세계를 만들어 내는" 기계인 것이다. 상황이 이렇다보니 사회 분석과 정치 투쟁의 전통적인 이원 모델 즉 식민자 / 피식민자, 제1세계 / 제3세계, 대도시 / 변방, 중심 / 주변이라는 단순한 모델은 권력의 공간 경제에 적용할 수 없다. 그것은 단순한 지리적 이분법으로 환원되지 않기 때문이다.

다른 한편 후기자본주의 세계 시스템은 자본주의의 중심이 되는 장소들의 공간적 전위의 산물이라고 논의된다. '발전단계론developmentalist'과 흡사하게 이러한 도식은 자본주의의 중심이 16세기에는 서유럽, 20세기에는 북미, 2000년을 앞둔 현재에는 점점 동아시아로 이동하여, 서에서 동으로 유사-헤겔주의적 움직임을 보여준다는 것이다. 이는 전체화되면서 분산되는 글로벌 모델과는 다른 것이다. 페르낭 브로델Fernando Braudel을 따라 조반니 아리기Giovanni Arrighi가 제시했듯이 자본주의 세계 경제 속에서 중심부의 변화는 각각 '오래된' 지역에 대한 '새로운' 지역의 '승리'를 반영한다. 중심부가 바뀌는 자본주의 발전의 새로운 단계가 임박했는지의 여부는 여전히 불분명하지만, 자본축적 과정의 가장 역동적인 중심부로 '새로운' 지역(동아시아)이 '오래된' 지역(북미)을 대체하는 것은 이미 하나의 현실이 되었다.4)

아리프 딜릭Arif Dirlik은 후기자본주의 세계를 설명하는 데 있어 글로벌리즘과 지역주의를 별개의 것으로 나누지 않는다. 오히려 전례 없는 통합(동질화)과 분산(차이화)은 생산의 트랜스내셔널화에 따르는 부산물이라고 논한다. 즉 트랜스내셔널한 자본의 가장 중요한 결과 중 하나는 다음과 같다. "자본주의 역사상 처음으로 자본주의적 생산양식이 진정한 글로벌 추상으로, 유럽의 특정한 역사적 기원에서 분리되어 나타났다. (…중략…) 자본주의 서사는 더 이상 유럽의 역사라고만 말할 수 없게 되었다."5) 나는 여기서 후기자본주의의 확산론(글로벌화)과 발전단계론(지역화) 간의 관계에 대해 검토할 생각은 없다. 그러나 아리프 딜릭의 주장에 덧붙이고 싶은 것은 지역주의가 시스템의 효과라기보다 오히려 글로벌화의 필수 구성요소라는 사실이다. 비록 지역주의가 때로는 글로벌리즘과 대척하는 것처럼 보일지도 모르지만, 지역주의 상상체는 근본적으로 글로벌리즘 기획에 연루되어 있다. 20세기 후반의 지역주의는 일국적이든 초국적이든 모두 자본의 내재적 논리와 역사적으로 형성된 국민경제 간의 불가피한 모순을 강조하기 때문이다.

글로벌화와 지역화의 구성적인 관계는 자명한 것처럼 보여도 수많은 질문이 따른다. 글로벌화는 왜 지역주의적 편성을 필연적으로 수반하는가? 다르게 묻자면 지역주의가 왜 글로벌리즘에 필수적인가? 빠르게 변화하는 글로벌한 상황에서 쇠약해지는 국민-국가와 국민적 정체성이 안정과 지역성locality을 갈망하는 것은 당연해 보이지만, 지역주의적 편성은 어떻게 이해해야 하는 것일까. 만약 글로벌화는 공간적인 과정으로 간주되고, 지역화localization는 장소적인 특수성으로 이해된다면, 지역적regional인 것은 지리적 실재와 구성된 담론 '사이in between'의 영역처럼 보인다. 양쪽 모두 트랜스내셔널하게 진행되는 탈영토화 과정에서 공간화되는 동시에, 역사적으로 발명된 지리에 묶여, 특정한 배치에 의해 재영토화된다.

최근 세계경제의 지역경제 블록 형성에 관한 책을 엮은 앤드류 갬블Andrew Gamble과 앤서니 페인Anthony Payne은 '헤게모니 안정 가설'에 반대한다.[6] '헤게모니 안정 가설'은 질서를 유지하는 데 효과적인 헤게모니가 부재하는 경우, 세계는 분쟁에 빠질 가능성이 높다고 본다(현재 시점에서는, 여러 국가들로 이루어진 지역 블록 간의 분쟁으로 나타날 가능성이 높다). 이에 반대하여 갬블과 페인은 지역주의를 하나의 국가 혹은 복수의 국가가 주도적으로 어느 특정한 지역공간을, 정해진 경제적·정치적 방침에 따라 재구성하려는 기획으로 본다. 그들의 논의는 무역과 금융·문화 흐름을 막는 장벽을 걷어내어 세계를 통합하고, 세계화를 더욱 촉진하려는 경제적·정치적 압력들이 강조되는 구체적인 배경을 전제로 한다. 갬블과 페인은 오늘날 세계의 정치경제에서 명백하게 경합하는 이 두 가지 경향이 — 국가주의 기획인 지역주의와 사회적 과정인 글로벌화 — 여전히 균형을 이루는 것처럼 보인다고 말한다. 사실 어느 한쪽이 반드시 다른 쪽을 눌러야 한다고 생각할 이유는 없다. 나아가 갬블과 페인은 북미, 서유럽, 그리고 동아시아·동남아시아에서 새로운 지역주의 기획이 부상한 것을, 미국 헤게모니의 쇠퇴와 1970년대 이후 불어닥친 세계경제의 침체와 연관시킨다. 그들은 1980년대 말 지역주의로의 전환은 그전에 존재했던 글로벌 경제의 지역주의적 분할 — 러시아혁명에 따른 자본주의와 사회주의라는 분할 — 이 붕괴됨과 동시에 시작되었다고 말한다.

나는 냉전 이후의 정치 경제에 관해서는 갬블과 페인의 지역주의 이론에 동의한다. 그러나 그들은 지역적인 동일성이나 연합을 구축하는 데 결정적인 문화적·이데올로기적 힘들에는 크게 관심을 두지 않았기 때문에, 상징적인 흐름과 교환의 글로벌화 그리고 지역주의적 기획의 다양성까지는 설명하지 못한다. 몇몇 이론가들이 주장하 듯 만약 글로벌 자본주의의 새로운 단계가(혹은 포스트모던의 시기) 시간 보다 공간을 더 중시하는 것이라면, 글로벌화의 과정 —"경제생활의 문화화" 혹은 "문화적 경제"라고 불리는 과정 —에서 보다 근본적인 요소는 정치경제적 교환이라기보다 오히려 상징교환이라고 할 수 있 다.7) 물질 교환은 지역적인 것들 간의 유대를 조성하고, 정치적 교환 이 영토와의 연계를 발생시키는 데 반해, 상징교환은 공간적인 지시 성에서 자유롭기 때문이다. 상징은 언제 어디서나 만들어질 수 있으 며 그것들을 생산하고 재생산하는 데 수반되는 물질적 조건이 비교 적 적다. 오늘날 미디어 사회에서 이러한 이미지와 이데올로기 요소 들은 정치경제적으로 강력하고 객관적인 힘이기 때문에 한낱 문화 혹은 파생물로 무시할 수 없다.8)

지역주의 프로젝트를 이데올로기적 편성으로 파악하는 것은 지역 주의를 일종의 첨예한 쟁점들의 집합으로 이해하는 것이다. 바꿔 말 하면, 지역주의 담론은 독립적으로 작동하지 않는다. 그것은 언제나 다른 영토적인 담론(세계 시스템, 국민주의, 또는 지역주의의 다른 형태)과 맞 서게 된다. 지역주의 프로젝트의 이데올로기적 함의들을 구분하지 않고, 사람들이 왜 지역적으로 사고하는지 또 지역주의적인 사고가 해결하려는 사회모순은 무엇인지를 파악하기는 어렵다. 결론적으로, 경험적 현실이 아닌 담론적 구성물로 지역주의를 파악하는 것은, 후 기자본주의하에서 구성되는 서로 다른 지역주의 프로젝트들의 차이 를 설명하는 데 도움이 된다. 정치적·경제적인 합리주의만으로는 아시아의 지역주의가 어째서 종종 문화적인 것에 기초하여 —경제 적(북미의 경우처럼) 또는 정치적(서유럽의 경우처럼)인 근거에 바탕을 둔 것이 아니라 —분절되었는지 설명할 수 없다.9)

트랜스내셔널한 자본주의와 지역주의 관계를 연구한 일본인 비평가로 가라타니 고진柄谷行人이 있다. 그는 트랜스내셔널한 자본주의는 경계가 없지만 바로 그 "무경계boderless"가 다른 종류의 경계border를 만들어 낸다고 말한다. EC(유럽 공동체)는 분명 내부의 경계는 폐지했다. 그러나 그것은 지역적 연합으로, 경계를 가진 다른 단체와의 관계에서 외부적으로는 경계를 만들어 낸다.10) 바꿔 말하면, 트랜스내셔널리즘이 국가의 형태를 (없애지는 않더라도) 교란시키는 바로 그때, 새로운 '상상의 공동체', 혹은 가라타니 고진이 말한 "트랜스내셔널한 상상의 공동체"가 영속화된다. 그렇다면 왜 트랜스내셔널한 과정은 국민-국가를 대체하면서 EU(유럽 연합)와 같은 지역주의적 재편성을 만들어 내는 것일까. 가라타니 고진은 서유럽 제국에서 떨어져 나오기 위한 수단으로 근대 국민-국가의 형태가 만들어졌기 때문이라고 말한다. 나아가 유럽제국주의는 중화권 같은 다른 제국 내부에서 근대 국민-국가의 분할(과 형성)을 조장했다. 오늘날, 근대 국민-국가의 선구자인 유럽은 지난날 서유럽 제국의 바로 그 '땅'에서 하나의 '공동체'를 이루었다. 이는 다른 지역에 속한 옛 제국들도 마찬가지이다. 그러므로 가라타니에 따르면, 우리는 여기서 기묘한 역행reversal을 목격한다. 국민-국가를 넘어서는 분명한 움직임 속에서 새로운 블록들은 국민국가 이전의 제국들로 되돌아가는 것처럼 보인다.

그러나 곧바로 가라타니 고진은 국민-국가 이전의 '제국'과, 국가의 형태를 창시한 근대 '제국주의'를 구분한다. 제국과 제국주의 간 미묘한 차이는 지역 블록에 관해 다음과 같은 우려를 잠식시키는 데에 결정적이다. 즉 지역주의 대립이 세계대전을 치르며 정점에 달했던 1930년대를 상기시켜, 오늘날 블록 간의 무역 전쟁이 실제 전쟁에 이르게 될지도 모른다는 공포의 확산을 잠식시키는 것이다. 바꿔 말하면, 오늘날 지역주의 편성은 분명 1930년대의 그것과 형식적으로 비슷하다 하더라도 그 내용은 현저히 다르다. 그것은 더 이상 제국주의적imperialistic이 아니라 제국적imperial이며, 각 국가들은 어느 정도 느슨한 지역적 통합을 추구하면서 동시에 고유한 정체성을 유지하고 있다.

이 불길한 역사적 '역행'은 경제학자 이와이 카쓰히토岩井克人가 최근 자본주의의 새로운 국면에 대해 쓴 이론과도 반향한다.11) 이와이 카쓰히토는 오늘날 글로벌한 자본주의의 "새로움" 속에서 자본주의의 "낡은" 원리들을 구분한다. 그는 새로움 속의 낡은 것, 혹은 자본주의의 "구체적"인 형태 속의 "보편적"인 원리들을 찾으면서 우선 자본주의의 전근대적 형태, 즉 상업자본주의의 작동 방식을 분석한다. 산업자본이 이윤(상대적 잉여가치)을 시간적으로, 즉 기술에 기반을 둔 가치 시스템의 부단한 차이화를 통해 끌어내는 데 반해, 상업자본이 얻는 잉여가치는 공간적으로 즉, 다양한 가치 시스템들 간의 차이에서 발생한다.12) 요컨대 베네치아, 제노바, 네덜란드 등의 해운업이 보여주듯이, 상업자본은 복수의 공동체들 '사이'에서 발달하고, 다양한 가치 시스템들 간의 차이를 매개로 부를 획득한다. 이렇게 공간적으로 떨어진 두 공동체 간의 '차이의 원리'가 상업자본주의의 기본 형식인 것이다.

이와이 카쓰히토는 아이러니하게도 근대의 경제학은 이 '차이의 원리'를 소거하면서 형성되었다고 주장한다. 아담 스미스 이래로 국부國富는 금고에 쌓여 있는 금 혹은 은으로 결정되는 것이 아니라, 소비될 수 있고 팔릴 수 있는 상품의 생산에 달려있었다. 생산의 주요한 담당자인 노동은, 이러한 상품들의 척도이자 가치의 원천이다. 이와이는 다음과 같이 쓴다. "말하자면 인간의 노동이 바로 국부의 궁극적인 원천이라는 사상이 여기서 드디어 주창되었습니다. '인간'이 등장한 것입니다. 국부의 과학으로서 경제학(의 법칙)은 차이의 원리를 제

거하고, 노동하는 인간을 자본주의 사회의 중심에 두면서 출발했습
니다."13) 산업혁명의 절정기에 활동했던 데이비드 리카도David Ricardo
와 마르크스의 정치적 주장은 매우 달랐지만, 둘 다 노동가치설을 통
해 아담 스미스의 이론을 실체화했다. 노동가치설은 자본주의 가치
의 원천을 검토하면서 "인간중심주의"라는 개념을 한층 강화시켰다.

그러나 이른바 후기 산업자본주의에서 생산은 점점 탈물질화되고,
상징의 재생산이 상품화됨에 따라 '인간'을 국부의 유일한 구성요소
로 간주하는 것이 점차 어렵게 되었다. 그 대신 상업자본의 동력이었
던 차이의 원리가 후기자본주의 국면의 연산공리axiomatic로 다시 부
상한 것이다. 그러나 이 역행은 가라타니 고진의 주장과 마찬가지로
큰 차이를 동반한다. 이와이 카쓰히토는 다음과 같이 썼다. "상업자
본주의의 경우 이윤은 둘 혹우 그 이상의 가치체계들 간의 차이(지역
간 교환비율에서 발생하는 차이)에서 나온다. 반면에 후기 산업자본주의에
서 이윤은 차이 그 자체를 상품화하고, 그 차이를 의식적으로 창출함
으로써 발생한다. 그러나 '인간'이 아닌 '차이'가 중심축이 된다는 점
에서는 둘 다 구조적으로 비슷하다."14)

가라타니 고진이 환기시킨 국민-국가 이전의 여러 제국들, 그리고
이와이 카쓰히토가 언급한 차이의 원리는 모두 현재의 다양한 지역주
의 경향을 역사적으로 고려할 때 매우 시사적이다. 한편으로는 각각
의 독자적인 지역주의를 다른 지역통합에 대한 방어로 읽을 수도 있
다. 또 유럽과 북미의 거대한 통합은 경제적으로 빠르게 성장하고 있
는 동아시아와 동남아시아에 대한 대응이라고도 주장할 수 있다. 그
외에도 이런 대규모 지역연합처럼 지역횡단적transregional으로, 혹은
지역내적subregional으로 경제를 통합하려는 시도들은 여전하다. APEC
(아시아 태평양 경제협력. 미국, 일본, 캐나다, 오스트레일리아, 뉴질랜드, 타이완,

홍콩, 중국, 태평양 제도, ASEAN(동남아시아 연합) 등의 여러 나라로 구성된 연합) 이나, 화남경제권(타이완, 홍콩, 중국남부), 환일본해 경제협력(시베리아, 북한, 일본 홋카이도와 니가타) 등이 그 일례이다. 다른 지역주의에 대한 대항 세력으로서의 지역주의는, 결국 지역주의는 지역주의를 낳는다는 동어반복의 덫에 걸리고 만다. 그러면 우리는 어떻게 지역주의의 다양성을 설명할 수 있을까? 그리고 왜 제일 먼저 지역주의가 구체화되는 것일까?

가라타니 고진과 이와이 카쓰히토가 포착한 '역행'은 자본주의적 근대성에 내재된, 오늘날 더욱 자명해지고 있는 근본적인 문제를 지적한다. 그들의 관점에서 보자면, 지역주의 담론의 확장은 자본주의 발전과정에서 생기는 불가피한 모순을 일시적으로 조정하는 것이다. 그것은 즉 자본의 초국가적 본질과, 국민경제 속에서 형성되는 자본의 역사적 편성 간의 모순이다. 요컨대 이는 자본의 내재적 논리와 실제로 그것이 역사적으로 발현되는 형태 간에 생기는 모순이며, 이는 제국주의, 식민주의, 그리고 탈식민지화 과정에서 자본을 국가의 형태에 맞추어 제한했기 때문에 발생한 것이다. 마르크스의 정식에 따르면($G-W-G'$(화폐-상품-화폐'), 여기서 $G' = G + \varDelta G$(화폐' = 화폐 + 잉여가치)), 자본은 가치증식의 과정이며, "자기증식하는 가치" 또는 가치의 "자기가치화Selbstverwertung"이다.15) 그리고 마르크스가 강조하듯이, 자본은 이윤을 위한 주관적 움직임이라기보다, 오히려 가치증식이라는 객관적 운동이다. 자본이 특정한 형태를 띠고 있음에도 불구하고 모든 자본은 동일하다고 하거나 마르크스가 "자본일반"이라고 부른 것은 이러한 의미에서이다. 자본을 국적nationality과 결부시키는 일에 우리는 너무나 익숙하기 때문에(남캘리포니아를 침략하는 중국 자본, 미국 자본의 수출 등등), 자본 그 자체는 잠재적으로 초국가적이며 항상 그래 왔다는 것을 잊어버린다. 잉여가치를 이끌어낼 수 있는 한, 이론적으로 자본은 일국적이든 다국적이든 그렇게 남아있을 이유가 없다. 그러나 역사적으로 자본주의의 발전, 특히 제국주의, 식민주의, 그리고 국민국가의 형성과 결부된 산업자본주의의 발전은 국민경제에 뿌리를 내려야만 했다.

자본주의 발전과 국가형태에 따른 자본주의 형태의 관계는 역사적으로 필연적이지 않다. 에티엔 발리바르Étienne Balibar가 시사했듯이, "국가형태nation form를 자본제적 생산관계에서 '도출'하는 일은 완전히 불가능"하다.16) 화폐유통과 임금노동의 착취는 논리적으로 생각해 볼 때 반드시 단일한 한정적 국가형태를 필요로 하는 것이 아니다. 공간을 중심으로 한 자본주의적 축적은 "사회적 자본에 의해 만들어졌거나, '경제외적' 수단에 의해 강제적으로 부과된 모든 국가적national 제한을 뛰어넘으려는 경향을 본질적"으로 갖는다.17) 발리바르는 페르낭 브로델과 이매뉴얼 월러스틴Immanuel Wallerstein을 따라 다음과 같이 주장한다. "민족국가의 형성은 자본주의 시장의 추상적인 형태가 아니라 그 구체적인 역사적 형태 즉, 언제나 이미 '중심'과 '주변'이라는 위계로 조직된 '세계경제'와 밀접한 관련을 맺는다. 이들은 각각 다른 방법으로 노동력을 착취하고 축적하며, 이들 사이에서 부등가 교환과 지배·종속 관계가 확립된다."18) 여러 지역주의가 자본의 추상적 논리와 세계경제 속에서 작동하는 국민-국가의 역할을 일시적으로 조정한다. 나아가 이 조정을 통해 국민주의 / 자본주의 이데올로그는 초국가적 경제의 각축장에서 스스로의 위치를 재설정하며, 이는 자본주의 발전 단계의 그 어느 때보다도 오늘날 더욱 명확해지고 있다.

역사적으로 현시점에서 지역주의는 초국적인 자본을 재영토화하기 위해, 국가자치권의 침식과 탈영토화된 자본주의 사이를 조정한다. 그러나 지역주의는 바로 그 일시적이고 중재자적인 지위를 위해 자신이 하나의 구성원이 되는 더 큰 국제 시스템과의 관계를 설정해야만 하며, 자신을 구성하는 또 다른 국가 시스템과의 관계도 설정하지 않으면 안 된다. 이렇게 중간에 끼인 지역주의는 세계 시스템의 정치경제적 편성 속에서 글로벌리즘이나 내셔널리즘과 같은 지배적인 담론으로 스스로를 생각할 수도, 강화시킬 수도 없다. 그 대신 지역주의는 일시적인 동맹과 변화하는 연합이라는 (레이몬드 윌리엄스Raymond Williams의 분석틀을 빌리면) "부상하는emergent" 또는 "잔여적인residual"[6] 편성으로 스스로를 드러낸다.[19] 경험적으로 지역주의를 정의하려는 시도는 결국 조직적 개념인 지역주의는 가변적이어서 정의하기 힘들다는 결론에 도달하고 만다. 가령, 아시아-태평양 지역은 환태평양 주변이 경제적 지역이자 정치적 개념으로 급부상한 현재에 도취되어 형성된 것이며 그 포괄적인 성격 때문에 글로벌한 힘의 영향을 더 많이 받지만 동시에 글로벌한 영향력을 행사할 수도 있게 된다. 이 지역은 '태평양 세기'의 여명을 알리는 새로운 관계와 협력이 모여드는 곳이 되었다.[20] 좀 더 배타적으로 경계가 설정된 동아시아 지역주의는 최근의 경제적 '기적'을 전통적·토착적인 공동체주의와 유교문화에 의한 것으로 파악함으로써 동양과 서양 간에 존재하는 본래의 문화적 차이를 증폭시킨다.[21]

얼핏 적대적으로 보이는 두 지역주의 정체성을 생각할 때 지역주

---

6 레이몬드 윌리엄스에게 문화상황의 세 가지 양상은 지배적인 것the dominant, 잔여적인 것the residual, 부상하는 것the emergent으로 분류되며, 이러한 세 가지 서로 상이한 요소들이 서로 간에 다양하게 작용하고 관계를 맺음으로써 한 사회에서 특정한 문화가 형성된다. 그에 의하면 부상하는 것은 새로운 의미와 가치, 새로운 실행, 새로운 종류의 관계가 지속적으로 창출되는 것을 의미한다.

의 범위가 구성되는 임의적인 방법이나, 그들이 가진 다른 이데올로기적 토대는 중요하지 않다. 오히려 지역주의적인 상상체는, 분명 다를 거라고 생각한 지역의 명칭이 공존하고 중복된다는 점에서 유효하다. 말할 것도 없이 지역이라는 단위들은 권력관계가 변화해온 역사와 결부된, 담론적으로 구축되고 정치적으로 투쟁하는 카테고리라 할 수 있다. 지역주의 기획에 관련된 각각의 나라들이 스스로의 지역 정체성을 형성하면서 서로 다른, 그리고 때로는 경합하는 의제를 설정하는 것도 당연하다. 그러나 서로 다른 지역주의 서브 시스템의 특수성이나 그 근저에 있는 다양한 국가적 이해를 지나치게 강조하는 것은 글로벌 자본주의 아래 형성되는 지역주의라는 형태의 구체적인 역사성을 명확하게 하기보다 오히려 불분명하게 만든다.

글로벌화와 지역화는 상호보완적인 과정이다. 이미 시사했듯이 지역은 글로벌한 통합과 로컬한 자주권의 힘겨루기가 수렴되는 중요한 장소이다. 따라서 적대적인 태도나 전투적인 수사에도 불구하고, 지역주의마다 차이는 있지만 근본적으로는 통합 혹은 합작이라는 유사한 과정을 경험한다. 예를 들어 아시아에서 일본의 경제적 신장과 아시아 지역통합의 확대에도 불구하고, 세계경제의 통합과 상호의존을 고려하면 아시아와 유럽, 아메리카 대륙 간 지역 갈등에 대한 우려는 기우에 불과하다. 브루스 커밍스Bruce Cumings는 아시아에 대해 구체적으로 다음과 같이 적고 있다.

이러한 모든 지역적 활동은 지역경제 블록으로 발전하는 경향으로 파악할 때는 유용하다. 그러나 이는 세계적인 불황일 때만 가능하다. 유럽과 동아시아, 아메리카를 잇는 협력과 자유무역의 삼극체제 쪽이 훨씬 그럴 듯하다. 즉 각 지역마다 거대한 세 개의 시장이 세계 시스템 안에서 자본주의 간의 경쟁을 지탱하고 안정시키면서 모두에게 해로울 수 있는 독자적인 전략보다는 상호의존 전략을 고무하는 것이다. 일본의 지역투자를 보면 1992년에는 유럽 공동체로부터의 배제에 대항하는 헤지투자(방어적투자)를 하면서 또 다른 한편으로는 영국과 동유럽의 제조업에 직접투자하는 형태의 헤지투자도 했다. 미국은 삼극협력을 지지하며 1992년 이후 유럽의 동맹국들에게 일본을 배제하지 않도록 강한 압박을 가했다.[22]

그렇다면 진짜 갈등은 일찍이 사미르 아민Samir Amin이 "삼극화trilateralization"라고 부른 것 —미국, 일본, EEC(유럽 경제공동체)가 경제의 주축이 되는 새로운 상호침투—안에 있지 않다. 오히려 갈등은 이들 경제와 '주변부 내부의 차이화' 간에 존재한다. 즉, 한쪽 극인 반半 산업화한 나라들의 출현과 다른 극인 제4세계를 포함하는 가난한 나라들 사이에 존재하는 것이다.[23] 세계 시스템 속에서 지역은 현실적으로 매우 구체화 되어 나타나는 경향이 있지만, 주변부 국가들은 여전히 새로운 상품시장과 금융시장을 두고 싸우는 중심부 경제 간의 경쟁에 노출되어 있으며 그 경쟁에 매우 취약하다.

3. 대중문화를 이론화하다 – 글로벌문화의 지역화

글로벌문화 같은 것은 없으며 실제로 존재하는 것은 문화의 글로벌화라는 사실은 널리 알려져 있다. 이론가들은 문화의 글로벌화를 '문화적 통합과 문화적 분산'의 동시적인 과정으로 파악한다. 이 과정은 "국가-간 수준에서만 발생하는 것이 아니다. (…중략…) 국가-사회 단위를 넘어 국경-횡단적trans-national 혹은 사회-횡단적trans-societal 차원에서도 발생할 수 있다."24) 문화의 글로벌화는 분명 대규모 팽창과 확장이 진행되는 글로벌 커뮤니케이션과 세계시장의 한 부분을 이루고 있다. 사실 글로벌화는 물질적 상품보다 상징을 통해 매개되는 관계 속에서 아주 빠른 속도로 진행되고 있다. 그러나 글로벌화 속에서 경제적이고 문화적인 것의 본질적인 (또한 변증법적인) 관계에도 불구하고, 얼핏 보기에, 문화적 과정의 이론적인 토대는 경제 개발의 공간화와 상충되는 것처럼 보인다.

앞서 언급했지만, 경제 글로벌화(혹은 자본의 탈영토화)를 연구하는 한 이론가는 자본주의의 중심이 먼저 유럽에서 미국으로 그리고 나서 아시아로 이행했다고 말했다. 오늘날 국경-횡단적인 자본주의는 전 세계에 자본주의 발전의 결절 지점들을 만들어냄으로써 자본주의를 탈중심화한다. 따라서 서구에 의한 세계 경제 지배가 끝나고 역사상 처음으로 자본주의가 유럽중심주의에서 떨어져 나왔다.25) 그러나 경제적인 영역에서 서구의 헤게모니가 상대적으로 감소했다고 해서 그 문화적 영향력 특히 미국 대중문화의 영향력까지 약해졌다고는 할 수 없다. 이와 반대로 아시아는 그 놀라운 경제 성장에도 불구하고 문화의 영향력이 세계적인 규모로 확장되진 않았다.[7] 프레드릭 제임슨 Fredric Jameson은 경제력과 문화적 지배의 이러한 불일치에 대해 다음과 같이 썼다.

중심부가 되는 지역의 결정적인 지표는 바로 대중소비문화 영역에서의 새로

---

[7] 이 문장은 일본어 역서에는 빠진 문장으로, 영어 원문에서 찾아 추가한 것이다.

운 문화 생산과 혁신이지 자금력도 생산력도 아니다. 미국의 오락산업을 합병하려고 했던 일본의 두 가지 움직임 — 소니의 컬럼비아 픽쳐스 영화사 인수와 마쓰시타의 MCA매수 시도 — 이 모두 실패했던 이유도 바로 여기에 있다. 즉, 막대한 자금과 기술·산업적인 생산성을 갖추었음에도 불구하고, 나아가 소유권과 사유재산을 취득했다 하더라도 일본인은 본질적인 문화 생산성 — 글로벌화의 프로세스를 보호하기 위해 모든 경쟁상대에게 요구되는 — 을 갖추지 못했던 것이다. 문화생산에 대해 말하는 사람은 누구나 일상생활의 생산을 이야기한다. 일상생활에서 생산이 되지 않으면 자신의 경제 시스템을 지속적으로 확장하고 이식하는 것이 거의 불가능하기 때문이다.[26]

글로벌한 문화생산의 고유한 형식을 만들어 내지 못한 것은 일본만이 아니다. 유럽이나 옛 사회주의국가들도 미국 문화의 세계 지배에 대한 대안을 가지고 있지 않았다.

일본이 경제 성장에도 불구하고 문화자본의 시스템은 여전히 글로벌한 규모에 미치지 못했다고 한다면, 아시아 지역에 퍼진 '소프트 파워'의 지배력은 어떻게 설명할 수 있을까.[27] 오늘날 한국에서 팔리는 만화책 다섯 권 중 네 권은 일본 만화이다. 또 1999년 4월 초까지 타이완 음악 랭킹에서 상위 열 곡 중 여섯 곡이 일본 가수의 노래였다. 일본의 지역주의적인 문화생산성을 지리적 근접성과 문화적 친화성으로 설명할 수 있을까. 아니면, 일본 지역경제의 지배력 확장이라는 유물론적인 개념으로 설명할 수 있을까. 나아가 오늘날 아시아주의를 생각할 때 '일본' 대중문화의 특수성이란 무엇일까. 요컨대, 오늘날 아시아주의라는 형태를 부여하는 것은 무엇인가.

일본 문화제국주의의 특수한 지역주의적 출현은 탈중심적이고 다형적이며 반反시스템적인 경제-문화적 분석을 요구한다. 아르준 아파두라이Arjun Appadurai는 「글로벌한 문화경제에서의 분리disjuncture와 차이」라는 획기적인 논문에서, 전체화가 불가능하고 비결정론적이라고 정의할 수 있는 포괄적이고 복잡한 글로벌 상호작용 시스템을 이론화한다. 그것은 다수의 장소에서, 압도적으로 이종혼교적heterogeneous이고 이종혼교화하는 시스템이다.[28] 아파두라이는 경제, 문화, 정치 간의 분리를 글로벌문화의 흐름에 관한 다음의 다섯 가지 측면에서 탐구할 것을 제안한다. 민족지형ethnoscape, 미디어지형mediascape, 기술지형technoscape, 금융지형finanscape, 이념지형ideoscape이 그것이다. 글로벌 과정 속에서 이 흐름들은 그 어떤 것도 중심적이거나 통합적이지 않다. 미국화와 상품화를, 단일하고 모든 것을 아우르는 문화의 균질화 과정으로 설명하는 아파두라이의 논의는, 거대도시의 영향력이 지역의local 것으로 투착화되는 역학을 설명하는 데까지 나아가지 못한다. 그의 논의에서 보다 중요한 것은, 오늘날 다중심적인 분산이 진행된 결과, 더 이상 미국화가 문화 권력의 유일한 체현자거나 담당자일 수 없게 되었다는 것이다. 문화 지배의 분절화는 장소와 지역에 따라 특수하다. "이리안 자야Irian Jaya의 사람들은 인도네시아화를 미국화보다 더 걱정스러워할지도 모른다. 한국인에게 일본화가 바로 그렇듯이 말이다. 스리랑카인에게는 인도화, 캄보디아 사람들에게는 베트남화, 그리고 구소련의 아르메니아 사람들과 발틱 국가 사람들에게 러시아화도 마찬가지일 것이다."[29] 따라서 '새로운 글로벌 문화경제'는 '복잡하고 중첩되며 분리되는 질서'로 파악해야만 한다. 또한 '새로운 글로벌 문화경제'는 기존의 중심·주변 모델(다수의 중심과 주변을 고려하는 모델일지라도), 유출push·유입pull 요인에 따른 이주이론, 발전에 관한 신마르크스주의 이론에서의 소비자·생산자 관계, 유연한 글로벌 발전 이론 등으로 분석할 수 없다.

아파두라이가 말하는, 탈중심적이고 파편화된 글로벌문화 시스템은 미국화의 보편주의적 겉모습을 특수화하고, 문화편성에 있어 다원적으로 구분되며 통합되지 않는 분열을 드러내는 데 도움이 된다. 일단 미국화가 상대화되면 일본화나 러시아화는 그 영향력이 공간적으로 제한될지라도 그것들을 근본적으로 추상적이고 프랙탈한 세계의 불가결한 부분으로 파악하고 분석할 수 있을 것이다. 그러나 이러한 분산과 탈중심화를 지나치게 강조하면 지배관계가 상대화될 수 있다. 뿐만 아니라 여러 지역이나 민족, 지방에 걸쳐있으며 그들 간에도 존재하는 지속적인 지정학적 불평등을 덮어버릴 우려도 있다.[30] 우리는 문화의 글로벌화라는 전체화된 공식은 분명 경계해야겠지만, 단순히 균질화 과정을 문화적 권력의 차이화로 바꾼 것에 만족해서는 안 된다. 권력의 차이화라는 명제는 문화적 헤게모니를 다른 장소에 평면적으로 확산시킴으로써, 여러 문화 권력들 사이에 존재하는 구조적 유사성과 전략적 제휴를 인식할 수 없게 만든다. 가령 미국화와 달리 일본화가 한국의 사회문화 구조에 대한 위협이 되었다고 말하는 것은 평균적인 한국인의 지성을 모욕하는 일이 될 것이다. 일본이나 최근 중국의 영향력 증대에도 불구하고, 사실 미국의 헤게모니는 여전히 아시아를 구성하는 지배적인 세력이다. 브루스 커밍스는 다음과 같이 주장한다. "오늘날 멕시코의 페소를 구제하거나 세계은행의 새로운 수장을 뽑거나 모스크바에서 정상회담을 개최하는 일을 빌 클린턴이 아닌 일본의 수상이 했다면 우리는 미국의 헤게모니가 끝났다고 생각할 것이다. 물론 그런 일은 일어나지 않겠지만. 일본은 국가 시스템과 자원체제 측면에서는 여전히 겁쟁이piker이며, 테크놀로지 방면에서는 유망주이고, 글로벌한 문화체제에서는 미지수다."[31] 그러나 일본이 정말로 "글로벌한 문화체제에서는 미지수"라면 최근 아시아의 특정 지역에서 보이는 문화 지배력을 어떻게 설명할 수 있을까? 또 글로벌하고 보편적으로 성공한 미국 시스템과는 어떤 관계가 있는 것일까?

특정한 일본 대중문화의 형태가 지역주의라는 개념, 즉 이 경우에는 아시아주의를 만들어 낸다고 일컬어진다. 하지만 나는 일본의 문화 생산물을 자본주의 세계 시스템에 속한 특정 지역에서 만들어진 물질적 실천의 분명한 총체ensemble라고 생각하지 않는다. 케네스 서린Kenneth Surin이 언급했듯이, 문화이론은 그것이 추정하는 대상 못지않게 생산되고 창조되는 어떤 것이다. 문화가 여러 가지 실천들의 복선적multilinear 총체인 것처럼 이론도 하나의 실천이다. 문화이론, 이 경우 지역문화이론은 문화／지역문화 그 자체에 '대한' 것이 아니라, 문화가 만들어내는 개념에 대한 것이다. 개념 그 자체는 다른 실천들과 결부된 또 다른 개념들과 많든 적든 복잡한 방식으로 관련된다.[32] 달리 말해 여기서 나의 관심은 오늘날 아시아에서 보이는 일본 대중문화의 민족지적 분석이 아니다. 오히려 나는 대중문화라는 개념과 지역적 정체성의 관계를 구성하는 담론에 관심이 있다. 즉 어떻게 그리고 왜 특정한 일본 대중문화가 아시아 지역적 정체성을 상상할 수 있게 하는가, 혹은 이러한 아시아의 상상된 지역적 공동체를 생각하게 만드는가.

여기서 잘 알려진 두 가지 예를 들어보자. NHK의 아침 드라마 〈오싱〉과 어린이용 애니메이션 시리즈 〈도라에몽〉이다.[33] 아시아에서 이 두 작품의 엄청난 인기는 특정한 공통성, 특정한 감정 구조에 기인한 것이라고 이야기되어왔다. 여기서 특정한 공통성이나 특정한 감정 구조란, 불변의 '일본적'인 것이(생산된 장소와 겉으로 드러난 문화 코드를 고려했을 때) '아시안 의식'과 '아시아적 상상체'라고 부를만한 것으로 바뀐 것이다. 이러한 문화 지역주의는 후기자본주의하의 특정한 지역의 경제 발전을 배경으로 한다. 〈오싱〉은 20세기 초 가난한 소작농가에서 태어난 '오싱'을 주인공으로 그녀의 생애를 전기적으로 서술한 드라마다. 오싱은 일곱 살 때 아버지에 의해 다른 집 종살이를 가게 된다. 이런 저런 일을 겪고 열여덟 살에 가족이 있는 고향으로 돌아오지만, 오싱은 자신이 여급으로 일하길 바라는 아버지의 마음을 확인하게 된다. 오싱은 아버지의 뜻에 반대하여 혼자 도쿄로 떠난다. 이 드라마는 오싱의 과거부터 현재(1983년 당시)에 이르기까지 그녀의 삶을 따라 결혼, 자식의 죽음, 군 관련 일을 했던 남편의 패전 후 자살 등 오싱의 인생 역경을 상세하게 그린다. 그리고 드라마의 마지막 부분에 이르러 오싱은 슈퍼마켓 체인을 일으켜 성공한 경영자로서의 면모를 보인다.

오싱의 생애 / 노동주기는 그 자체가 일본 자본주의 발전 초기의 윤리들과 문화적 특징들을 그대로 보여주기 때문에 지금까지 〈오싱〉은 인내와 근면이라는 노동윤리와 문화적 가치를 지키며 성장한 일본에 대한 하나의 알레고리로 논의되어왔다. 그러나 이 드라마가 아시아 지역으로 배급되면서 이 국가적 알레고리는 (아시아) 지역적 이야기로 회자되었다. 즉 타이완, 싱가포르, 인도네시아, 최근에는 중국과 베트남 같이 일본과 비슷하지만 더 늦게 경제 개발에 뛰어든 나라들의 드라마가 된 것이다. 어떤 아시아주의자는 〈오싱〉이 아시아에서 엄청난 인기를 누릴 수 있었던 것은 그것이 '아시아적' 가치의 많은 속성을 반영하고 있기 때문이라고 주장한다. 가령 인내와 근면, 끈기, 애국심 등의 요소가 포스트콜로니얼, 포스트냉전의 세계 질서 속에서 발전단계에 있는 여러 나라들을 한데 묶어준다고 설명한다.34) 〈오싱〉이 지역 경제 이야기를 가시적으로 보여줌으로써 심리적 투사가 가능한 멜로드라마라고 한다면, 〈도라에몽〉은 적어도 아시아의 어린이들에게 경제적 성공을 위한 고통을 좀 더 견딜만한 것으로 만들어주는 판타지

애니메이션이다. 아시아 청소년들 사이에서 〈도라에몽〉의 인기는 (〈오싱〉과 마찬가지로) 국가적인 것부터 아시아 지역적인 것에 이르기까지 유사한 알레고리가 있기 때문이라고 이야기된다. 사쿠라이 테쓰오櫻井哲夫는 〈도라에몽〉의 인기 이유를 아이들에게 한층 심해진 '통제교육과 시험제도의 광풍'에서 벗어날 수 있는 피난처를 제공했기 때문이라고 분석한다. 1970년대 이래 일본 아이들은 아주 어린 꼬마부터 모두 그 '광풍'에 휩싸여 있었다.35) 〈도라에몽〉은 머리가 나쁘고 칠칠치 못하지만 마음씨 착한 주인공 노비타のび太[8]가 일상에서 맞닥트리는 수많은 문제나 갈등을 해결하기 위해 마법 주머니를 가진 곰 / 고양이 모양의 로봇 도라에몽에게 부탁하고 도라에몽이 모두 해결해 준다는 내용이다. 사쿠라이는 — 〈도라에몽〉이 아시아에서만 방송된 것으로 잘못 알고 있긴 하지만 — 〈도라에몽〉이 아시아 아이들의 엄청난 호응을 얻을 수 있었던 것은 바로 이 나라들이 급속한 경제적 산업화를 겪고 있기 때문이자, 20년 전 일본에 팽배해있던 대규모 사회적 경쟁에 직면했기 때문이라고 설명한다. 이렇게 사회문화적 알레고리로서 〈도라에몽〉은 경제적으로 가속화하는 아시아 지역의 교육적 요구에 휘둘리는 아이들에게 도피처를 제공하였으며, 이는 일본에만 국한된 게 아니라 아시아 지역 전체에 적용되는 것이라는 주장이다.

　정치적 조건이 서로 다른데도 불구하고 앞서 살펴 본 일본 대중문화의 두 사례에 대한 해석은 근본적으로 두 가지 가정을 공유하고 있다. 첫째, 아시아라고 불리는 담론공간에서 근본적인 이질성(종교, 민족성, 일상적 관습 등)이 혼종되어 있음에도 불구하고, 두 설명 모두 아시아 전지역에 공통적인 막연한 관련성이나 동일성 — 비슷한 경제 발전 단

8　한국에서 방영된 〈도라에몽〉에서는 '진구'라는 이름으로 나온다.

계에 있다거나 문화적으로 맞물려 있다거나 하는 점을 근거로—을 주장한다는 것이다. 둘째, 그들이 아시아성을 표명하고 있음에도 불구하고 두 해석 모두 사회적·경제적 진보의 발전단계론적 도식처럼 일본을 선행자로 간주하고, 다른 모든 아시아 국가들은 '일본과 비슷하긴 하지만, 완전히 똑같은 것은 아니'라고 주장하는 것처럼 보인다. 일본 대중문화의 인기에 대한 이러한 해석은 경제 분야에서 활용하는 '기러기편대형 모델flying geese model'과 대응한다. 이 모델은 1930년대에 처음으로 등장했고, 1970년대에 다시 부활했는데 여기서 일본은 아시아 경제라는 기러기들의 V자 비행을 이끄는 선두 기러기이다. 다른 아시아 나라들은 이 편대에서 각자의 위치 및 상대적 위치를 유지하면서 일본의 발전 경험과 자신보다 앞선 다른 '기러기'의 발전경험을 쫓아 모방한다. 시간이 지나면서 아시아 국가들은 산업화와 제조업에서 상호발전을 향해 집합적으로 나아가고 마침내는 번영을 달성할 것인데, 이때 일본은 여전히 아시아의 독보적인 리더다.

한편으로는 이종혼교적인 아시아 나라들 사이에 공통성을 상정하고, 다른 한편으로는 전체의 배치 안에서 유일하진 않더라도 선진적인 위치로 일본을 주장하는, 얼핏 모순적으로 보이는 이러한 논리는 일찍이 아시아주의 담론에 그 역사적 선례가 있었으며 특히 대동아공영권을 위시한 전시 식민지 구상에서 잘 드러난다. 오늘날의 아시아 지역 상상체는 전시 일본의 아시아주의와 매우 유사함에도 불구하고, 특히 외견상 국가주의와 식민주의 담론과 명백히 닮았지만, 필연적으로 다른 수사적·이데올로기적 전략을 구현하고 있다. 특히 오늘날 자본주의의 영향이 전지구적이기 때문에 더욱 그러하다.

오늘날 일본 대중문화의 제국주의와 전시 식민주의를 안이하게 등치시키거나 공통점을 찾으려는 시도들이 있지만, 더 중요한 것은 식민주의의 작동방식을 구체적이고 역사적인 맥락 속에서 상기하는 것이다. 일본제국은 '동화同化'와 '황국신민화'라는, 서로 연관은 있지만 구별되는 두 가지 식민지 이데올로기를 통해 세력을 강화했으며, 이는 다양한 강도로 식민지 사람들을 일본제국에 흡수시키는 기능을 했다. 1920년대 동화 이데올로기는 지배적인 문화정책이었던 식민지 분리주의를 대체하였다. 초기 식민지체제는 피식민지의 사회문화적 구조에 깊이 개입하는 것을 피했던 반면, 동화정책은 식민지체제의 책임과 일본의 국가적·문화적 체제에 피식민자 통합의 가능성을 보여주는 것이었다. 일본의 식민지 이데올로기의 두 번째 변화는 1930년대 후반, 동화정책에서 황민화정책으로 확장하여 제국신민을 형성하는 과정에서 나타났다. 황민화라는 명령하에 피식민자들은 전면적인 '일본화' 과정을 통해, 노예적인 피식민자에서 충실한 제국신민으로 스스로를 전환시켰다. 일본화에는 국어(일본어)로 말하는 것, 일본식 이름을 갖는 것, 일본식 가옥에 사는 것, 일본 옷을 입는 것 등이 포함되며 그중 가장 중요한 것은 천황을 제국의 최고권위자로 숭배하는 것이었다. 오자키 히데키尾崎秀樹가 아주 정확히 표현했듯이 동화 혹은 황민화하에서 평등이라는 이데올로기는 "일본인으로 사는 것이 아니라 일본인으로 죽는 것"이라는 위선을 은폐하는 장치일 뿐이었다. 특히 일본이 전면적인 태평양전쟁에 돌입하면서 피식민자들을 동원했을 때 이는 더욱 분명해졌다.36)

대동아공영권이라는 식민지시대의 아시아주의는 식민지 강압과 국가주의 이데올로기를 노골적으로 표방했다는 점에서, 오늘날 대중문화로 매개된 아시아주의와 차이가 있다. 오늘날 아시아주의 문화는 오히려 초창기 아시아주의가 제창했던 모호하게 겹쳐진 지역주의적 상상체로 되돌아가는 '역행'의 감각이라고 할 수 있다. 그것은 앞에서 언급한 정치·경제적 영역에서 발생한 '역행'과 비슷하다. 다른 역행과 마찬가지로 이 고급문화적 아시아주의로의 역행은 차이를 동반한다. 지정학적 구성 속에서 명백해 보이는 연속성은 문화적 아시아주의가 소위 포스트콜로니얼한 현재에 스스로를 자리매김하는 과정에서 발생한 근본적인 단절을 감춘다. 오카쿠라 텐신이 말한 "고급문화"와 그것이 오늘날 대중문화 아시아주의와 어떻게 다른지 더 자세히 살펴보면 일본과 서양에 대한 지역주의적 사고가 역사적으로 어떻게 다르게 자리매김했는지를 알 수 있다.

제국주의가 융성했던 시기의 아시아주의를 국민국가 이전의 것으로, 후기식민주의 시기의 아시아주의를 국민국가 이후의 것으로 구별하는 것은 면밀하진 않지만 분명 시사적이다. 오카쿠라 텐신에게 "동양의 이상"은 "서구"가 가진 물질적 힘과 과학적 합리성의 맹습에 맞설 수 있는 유일한 대항마였다. 특정한 국민공동체가 구상되기 전 아시아인들 간에 역사적·지정학적 교류가 있었고 이를 통해 아시아 사람들의 의식 속에 "단일하고 강력한 망web"이 형성되었다는 것이다. 개별적인 '국가'가 아닌 바로 '문명'이 오카쿠라 텐신의 아시아적 상상체를 형성하고 특징지었다. 또 하나 주목해야 할 것은 오카쿠라 텐신이 오직 서구의 독자들을 겨냥하여 영어로 『동양의 이상The Ideal of the East』을 썼다는 점이다. 즉 『동양의 이상』은 일본인 독자들을 고무하기 위한 것이 아니었다. 외부만 향하고 내부로는 향하지 않는 한 일본 안에서 "오카쿠라 텐신의 미 / 정신 / 아시아는 절대적이고 초월적인 외부성으로만 존재"한다.37) 그러나 일본제국주의가 도래하면서 오카쿠라 텐신의 지역주의 구상은 내부, 즉 아시아를 향했으며, 일본의 특권적 역할은 완전히 문자 그대로 받아들여졌다.38) 『동양의 이상』은 1930년대 초에야 일본어로 번역되었고, '아시아는 하나다'라는 말은 아시아를 침략하는 일본의 표어가 되었다. 소설가 나쓰메 소세키의 『문학론文學論』도 일본문학이 아니라 동양문학과 서양문학 간의 근본적 차이를 전제로 쓰였다는 점에서 이와 유사하다고 할 수 있다. 다이쇼시대 이후, "이 둘의 관계는 완전히 바뀌었다. 일본과 서양은 같은 차원으로 간주되었고 동시에 둘 간의 차이가 강조되었다. '서양'은 단순히 표상이 되었다. '동양'도 마찬가지"였다.[39] 자주적이고 상호의존적인 다양한 문화 형태로서 아시아적인 미학이 서양 제국주의에 '저항'할 수 있다는 것은 이러한 의미에서였다. 왜냐하면 그러한 아시아적 미학은 일본인의 의식으로 표상할 수 없는 근본적인 타자성이기 때문이다. 아시아적 상상체는 반제국주의와 일본 내셔널리즘 간의 줄일 수 없는 긴장과 현실적인 정체성을 모두 유지했다. 그러나 아시아주의의 근본적인 타자성은 곧바로 일본 국민의 단일한 표상으로 흡수되었다. 일본인이 절대 표상할 수 없는 것이면서 실제로는 오직 일본 국민을 통해서만 표상가능하다는 모순을 고려하면, 제국주의 시기의 아시아주의의 근본적인 가능성은 그 자신의 불가능성이기도 하다.

제국주의가 절정에 달했던 시기의 아시아주의가 궁극적으로 국가 형태에 맞춰 내부화되었다면, 대중문화 시대의 아시아주의는 국민-국가를 넘어, 국민-국가 외부에서 만들어졌다고 할 수 있다. 일본의 입장에서 고급문화가 아시아성의 절대적인 외부성을 표상했던 것에 반해, 일본 바깥으로 직접 수출되는 대중문화는 오늘날의 문화적 아시아주의를 특징짓는다. 일본이 "아시아 사상과 문화의 저장고"이자 "아시아 문명의 박물관"이었다고 한다면, 지금 일본은 또 다른 (아시아의) 자본주의적 발전이 재생산되는 공장이자 대중문화를 통해 개발주의의 해악을 치료하는 유원지처럼 보인다.

국가적인 것이 (아시아) 지역적인 것처럼 말해지는 알레고리는 잠재적으로 국민국가 편성의 한계와 허상에 도전한다. 더 이상 '기적'은 개별국가의 경제 성과라고 할 수 없으며 문화적 관습들도 더 이상 '독자적'이지 않다. 그러나 여기서 만들어지는 지역주의는 국민국가 이전의 아시아주의와 다르다. 이 지역주의는 지역화가 하나의 징후로서 국가적인 문화 정체성을 통해 나타나는 국민편성·국민경제라는 개념에 압력을 가할 때 구성된 것이기 때문이다. 〈오싱〉과 〈도라에몽〉 모두 (일본 애니메이션이나 가라오케 등 다른 종류의 대중문화 상품들은 말할 것도 없이) 아시아 전역을 휩쓰는 대중적인 인기를 얻었다. 그러나 이러한 경험적인 증거에도 불구하고 아시아를 일본화하려는 욕망뿐 아니라 일본을 아시아화하려는 집요한 욕망이 존재한다는 것은 주목할 만하다. 이는 일본을 아시아의 화신으로 보려는 욕망이자, 아시아를 일본의 과거를 반영하는 것으로 구축하려는 욕망이다. 요컨대, 공간적 연속체로 아시아의 여러 나라들을 배치하는 동시에 시간적인 동시대성은 부정하는 것이다.

지역적 동질화와 시간적 거리 두기가 동시에 진행되는 과정은 일본의 지위가 글로벌 자본주의 시스템 속에서, 그리고 아시아와의 구체적인 관계 속에서 구조적·역사적으로 어떻게 변화했는지를 보여준다. 이것은 다르면서도 변증법적으로 관련을 맺고 있는 두 가지 관점에서 파악할 수 있다. 우선 쉽게 지적할 수 있는 것은 아시아 지역에서 일본의 새로운 헤게모니를 보여준다는 관점이다. 이 헤게모니는 자본주의 중심의 탈영토화와 자본 자체의 초국화에 의해 가능해진 것이다. 여기서 규정된 지역적 위계는 대동아공영권이라는 식민주의적 명칭과 동일하진 않지만 완전히 다르다고도 할 수 없다. 또 다른 관점은 이러한 제국주의적 질서를 세계 시스템 내 일본 자본주의가 발전하는 과정에서 국민국가 편성과 관련된 불안으로 파악하는 것이다. 오늘날 아시아주의에서 국가(일본)적인 것이 지역(아시아)적인 것처럼 말해지는 알레고리는 아시아를 향한 일본의 욕망 속에도 내재되어 있다. 이와부치 코이치岩渕功一가 일본의 '팝아시아주의'를 분석하며 말했듯이 오늘날 일본에는 아시아를 향한 두 가지 모순된 욕망이 존재한다. 하나는 전근대적인 아시아에 대한 향수이고 다른 하나는 막 지나온 과거의 일본을 상기시키는 근대적 아시아에 대한 향수이다. 따라서 빠르게 성장하는 아시아 나라들은 1950~1960년대에 산업대국으로 부상한 일본을 상기시키는 근대화의 약동적인 기세를 재현하는 것이 된다.[40]

　일본의 '근대적 아시아에 대한 향수'는 1945년 이후 아시아 지역 경제 발전의 맥락에서 파악해야 한다. 일본이 제2차 세계대전에 패하고 그에 따른 미군의 점령과 비군사화 그리고 경제 재건은 전후 일본의 의식에서 아시아를 대체하고 추방시켰다.[41] 전후 30년 동안 일본은 미국과의 관계를 우선시했으며 아시아는 부차적인 것으로 여겼다. 일본이 경제대국으로 부상했던 1950~1960년대조차 아시아는 기본적으로 일본에 원자재를 공급하는 곳이자 공산품을 팔기 위한 시장에 불과했다. 1970년대, 브레튼 우즈체제[9]의 붕괴와 뒤이은 석유파동, 대미무역 흑자에 이어 서유럽과의 무역 흑자를 기록하면서 일본 자본주의는 주로 해외 직접투자 방식으로 아시아의 경제 전략을 수정했다. 일본

9　Bretton Woods System. 외환금융시장의 안정, 무역활성화 유지를 위하여 1944년 7월 미국 뉴햄프셔주 브레튼우즈에서 44개 연합국대표들이 만든 국제통화질서이다. 미 달러화를 중심으로 고정환율제도(달러를 기준으로 각국의 통화가치를 일정하게 유지하는 제도, 기준이 되는 달러는 금 1온스 당 35달러)를 도입하여 국제통화의 질서를 규정하고 제도화한 것이다. 이를 주관하기 위하여 금융부문에서는 국제통화기금IMF(International Monetary Fund)과 세계은행IBRD(International Bank for Reconstruction and Development)을 설립하였으며, 무역부문에서는 무역활성화를 위해 관세와 무역에 관한 일반협정GATT(General Agreement on Tariff and Trade)을 맺었다. (주)다올소프트 제작, 모바일 앱 '박문각 시사상식 사전'(pmg 지식엔진연구소, 『시사 상식 바이블』, 박문각, 2008), 2013.

의 아시아 투자는 1985년 플라자 합의[10] 이후 급증하는데, 일본을 포함하여 여러 나라에 수출할 공산품을 생산하기 위해 아시아 여러 나라에 공장을 세우는 식이었다. 일본은 초반에는 자본과 생산재를 제공했지만 아시아 무역이 미국과의 무역을 초과하기 시작하자 일본은 아시아 여러 나라들에서 생산되는 공산품의 주요한 시장으로 부상했다.

일본이 자본의 명령을 따라 제조업 중심의 산업화 경제에서 서비스 중심의 소비사회로 이행하자, 상승세에 있던 산업화의 낙관적인 에너지는 오늘날 아시아주의의 대중적 이미지 속에서 그 모습을 바꾸어 재생되고 있다. 그 에너지는 지금은 약화되었고 '상실'된 것처럼 느껴진다. '버블'경제가 터지고 불황이 악화된 탓에 일본은 그동안 돌아볼 필요가 없었던 경제성장과 국가정체성 그 자체를 질문하게 되었다. 일본은 아시아를 자신의 과거를 반영하는 지역으로 상상함으로써 경제 발전의 불안한 미래를 상쇄시킨다. 이런 의미에서 대중문화 아시아주의는 자본의 세계화 과정과 국민국가의 쇠퇴를 둘러싼 불안을 중재한다.

아시아 지역주의 상상체를 세계화와 내셔널리즘 간의 모순을 교정하는 것이라기보다 오히려 그 징후로 생각해볼 수 있다. 이를 확인할 수 있는 하나의 방법은 대중문화가 전파하는 메커니즘을 살펴보는 것이다. 주목할 것은, 국민국가 이후의 아시아주의는 대중문화로서

---

10 Plaza Accord. 미국의 달러화 강세를 완화하려는 목적으로 미국, 영국, 독일, 프랑스, 일본의 재무장관들이 맺은 합의. 플라자합의 체결 1주일 만에 일본의 엔화는 약 8%, 독일의 마르크화는 약 7% 평가 절상되는 한편 미국 달러화의 가치는 2년 만에 30% 이상 평가 절하되었다. 1980년대 초중반까지 4~5%의 안정적 성장을 지속했던 일본은 플라자합의 이후 엔고현상으로 인해 가격경쟁력이 떨어져 수출이 급격히 감소했다. 정부는 내수부양과 수출경쟁력 향상을 위해 저금리 정책을 시행했지만 이는 곧 부동산 투자로 이어져 거품경제가 양산되었고, 이후 이를 막기 위해 정부에서 금리를 인상하자 부동산 가격이 급락하고 기업과 은행이 무더기로 도산하는 어려움을 겪었다.

의 영상·상품·음악을 통해 매개된다는 것이다. 이 대중문화는 지금까지 국민국가와 결부되었던 문화적 형태와 매우 다른 문화적 생산과 소비의 초국적 형태를 띤다. 스튜어트 홀Stuart Hall은 이러한 세계화의 새로운 형태를 다음과 같이 특징짓는다.

> 글로벌한 대중문화는 문화생산의 근대적 수단에 지배된다. 언어적 경계들을 더 빨리 더 쉽게 횡단하고 교차하는 이미지에 지배되는 것이다. 이미지는 어떤 언어보다 훨씬 직접적인 방식으로 말한다. 글로벌한 대중문화는 시각예술이나 그래픽 아트가 직접적으로 대중의 생활, 오락, 여가에 침투해 그것들을 재편성하는 온갖 방식에 지배되며 텔레비전, 영화, 이미지, 광고 양식들에 지배되고 있다.[42]

그러나 스튜어트 홀이 말하는 "글로벌한 대중문화"는 주로 '미국적'이고 '서구적'인 것으로, 아시아 지역이나 '일본' 대중문화의 글로벌한 확산에 대해서는 확실히 무관심하다.

일본제 상품·영상·음악의 확산에 대해 고찰하는 하나의 방법은 그것을 아시아 지역주의의 기획으로 간주하는 것이다. 이 기획은 단순한 결과가 아니라 글로벌 자본주의 문화에 매우 필수적인 구성요소이다. 여기서 내가 말하는 '글로벌한 문화'는 생산과 축적이 일어나도록 하는 어떤 욕망 또는 환상을 자본이 조직하고 분배하는 현장이다. 일본이 생산한 대중영상을 아시아로 전파하는 주요한 발신처 중 하나는 스타 티비STAR TV(Satellite Television Asian Region TV)이다. 스타 티비는 중국 위성을 이용해 홍콩에서 방송된다. 동쪽으로 일본에서 서쪽으로 이스라엘까지, 북쪽으로 몽골에서 남쪽으로 파퓨아뉴기니까지 아시아 38개국에 방송되는 스타 티비는 잠재적으로 27억 명의 시청자를 거느린 세계 최대 규모의 지역 텔레비전 시장이다. 더욱 중요한 것은 스타 티비가 아시아 지역 역사상 처음으로 아시아에서 이미지의 동시적인 발신과 수신을 가능하게 만들었다는 점이다. 스타 티비가 상상적인 아시아 지역의 정체성을 만들어낼 능력이 있는지 여부는 확실치 않지만, 분명한 것은 '아시아성'의 다양한 개념들이 이 미디어 지역주의를 통해 —지역의 경제개발이라는 알레고리가 된 일본 멜로드라마든, 한국과 인도의 록밴드를 소개하는 MTV 아시아든 —구축되었다는 것이다.

이러한 통합적인 집합체는 아시아의 모든 사건이나 프로세스, 사람들, 그리고 정체성을 한 데 묶는다. 최근 아시아가 다른 상상된 문화와 이질적으로 관계를 맺는다는 주장들이 있음에도 불구하고 이러한 통합체는 자본주의 축적의 동일한 공간을 보여준다고 할 수 있다. 오늘날 MTV아시아와 MTV유럽은 나란히 공존한다. 신문 칼럼도 일본의 유명한 아이돌에 대한 새로운 소식과 함께 바로 최근 할리우드 동향을 전한다. 베이징어로 된 타이완 멜로드라마가 끝나면 네버엔딩 드라마 〈비버리힐즈의 아이들Beverly Hills 90210〉[11]이 방송된다. 바꿔 말하면, 전에는 서로 공존할 수도, 비교할 수도 없었던 것들이 오늘날 후기자본주의 작동 방식을 따라 축적과 생산의 영역에서 공존 가능하고 비교 가능한 것이 되었다. 아이러니한 것은 바로 이러한 지역적 문화 전파가 '아시아'라는 개념에 대한 어떠한 논리도 불가능하게 만든다는 점이다. 아시아성이라는 개념은 스타 티비의 '특수문화적인 방송편성'에 의해 끊임없이 파편화된다. 광둥어 멜로드라마부터 일본영화까지, 인도·중국·한국 가수들이 나오는 뮤직비디오부터 크리켓·축구·스모 등의 스포츠 분야에 이르기까지 다양한 대중문화

---

[11] 1990년 10월부터 2000년 5월까지 방영된 미국 드라마로 일본에서 방영된 제목은 〈비버리힐즈 고교백서 / 청춘백서〉이다.

의 형식들을 끊임없이 차이화하는 것은 미디어 생산물들을 표준화하는 동시에 아시아 지역주의 정체성의 형성을 가로막는다. 아시아 지역주의 연합을 더 이상 상상할 수 없게 된 바로 이 시점에서 오히려 대중문화의 형태로 아시아주의가 드러나는 것이다.

일본인 비평가 다케우치 요시미竹內好는 공통의 식민지 유산과 반反유럽중심주의가 근본적으로 저항정신을 품고 있다는 이유로 아시아주의가 가진 비판적인 가치를 옹호했다. 그러나 오늘날 그러한 가치는 어디서도 찾아볼 수 없다. 아시아주의는 더 이상 동양과 서양 간의 실증적인 정체성과 긴장을 만들어내기 위한 선험적 타자성을 의미하지 않는다. 오늘날 '아시아' 그 자체는 와전된 오리엔탈리즘도 아니고 반反제국주의에 대한 집합적인 표상도 아니다. '아시아'는 시장이 되었고 '아시아성Asianness'은 후기자본주의 사회 속에서 글로벌하게 유통되는 상품이 되었다. 지역적인 것과 글로벌한 것 간의 이 구성적인 관계성은 일본 최고의 팝스타 고무라 테쓰야小室哲哉(그가 속한 그룹의 이름은 야심차게도 글로브Globe이다)의 최근 발언에서 엿볼 수 있다. 그는 아시아적이고도 글로벌한 야심에 차 다음과 같이 말했다. "나는 아시아인을 위한 종합 엔터테인먼트를 창조하고 싶습니다. 그것은 단지 일본인만 혹은 중국인만 즐기는 것이 아니라 아시아인이 하나 되어 즐기는 것이 될 겁니다. 그리고 음악이 바로 아시아 대륙을 하나로 묶는 한 가지 방법이라 생각합니다."[43]

여성의 전후 문화사

생산과 소비의 분리를 넘어서[*]

우에노 치즈코 上野千鶴子[**]

1. 시작하며 – '소비주체'로서의 여성

문화인류학자 클라이드 클럭혼Clyde Kluckhorn은 문화를 하나의 집단이 공유하는 생활양식way of living으로 폭넓게 정의했다.[1] 그렇다면 전후의 문화를 이야기할 때, 여성이 담당했던 소비문화를 빼놓을 수 없다. 이를 생활문화나 가정문화라고도 말할 수 있다. 근대의 특징은 생활문화나 가정문화의 담당자가 한결같이 여성이었던 점, 그리고

---

[*]   이 글은 허보윤이 번역하였다.

[**] 1948년생. 도쿄東京대학 명예교수로 전공은 가족사회학, 여성학, 젠더이론. 일본에 마르크스주의 페미니즘을 소개한 연구자. 저서로는 『가부장제와 자본제―마르크스주의 페미니즘의 지평』(1990), 『근대가족의 성립과 종언』(1994), 『내셔널리즘과 젠더』(1998) 등이 있다.

특히 전후에 그것이 소비문화로 변화했다는 점이다. 뒤집어 말하면 근대 이전에는 생활문화나 가정문화의 담당자가 반드시 여성이 아니었으며, 가정은 소비의 장인 동시에 생산의 장이었다. 이 변화의 배후에는, 근대 가족체제가 성별에 따라 공적 영역과 사적 영역을 담당하는 성별역할분담의 근대 젠더체제가 있다. 또한 가정을 오로지 소비의 장으로 삼는 것, 즉 직장과 주거의 분리를 초래한 산업화 과정이 배후에 있다. 생산은 남성, 소비는 여성이라는 성별 분담 아래에서 여성은 전적으로 소비 전문가가 되고, 그에 따라 소비주체로서 집단적으로 등장한다. 이와 같이 소비문화가 생산보다 우위에 선 사회를 우리는 소비사회라고 부른다. 뿐만 아니라 세기말의 일본은 성숙한 대중소비사회라는 이름을 얻기에 이르렀다. 따라서 전후 문화사를 이야기할 때 소비문화와 그 안에서 여성이 수행한 소비주체로서의 역할을 잊어서는 안 된다.

2. 방법-소비를 통한 '주체화'

'소비주체'라는 개념은 '소비'와 '주체'의 조합으로 이루어진다. 먼저 각각의 개념을 살펴보자.

상품시장과 화폐경제를 따르는 사회에서 소비란 최종 소비재의 구매 행동을 말한다. 당연히 모든 소비가 화폐를 통해 이루어지는 것은 아니다. 그러나 대부분의 소비재가 상품화된 오늘날에 소비자란 바로 '상품을 구입하는 자'를 가리킨다. 따라서 돈을 사용하지 않고 살아가는 사람을 소비자라 부르기는 어렵다. 소비자란 상품시장에 등장하는 에이전트 중 하나이다.

'소비재 상품을 사는' 행위를 통해서 소비자는 주체가 된다. 나는 여기에서 '주체'라는 말을 푸코Michel Foucault나 주디스 버틀러Judith Butler가 쓴 의미로 사용한다. 즉 소비주체가 되기 위해서는 교환을 가능하게 만드는 상품시장의 규칙을 따라야만 한다. 그 시장에서 게임의 플레이어로 등장할 때 여성은 주체가 된다. 이 게임의 규칙에 '순응subject to'하는 한, 소비자는 게임의 수동적인 '종속자 = 주체subject'이다. 그러나 동시에 소비자는 시장에서 상품을 선택할 수 있는 능동적인 '행위자 = 주체agency'이기도 하다.

기호학적 경제인류학에 따라 모든 시장 교환행위transaction를 기호 교환행위로 보면, 교환은 언어행위와 유사하다. 그런데 상품교환과 언어행위가 같은 범주라니 뭔가 이상하지 않은가? 언어의 가치를 경제학을 통해 유추한 사람은 다름 아닌 소쉬르Ferdinand de Saussure였다. '생존의 필요'를 위한 재화와 서비스의 분배체계로만 경제를 환원하는 견해는 틀렸다. 무엇이 '재화'인가를 둘러싼 정의는 항상 문화적인 것이고, 경제란 이미 언제나 '생존의 필요'를 넘어선다. 따라서 재화의 교환을 언어행위에 비유하는 것은 결코 무리한 생각이 아니다.

시장의 법칙은 원리상 수요와 공급이 균형을 이룬 상태가 교환의 최적점이 되는 구조다. 그래서 마르크스는 교환가치와 사용가치, 즉 가격과 가치 사이에 아무런 관련이 없다고 주장했다. 그 때문에 이윤율이 높은, 다시 말해 시장가치와 원가의 차이가 큰 상품 생산 분야로 이동할 수 있는 자본의 자유와 함께, 가격 대비 성능이 더 뛰어난 상품을 선택할 수 있는 소비자의 '자유' 역시 확보되어야 한다. 즉, 시장 교환의 게임에 등장하는 것은 수요자 측도 공급자 측도 원리상 '자유로운 주체'여야 한다는 것이다.[2] 이는 노동시장에 등장하는 노동력 상품이 원리상 '자유로운 노동자'여야 하는 것과 대응한다.

소비자는 이 '자유'를 행사함으로써 시장에서 능동적인 주체가 된 다. 물론 이 '자유'란 주어진 상품의 선택지 안에서 겨우 선택하는 정도의 보잘것없는 것이다. 그것을 '주체'의 수동성으로 보아 '시장에 종속'되었다고 할지, 혹은 그것을 소비자의 능동성으로 보아 '시장에서의 선택의 자유'로 생각할지는 어디에 역점을 두느냐에 달려있다. 그 교환행위transaction의 현장에서 상품과 교환되는 것이 화폐다.

그런데 파슨스Talcott Parsons에서 루만Niklas Luhmann에 이르는 사회학적 매체론의 계보에서는 경제를 상징적인 교환 시스템으로 간주한다. 시장이라는 교환 시스템에서는 언어 대신 화폐가 매체의 역할을 수행한다. 그러나 화폐는 단순한 매체가 아니다. 매체 중의 매체, 일반화된 상품, 즉 모든 상품과 교환 가능한 메타 매체이다. 하시즈메 다이사부로橋爪大三郎는 화폐라는 매체를 소비시장의 '투표용지'로 비유했다. 이 탁월한 비유에 따르면 소비자는 화폐라는 '투표용지'를 손에 들고 상품의 시장선택권을 행사하는 '자유로운 주체'가 된다. 게다가 근대적인 상품시장은 일물일가一物一價의 원칙을 가지고 있다. 그래서 교환의 문맥에 따라, 예를 들어 손님이 아는 사람인지 아닌지, 단골인지 처음 온 사람인지, 신분이 높은 사람인지 낮은 사람인지, 혹은 흥정에 능한지 아닌지와 같은 교환 당사자 간의 사회관계에 따라 가격이 좌지우지되지 않는다. 따라서 모든 소비자는 상품 앞에서 평등하다. 그 점에서도 화폐를 '투표용지'에 비유한 것은 적절하다. 현실에서는 화폐라는 자원의 분배에 격차가 있기 때문에, 그 투표는 1인 1표제의 의회제 민주주의보다 보유주식 수에 따라 투표권의 크기가 달라지는 주주총회와 유사하다. 그러나 어떠한 기호성을 가진 소비재도 한편으로 사용가치를 지닌 생활재이기 때문에, 소비의 양에 한계가 있다. 아무리 부자라 해도 화장지를 쓰는 데 한계가 있듯이, 시장선택의 과정에서 어떠한 소비자도 상대적으로 평등한 자유를 행사하는 것이다.

버틀러는 언어 행위를 수행적 행위로 이해하고 '주체'를 행위의 반복에 의한 결과 즉 침전3)의 효과로 보았다. 같은 방식으로 소비라는 행위를 파악하는 것은 불가능한 일일까? 소비자는 소비라는 행위를 통해서 '주체'가 된다고 말이다. 그렇게 본다면 어떠한 '소비 선호'를 가졌는가가 '주체'의 성격을 결정한다고 할 수 있다. 여기서 '소비 선호'란 '정형화된 소비 패턴'을 말한다. 18세기 프랑스 미식가 브리아 사바랭Brillat Savarin의 유명한 말을 다음과 같이 바꿔볼 수 있다. "당신이 어디서 무엇을 샀는지 말해보아라, 그러면 당신이 어떤 사람인지 알려줄테니." 소비사회의 마케팅 전략은 기실 이 같은 소비 선호의 유형화에 따른 것이었고, 소비자는 상품 브랜드로 자신을 비유하기에 이르렀다.4) 일본에서 소비를 통한 주체화, 즉 '자기실현'이 이루어진 것은 20세기 후반의 일이고, 그 담당자가 다름 아닌 여성이었던 것은 의심의 여지가 없다.

3. 시대 구분

추상적이고 이론적인 논의는 이 정도로 마치고, 일본의 전후사를 소비문화라는 측면에서 몇 단계로 나눠보자.

1기 (1945~1955) 전후 부흥기(소비사회 전사前史)

2기 (1955~1973) 고도성장기('생활혁명')

3기 (1973~1985) 요코나라비橫並び 소중기小衆期[1]('여성의 시대')

4기 (1985~1991) 버블경제기(새로운 계층 분화)

5기 (1991~) 구조전환기(소비사회 후사後史)

1기는 전후 부흥기로 사람들이 아직 '생존의 필요'를 위해 생산과 소비를 하던 시대이다. 다케노코 생활[2]을 하던 시기로, 물물교환이 벌어졌고 시장에 상품을 내보내는 제조사들도 완전히 회복하지 못한 상태였다. 뿐만 아니라 기간산업을 부흥시키는 데에 전력했기 때문에 말단 소비재에까지 신경을 쓰기 어려운 시대였다. 이는 1950년 한국 특수로 시작된 고도성장기의 전사前史라 할 수 있는 시기로, 이 글에서는 간략히 짚고 넘어가려 한다.

이로카와 다이키치色川大吉는 2기 고도성장기를 '생활혁명'이라고 불렀다.[5] 정치적 혁명도 아니고 피를 흘리지도 않았지만, '혁명'이라 불러도 될만큼 고도성장 전후로 일본인의 생활은 뿌리에서부터 변화하였다. 1950년대까지 일본의 농업인구는 약 40%, 농가세대율은 50%를 넘었다. 고도성장은 농업인구를 격감시키고 국민의 대부분을 임노동자로 만들었다. 고도성장기를 전후하여 일본의 촌락공동체는 이미

---

1 '요코나라비'란 옆으로 나란히 늘어선 모습을 묘사한 말로, 여기서는 평등하게 소비한다는 의식을 지칭하고 있다. 그러나 평등하다고 해서 이 시기에 모두 다 똑같은 유형의 소비를 했다는 말은 아니다. '대중'이라는 말과 대비되는 '소중小衆'이라는 말이 암시하고 있듯이 소단위의 취향그룹이 형성되어 각자의 개성을 살린 소비를 했다는 말이다. 그러면서도 계층적 위계 없이 평등해보였던 이 소비문화의 시기를 필자는 '요코나라비 소중기'로 명명하고 있다.

2 (죽순 껍질을 벗겨 나가듯) 옷가지나 세간살이 등을 한 가지씩 팔아 근근이 이어가는 생활을 의미하나, 흔히 제2차 세계대전 직후의 궁핍한 생활상을 표현하는 말로 사용된다.

회복 불가능한 수준으로 해체되었고 일본 사회는 되돌이킬 수 없는 사회변동을 겪었다. 그러한 가운데 남자는 샐러리맨이 되고 여자는 전업주부가 되어, 오치아이 에미코落合惠美子가 '가족의 55년체제'라고 명명한 '샐러리맨과 전업주부 체제'가 성립되었다.6) 여성이 '소비대중'으로 등장한 것도 이 시기였다.

3기는 1973년의 오일 쇼크로 고도성장이 한풀 꺾인 후, 그 다음에 이어진 장기간의 산업구조 전환기에 해당한다. 마거릿 대처 혁명과 레이건 개혁 아래에서 높은 실업율을 겪은 서구에 비해 일본은 고용율을 유지한 채 이 시기를 성공적으로 넘어섰다. 이는 후에 "재팬 애즈 넘버 원Japan as Number One"7)으로 표현된 자신감과 미증유의 엔고로 이어졌다. 그러나 이것이 '성공'이었는지 아닌지는 이 시기에 재편·강화된 '일본형 시스템'이 버블 붕괴 후 긴 불황기에 불량채권을 책임져야만 했던 사정과 연결해 판단할 필요가 있다.

일본 여성에게 1973년이 상징적인 것은, 그때까지 하강 경향이던 여성의 취업률이 그해에 바닥을 찍고, 이후 상승하기 시작했기 때문이다. 산업구조의 전환으로 성장산업 부분에서 여성에 대한 새로운 고용창출이 일어났다. 스스로 돈벌이 하는 여성의 등장에 따라 '강력한 소비자'라 불리는 여성 소비자가 생겨나고, '여성의 시대'로 추어올려졌다. 그러나 '여성의 직장 진출'이라는 것의 실태는 기실 여성 노동의 주변화에 지나지 않았고, 이에 관해서는 이미 많은 논자들이 지적한 바 있다. 소비사회는 '따라잡기catch up' 소비에서 '요코나라비橫並び' 소비로 전환되었다. '소비자가 보이지 않게 되고', 어떤 브랜드도 가치의 차이가 없는 '요코나라비 소중기小衆期'가 도래했다. 이미 포식한 소비자를 향해서 필요 없는 것을 욕망하게 만드는 소비사회는 성숙한 소

비사회라 불렸다. 이러한 소비를 이끌었던 층은 1988년에 창간된 잡지 『하나코*Hanako*』로 대표되는 여성들이었다.

4기는 엔고와 '연금술의 경제'(시마다 하루오島田晴雄)로 상징되는 자본이득capital gain의 시대이다. 엔고는 일본 경제의 힘이 국제적으로 평가받은 결과였지만, 자산 가치가 불로소득을 증가시키면서 자동적으로 자산의 유무에 따른 계층 분화가 일어났다. '요코나라비' 소비는 일시적 환상이었을 뿐, 계층 소비가 명확해짐에 따라 '신 신분사회'8)가 등장했다. 또한 도시화와 도쿄 집중으로 수도권주니어의 특권이 매우 높아졌다. 유럽의 세계적 브랜드들이 일본을 더욱더 군침도는 시장으로 여긴 것도 이 시기였다. 1985년을 이 시기의 기점으로 본 것은 여성에게 또 다른 의미가 있다. 이 해에 '남녀고용기회균등법'이 발효되었기 때문이다. 이 법으로 여성은 '남성과 동등한 조건이라면' 균등한 대우를 받을 권리를 확보했다. 그러나 오직 대졸 여성만이 이 동등한 조건을 만족시킬 수 있기에, 결국 균등법은 남녀격차에 여성 간 격차를 보태고 확대시키는 결과를 낳았다. 이렇듯 '여성 계층'의 분화가 촉진된 것이 이 시기 특징이다.

5기는 1991년 하시모토橋本 정권의 구조개혁이 실패하면서 벌어진 버블의 붕괴로 시작되었다. 1991년 이래 장기간의 불황으로 소비성향이 사그라들고 디플레이션 기조가 계속되었다. 그보다 중요한 것은 이 시기에 전후 '일본형 시스템'을 지탱해온 경제, 정치, 가족, 사회 구조가 모두 어쩔 수 없이 재구성되었다는 사실이다. 1991년은 세계사적으로도 의미 있는 해였다. 그해 소비에트 연방이 붕괴되고 동서냉전구조가 종언을 고했기 때문이다. 고용유연화에 의해 여성은 직격탄을 맞고, 중산계급 여성들의 정해진 인생 코스, 즉 단기 취업 → 결혼 후 퇴직 → 육아기 이후 재취업의 코스는 현실성을 잃었다. 다른 한편으로 이 시기에 비혼과 저출산이 예상을 뛰어넘는 수준으로 높아졌는데, 그러한 인구학적 동향을 이끌었던 것도 여성이었다. 가족의 전후체제인 일본형 근대 가족의 붕괴는, 이혼율의 상승도 혼외자 출생률의 상승도 아닌 혼인율의 저하, 요컨대 아예 처음부터 가족을 결성하지 않는 젊은 세대에 의해 초래되었다.

위와 같은 시대 구분에 대해 약간의 시간차는 있을 수 있지만, 대부분의 논자들은 이론이 없을 것이다. 크게 보면, 이 같은 시대 구분은 전후의 소비사회를 2기에서 4기까지의 약 반세기로 파악하고, 1기를 이를테면 축제 전, 5기를 축제 후로 이해한 것이다. 5기를 '소비사회가 끝났다'고 보는 것을 섣부른 판단으로 여기는 사람도 있을지 모른다. 그러나 여기서 끝났다는 것은 여성을 오로지 소비대중으로만 보는 근대의 젠더체제가 끝났다는 말이다. 따라서 '여성'을 주인공으로 삼는 이야기는 일단 문을 닫아야 한다.

이 글에서는 전후 문화사를 '소비문화'라는 단면에서 이해하고, '소비주체'로서 여성이 수행한 역할을 시대순으로 논하고자 한다. 이는 우리 자신이 시대의 동반자로서 기회가 있을 때마다 계속 써내려온 소비사회론을 추적하고 조감하는 일이기도 하다.

4. 1기 전후 부흥기(1945~1955, 소비사회 전사前史)

마루야마 마사오丸山眞男는 패전 후 서민의 에너지를 '욕망자연주의'라고 명명했다.9) 미타 무네스케見田宗介도 마루야마를 본떠, 1950년대

의 사회의식을 논한 고전적 명저『현대 일본의 정신구조現代日本の精神構造』에서 '욕망자연주의'라는 말을 사용했다.10) 그러나 '자연주의'는 단순히 '자연'이 넘쳐나는 것이 아니다. 전시하에서는 곤궁한 상태였어도 욕망이라는 자연을 억압하는 공적인 목표가 있었기에 '욕망자연주의'가 일어날 틈이 없었다. 따라서 '욕망자연주의'를 굶주림이나 빈곤으로 환원시킬 수 없다. 결국 전후의 '욕망자연주의'는 패전으로 인해 전후사회에 사적인 욕망을 억압하는 어떠한 공적 목표도 없었음을 의미한다. 패전이란 물량전의 패배뿐 아니라 정신전의 패배도 의미하기 때문이다. 패전국 일본은 전쟁수행을 위해 유지해온 대의의 정당성을 잃었다.

일본의 병사 손실은 약 250만 명, 전쟁미망인도 25만 명이 넘었다. 그녀들은 가계家計를 책임지고 생계를 유지해야 했다. 그 이전에 이미 전시하에서 남성노동력이 동이 나면서 산업전의 전사로 여성이 생산현장에 동원되고, 장정의 노동력을 잃은 농촌에서도 여성이 주된 농업 노동력이 되어야 했다.

전쟁은 생산과 소비의 성별 분업을 해체했던 것일까? 이 질문에 대해 선행연구는 아니라고 답한다.11) 여성은 결국 기간基幹노동력이 되지 못했고, 또한 소집해제로 남성들이 돌아오자마자 생산거점의 성별 분업은 빠르게 회복되었다. 전후 부흥 사업이 진행됨에 따라 기업의 채용 과정에서 남성 선호는 노골적이었고, 1960년대 '여학생망국론'12)이 나오는 등 성별 분업체제로 복귀하는 데에 그리 오래 걸리지 않았다.

전후 재빨리 활동을 재개한 여성운동가 가운데 오쿠 무메오奧むめお는 "여성의 문제는 소비"라며 1948년 주부연합회를 설립했다.13) '생활의 안정'과 '소비의 합리화'를 표어로 삼은 주부연합회의 활동은 전후 최초의 소비자운동이었다. 오쿠 무메오는 전쟁 중에 익찬翼贊단체3의

요직에 있었는데, 전후에도 활발하게 활동을 이어가 전전과 전후에 대한 단절 의식이 없었다. 전쟁 중의 절약이 그대로 전후의 생활 합리화로 수평이동했을 뿐, 인적으로도 조직적으로도 전시체제가 전후에도 계속 되었음을 나리타 류이치成田龍一 나14) 그레고리 플러그펠더 Gregory Pflugfelder의 연구가15) 밝힌 바 있다. '주부'가 바로 '소비자'를 의미했다는 점에서 주부연합회는 도시적인 운동이었다. 농촌의 주부를 단지 소비자라고 말할 수 없었다. 1955년에는 제1차 주부논쟁16)이 일어났는데, 당시 '주부'는 남성 임노동자의 무직 아내를 지칭하는 것으로 그 지위가 낮았다.

다른 한편, 농촌에서는 생활합리화운동이 벌어졌다. 허례허식 폐지, 관혼상제의 간소화, 부엌 개선 등이 전개되었고, 운동의 담당자는 농촌의 젊은 며느리회였다. 전쟁은 농가의 며느리들에게, 시어머니의 감시에서 벗어나 당당하게 공적 영역에 등장할 기회를 주었다는 점에서 '해방적'이었다고 무라카미 노부히코村上信彦가 말했듯이,17) 젊은 며느리회의 활약은 세대 간 주도권 갈등의 분위기를 띠고 있었다. 생활문화의 근대화와 전통 의례의 경시가 시부모 세대의 권위를 저하시켰기 때문이다. 식생활 개선을 외치는 '1일 1식 프라이팬 요리'와 같은 표어, 즉 기름을 사용해서 요리하는 것이 영양상태 개선에 도움이 된다고 믿는 등의 운동은 새로운 생활문화의 담당자로서 며느리의 우위를 확립하는 효과를 낳았다.

이 시기가 나무 땔감에서 석탄과 가스로 주 연료가 바뀐, 전후 제1차 에너지혁명에 대응한다는 것도 의미가 깊다. 부엌의 연료가 가스로 변화함에 따라 과거의 기술은 그 담당자와 함께 버려지고 새로운

---

3 원래 제왕의 정치를 잘 도와서 인도한다는 뜻으로, 근대 일본에서는 정치적 성향과 관계 없이 천황의 정치를 돕는 일을 하는 단체를 말한다.

기술의 담당자가 우위에 서게 되었다. 예를 들어 가스 밥솥의 보급으로 아궁이에서 밥을 짓는 기술의 가치가 떨어졌다. 농가에서 먹을 것의 관리는 주부권과 결부된 것이었다. 새로운 가정 연료의 등장으로 시어머니는 밥을 짓는 기본적인 역할을 며느리에게 양도하지 않을 수 없었고, 결국 시어머니의 권위는 하락하게 되었다.

'주체화'라는 개념을 적용해보면, 주부연합회의 주부들도 농촌의 젊은 며느리회 사람들도 '생활 합리화' 운동을 통해서 자신들의 집단적 이익을 발견하는 '소비주체'가 된 것이다. 1990년대에 이르러 고령화와 후계자 부족난에 빠진 농촌에서 농업위원이나 농협 임원의 여성 비율이 점점 높아졌는데, 그 주요 인물이 바로 이 시기의 여성들, 즉 40년 전의 젊은 며느리회 회원이라는 사실이 놀라웠다. 예전에 활동적이었던 사람들은 그 후에도 계속 활동적이어서, 1990년대 남녀공동 사업의 추진자가 된 것이다.

5. 2기 고도성장기(1955~1973, '생활혁명')

앞서 이야기한 것은 '생활혁명'의 전초전에 지나지 않는다. 고도성장기가 일본 사회에 가져온 변화의 규모와 급속함은 '혁명'이라는 말이 지나치지 않을 정도다. 이 시기를 '생활혁명'이라 명명한 이로카와 다이키치는 1960년대를 논한 글에서 "주류의 공동 심성으로서 사생활주의나 '물질'의 풍부함에 의존하는 감성이 현대 일본인을 지배하고 있다"[18]고 했다. '사생활주의'와 마찬가지로 '욕망자연주의' 역시 '—주의'

인 것은, 사적인 욕망의 추구가 다른 어떠한 가치에도 억압받지 않는다는 뻔뻔하리만치 당당한 긍정의 시대적 에토스를 지향하기 때문이다.

욕망자연주의가 활짝 꽃을 피운 것은 이 시기였다. 그리고 그 담당자는 소비자 여성이었다. 일본 경제는 성장을 위한 내수확대가 필요했고, 그래서 욕망자연주의는 역설적으로 국책을 따르는 일이 되었다. 나는 이 경향을 시민사회가 아닌 사민사회私民社會라고 부르는데, 메이지 이래 처음으로 공적 목표에 비해 사적 목표가 우위에 선 시대가 온 것이라고 할 수 있다. 그러나 이 사민화私民化 역시 전후 보수정치가 의도한 것임은 말할 것도 없다. 미일안보개정을 둘러싼 정치위기로 기시岸 수상이 사임한 후, 이케다 하야토池田勇人 수상의 '소득증대계획'은 국민을 정치과제가 아닌 사생활주의 쪽으로 유도하려는 정책적 의도를 가지고 있었다.

1950년에 한국전쟁이 발발했다. 한국 특수로 진무경기神武景氣, 이와토경기岩戸景氣가 이어지고,[4] 게다가 1960년대의 베트남 특수로 일본은 더욱 넉넉해졌다. 전쟁이 경기를 자극하는 것은 상식이지만, 이것만으로는 고도성장을 다 설명할 수 없다. 패전으로 식민지를 잃고 평화헌법에 의해 군비 쪽으로는 손발이 묶이고 더욱이 주일미군에 의해 안전보장에 무임승차한 일본은, 노동분배율을 높임으로써 내수확대를 통한 경제성장을 이룩했다. 일본의 경제성장이 세계의 본보기가 된 것은 단순히 그 규모와 속도 때문만이 아니다. 식민지에도 전쟁에도 의존하지 않은, 성장의 '평화모델'을 제시했기 때문이다. 그 내수확대의 견인차가 되었던 것은 가전제품을 중심으로 한 내구소비재였다.

---

4 진무경기는 일본의 고도경제성장으로 말미암은 1954년 12월부터 1957년 6월까지의 폭발적인 호경기를 말하며, 이와토경기는 1958년 7월부터 1961년 12월까지 42개월에 걸친 호경기를 칭하는 말이다.

1955년부터 1973년에 걸쳐 세대 수는 약 1800만에서 약 3200만 세대로 증가했고[19] 핵가족율은 45.4%에서 58.8%로 상승했다.[20] 자가 소유율은 1970년대까지 60%를 돌파했다.[21] 학력 간 소득격차도 상대적으로 축소되어 1970년대에는 자신의 생활수준이 '중간 중에 중간'이라고 답한 사람이 약 90%에 이르렀다.[22] 농지해방에서부터 시작된 일본인의 중산계층화는 이렇게 완성되었고, 보수정치의 안정적 기반이 된 생활보수주의가 성립했다. 여성 역시 생활보수주의의 강고한 담당자가 되었다.

이 시기는 '일본형 근대가족'이 대중화된 시기이기도 하다. 인구학적으로 가구 규모가 평균 5인에서 3인으로 줄어들었는데, 그 이유는 합계출생율이 평균 4에서 2로 반감, 즉 적게 낳고 오래 살게 되었기 때문이다. 인구 증가에서 인구 정체로 전환되는 데에 필요한 기간을 동아시아 여러 나라와 비교해보면, 일본은 출생률 반감에 걸린 기간이 10년으로, 중국과 나란히 매우 단기간에 인구억제에 성공한 것을 알 수 있다. 그런데 중국과 같이 자식을 한 명만 낳으라고 강제하는 정책이나 혹은 인도처럼 피임수술을 장려하는 유도 정책을 쓰지 않고 가임기 남녀의 자발적인 행동을 통해 인구억제를 단기간에 성공했다는 점에서, 일본은 인구억제의 맥락에서도 평화적인 모델이었다. 어떠한 정책적 강제도 유도도 없이 이 시기에 '아이는 둘만'이라는 두 자녀 규범이 성립한 것이다. 주변 모두가 '부부와 자녀 둘'이었다. 즉, 오늘날 정책의 기준이 된 '표준 세대'의 규격에 스스로를 맞추었던 것이다.

고도성장기를 통해서 여성의 취업률은 계속 감소하고, '샐러리맨과 전업주부 체제'가 확립되었다. 그 주된 이유는 농가 세대의 감소에 따라 자영업과 그 가족 종사자가 감소하고 대신 임노동자 비율이 높아진 반면, 여성의 고용 기회는 확대되지 않고 전업주부화가 진행되었기 때문이다. 1960년대 초의 여성 고용 현황은 흥미 있는 경향을 보인다. 이 시기에 결혼 전까지만 취직하는 미혼여성 노동시장이 확립되었고, 중년이나 고령의 취업 여성들 중에는 이혼이나 사별을 한 여성의 비율이 매우 높았다. 요컨대 여성은 결혼하면 일을 하지 않고, 일한다면 미혼이든지 이혼했든지 사별했든지 어느 쪽이든 결혼의 울타리 밖에 있었음을 자료를 통해 짐작할 수 있다. '취업여성'이라는 호칭은 연민을 수반한 멸시의 호칭이었다. 그것은 '남편에게 부양받을 수 없기 때문에 스스로 돈을 벌어야만 하는 여성'을 의미했다. 전업주부가 되기 위해서는 남편의 외벌이로 생계를 유지할 수 있어야 했다. 이 시기의 노동운동은 '엄마가 일하지 않아도 좋을 만큼의 임금을 아빠에게'라는 표어로 가족임금 시스템의 확립을 요구했다. 오늘날에는 가족임금이야말로 가부장제적 급여체계라고 페미니즘의 공격을 받지만,23) 당시 그 시스템은 '혁신적'인 정치단체가 부르짖은 '여성에게 친절한' 임금투쟁이었던 것이다.

가족임금 시스템과 외벌이 가구의 확립은 여성에게 소비자 이외의 소명을 허락하지 않았다. 1970년대 초 가족사회학 교과서에 "현대사회에서 남녀의 성분업은 남성은 생산, 여성은 소비의 분업이다"라고 적힌 것을 보고 놀랐던 적이 있다. 여성은 곧 소비자라는 구도는 도시 고용자 세대에서만 성립한다. 이 '소비'는 후에 페미니즘 이론에 의해 '소비'라는 이름의 '무급 노동'임이 밝혀졌다. '아이는 둘만' 덕분에 빠르게 포스트육아기를 맞고 가전제품 덕에 가사노동이 줄어든 여성들은 '세끼 밥 먹고 낮잠이나 자는' 팔자 좋은 신분으로 부러움을 사고, 여성평론가로부터는 "주부라는 제2직업"24)으로 불리며, 따로 직업을 가지라는 등의 질타를 받았다.

제2차 에너지혁명, 즉 석탄에서 석유와 전기로의 전환은 가정에 기술혁명을 가져왔다. 전기밥솥이 등장한 것은 1955년이었는데, 1960년대에 이미 보급률이 거의 100%에 가까운 포화 상태가 되었다. 뿐만 아니라 '3종신기神器'로 불린 전기냉장고, 전기청소기, 흑백텔레비전은 표준 패키지가 되었다. 이것들 모두 등장한지 10년도 지나지 않아 포화 상태를 맞았고, 그 다음으로 '3C(자동차car, 에어컨cooler, 컬러텔레비전color TV)시대'를 맞이했다. 하나의 제품이 시장을 제패하는 '일세풍미'형 마케팅이 성립한 시대이자 별다른 판매 노력이 필요 없던 시대로 제조회사들이 행복한 시기였다.

여러 선행연구에서 드러났듯이, 가정에 가전제품이 들어왔다고 해서 반드시 가사노동이 줄어든 것은 아니었다. 세탁기의 등장으로 주부는 고된 노동에서 마땅히 해방되어야 했지만, 서구의 실증 연구에 따르면 세탁기 도입 이전과 이후 주부의 가사노동 시간은 크게 다르지 않았다. 단위시간이 단축된 대신 세탁 횟수가 늘었던 것이다.[25] 갓 세탁한 시트나 청결한 속옷과 같이 예전에는 부유층만 누릴 수 있던 생활수준을 서민도 영위하게 되었다. 1960년대는 흔히 인스턴트식품이 보급된 시대로 알려져 있지만, 다른 한편으로 엄마의 손맛을 찾는 시대이기도 했다. 한 쪽으로는 가사노동이 줄어든 반면 다른 쪽으로는 오후의 간식을 직접 만드는 등의 취미 성향이 짙은 가사노동이 등장했고, 이를 제1차 주부논쟁에 참가했던 우메사오 다다오梅棹忠夫는 '위장노동'이라고 불렀다.[26] 그는 그것을 전업주부의 지위를 얻은 여성들이 그 지위를 보전하기 위해 가사의 숙련도를 높임으로써 남성에 대한 의존도를 증대시킨 전략이라고 주장했다.

이 시기의 가전제품 광고는 한결같이 여성, 그것도 '부인'으로 불리는 기혼여성을 소구 대상으로 삼았다. 가계의 의사결정권을 쥐고 있는 쪽이 여성이라고 생각했기 때문이다. 주부의 가정 내 권력은 낮게 여겨지지 않았고, 서구와 달리 일본에서는 가정경제권이 아내의 손에 있었다. 그러나 주부의 세력관계를 둘러싼 가족사회학 실증연구를 통해 이 아내의 가정경제권은 한정된 것임이 판명되었다. 1970년대 조사에 따르면 아내가 재량권을 가지고 자유로이 지출을 결정할 수 있는 금액의 상한선은 평균 3만 엔, 그 이상이면 남편의 동의가 필요했다. 대부분의 가전제품은 그 범위를 넘어서는 금액이었다. 더구나 자녀의 진학과 같은 고액의 지출이 따르는 의사결정은 아내의 재량권 밖에 있었다.

그보다 훨씬 더 고액의 내구소비재는 바로 집이다. 도시문제의 악화를 우려하면서도 일본 정부는 싸고도 좋은 공공주택을 공급하는 방향으로 나아가지 않고 자가 소유 정책을 장려했다. 마이홈주의란 기실 마이하우스주의였다. 집은 내구소비재이자 자산이다. 자산 형성의 동기를 서민에게 부여함으로써 정부는 도시의 보수적 기반을 안정적으로 확립하고자 했다. 이 정책은 주택과 토지를 시장에 맡겨 놓음으로써 후에 땅값이 미쳐 날뛰게 만들었다.

건축가 구마 겐고隈研吾는 이를 '주택사유본위제 자본주의'라고 탁월하게 명명했다.27) 당시 일본의 토지 포함 주택 가격은 연간 수입의 5배에서 10배였고, 30대 세대주가 정년까지 남은 일생을 저당 잡혀야 겨우 빚을 다 갚을 수 있는 수준이었다.28) 전 생애에 걸친 주택 채무 노예화는 그 시기에 확립된 종신고용제 및 종신결혼제와 연결되어 있었다. 바꿔 말하면 표준 세대를 담는 상자로서 주택을 획득하고 유지하기 위해서 가족은 결코 해체되어서는 안 되었다.29)

제한된 가정 내 권력이라고 해도, 여성은 소비에서 주도권을 발휘했다. 이 시기에 기혼여성의 취업률이 낮아졌던 것은 주로 자영업 가족종사자의 감소 때문이었다. 더 구체적으로 말하면, 농가의 딸이 임노동자의 무직 아내가 되는 세대적 사회이동의 결과였다. 다른 한편으로 기혼여성의 주변부 취업 또한 동시에 진행되고 있었다. 1973년에 여성 취업률은 최저를 기록한 후 다시 상승했다. 1973년은 오일쇼크로 신입채용이 얼어붙었던 시기였던지라, 이 구조적 불황기에 여성 취업률의 상승은 주로 기혼여성의 파트타임 노동이 증가한 결과였다. 이 상승 경향은 1970년대에 돌연 나타난 것이 아니라 이미 고도성장기 내내 계속되고 있었다. 그러나 1960년대 말 노동통계의 통계 범주에 '파트타임' 항목이 들어가면서 통계치가 상승한 것이다. 그때까지 가내부업이나 임시고용직으로만 인식되던 주부 노동에 '파트타임직'이라는 새로운 일자리 형태가 보태진 것이다. '파트타임'이라는 새로운 일자리 형태는 만성적인 노동력 부족에 고민하던 기업이 주부 노동력을 사용하기 위해 발명한 것이었다. 다른 한편으로 주부들에게는 내구소비재를 사기 위해서 가계 부수입을 얻고 싶다는 경제적 동기가 있었다. 주부의 취업은 가정에서 밀어내는 요인과 시장에서 당기는 요인 양면에서 논할 필요가 있다. 전자로 저출산과 가사노동 시간의 단축이, 후자로 고용 유연화가 함께 작용하여 기혼여성의 주변노동력화를 가능하게 만들었다. 그 결과 부수입으로 구입한 가전제품이 가사노동을 줄여주어 더욱더 여성의 취업을 가능하게 만드는 밀어내기 요인이 되는 한편, 가전제품의 구매욕구가 한층 더 부수입을 갈망하게 만드는 피드백 순환고리가 분명하게 성립되었다. 기혼여성이 이 시기에 자신이 번 부수입으로 구입한 것은 가전제품 외에 '자식의 교육'과 '주택'이었다. 고등학교 전원 입학과 대학을 포함한 고등교육의 대중화가 성립된 이 시기를 통해 자녀 세대는 부모 세대보다 집단적으로 고학력이 되었지만, 모두 부모 세대의 사적인 부담에 의존하고 있었다. 더욱이 자녀의 진학에 맞춰 아버지의 월급이 갑자기 많아지는 것이 아닌 이상, 그 뒤에는 '아버지가 반대해도 너의 학비 정도는 내가 나가서 벌어 오마'라는 어머니의 주도권이 작동했다. 이 시기에 이르러 아내의 수입은 남편으로부터 독립적으로 의사 결정을 할 수 있을 정도로까지 가계 기여율이 높아졌다.

6. 3기 요코나라비橫並び 소중기小衆期(1973~1985, '여성의 시대')

1973년의 오일쇼크로 고도성장은 된서리를 맞았고, 기나긴 구조불황기로 돌입했다. 그러나 1973년을 시대 구분의 전환점으로 삼는 것은 그 외에도 몇 가지 상징적인 의미가 있다. 그중 하나는 이 해에 단카이團塊 세대[5]의 혼인율이 최고를 기록하고, 또 결혼 후 전업주부가 된 비율도 가장 높았다는 사실이다. 그런데 한편, 이 해를 기점으로 기혼여성의 취업률은 상승 기조로 전환한다. '주부의 시대'는 이 해에 완성된 동시에 해체를 향해가고 있었다. '샐러리맨과 전업주부 체제'에서 비롯된 성별역할분담은, 후에 히구치 게이코樋口惠子가 '신 성별역할분담'이라고 명명한 '샐러리맨과 파트타임주부 체제'(남편은 일, 아내는 가사도 일도)로 변화한다. 1983년에 이르러서는 기혼여성 취업률이 50%를 넘어섰고, 전업주부는 이제 소수파가 되었다.

1973년은 리브[6]의 고양기이자 우생보호법 개악저지운동이 정점에

5　1947~1949년 무렵의 베이비붐 시대에 태어난 세대.
6　리브リブ는 우먼리브ウーマーンリブ의 준말로, 1960년대 후반 미국에서 일어난 여성해방운

달한 해 그리고 코인로커 베이비[7]가 속출한 해이기도 하다. 근대 가족체제에서 재생산의 사사화私事化가 한계에 달했음을 코인로커베이비 사건이 알려준다. 그러나 역설적으로 산업구조의 전환을, 유럽과 같이 노동력의 재배치에 따른 고실업율이라는 희생 없이, 사내고용을 유지한 채 헤쳐나간 일본 기업은 남성노동자의 노동 강화와 가족 모두를 자산으로 삼는 일본형 복지 시스템의 편성, 즉 일본형 근대 가족을 강화하는 시나리오로 밀어붙였다. 과로사로 상징되는 장시간 노동의 맹렬 샐러리맨과, 가사와 육아의 과중한 부담을 짊어지고 아이가 다 큰 후에는 사추기思秋期를 맞아 고민하는 아내의 조합이, 기실 고도성장기보다도 그 후 구조불황기에 '가정기반의 충실'이라는 이름 아래 성립한 것을 최근의 연구가 밝힌 바 있다.

또 하나, 이 해에 1960년대 신좌익운동의 자멸을 보여준 연합적군 사건[8]이 일어났다. 동지의 '총괄'[9]에 가담했던 리더의 한 사람으로 나가타 히로코永田洋子라는 여성이 있었다는 사실이 사회에 커다란 충격을 주었다. 리브의 투사, 다나카 미쓰田中美津는 "나가타 히로코는 나다"라는 오해를 부르는 표현으로, 신좌익과 리브 여성의 차이에 관해 말

동Women's Liberation의 일본식 호칭이다. 흔히 19세기 말에서 20세기 초반의 여성 참정권운동을 페미니즘의 제1 물결로, 그리고 이 1960년대 후반의 여성해방운동을 제2물결로 이야기한다. 성별에 따른 역할분담에 불만을 가진 고학력 주부나 여학생을 중심으로 남녀의 사회적 평등을 요구한 미국의 여성해방운동을 받아들인 일본은 1970년 제1회 우먼리브대회를 시작으로 운동을 전개하여 '남녀고용기회균등법' 제정에 커다란 역할을 한 바 있다.

7 1973년 전후로 일본에서 동시다발적으로 발생하여 사회문제가 된 버려진 아이 혹은 사체 유기된 아이들을 가리키는 말.

8 연합적군은 1971년에서 1972년에 걸쳐 활동한 일본의 신좌익 조직이다. 그들이 벌인 동지 린치 사건인 산가쿠베이스山岳ベース사건과 인질 사건인 아사마산장사건을 합해 연합적군 사건이라 부른다. 이 연합적군사건은 일본의 신좌익운동이 퇴조하는 계기가 되었다.

9 연합적군은 '총괄'이라는이름으로 정치적인 반성을 강요했는데, 이것이 점차 엄격해지면서 폭력을 동반하는 형태로 발전하여 결국 동지에게 린치를 가하고 살해한 산가쿠베이스사건이 발생하기에 이른다.

한 바 있다.[30] 신좌익도 또한 생산성과 효율의 원리 아래에서 여성을 조직했다. 남성 교육훈련의 가치에 물들어 "남자에게 꼬리치는 여자는 나가타 히로코다. 그녀는 연합적군으로 갔고, 나는 리브로 갔다. 어떤 차이가 있는 걸까?"라고 다나카 미쓰는 자문한다.

연합적군 사건 30년 후에 공판의 최종판결을 보고서, 포스트단카이 세대의 하위문화 평론가 오쓰카 에이지大塚英志는 『'그녀들'의 연합적군彼女たち'の連合赤軍』이라는 제목의 책에서, "나가타 히로코 (…중략…) 스스로가 제대로 언어화할 수 없던 남성적 지배 가치에 대한 생리적인 위화"감과 "1980년대 우에노 치즈코 등이 페미니즘이라고 이름 붙였던" 감성을 "소비사회적 감수성"이라고 부른다.[31] 여성이 자기해방을 추구하는 심성을 "소비사회적"이라고 부르는 것은 잠시 유보할 필요가 있다. 우선 첫째로 여성이 자신의 욕망을 최우선하게 되는 문자 그대로 '심성'의 변화, 둘째로 그 욕망의 추구를 위한 자원(사회적 지위나 경제력)을 손에 넣게 된 사실, 셋째 그 욕망이 한결같이 '소비를 통한 자기실현'으로 향했던 것은 시대적 문맥에서 설명되어야 한다. 오쓰카 에이지는 이 세 가지 과정의 변화를 일으킨 원인이 마치 페미니즘인 것처럼 논하고 있으나, 이는 성급한 결론이다. 일본에서 페미니즘 제2물결과 소비사회가 거의 동시에 성립되었지만, 그렇다고 해서 전자가 후자의 '원인'이라고 할 수는 없다. 페미니즘에 드러난 여성의 요구와 소비사회적 심성은 동시대의 거대한 사회변동 중 두 개의 다른 현상일 뿐이다.

먼저 여성 심성의 변화는, '여성스러움'의 핵심이 자신 이외의 타인(남편이나 자식)의 편의를 최우선하는 것 즉 여성스러운 '배려'나 '상냥함'이라고 정의되어온 측면에서 보자면, 분명 커다란 변화였다. 전후 욕망자연주의가 개인의 사적인 욕망 추구를 인정했을 때에도, 욕망에는 우선순위가 있었고 여성의 욕망은 남성의 욕망 다음에 혹은 그 것이 허용하는 범위 내에서 비로소 실현되었다. 부수입을 위해 일하러 나온 아내조차도 '남편의 허락'을 구하고, 가정 내 아내의 가정경제권은 당연히 남편의 수입과 권력의 범위에 한정되어 있었다. 일본에서 아내는, 일견 가정 내에서 자산관리나 자녀교육에 커다란 권력을 행사하는 것처럼 보였지만, 만약 관리에 실패하면 질책을 받는 것 또한 아내였다. '잘 조처하시게'라고 하며 무책임하게 권한을 위탁하는 남편은 관대해 보이고, 아내는 '자식 교육은 당신에게 맡겨뒀던 거잖아'라는 식으로 관리 책임을 추궁당했다.

여성의 욕망 우선순위가 변한 것 즉 자신의 욕망 충족을 최우선으로 하는 젊은 여성 계층의 등장은 역사적으로 커다란 변화였다. 그러나 페미니즘이 그 변화의 원인이었던 것일까? 사실 그 변화의 배후에는 페미니즘 이전에, 1960년대 적게 낳고 오래 사는 시대에 자녀 중심의 근대 가족 안에서 성장하고 남녀공학이라는 외양상 평등을 경험한 아가씨들의 등장이 자리하고 있다. 페미니즘은 원인이 아니라 오히려 결과였다. 요컨대 페미니즘이 그녀들에게 말을 부여해주었을지 모르나, 결코 그녀들을 탄생시킨 것은 아니었다.

두 번째로 역사적 변화도 중요하다. 일본기업은 산업구조 전환기를 남성의 정규고용을 유지한 채 여성을 주변노동력으로 도입하는 방식으로 헤쳐 나갔는데, 그러면서 정보·서비스 등의 성장산업부문에서 여성의 고용기회가 확대되었다. 그 결과, 한편은 미혼여성 취업시장, 다른 한편은 기혼여성 취업시장으로 이중화되었고, 특히 전자를 통해 자신의 수입을 자신을 위해서만 사용하는 '강력한 여성소비자'(마스다 쓰우지增田通二)가 탄생했다. 여성에게 수입이 있어도 그것이 가계보조나 가계유지에 사용되는 한, 강력한 소비자가 될 수 없다. 여성의 수입은 미혼여성의 경우도 기혼여성의 경우도 단독으로 생활을 유지하기에는 충분치 않았으나, 미혼 여성의 경우에는 부모에게 의존함으로써 가처분 소득의 비율이 현저하게 높았다. 이 배후에는 동생의 교육이나 생계를 위해 딸의 수입에 의지하지 않아도 될 만큼 점점 올라간 부모 세대의 월급, 형이 결혼해도 집에서 살 수 있게 된 핵가족화와 자녀 세대의 가구 분리의 경향, 부모 슬하에서 통근하는 것을 조건으로 채용하는 기업의 여성차별적 인사, 더욱이 결혼 후 생활을 미래의 남편에게 의존할 것이기 때문에 자산 형성의 의욕을 전혀 갖지 않는 미혼의 여성들과 같은 여러 가지 요인이 복합적으로 작용했다. 따라서 여성의 경제력 증대를 페미니즘으로 귀결시키는 것은 완전히 틀린 분석이다. 첫째로 수요 측에서 보면 여성 고용 확대는 기업 측의 편의에 의한 것이었지 여성들이 요구한 결과가 아니었다. 게다가 여성 고용의 조건은 경제적 자립이 가능한 수준이 아니었다. 둘째 공급 측에서 보면 이 여성들은 관습적인 성역할에 순종했기 때문에 역설적으로 '강력한 소비자'가 된 사람들이다. 그때까지 페미니즘이 추구해온 '(경제적) 자립을 추구하는 여성'이 아니었다.

셋째 '소비를 통한 자기실현'도 일본에서는 특이한 현상이다. '소비를 통한 자기실현'이란 물론 그 대척점에 놓여 있는 '생산을 통한 자기실현'이라는 개념을 의식한 것이다. 같은 시기 같은 연령의 서구 여성들은 경력을 위해 지속적인 취직 상태를 중시하는 경향이 현저하게 높아 M자형 고용[10]을 벗어났던 것에 반해, 일본에서는 오랫동안 M자형 고용을 유지했다. M자형 취업, 즉 육아기 중단 후 재취업, 그 후 주

---

[10] 앞서 일본 여성들의 정해진 인생 코스였던, 졸업 후 단기 취업 → 결혼 후 퇴직 → 육아기 이후 재취업으로 말미암아 여성의 취업률이 연령에 따라 M자형을 이루는 것을 'M자형 고용'으로 줄여 말하고 있다.

변노동력화라는 인생 경로는 남성 의존과 안정된 결혼을 전제하고 있다. 같은 시기에 일본을 포함하여 세계적으로 여성의 고학력화가 진행되었는데, 일본 여성의 고학력이 경력 지향으로 연결되지 않았던 것은 다른 나라에서 보기에 불가사의한 일이었다. 대체로 학력은 노동시장에서 인적 자본의 가치를 높이는 투자로 여겨지는데, 일본에서는 첫째로 수요 측에서 여성의 학력을 평가해주지 않았고, 둘째로 공급 측에서는 학력을 노동시장보다 결혼시장에서 유리한 문화자본으로 인식했던 것이다. 동시대의 서구 여성들이 경력을 통해 생산에 참가함으로써 자기실현을 추구했던 것과 달리, 일본의 여성은 미혼시대의 자유와 유리한 결혼을 통해 풍요로운 소비생활을 향유하는 것에서 '자기실현'을 찾았던 것이다. 나는 그것을 '소비를 통한 자기실현'이라고 부른다.

　여성들의 이러한 선택이 불합리하거나 보수적인 것일까? 프랑스의 교육사회학자이자 부르디외Pierre Bourdieu의 동료였던 마리 뒤뤼-벨라Marie Duru-Bellat는 일견 관습적으로 보이는 '여성다운' 선택을 합리적 선택론으로 설명했다.32) 프랑스에서도 여성의 고등교육 진학률이 높아졌으나 전공 분야의 성별 분리는 달라지지 않아서 여성은 여전히 취업에 불리한 일반교양 분야를 전공하는 경향이 있었다. 학력을 생산재로 삼으려면 투자 회수 전망이 없는 인문계 분야보다 실업계에 속하는 이공계 분야를 선택하는 쪽이 훨씬 '합리적'이다. 뒤뤼-벨라는 "여학생은 왜 일견 불합리하게 보이는 선택을 자발적으로 하는 것일까?"라고 질문한 뒤, 거기에는 합리적인 근거가 있기 때문이라고 답한다. 남성적인 직업 영역에 들어가 남자 동료와 경쟁해서 경력을 쌓음으로써 얻게 되는 생활수준의 비용 수행cost performance보다, 유리한 조건을 가진 남성을 결혼시장에서 얻는 것으로 도달하는 생활수준의 비용 수행 쪽이 수지가 맞는 일이니, 노동시장보다 결혼시장에서 가치를 가지는 문화자본에 투자하는 쪽이 낫다는 '합리적 선택'을 했던 것이다. 거기에는 여성의 경력을 '유리 지붕'으로 막는 성차별적인 직장 관행과 남성 집단의 조직적인 여성 배제가 전제되어 있었다. 그러나 만약 현행의 성차별적인 사회가 변하지 않는다면 어찌될까? 그렇다면, 제한된 여건 속에서 개개의 여성이 최대한 자기 이익을 추구한 결과인 '합리적 선택'이 집적되어 결국 관습적인 성차별을 보강하고 재생산하는 역설적인 결과로 끝나고 만다.

일본 직장에서 성차별적인 제도나 관습의 벽은 두텁다. 이 벽에 직접 도전해서 큰 비용을 지불하기보다 한정된 여건 속에서 자기 이익을 최대화하려는 합리적인 'OL(사무직 여성)의 전략'을, 후에 오가사와라 유코小笠原祐子는 주도면밀한 현장조사에 의거하여 그 역설까지 포함해 분석한 바 있다.[33]

그렇다면 소비가 단순히 필요를 만족시키는 행위가 아니라 '나는 누구인가'라는 자기정체성을 둘러싼 질문에 답하는 문화적인 행위, 즉 기호소비라고 불리는 행위인 것도 이해가 된다. 롤랑 바르트가 그 이론적인 근거를 밝히고[34] 장 보드리야르가 생생하게 묘사한[35] 기호학적 소비사회론은 그 규모나 세련됨에서 일본에 매우 잘 들어맞는 논의라고 생각된다. 이 소비사회는 대중소비사회지만, 고도성장기와 같이 모든 사람이 같은 물건을 가지고 싶어하는 표준 패키지의 소비는 아니다. '타인과 다르다'는 것이 기호 가치를 가지는 성숙한 대중소비사회이다. 그러나 당연하게도 '타인과 다르다'라는 기호 가치는 기성품의 소비문화에 의해 미리 주어진 선택지들 중에 고르는 자유에 지나지 않는다. 나는 약간의 역설을 담아 이 사태를 '"나"를 찾는 게임'[36]이라고 불렀다. 게임의 규칙은 물론 시장이 결정한다.

그래도 상품 공급자의 입장에서 보면 무엇을 만들어야 잘 팔릴지 알 수 없는, 즉 '소비자가 보이지 않는' 시대로 돌입한 것이다. 제조사 주도에서 소비자 주도로, 상류 소비에서 하류 소비로, 이성 소비에서 감성 소비로, 필수품에서 필욕품必欲品으로, 그리고 그 귀결로서 소품종 다량생산 시대에서 다품종 소량생산 시대로의 전환을 마케팅계가 이야기한 것도 이 시기이다. 광고회사 덴쓰電通의 마케팅 담당자 후지오카 와카오藤岡和賀夫는 이를 '대중'에 대비되는 '소중小衆' 소비라고 불렀다.37) 모두 유사한 풍요로움을 향유하고 그 사이에 본인들만이 아는 미세한 차이가 있을 뿐이라, 그중에 A를 선택하나 B를 고르나 가치의 차이는 없다. 그것을 후지오카 와카오는 '요코나라비 소중화小衆化'라고 불렀다.

그러나 돌이켜보면, 이 시기의 소비가 '소중小衆'화할 수 있었던 것은 그 소구 대상이 '여성들'이었기 때문이다. 이제 티셔츠나 커피잔 등을 살 때 유럽의 명품 브랜드를 선택하는 쪽이나 무지無印良品[11]를 선택하는 쪽이나 크게 차이가 없다. '노브랜드無印'조차 하나의 '브랜드'가 되는 역설 속에 모든 상품이 놓여있다는 것은 이 시대의 소비가 기호嗜好 소비임을 알려준다. 차이에 민감하게 반응하는 것은 개인적인 취향으로 환원된다. 이는 보드리야르가 말하는 '가제트(쓸데없는 잡동사니) 소비'에 해당하지, 소스타인 베블런Thorstein Veblen이 말하는 '과시적 소비'38)에는 해당하지 않는다. 18세기로 거슬러 올라가서 자본주의의 구동력을 '사치품 소비'에서 찾는 그럴싸한 문화사적 설명도 등장했지만, '과시적 소비'라고 부르기에는 소비대상이 너무 시시하다.

---

[11] 무지無印良品는 생활용품을 판매하는 일본의 회사로, 브랜드를 내세우지 않고 질 좋은 물건을 합리적 가격에 판매한다는 원칙을 가지고 설립되었다. 그러나 브랜드가 없다는 의미의 '무지無印'가 오히려 유명 브랜드가 되는 역설을 낳은 사례가 되었다.

지위의 상징으로서 궁극의 소비재는 건축인데, 이 시기의 소비는 오히려 자동차나 패션 등 '여자라도 손에 넣을 수 있는' 소비재로 향했기 때문이다. 그뿐 아니라, 상승한 땅값에 영향을 받아 전후 서민의 욕망을 자극해 온 '주택사유본위제 자본주의'는 이 시기에 파탄이 났다. 일생을 저당 잡힌다 해도 수도권에 집을 살 수 없게 되자 소비자의 욕망은 오히려 단기적인 소비를 향했다. '강력한 소비자'는 겨우 그 정도의 '강력함'에 불과했다. 그들은 이미 수도권에 부모의 자산이 있기 때문에 스스로는 자산 형성의 동기가 없는 수도권주니어이거나, 아니면 땅값의 급등으로 주택자산의 형성을 포기한 사람, 둘 중 하나였고, 그날그날만을 생각해도 되는 소비자의 필요치도 급하지도 않은 소비재, 즉 필수재가 아닌 필'욕'재를 향한 욕망 자체가 환기의 대상이 되었다.

그렇지만 이 시기에 일본의 소비사회는 미증유의 성숙기를 맞아 세련도에서 세계 수준을 뛰어넘는 소비 광고의 '황금기'를 맞았다.[39] 그 소구 대상도 주로 여성이었기 때문에 '여성의 시대'로 불리지만, 이 '여성의 시대'가 소비문화의 영역에서만 성립한다는 사실에 주의해야 한다. 동시기에 여성의 직장 진출도 분명 진전하고 있었지만, 그것이 여성을 주변노동시장으로 편입시킨 것에 불과함을 자료들이 적나라하게 보여준다. 여성은 '축제'의 장에 초대되었지만, 그것은 그저 소비자로서였을 뿐이다.

7. 4기 버블경제기(1985~1991, 새로운 계층 분화)

1980년대 후반에 일본은 미증유의 엔고시대를 경험한다. 하룻밤 새 엔화의 가치는 배로 뛰어올랐다. 전후 오랫동안 지속된 인플레 기조가 가라앉고 경제 규모가 더 이상 성장하는 것을 기대할 수 없으며, 자산을 가진 사람들이 일하지 않고도 자산 가치를 늘릴 수 있는 자산 이득의 시대로 돌입했다.

시마다 하루오島田晴雄는 이 시기의 일본 경제를 '연금술 경제'라고 불렀다. 엔고란 국제사회가 일본 경제를 평가한 결과이자 일본의 수출 경쟁력에 대해 국제사회가 부여한 일종의 패널티이기도 했다. 달러로 환산한 일본의 자산평가액은 급격하게 상승하여 일본의 국토 시가 총액이 미국의 광대한 국토 전체 가격을 넘어선다는 황당한 계산이 성립했다. 그러한 자산 이득을 담보로 일본의 기업들은 금융기관에서 돈을 마구 빌려 해외 투자에 나서기 시작했다. 토지라는 자산은 팔지 않는 한 이익이 생기지 않는데, 그러한 '토지'가 해외 자산이라는 실질적인 이익을 낳았으니 그것이 바로 '연금술'이라고 시마다 하루오는 비꼰 것이다. 고도성장기에 내수확대형 성장경제를 류 신타로笠信太郎가 '봄꽃놀이 술판의 경제'라고 야유했듯이, 이 '연금술 경제'도 위험한 환상 위에 성립한 것이었다. 액면상의 자산평가액이 아무리 상승한다 해도 실제로 그 가격으로 사는 사람이 없는 한, 땅은 그저 땅일 뿐이다. 그 대부분이 버블붕괴기에 '불량채권'이 된 것은 이미 잘 알려진 사실이다. 버블 붕괴 후, 위험을 고려하지 않은 선행 투자 탓에 고액을 투자한 해외자산에서 불리한 조건으로 손을 떼야만 했던 일본 기업이 잇달았다. 상징적인 예로 일본 기업이 뉴욕의 록펠러 센터를 매입한 사건을 들 수 있다. 그것은 미국 핵심부에 일본 기업이 '침입'했음을 보여준 '사건'으로서 당시 '일본 때리기Japan bashing'의 표적이 되었다. 사실 당시 매도자 측에서는 사가는 사람이 누구든 상관없었고, 일본은 여러 매수의향자 가운데 매도자에게 가장 유리한 조건을 제시한 매수자였을 뿐이다. 이 빌딩은 후에 일본 기업의 매입가보다 훨씬 낮은 가격에 매각되었다. '연금술 경제' 시기에 일본의 부는 안이한 투자 탓에 이렇게 해외로 유출되었다.

하여간 이 시기에 일본 엔화의 구매력은 세계 최강이 되었다. 내외적으로 일본의 국제화가 불문곡직하고 진행되었던 것은 엔고 덕분이었다. 우선, 일본인의 해외여행이 비약적으로 증가했다. 1990년 해외여행자가 연간 1,000만 명을 넘어섰다. 국민의 30%가 해외여행을 하는 서구에는 미치지 못했어도 국민 열 명 중 한 명이 해외로 나가는 시대였다. 그러나 엔고로 해외여행이 싸게 느껴지기 시작하자, 상대적으로 국내 여행은 교통비도 숙박비도 비싸게 느껴져 리조트로 개발된 국내 관광지들은 파리 날리는 신세가 되었다. 또한 1980년대에 외국인 노동자가 합법, 불법을 가리지 않고 급속하게 증가했다. 통화가치의 격차 덕에 일본은 국제노동시장에서 매우 유리한 돈벌이 장소가 되었다. 버블 경기에 들뜬 일본 기업들은 만성적인 일손 부족 상태여서 불법체류인줄 알면서도 외국인 노동자들에게 의존했다. 출입국법이 엄격하게 유지되고 적발이 거듭 반복되어도 일본 경제는 사실상 외국인 노동력에 의존하지 않고 성립할 수 없었다. 따져보면 '외국인 이웃'이라는 말로 대변되는 일본 국내의 국제화는 이미 오래전부터 진행되고 있었다.

이러한 일본 경제의 번영을 배경으로 '모두가 중산층'이라는 계층 없는 대중사회의 환상은 붕괴되었다. '소중화小衆化' 대신 '신계층 소비'40)라는 소비성향을 보다 파악하기 쉬운 시대가 왔다. 당시 일본장기신용은행 조사실에 근무하던 오자와 마사코小澤雅子가 책제목에 처음 이 말을 사용했을 때는 "신 '계층 소비'"41)와 같이 계층이라는 말이 따옴표 안에 들어가 있었다. 그로부터 5년 후 같은 책이 문고판으로 출간됐을 때에는 '계층'에서 따옴표가 빠졌다.42) 이는, 1980년대 전반기 자료를 통해 오자와 마사코가 따옴표를 써가며 조심스럽게 주장한 내용이 이제는 분명해졌음을 의미한다. 즉, 소비는 대중화나 평준화와 이미 거리가 멀어졌고, 상류층은 비싼 상품을 사고 하류층은 적게 소비한다는 사실이 1990년대에 명백한 현실이 되었던 것이다. 오자와 마사코의 분석은 매우 명쾌하다. 버블경제 아래 미증유의 땅값 상승과 그에 따른 자산이득 효과로 수도권 어떤 곳에 어느 때 땅을 샀느냐에 따라 계층 분화가 일어났고 그 격차가 소비행위에 반영되었다는 것이다.

이 자산이득의 효과는 부모 세대뿐만 아니라 자녀 세대에도 나타났다. 토미나가 겐이치富永健一를 비롯한 도쿄대 출신의 사회학자 그룹이 1955년부터 지속적으로 실시한 대규모의 사회이동조사인 SSM조사에 따르면43) 1980년대 중반부터 세대 간 계층 유동성이 정체되기 시작했다. 정치가의 세계에서도 연예인의 세계에서도 '2세'가 부모와 같은 계통의 일을 하는 '주니어 시대'가 대중매체의 이야깃거리가 되었다.

재미있는 것은 이 시대의 '주니어'가 같은 세대의 질투의 대상이 되지 않고 선망의 대상이 되었다는 점이다. 질투는 '어째서 내가 아니라 저 녀석인거야'라는 대등 의식에서 나온다. 그러나 선망은 반발을 포기한 채 격차를 승인하는 태도, 즉 '좋겠다, 저 녀석은'이라는 감정을 동반한다. 요코나라비 시대의 '모두 나란하다'는 의식은, 각각의 사회적 위치에 걸맞는 '분수에 맞게'라는 의식으로 변모했다. 이를 저널리

스트 사타 토모코佐田智子는 '신신분사회'라고 예리하게 명명했다.44)
브랜드로 예를 들면, 아르마니 같은 유럽 브랜드의 소비자가 있는 한
편으로 무지無印良品를 선택하는 소비자가 있고, 이들이 나와 남을 비
교하지 않고 살아가는 소비의 차별화가 진행되었다. 이제와 생각해
보면 '소중小衆, 분중分衆'론은 그 징후를 미리 알아차렸던 것이다.

이러한 소비 시장에서 '다양화'는 여성 라이프스타일의 다양화에
대응한다. 1985년에 '남녀고용기회균등법'이 성립, 다음 해인 1986년
시행되었다. 같은 해에 '노동자파견사업법'이 성립한 것은 상징적이
다. 1980년대 노동시장의 유연화는 빠르게 진행되었다. 즉 대졸여성
이 '평등한 대우'를 받고 종합직[12]에 취직하는 길이 열린 한편으로 파
트타임뿐 아니라 파견, 계약, 임시, 단기 고용과 같은 비정규직으로
일하는 여성이 증가한 것이다. 역설적이게도 균등법의 성립과 동시
에 균등법 적용 대상 밖에서 여성의 고용이 확대되었다. 게다가 이전
에는 중년 혹은 고령의 기혼 여성들이 주변노동력화되는 것이 일반
적인 통념이었는데, 이제는 학교를 갓 졸업하고 신규로 채용되는 시
점에서부터 여성은 비정규직 노동 시장에 던져졌다. 종래 대다수 여
성들의 인생 코스, 즉 학교 졸업 후 일단 정규직 취업, 그리고 결혼 또
는 출산으로 퇴직, 그러다 자녀 양육 후에 파트타임으로 직장에 복귀
하는 인생 코스는 더 이상 일반적이지 않았다. 젊은 여성은 중년이나
고령에 이르기 전에 이미 주변노동력화되었다. 기묘한 것은 이러한
현상에 당사자인 여성이 위기감을 느끼지 않았다는 사실이다. 균등
법 시행 후에도 기업의 여성차별적 고용관행으로 여성에게는 '자택

---

12 종합직이란 기업에서 종합적인 판단을 요하는 주요 사무를 보며 장래 관리직이 될 것으
로 기대 받는 정사원으로서 근무하는 것을 말한다. 이전의 여성들이 주로 담당하던 일반
사무직이나 보조사무직보다 전문적인 업무를 하며 승진의 기회가 높다.

통근'이 암묵적인 채용 조건이었지만, 수도권주니어인 경우에는 부모의 인프라 덕분에 임금이 낮아도 높은 가처분소득을 향유할 수 있었다. 게다가 결혼을 중심에 둔 인생 설계 아래에서 대부분의 여성은 직업 경력을 중시하지 않았고 그래서 단기 취업에 큰 불만이 없었다. 야마다 마사히로山田昌弘가 말한 '기생 싱글'의 싹을 이미 이때 볼 수 있었던 것이다. '기생 싱글'이라는 말의 유래가 된 야마다 마사히로 등의 공동연구 『미혼화 사회의 부모와 자녀 관계未婚化社會の親子關係』45) 에서 조사대상은 1993년 시점에 25~35세에 해당하는 미혼 남녀였다. 이 세대 중에는 버블기에 학교를 졸업하고 취직한 사람들이 많다. 그 가운데 결혼에 대한 기대를 가지고 있으면서도 이러저러다 보니 싱글 상태에 머물러 있던 사람들이 일본 사회의 비혼화, 저출산 경향의 선두 세대가 되었디.

이 시기에 이르러 결혼을 할까 말까, 아이를 낳을까 말까, 일을 계속 할까 말까, 아이를 키우고 나서 재취업을 할까 말까를 둘러싼 여성들의 인생 선택지가 다양해졌다. 그러나 여성의 가사노동을 당연시하는 근대 가족 규범 아래에서는 선택들 사이에 얻는 게 있으면 잃는 게 있었다. 따라서 어느 쪽을 선택해도 같은 세대 다른 여성의 선택과 자신의 선택을 비교해 상대적 박탈감을 느낄 수밖에 없었다. '주부가 되는 것'이 당연하지 않은 시대에는 '왜 주부를 선택했는가'라는 질문으로 자기증명을 요구받게 된다. 일을 선택한 여성은 '균등 대우' 아래 남성과 경쟁하며 능력을 증명해야 한다. 기회가 주어진다면 여성도 남성과 같은 능력이 있고 리더십도 발휘할 수 있음을 증명해야 했고, 여성의 유능함이 여성스러움을 해치지 않아 유능하면서도 동시에 여성스러울 수 있어야 했다. 바꿔 말하면 직장에서 젠더 역할에 대한 기대는 사라지지 않은 채, 그에 덧붙여 남성과 같은 전투력까지 갖출 것을 이중으로 요구받게 된 것이다.

1986년 아그네스 논쟁으로 알려진, 자녀를 데리고 출근하는 것에 대한 논쟁이 일어난 것은 이러한 맥락 아래에 있었다.[46] ‘자녀를 데리고 출근’하는 것이 상징하는 ‘일도 아이도’라는 새로운 여성의 살아가는 방식에 대해, 한편에서는 ‘신성한 직장을 업신여기는 것’이라 했고, 다른 편에서는 ‘신성한 육아를 여가 활동쯤으로 여기는 것’이라고 했다. 일하는 여성과 전업주부의 양 진영에서 비난이 쏟아졌던 것이다. 아그네스 논쟁이 주로 여성들 사이의 논쟁이었다는 사실은 상징적이다. 일을 위해 가정을 희생해온 일하는 여성들도, 일을 포기하고 육아에 전념해온 전업주부 여성들도, 자신의 상대적 박탈감 때문에 ‘일도 아이도’ 양쪽 모두 손에 넣으려고 하는 ‘욕심쟁이’ 여성을 허락하지 않았던 것이다. 아그네스 논쟁은 그 후 남성들의 개입으로 어설프게 끝나버렸다. 그러나 이 논쟁을 접한, 한 여학생의 다음과 같은 중얼거림을 잊을 수 없다. “고작 직장에 아이를 데려오는 일을 가지고 이런 몰매를 맞는다면, 무서워서 아이는 낳지 않을래.”

그러나 동시대에 ‘일도 아이도, 그리고 남편도 애인도’ 손에 넣은 ‘기가 센 여성’이었던 가수 마쓰다 세이코松田聖子는 여성지의 집중포화를 맞으며 애증의 대상이자 히로인이 되었다.[47] 그녀에 대한 또 다른 여학생의 다음과 같은 말도 나를 깨닫게 만들었다. “마쓰다 세이코, 정말 싫어. 그런데 나, 세이코처럼 되고 싶어…….”

1989년에는 성추행을 의미하는 세쿠하라(sexual harassment의 줄임말)라는 말이 『현대용어의 기초지식現代用語の基礎知識』이 매년 선정하는 유행어 대상을 받았다. 이 해를 기점으로 성추행 소송의 건수가 상승했다.[48] 성추행 소송의 증가는 일본 남성의 성추행이 갑자기 증가했기 때문이 아니라 피해를 입은 여성의 고발이 증가한 결과였다. 그것은

직장에서 여성이 성추행을 참는 한계가 낮아졌음을 의미한다. 이는 여성의 권리의식이 높아진 때문만이 아니었다. 피해를 당하고도 아무말 못하고 직장을 떠났던 과거의 여성들과 달리 일을 그만두지 않는 여성들이 증가했고, 그것이 직장 환경의 개선 요구로 이어진 것이라고 분석할 수 있다. 1980년대 여성의 평균 근무 연수는 계속 늘어났다. 한편으로 고용유연화를 눈앞에 두고 여성들도 한번 정규직을 포기하면 다시 회복하기 어려운 고용 위기에 직면하고 있었다. 대부분의 여성이 손에 넣은 직장은 단순보조의 일반직 업무였지만, 여성의 직장에 대한 집착은 예전과 달리 강해졌다. 그 배후에는 동시대에 진행된 만혼의 경향이 있었다. 20대의 대부분을 싱글로 보낸다면 그동안 수입이 있느냐 없느냐는 사활이 걸린 문제였다. 중산층이 분화하면서 이미 부모 세대에게도 딸을 '가사를 돕는' 무직자, 즉 10년 전쯤이라면 집안에서 '신부 수업'을 한다고 했을 결혼 대기조로 둘 여유가 없어지고 있었다.

8. 5기 구조전환기(1991~ , 소비사회 후사後史)

1991년 하시모토 정권의 금융정책 실패로 버블 경기는 끝이 났다. 실정의 회복 기회가 몇 차례 있었으나 수구적인 정관재계의 '인재人災'로 놓치고, 그 후 '잃어버린 10년'이 시작되었다. 버블 붕괴 이래의 불황이 이렇게까지 길어질 줄은 경제 전문가 누구도 예측하지 못했다.

오랜 불황은 일본형 경영이라고 불리던 시스템의 제도적 피로를 분명하게 드러냈다. 일본형 경영이란 잘 알려져 있다시피 ① 종신고용, ② 연공서열 급여체계, ③ 노동조합이라는 3종 세트로 이루어져 있다. 그러나 이 시스템의 혜택을 받은 사람은 규모가 큰 대기업의 남성 정규직 노동자뿐이었고, 그 비율은 일본 전체 노동자의 20%를 넘지 않았다. 1980년대 미일경제전쟁에서 승리하고, '재팬 애즈 넘버원'[49]의 자신감에 취한 일본에서는 '일본형 경영'을 문화적 전통으로 여기는 일본문화론까지 나타났다. 그러나 헤이세이平成 7년판 국민생활백서는 '일본형 경영'의 역사적 기원이 1920년대 미국이라는 유래를 밝힌 바 있다.[50] 소위 '일본형 경영'은 미국 태생으로 전후 일본에 이식되어 고도성장기에 대기업을 중심으로 정착되었고, 그러면서 마치 일본의 문화전통인 것처럼 본질화되었다. 그 시스템이 기능하지 못하게 되자 비로소 '일본형 경영'이란 성장경제에서만 유지될 수 있는 틀임이 명백해졌다.

　종신고용과 연공서열은 모두 노동생산성에 대응하는 보수를 후지불하는 시스템으로, 이익공동체인 노동조합과 더불어 노동자의 기업에 대한 충성심과 정착률을 높이는 데에 공헌했지만, 동시에 그것은 표준 (남성) 노동자의 인생 경로(어느 정도 나이가 들면 부양가족이 몇 명 있는)를 지탱하는 가족임금을 전제로 한 것이었다. 아내의 '내조의 공'까지 지불한다는 전제 아래, 기업은 노동자 아내의 취직에 개입하고 또한 노동자 가족 모두의 비용을 부담함으로써 종잇조각 하나로 이동이나 전근을 명하는 전제적인 권력을 행사했다. 그러나 성장경제를 유지하는 것이 불가능한 불황 속에서 가족임금을 보장하는 것은 대기업이라 해도 어려운 일이었다. 한편 여성 노동자나 표준 인생 모델에 들어맞지 않는 남성 싱글노동자의 증가로 가족임금 시스템은 불합리한 것이 되었고, 급속하게 직무급, 성과급 시스템으로 이행했다. 그 과정에서

맞벌이 가구가 확대되어 근로자 가구의 60%를 넘어서게 되었다. 아내의 수입은 이미 사치나 자기실현을 위한 것이 아니라 중산층의 가계를 유지하는 데에 불가결한 것이 되었다. 정부 간행물이 혼자 버는 가구를 '외벌이片稼ぎ' 가구로 표기하기 시작한 것도 이 무렵부터였다.

구조적 불황 아래에서 세계적으로 높은 실업률과 중산계층의 분해가 진행되었다. 1980년대에 예견된 계층 분화는 1990년대 중반 SSM조사 결과로 분명하게 드러났고, 사토 도시키佐藤俊樹의 『불평등사회 일본不平等社會日本』51)을 둘러싸고 계층론자들 사이에는 논쟁이 일어났다.52) 계층론은 젠더 변수를 둘러싸고도 난관에 봉착했다. 여성에게 직업상 지위와 수입이 따르게 되자 여성의 계층을 남편의 계층으로 귀속시키는 것이 어렵게 되었기 때문이다. 그것은 동시에 여성 사이에서의 계층 분화, 즉 남녀격차가 아닌 여성 간의 격차를 초래했다.

바꿔 말하면 여성의 선택이 가구의 소비구조를 결정하는 라이프스타일의 다양화가 발생한 것이다. 전통적인 남편의 고소득 외벌이 가구 다음으로, 부부가 같이 풀타임 직장을 가진 맞벌이 가구가 5단계 계층 구분의 상위 자리를 차지하게 되었다. 그 다음으로 남편이 풀타임, 아내가 파트타임 직장에 다니며 부수입을 버는 맞벌이 가구, 그리고 최하위에 육아 때문에 직장을 단념한 아내와 젊은 남편의 외벌이 가구가 자리했다. 결혼 퇴직은 급속히 출산 퇴직으로 이동했고, 출산 전 맞벌이로 유지하던 가계의 규모를 축소하기 어려워 출산을 미루는 커플도 등장했다. 또한 출산 후 아내의 재취업 시기가 현저하게 빨라진 것도 이 시기였다. '아이들이 중학교에 입학하고 나서 혹은 학교에 들어가고나서……'였던 포스트육아기의 시작이 '아이가 세 살이 되면'으로 빨라졌다. 이 배후에는 아직까지도 뿌리 깊은 '3세 신화'53)

가 있었지만, 그렇다 하더라도 '맡길 곳만 있으면 당장이라도 일하러 나가고 싶어' 하는 여성들이 급증하여 저출산임에도 어린이집 대기 아동수가 높아지는 역설적 효과를 낳았다.

돌이켜보면, 제4기인 1980년대에 이미 전조를 보였던 것이, 1990년 대로 넘어가면서 미화할 여지조차 없이 노골적으로 그 모습을 드러 냈던 것이다. 1990년대에 만혼, 비혼, 저출산을 이끈 30대의 남녀는 버블 세대의 10년 후 모습이었던 것이다.

그러나 1990년대에 들어서 여성의 취업을 둘러싸고 예측을 뛰어넘는 사태가 발생했다. 1996년 여성의 대학 진학률이 같은 연령의 남성을 넘어서게 된다. 게다가 그 가운데 4년제 대학과 2년제 대학의 비율이 역전되었다. 취업 내정률도 그때까지의 '상식'을 깨고 4년제 대학 졸업 여성이 2년제 대학 졸업 여성보다 유리해지기 시작했다. 2년제 대학 졸업 여성의 취업률은 계속 낮아졌고, 그와 연동해서 고졸 여성의 취업률도 타격을 입었다. 원래 수가 많지 않았던 여성의 종합직 취업은 취업 빙하기임에도 그대로 유지되거나 확대되었던 반면, 일반직 채용은 격감했다. 국내 불황과 국제적 경쟁 격화의 협공 가운데 기업은 일반 사무보조직 여성의 정규고용을 유지할 여력이 없었다. 요컨대 기업은 남성과 같은 전투력을 가졌다면 여성이라도 채용했지만, 정형적으로 젠더화된 보조형 사무에 관해서는 파견이나 계약 등의 비정규직에 의지했던 것이다. 즉 '고용의 위기'가 여성에게 직격탄이 되었으나 모든 계층의 여성을 똑같이 공격했던 것은 아니다. 또한 고용유연화로 발생한 프리터 현상54) 역시 선택적 프리터와 강제적 프리터로 분화되었다. 그중 후자는 여성이나 학력 자본을 얻을 기회가 없었던 사람에게 집중되었다.

　고용유연화가 상징적으로 드러난 사건으로 1994년 시작된 항공사의 아르바이트 스튜어디스 채용 건을 들 수 있다. 항공사들은, 그때까지 여성의 인기 직업이었고 직업적 위상에 걸맞게 고임금을 보장받던 객실승무원을 시간급을 바탕으로 하는 계약직으로 채용하겠다는 방침을 발표했다. 시간당 1,300엔의 기본급에 대기시간은 임금을 지불하지 않고 이동이나 숙박 수당도 정규직 사원과 차이가 있는 임금 조건이었다. 아르바이트 스튜어디스 채용 1년 후 어느 항공사의 객실승무원조합이 실시한 설문조사를 본 적이 있는데, 그에 따르면 아르바이트 승무원의 평균 월수입은 16만 엔이었다. 아르바이트 승무원들은 '그 돈 벌자고 집을 나설 이유가 없다', '일에 자부심을 가질 수 없다'는 한탄을 쏟아냈다. 그러나 아르바이트 스튜어디스의 낮은 노동 조건이 명백해진 후에도 많은 여성들이 모집에 응모해 경쟁이 치열했다. 그 배경에는 취직을 일생의 계획으로 여기지 않는 여성들의 젠더 의식이 있었다. 노동시장 유연화와 여성의 젠더 의식은 공범이 되어 서로의 선택을 강화했던 것이다.

　'기생 싱글'55)을 유행어로 만든 야마다 마사히로는 결혼하면 남편은 처자식을 부양하고 아내는 가사와 육아를 담당하는 것이라는 남녀 쌍방의 보수적인 결혼관이 만혼의 원인이라고 했다.56) 결혼을 원하면서도 부모가 보장해주는 인프라를 대신할 만큼의 생활수준을 확보하지 못한 결혼 적령기의 남성들을 앞에 두고 여성들이 하루하루 선택을 미룬 것이 만혼과 그 귀결인 저출산의 원인이 되었다. 그렇다면 대책은 첫째로 기생하게 만드는 부모의 원조를 멈추고 '식량공급을 끊어 적을 항복시키는 공격법'을 쓰던가, 아니면 둘째로 그들의 보수적인 결혼관을 바꾸거나, 둘 중 하나다. 첫 번째 대책의 조건인 부모의 원조는, 상승하는 임금 곡선의 혜택을 받은 마지막 세대인 그들의 부모 세대 다음으로, 베이비붐 시대에 출생한 단카이團塊 세대가 노후에 들어서면 저절로 사라질 것이다. 단카이 세대의 부모는 거의 바닥난 자산을 자신의 노후보장에 써야하기에 자녀들 원조에까지 신경 쓸 여력이 없다. 그러나 부모 인프라가 붕괴하고 나면 결혼과 출산이 증가할 것이라고 예측하는 것은 너무 성급하다. 독일 통일 후 구동독의 출생률이 급락했듯이, 경제 위기 아래에서는 사람들이 출산을 억제하는 경향이 있다. 그렇다면 보수적인 결혼관은 변화할 기미가 보이는가?

오구라 치카코小倉千加子는 젊은 여성들의 '신 전업주부 지향'에 관해 분석한 바 있다.57) 그들은 구태의연하고 보수적인 것이 아니다. 이전 세대의 역사적 경험에서 배웠기 때문에 새롭게 보수적으로 보이는 선택을 하는 것이다. 그것은 '일도 가정도' 둘 다 추구했던 여성들이 맛본 참담한 경험, 즉 아그네스 논쟁 후 논쟁의 주인공이었던 아그네스 창이 하라 히로코原ひろ子와의 대담에서 일하는 엄마로 사는 것을 '줄타기'에 비유한 것과 같은58) 그런 경험을, 자신들은 하고 싶지 않다는 공리적인 동기에 따른 선택이다. 이 합리적 선택 가운데 최우선시 되고 있는 것은 바로 자기이익이다. 이는 과거의 여성이 남편과 아이의 이익을 우선시하고 자신의 이익은 뒤로 미룸으로써 헌신하는 아내, 자기희생하는 어머니를 연기했던 것과 큰 차이가 있다. 겉으로는 같은 '주부' 상이지만, 젊은 여성의 마음가짐은 이미 크게 변화한 것이다.

여성은 '생산을 통한 자기실현'의 길이 가로막힘으로써 '소비를 통한 자기실현'의 길로 몰아넣어졌는데, 그렇게 함으로써 젊은 여성들은 여성적인 주체화를 수행할 수 있었다. 그러나 이제 젊은 여성이 안심하고 소비주체가 될 수 있는 조건은 어디에도 없었다. 일본은, 소비주체가 되는 것을 꿈꾸면서도 꿈을 현실로 만들 수 없는 불만을 안은 채 삶을 이어가고 있는 기생충들을 대량으로 만들어냈다. 야마다 마사히로는 인기 공포영화 제목 〈기생충 이브Parasite Eve〉에서 '기생 싱글'이라는 말의 힌트를 얻었다고 한다. 보수적이면서 결혼도 하지 않고 아이도 낳지 않는 기생충 이브들을, 오구라 치카코는 '가부장제에 달라붙은 흰개미'라고 탁월하게 비유했다. 그러나 이 흰개미들이 기생해야하는 일본형 시스템이라는 뼈대는 이미 속이 비어 무너지기 직전이다.

9. 마치며

여성문화를 소비문화로 말하는 것은, 물론 생산과 소비의 분리와 그에 대한 성별 분담이 발생한 근대 이후의 일이다. 그러나 이제 생산과 소비의 분리 그 자체, 그리고 그에 대한 젠더 편성 자체가 흔들리고 있다. 불황기가 되면 실업률이 높아짐과 동시에 자영업자의 비율도 조금씩 높아진다. 프리터로 불리는 사람들도 어떤 의미에서는 자신의 노동을 스스로 관리하는 프리랜서와 같은 자기고용노동자로 볼 수 있다. 마르크스는 자본주의가 발전함에 따라 사람들은 자신의 노동을 파는 것 이외에는 생계를 유지할 수 없는 '자유로운 임노동자'가 된다고 예측했다. 그 과정에서 소상품 생산자와 같은 구중산층은 머지않아서 자신의 생산수단을 잃고 신중간층으로 바뀐다고 말했다. 그러나 세계사의 교훈이 가르쳐준 것은 고용이 어느 이상 증가하지 않는다는 것, 특히 드문 정규직을 둘러싸고 격렬한 생존경쟁이 일어난다는 사실이다. 세계시스템론의 주창자 이매뉴얼 월러스틴Immanuel Wallerstin의 표현을 빌리면, 중핵부문의 특권적인 노동자 외부에 반주변적인 노동자의 층이 존재하고 또 그 외부에 '노동의 주부화'라 할만한 주변노동력이 존재한다. 세계화 아래에서 노동의 젠더 배치는 국적, 계층, 인종, 민족, 학력 등의 자원을 둘러싸고 복잡한 양상으로 드러난다.

그렇다면 여성도 단순한 소비자일 수 없다. 여성이 생산의 영역에 참여함으로써 여성적인 생산문화, 노동문화를 말하는 것이 가능할까? 이제까지의 생산문화나 노동문화는 남성적인 문화로 여겨졌다. 여성에 관해서는 그저 여성스러움을 발휘하거나 배려할 줄 아는 관리직 소양, 혹은 직장 권력 게임의 외부에 있기 때문에 역설적으로 발휘할 수 있는 OL들의 비공식적인 권력59) 등이 이야기되어 왔다. 그러나 이제는 모든 국면에 여성이 있고, 어떤 분야에서도 '최초의 여성'이라는 수식어는 이미 의미가 없다. 또한 영역 한정의 효과로 발생하는 '여성스러움'도 해체되고 있다.

나는 전후 소비문화를 살피며 여성 대중은 '생산을 통한 자기실현'이 아닌 '소비를 통한 자기실현'을 추구해왔다고 논했다. 물론 그것은 전자의 장애물이 커짐에 따라 귀결된 소극적인 선택이었지만, 그 소비문화는 세계에 자랑할 만큼 세련되었고 퇴폐라고 해도 좋을만한 농익은 경지에 달했다. 불황 아래에서도 일본 그리고 일본 여성은 줄기차게 유럽 명품 브랜드의 최고 고객이었다. 그녀들은 이후 노동시장의 주변 혹은 반주변으로 편성되어 만족할 수 없는 소비욕구를 품은 채 불완전연소의 인생을 보내든가, 아니면 생산의 장에 남성과 나란히 참여함으로써 다른 여성들을 앞질러 홀로 승리를 추구하게 되었다. 욕망 수준은 높은데 그것을 실현할 수 있는 자원이 만족스럽지 않으면 그녀들은 '여성스럽게' 선택을 뒤로 미뤘고, 그럼으로써 비혼

290

과 저출산이 더욱 심화되었다. 다른 한편, 여성의 노동 참가는 '직장의 여성화'를 초래한 것인가 아니면 '여성의 직장화'를 초래한 것인가? 이 질문은 궁극의 남녀평등 지대인 군대 내에서 남녀평등을 둘러싸고 여성의 군대 참가가 '군대의 여성화'를 초래할지 아니면 '여성의 군대화'를 초래할지를 묻는 것에 비할 수 있다. 이 둘 중 하나를 택하는 것 외에 제3의 답은 없는 걸일까?

전후 일본의 대중소비사회라는 '축제'는 끝났다. 이제 생산과 소비의 분리를 넘어서서 젠더의 재배치가 초점이 된 시기에 생산에도 소비에도 특화되지 않은 '여성문화'를 어떻게 만들어낼 것인지를 물어야 한다.

일본 종교의 전후戰後체제

1) '신도지령'은 GHQ가 1945년 12월 15일에 발포한 「국가신도, 신사神社신도에 대한 정부의 보증, 지원, 보전, 감독 및 홍포弘布의 폐지에 관한 건」이라는 문서로, 주목적은 '국가신도의 해체'이다. 그러나 여기서 말하는 '국가신도'가 무엇을 가리키는지는 분명치 않다. 大原康男, 『신도지령의 연구神道指令の研究』, 原書房, 1993; 新田均, 『근대 정치와 종교의 관계에 관한 기초 연구近代政教関係の基礎的研究』, 大明堂, 1997; 新田均, 「국가신도론의 계보 상·하国家神道論の系譜 上·下」, 『황학관논총皇学館論叢』 32권 1·2호, 1999; 島薗進, 「국가신도와 근대 일본의 종교구조国家神道と近代日本の宗教構造」, 『宗教研究』 329호, 2001 참조.

2) 일본 종교의 전후체제를 이해하는 데 기초가 되는, 미군점령기의 종교 정책에 관해 폭넓게 논의한 연구는 다음과 같다. 新宗連調査室 편, 『일본의 전후 종교 회상록日本の戦後宗教回想録』, 新宗教新聞社, 1963; ウィリアム·P·ウッダード, 阿部美哉 역, 『천황과 신도―GHQ의 종교 정책天皇と神道―GHQの宗教政策』, サイマル出版会, 1988(원저는 1972년 출판); 阿部美哉, 『정교분리―일본과 미국으로 보는 종교의 정치성政教分離―日本とアメリカにみる宗教の政治性』, サイマル出版会, 1989; 井門富二夫 편, 『점령과 일본종교占領と日本宗教』, 未来社, 1993.

3) '데노미네이션denomination'은 대등하게 경합을 벌이는 여러 교파를 가리킨다. H. 리처드 니버Richard Niebuhr가 이론화할 당시에는(柴田史子 역, 『미국형 기독교의 사회적 기원アメリカ型キリスト教の社会的基源』, ヨルダン社, 1984(원저는 1929년 출판)), 가톨릭과 프로테스탄트의 기독교 교파들만을 염두에 두었으나 나중엔 유태교를 더해 이 세 종교의 여러 파들이(유대 기독교의 여러 파들) 병립하는 체제를 가리키게 되었다. Will Herberg, *Protestant, Catholic, Jew*, Doubleday, 1955.

4) 新宗連調査室 편, 『일본의 전후 종교회상록』, 新宗教新聞社, 1963, 84면. 여기에 들어있는 금지 항목은 다음과 같다. "점령군에게 대항 또는 반대하거나 일본국 정부가 연합국최고사령관의 요구에 기초해 내린 명령에 대해 반항 또는 반대하는 것", "일본국의 침략적인 대외군사행동을 지지하거나 정당화하는 것", "일본국이 다른 아시아, 인도네시아 혹은 말레이 인종의 지도자라고 참칭하는 것", "일본국과 외국 사이 자유로운 문화 및 학술 교류를 반대하는 것", "일본 국내에서 군사적 혹은 준군사적 훈련을 실시하고 육해군 군인이

었던 자에 대해 민간인에게 주어지는 이상의 은전을 공여하거나 특수한 발언권을 부여하거나 군국주의자 혹은 군인정신을 존속시키는 것".

5) 가무나가라연맹의 처분에 관해서는 大石秀典, 「점령군과 신흥종교占領軍と新宗教」, 이 사건이 슈요단호세카이修養団捧誠会에 미친 영향에 관해서는 島薗進, 「신흥종교와 패전·점령―슈요단호세카이의 경우新宗教と敗戦·占領―修養団捧誠会の場合」를 참조. 둘 다 井門富二夫 편, 『점령과 일본종교』, 未来社, 1993에 수록. 혼미치에 관해서는 오이시 슈텐大石秀典으로부터 들었다.

6) 神社新報社 편, 『신도지령과 전후의 신도神道指令と戦後の神道』, 神社新報社, 1971, 65~71·106면.

7) 이 점을 제대로 다루지는 않았으나 논증에 필요한 기술은 이미 세밀하게 이루어져 있다. 村上重良, 『천황의 제사天皇の祭祀』, 岩波書店, 1977; 高橋紘, 『상징천황象徴天皇』, 岩波書店, 1987; 渡辺治, 『일본의 대국화와 네오내셔널리즘의 형성―천황제 내셔널리즘의 모색과 애로日本の大国化とネオ·ナショナリズムの形成―天皇制ナショナリズムの摸索と隘路』, 桜井書店, 2001 등 참조.

8) 존 다우어, 최은석 역, 『패배를 껴안고』 하, 민음사, 2009(원저는 1999년 출판). 존 다우어는 점령 말기까지 GHQ가 쇼와 천황의 성스러운 권위를 온존시키는 데 적극적으로 공헌했다는 자료를 다수 보여준다. 이것은 물론 많은 선행 연구에 의거한 것이다. 예를 들면, 吉田裕, 『쇼와 천황의 종전사昭和天皇の終戦史』, 岩波書店, 1992.

9) 주 1에 썼듯이 '국가신도'의 개념에 관해서는 '신도지령'에서도 그 의미가 분명치 않아 용법에 관한 혼란이 계속되고 있다. 나는 이 말의 적절한 용법을 확립하기 위해 「국가신도와 근대 일본의 종교구조国家神道と近代日本の宗教構造」, 『宗教研究』 329호, 2001; 「19세기 일본의 종교구조 변용―九世紀日本の宗教構造の変容」, 小森陽一 외편, 『이와나미강좌 근대 일본의 문화사 2―코스몰로지의 '근세'岩波講座 近代日本の文化史 2―コスモロジーの'近世'』, 岩波書店, 2001; 「국가신도와 메시아사상―'천황의 신격화'로 본 오모토교国家神道とメシアニズム―'天皇の神格化'からみた大本教」, 網野善彦 외편, 『이와나미강좌 천황과 왕권을 생각한다 제4권―종교와 권위岩波講座 天皇と王権を考える 第四巻―宗教と権威』, 岩波書店, 2002 등에서 고찰을 계속하고 있다.

10) 新宗連調査室 편, 『일본의 전후 종교회상록』, 新宗教新聞社, 1963, 37·188면.

11) 田中伸尚, 『야스쿠니의 전후사靖国の戦後史』, 岩波書店, 2002, 제3장.

12) 神社新報社 편, 『신도지령과 전후의 신도』, 神社新報社, 1971.

13) 『신사신보神社新報』, 1950.3.13.

14) 生長の家本部 편, 『세이초노이에 50년사生長の家五十年史』, 日本教文社, 1980, 379~414면.

15) 다니구치 마사하루는 이미 1920년대부터 미국 종교사상의 영향을 강하게 받았다. 다니구치 마사하루의 사상 형성에서 미국의 '신사상New Thought'과의 만남(1924)은 매우 큰 의의를 갖는다. 生長の家本部 편, 『세이초노이에 50년사』, 日本教文社, 1980; 島薗進, 「세이초노이에와 심리요법적 가르침의 사상―다니구치 마사하루 사상의 형성과정을 둘러싸고生長の家と心理療法的救いの思想―谷口雅春の思想形成過程をめぐって」, 桜井徳太郎 편, 『일본 종교의 정통과 이단日本宗教の正統と異端』, 弘文堂, 1998; 島薗進, 「신과 부처를 뛰어넘어―세이초노이에의 구제사상 형성神と仏を超えて―生長の家の救済思想の形成」, 上田閑照 외편, 『이와나미강좌 일본문학과 불교 제8권―부처와 신岩波講座 日本文学と仏教 第八巻―仏と神』, 岩波書店, 1994.

16) 生長の家本部 편, 『세이초노이에 50년사』, 日本教文社, 1980, 395면.

17) 生長の家本部 편, 『세이초노이에 50년사』, 日本教文社, 1980, 401~422면.

18) 이와 마찬가지로 이 시기 한국이나 미국에 있었던 일본 혹은 일본계 종교집단의 동향을 참고할 수도 있다. 한국에 관해서는 아직 충분한 연구가 이루어지지 않고 있다. 여기에서 브라질을 거론한 것은 이 시기 해외의 일본종교, 일본계 종교에 관해 더 많은 연구가 진행되었기 때문이다. 島薗進, 제8장 「일본 신흥종교의 이문화 진출日本の新宗教の異文化進出」, 『현대구제종교론現代救済宗教論』, 青弓社, 1992 참조.

19) 前山隆, 『이민자의 일본회귀운동移民の日本回帰運動』, 日本放送出版協会, 1982; 前山隆, 『이국에서 '일본'을 기리다―일본계 브라질인의 종교와 민족성異邦に'日本'を祀る―ブラジル日系人の宗教とエスニシティ』, 御茶の水書房, 1997.

20) 前山隆, 『이국에서 '일본'을 기리다―일본계 브라질인의 종교와 민족성』, 御茶の水書房, 1997, 127면.

21) 島薗進, 제8장 「일본 신흥종교의 이문화 진출」, 『현대구제종교론』, 青弓社, 1992 참조.

22) 슈요단호세카이修養団捧誠会에 관해서는 島薗進, 「신흥종교와 패전·점령―슈요단호세카이의 경우新宗教と敗戦·占領―修養団捧誠会の場合」, 井門富二夫 편, 『점령과 일본종교』, 未来社, 1993를 참조.

23) 森岡清美, 『신흥종교의 전개과정新宗教運動展開過程』, 創文社, 1989. 주로 제3장 「신흥종교에 대한 공격, 응전과 귀결―릿쇼코세카이의 '요미우리사건'新宗教への攻撃, 応戦と帰結―立正佼成会の'読売事件'」 참조.

24) 新宗連調査室 편, 『일본의 전후 종교회상록』, 新宗教新聞社, 1963, 174면.

25) 井上恵行, 『종교법인법에 관한 기초연구宗教法人法の基礎的研究』, 第一書房, 1969.

26) 슈요단호세카이修養団捧誠会의 경우에 관해서는 島薗進, 『시대 속의 신흥종교―이데이 세타로의 세계 1899~1945時代のなかの新宗教―出居清太郎の世界 一八九九～一九四五』, 弘文堂, 1999 참조. '종교단체'의 지위를 부여받은 공인 교단이 압박을 전혀 받지 않았던 것은 아니다. 덴리교 등은 위험한 단체로 몰릴 가능성을 가지고는 있었지만 정부와의 사이에 행정지도적 관계를 가지고 대응책을 취하기 쉬운 입장이었다.

27) 島薗進, 『포스트모던의 신흥종교―현대 일본의 정신 상황의 저류ポストモダンの新宗教―現代日本の精神状況の底流』, 東京堂出版, 2001, 제6장.

28) 西山茂, 「신흥종교의 현황新宗教の現況」, 『역사공론歴史公論』 5권 7호, 1979; 島薗進, 『포스트모던의 신흥종교―현대 일본의 정신 상황의 저류』, 東京堂出版, 2001, 서장 참조.

29) 島薗進, 제8장 「일본 신흥종교의 이문화 진출」, 『현대구제종교론』, 青弓社, 1992

30) 짓센린리코세카이実践倫理宏正会는 자신들을 수양도덕 단체 혹은 사회교육 단체로 자리매김하고 있기 때문에 보통 종교단체로 간주되지 않는다. 그러나 신흥종교 교단과 공통점이 많기 때문에 여기서는 함께 열거하였다.

31) 上藤和之·大野靖之편, 『혁명의 대하―창가학회 45년사革命の大河―創価学会四十五年史』, 聖教新聞社, 1975, 71면.

32) 창가학회는 니치렌 문하의 한 유파인 니치렌정종日蓮正宗의 한 재가신도 단체가 거대 교단으로 발전한 것이다. 니체렌정종은 닛코日興(1246~1333)가 세운 유파로 다이세키지大石寺를 본산으로 하며, 후지파富士派, 고몬興門, 닛코문파日興門派 등으로 불리다가 1912년에 니치렌정종으로 바꾸었다.

33) 文化庁편, 『종교연감 쇼와 57년(1982)판宗教年鑑 昭和五七年版』, ぎょうせい, 1983.

34) 득표율의 변화에 관해서는 井上順孝 외편, 『신흥종교 사전新宗教事典』, 弘文堂, 1990, 570~571면.

35) 杉山明子, 「현대인의 종교의식現代人の宗教意識」, 『증간통합특집 21－현대인과 종교ジュリスト 増刊総合特集二一－現代人と宗教』, 有斐閣, 1981.

36) 島薗進, 『현대구제종교론』, 青弓社, 1992 참조.

37) 井門富二夫, 『세속사회의 종교世俗社会の宗教』, 日本基督教団出版局, 1972.

38) 島薗進, 「신흥종교 교단에서 체험담이 갖는 의미－묘치카이・릿쇼코세카이・덴리교新宗教教団における体験談の位置－妙智会・立正佼成会・天理教」, 『도쿄대학 종교학 연보東京大学宗教学年報』 2호, 1984; 島薗進, 「종교사상과 언어－신화・체험으로부터 종교이야기로宗教思想と言葉－神話・体験から宗教的物語へ」, 脇本平也・柳川啓一 편, 『현대종교 2－종교사상과 언어現代宗教 2－宗教思想と言葉』, 東京大学出版会, 1992. 島薗進, 「종교이야기로서의 체험담－레이유카이를 예로 들어宗教的物語としての体験談－靈友会を例として」, 島薗進・鶴岡賀雄 편, 『종교 언어－종교사상 연구의 새로운 지평宗教のことば－宗教思想研究の新しい地坪』, 大明堂, 1993.

39) 레이유카이靈友会의 창시자인 구보 카쿠타로久保角太郎와 고타니 키미小谷喜美는 이와 같은 민중의 자립 이념을 독특한 말을 사용해 이야기했다. 그들은 집에서 하는 조상공양과 체험담 활동은 법화경의 신앙을 누구나 충분히 실천할 수 있는 민주주의 시대에 어울리는 재가불교의 실천 형태라고 주장했다. 島薗進, 「신흥종교의 체험주의－초기 레이유카이의 경우新宗教の体験主義－初期靈友会の場合」, 村上重良 편, 『대계 불교와 일본인 10－민중과 사회大系仏教と日本人 10－民衆と社会』, 春秋社, 1988; 島薗進, 「천년왕국의 다이내믹스－근대 일본의 민중종교운동 속 역사의식千年王国のダイナミックス－近代日本の民衆宗教運動の中の歴史意識」, 月本昭男 외편, 『역사를 묻다 2－역사와 시간歴史を問う 2－歴史と時間』, 岩波書店, 2002 참조.

40) 高瀬広居, 『제3문명의 종교第三文明の宗教』, 弘文堂, 1962.

41) 高瀬広居, 『제3문명의 종교』, 弘文堂, 1962, 186~188면.

42) 高瀬広居, 『제3문명의 종교』, 弘文堂, 1962, 189면.

43) 創価学会指導編纂委員会 편, 「어의구전강의御義口伝講義」, 『창가학회 지도집創価学会指導集』, 聖教新聞社, 1976, 83면. 『어의구전강의』(1965・1967년 간행)는 니치렌의 '어의구전御義口伝'에 관해 이케다 타이사쿠가 강의한 것이다.

44) 創価学会指導編纂委員会편, 「이케다 회장 지도池田会長指導」, 『창가학회 지도집』, 聖教新聞社, 1976, 81면.

45) 창가학회의 역사를 주제로 한 이케다 타이사쿠의 대하소설 『인간혁명人間革命』은 1965년 1월 1일부터 『세이쿄신문聖教新聞』에 연재되기 시작하여 같은 해 제1권이 간행되었다. 이 소설은 '야마모토 신이치'의 창가학회 제3대 회장 취임으로 끝나는 제12권이 1993년에 간행되면서 완결되었다. 여기서는 세이쿄聖教문고판을 참조했다.

46) 創価学会教学部 편, 『절복교전折伏教典』(교정3판), 宗教法人創価学会, 1981, 241~243면. 『절복교전』 초판은 1951년에 간행되었는데 그 후 계속 개정되고 있다.

47) 창가학회의 창시자인 마키구치 쓰네사부로와 도다 조세이의 사상이 가진 현세변혁적인 대중자립사상 같은 특징에 관해서는 島薗進, 「생활의 지혜와 근대 종교 활동－마키구치 쓰네사부로의 교육사상과 신앙生活知と近代宗教活動－牧口常三郎の教育思想と信仰」, 河合隼雄 외편,

『이와나미강좌 종교와 과학 5－종교와 사회과학岩波講座 宗教と科学 五－宗教と社会科学』, 岩波書店, 1992; 島薗進, 「신흥종교와 현세구제사상－창가학회의 불교혁신新宗教と現世救済思想－創価学会の仏教革新」, 高崎直道・木村清孝 편, 『동아시아의 불교사상 III－일본 불교론東アジアの仏教思想 III－日本仏教論』(시리즈 동아시아불교 4シリーズ東アジア仏教 四), 春秋社, 1995에서 논한 바 있다.

48) 大塚久雄, 『근대화의 인간적 기초近代化の人間的基礎』, 白日書院, 1948; 中村元, 『나카무라 하지메 선집 제8권－일본 종교의 근대성中村元選集 第八巻－日本宗教の近代性』, 春秋社, 1964 등 참조. 이런 것들이 전진하는 '국민'의 주체성과 깊이 관련되어 있다는 점에 관해서는 中野敏男, 『오츠카 히사오와 마루야마 마사오－동원, 주체, 전쟁책임大塚久雄と丸山真男－動員, 主体, 戦争責任』, 青土社, 2001; 小熊英二, 『'민주'와 '애국'－전후 일본의 내셔널리즘과 공공성'民主'と'愛国'－戦後日本のナショナリズムと公共性』, 新曜社, 2002, 제2장 참조.

49) 鶴見俊輔, 「'정신혁명'의 실상精神革命'の 実像」・平石直昭, 「'이념으로서의 근대 서양－패전 후 2년간의 언론을 중심으로理念としての近代西洋－敗戦後二年間の言論を中心に」, 中村政則 외편, 『전후일본 미군점령과 전후 개혁 제3권－전후사상과 사회의식戦後日本 占領と戦後改革 第三巻－戦後思想と社会意識』, 岩波書店, 1995. 1960년 무렵 쓰루미 순스케는 창가학회를 높이 평가하였으며 다른 신흥종교와는 달리 개혁적인 성격을 지녔다고 보았다. 柳田邦夫・森秀人・しまねきよし・鶴見俊輔, 『절복－창가학회의 사상과 행동折伏－創価学会の思想と行動』産報, 1963.

50) 村上重良, 「창가학회・공명당의 언론억압문제創価学会・公明党の言論抑圧問題」, 『현대 일본의 종교문제現代日本の宗教問題』, 朝日新聞社, 1979.

51) 秋谷栄之助 편, 『번영하는 창가학회 70년旭日の創価学会70年』 전4권, 第三文明社, 2000은 『세이쿄신문聖教新聞』에 게재되었던 좌담회를 수록한 것이다. 그런데 아키야 에노스케秋谷栄之助 창가학회 회장은 그 「후기」에서 "이제 이 네 권의 책은 21세기를 바라보면서, 창가학회의 진정한 역사를 왜곡할 뿐만 아니라 사실무근의 악선전으로 사회에 해를 끼치고 있는 극악하고 음습한 책략과 그 비열한 정체, 그리고 정의를 좀먹는 결탁의 구도에 초점을 두고 하나하나 사실에 근거하여 악랄하기 그지없는 그 기만성을 밝혔다"고 썼다. 이렇게 창가학회의 역사를 무엇보다도 '특정한 적과의 싸움'으로 정리하는 것을 보더라도 『절복교전』의 정신이 점점 더 중요해지고 있음을 알 수 있다.

52) 島薗進, 『현대구제종교론』, 青弓社, 1992, 제8장.

53) 村上重良, 『창가학회=공명당創価学会=公明党』, 青木書店, 1967, 191～192면.

54) 村上順孝・梅津礼司, 「평화운동平和運動」, 『신흥종교 사전』, 弘文堂, 1990; ロバート・キサラ, 「창가학회－인간혁명과 국제주의創価学会－人間革命と国際主義」, 『종교적 평화사상 연구－일본 신흥종교의 가르침과 실천宗教的平和思想の研究－日本新宗教の教えと実践』, 春秋社, 1997, 제4장 등 참조.

55) 石田雄, 「'평화'의 양의성－의미론적 변화(전편)'平和'の両義性－意味論的変化(前篇)」, 『일본의 정치와 언어 하－'평화'와 '국가'日本の政治と言葉 下－'平和'と'国家'』, 東京大学出版会, 1989; ジョン・ダワー, 「두 체제 안에서의 평화와 민주주의－대외 정책과 국내 대립二つの'体制'のなかの平和と民主主義－対外政策と国内対立」, アンドルー・ゴードン 편, 中村政則 감수 번역, 『역사로 보는 전후 일본歴史としての戦後日本』 상, みすず書房, 1997(원저는 1993년 출간); 吉田裕, 『일본인의 전

쟁관-전후사 안에서의 변용日本人の戦争観-戦後史のなかの変容』, 岩波書店, 1995 등은 패전 후 일본인의 평화관을 아주 잘 보여준다.

56) 일본종교인평화협의회와 세계종교인평화회의WCRP 일본위원회를 중심으로 패전 이후 일본 종교인들의 평화운동을 살펴보았다. 이때 다음 문헌들의 덕을 봤다. WCRP創立十周年記念実行委員会 편, 『세계 평화를 위한 기도와 실천-세계종교인평화회의WCRP 10년의 발자취世界平和への祈りと実践-世界宗教者平和会議(WCRP)十年の歩み』, 世界宗教者平和会議日本委員会, 1981; 庭野日敬, 『WCRP의 길·그 하나에서 여덟까지 니와노 닛쿄 법화시리즈 7~9·12~16WCRPの道·その一~その八 庭野日敬法話シリーズ 7~9·12~16』, 佼成出版社, 1987~1988; 磯岡哲也, 「전후 종교협력으로 인한 평화운동의 발생과 전개-일본종교인평화협의회와 세계종교인평화회의WCRP 일본위원회를 중심으로戦後の宗教協力による平和運動の発生と展開-日本宗教者平和協議会と世界宗教者平和会議(WCRP)日本委員会を中心に」, 中央学術研究所 편, 『종교간 협조와 갈등宗教間の協調と葛藤』, 佼成出版社, 1989; Homer A. Jack, *WCRP : A History of the World Conference on Religion and Peace*, World Conference on Religion and Peace, 1993; 額賀章友 편, 『WCRP 세계종교인평화회의 30년사WCRP世界宗教者平和会議三十年史』, 財団法人世界宗教者平和会議日本委員会, 2000.

57) 이소오카 테쓰야磯岡哲也는 "일설에 따르면"이라는 단서를 붙이면서 다음과 같이 말했다. "WCRP 일본위원회가 1979년 국제위원회에 낸 금액이 5만 5천 달러인데 이는 연간 예산의 반을 넘는다. 그 중에 약 3분의 1은 릿쇼코세카이가 내는 기부금에 의존하고 있다." 磯岡哲也, 「전후 종교협력으로 인한 평화운동의 발생과 전개-일본종교인평화협의회와 세계종교인평화회의WCRP 일본위원회를 중심으로」, 中央学術研究所 편, 『종교간 협조와 갈등』, 佼成出版社, 1989, 306면.

58) Homer A. Jack, *WCRP : A History of the World Conference on Religion and Peace*, World Conference on Religion and Peace, 1993.

59) 飯坂良明, 「선언문에서 보았다宣言文から見た」, WCRP創立十周年記念実行委員会 편, 『세계 평화를 위한 기도와 실천-세계종교인평화회의WCRP 10년의 발자취』, 世界宗教者平和会議日本委員会, 1981, 75면.

60) 「종교협력 60년의 발자취-이마오카 신이치로에게 듣는다宗教協力六十年の歩み-今岡信一良にきく」(인터뷰어는 누카가 아키토모額賀章友)는 WCRP創立十周年記念実行委員会 편, 『세계 평화를 위한 기도와 실천-세계종교인평화회의WCRP 10년의 발자취』, 世界宗教者平和会議日本委員会, 1981에 수록되어 있다.

61) 『일본종교협회보日本宗教協会回報』 제5호, 1932.9. 이것은 「종교협력 60년의 발자취-이마오카 신이치로에게 듣는다」, WCRP創立十周年記念実行委員会 편, 『세계 평화를 위한 기도와 실천-세계종교인평화회의WCRP 10년의 발자취』, 世界宗教者平和会議日本委員会, 1981에 이마오카 신이치로가 제공한 자료로 첨부되어 있다.

62) 大石秀典, 「WCRP 발족까지의 발자취WCRP発足までの歩み」, 『세계 평화를 위한 기도와 실천-세계종교인평화회의(WCRP) 10년의 발자취』, 世界宗教者平和会議日本委員会, 1981.

63) 종교집단이 관청의 행정지도에 따라 연합하여 국민사회에 봉사하는 체제는 규모는 다르지만 일본 경제계에 형성된 '일본주식회사'의 안정적 협조 시스템에 비할 만하다. 岡崎哲二·奧野正寛 편, 『현대 일본 경제 시스템의 원류現代日本経済システムの源流』, 日本経済新聞社,

1993; 小林英夫·岡崎哲二·米倉誠一郎·NHK取材班,『'일본주식회사'의 쇼와사-관료지배의 구조日本株式会社'の 昭和史-官僚支配の構造』, 創元社, 1995.

64) 中島三千男,「전쟁과 일본인戦争と日本人」, 朝尾直弘 외편,『이와나미강좌 일본통사 제20권-현대 I岩波講座 日本通史 第二〇巻-現代 I』, 岩波書店, 1995. 신일본종교단체연합회의 위령관의 변화는 나카지마의 기술에 따랐다.

65) 中島三千男,「전쟁과 일본인」, 朝尾直弘 외편,『이와나미강좌 일본통사 제20권-현대 I』, 岩波書店, 1995, 245~246면.

66) 額賀章友 편,『WCRP 세계종교인평화회의 30년사』, 財団法人世界宗教者平和会議日本委員会, 2000, 163~164면.

67) 石田雄,『일본의 정치와 언어 하-'평화'와 '국가'』, 東京大学出版会, 1989, 제6장·결론.

68) 일본의 전시체제가 시스템 사회로 전환을 강행하면서 전후의 선진국 사회체제를 준비했다는 견해는 다음 문헌들에 분명하게 나타나있다. 山之内靖·ヴィクター コシュマン·成田龍一 편,『총력전과 현대화総力戦と現代化』, 柏書房, 1995; 山之内靖,『시스템 사회의 현대적 위상システム社会の現代的位相』, 岩波書店, 1996. 주 63과 주 71에 나오는 문헌들도 이 논점과 연관된다. 나는 이런 시각을 바탕으로『시대 속의 신흥종교-이데이 세타로의 세계 1899~1945』, 弘文堂, 1999에서 전시체제하 일본의 종교운동과 종교체제를 재검토하고자 했다.

69) 戸田城聖,『도다 조세이 선생 논문집戸田城聖先生論文集』, 創価学会, 1960, 23~24면.

70) '장례의식葬式 불교'라는 말은 다마무로 타이조圭室諦成가『장식불교葬式仏教』, 大法輪閣, 1963에서 사용하면서 학술적인 내실을 담은 말로 정착되었다. 伊藤唯真·藤井正雄 편,『장제불교-그 역사와 현대적 과제葬祭仏教-その歴史と現代的課題』, ノンブル社, 1997는 다마무로 타이조의 업적이 갖는 의의를 확인하면서 그것을 발전시키려는 시도를 보여준다.

71) 근대가족이 보급된 상황에 관해서는 오치아이 에미코落合恵美子가 쓴『21세기가족21世紀家族』, 有斐閣, 1994를 참조하기 바란다. 이 글에서 사용하고 있는 '종교의 전후戦後 체제'라는 말은 오치아이 에미코의 '가족의 전후체제'에서 힌트를 얻었다. 오치아이는 "1960년대 가족"은 "형제자매 네트워크"로 지탱되었다고 보았는데, 신흥종교, 수양단체, 전통불교의 찬불가수업 등 종교단체나 그 비슷한 단체가 제공한 주부층의 횡적 연대가 갖는 의의도 고려해야만 할 것이다.

72) 沼田健哉,「수양단체 및 신흥종교의 가족윤리修養団体なびに新宗教教団における家族倫理」,『현대 일본의 신흥종교現代日本の新宗教』, 創元社, 1988, 237~238면.

73) 수양단봉성회修養団捧誠会 사례에 관해서는 島薗進,「신흥종교와 패전·점령-수양단봉성회의 경우新宗教と敗戦·占領-修養団捧誠会の場合」, 井門富二夫 편,『점령과 일본종교』, 未来社, 1993; 島薗進 편,『구원과 덕-신흥종교 신도의 생활과 사상救いと徳-新宗教信仰者の生活と思想』, 弘文堂, 1992 참조.

74) 庭野日敬,『평화를 향한 길平和への道』, 佼成出版社, 1972, 22면.

75) 로버트 키살라Robert Kisala는 일본 종교의 평화관에서 널리 보이는 이런 특징을 '문명론적 평화사상'이라고 불렀다. ロバート·キサラ,「창가학회-인간혁명과 국제주의」,『종교적 평화사상 연구-일본 신흥종교의 가르침과 실천』, 春秋社, 1997, 제4장.

76) 創価学会教学部 편,『절복교전』(교정3판), 宗教法人創価学会, 1981, 42~43면.

77) 鈴木広, 「도시하층의 종교단체―후쿠오카시의 창가학회都市下層の宗教集団―福岡市における創価学会」, 東北社会学研究会, 『사회학연구社会学研究』 24・25호, 1963・1964. 여기서 인용한 부분과 '도시하층의 종교단체'라는 말은 24호의 90면에 나와 있다.

78) 『사회학연구』 24호, 1963, 100면; 『사회학연구』 25호, 1964, 85~87면.

79) ジェイムズ・W・ホワイト, 宗教社会学研究会 역, 『화이트조사반의 창가학회 보고서ホワイト調査班の創価学会レポート』, 雄渾社, 1975, 105~112면. 1967년 『요미우리신문』은 중졸 이하 학력과 그 이상 학력으로 나누어 조사하였다. 전국 평균은 중졸 이하가 62%, 그 이상이 37%였는데, 창가학회에서는 중졸 이하가 74%, 그 이상이 22%로 나타났다('모르겠다', '딱 들어맞지 않는다'가 있기 때문에 합계가 100%가 되지 않는다). 정당지지율에서는 전국 표본 평균이 중졸 이하가 56.4%, 그 이상이 43.1%로 나타났는데, 공명당 지지자의 표본에서는 중졸 이하가 65.5%, 그 이상이 34.5%였다(같은 책, 97~100면).

80) 『마하야나マハーヤーナ』 38호, 1991.1.

81) 島薗進, 『정신세계의 행방―현대 세계와 신영성운동精神世界のゆくえ―現代世界と新靈性運動』, 東京堂出版, 1996; 島薗進, 『현대 종교의 가능성―옴진리교와 폭력現代宗教の可能性―オウム真理教と暴力』, 庵波書店, 1997; 島薗進, 『포스트모던의 신흥종교―현대 일본의 정신 상황의 저류』, 東京堂出版, 2001 등 참조.

가파른 성장과 미스터리

1) 사와 다카미쓰佐和隆光는 고도 성장기를 1955년부터 1973년 석유파동이 일어난 시기까지로 설정한다. 佐和隆光, 『고도성장高度成長』, 日本放送出版協会, 1984, 4면.

2) 제2차 석유파동 시기에 1978년 12월부터 1980년 1월까지 석유가격이 1배럴당 12.8달러에서 26.8달러로 두 배 이상 인상되었다. 경제기획청에서는 1981년 경기가 바닥을 쳤다고 선언했지만 외수의 호조와는 별도로 불경기의 그림자가 해소되지 않았다.

3) 経済企画庁 編, 『쇼와 46년도 연차경제보고昭和四六年度年次経済報告』, 大蔵省印刷局, 1971, 159면.

4) 経済企画庁 編, 『쇼와 31년도 연차경제보고昭和三一年度年次経済報告』, 大蔵省印刷局, 1956.

5) 中村隆英, 『쇼와경제사昭和経済史』, 岩波書店, 1986, 178~179면.

6) 経済企画庁 編, 『쇼와 31년도 연차경제보고』, 大蔵省印刷局, 1956, 43면.

7) 内田隆三, 『국토론国土論』, 筑摩書房, 2002, 제2부 제2장 제4절을 참조.

8) 見田宗介, 「새로운 망향의 노래―현대 일본의 정신상황新しい望郷の歌―現代日本の精神状況」, 『현대 일본의 심정과 윤리現代日本の心情と倫理』, 筑摩書房, 1971 수록.

9) 미시마 유키오三島由起夫에게서는 「칸타타 축혼가カンタータ祝婚歌」(『미시마 유키오 전집三島由起夫全集』 제35권, 新潮社, 1976)를 만든 패러디적 시선이나 고이즈미 신조小泉信三를 향한 비판적인 말투가 보인다.

10) 坂本佳鶴恵, 『'가족' 이미지의 탄생'家族'イメージの誕生』, 新曜社, 1997.

11) 内田隆三, 『탐정소설의 사회학探偵小説の社会学』, 岩波書店, 2001, 제3장 참조. 이 글에서 미스터리는 탐정소설, 추리소설을 염두에 둔 것이다.

12) 折口信夫, 「민속학民俗学」, 『오리구치 시노부 전집折口信夫全集』 제15권, 中央公論社, 1982, 21면. 오리구치 시노부折口信夫에 의하면 설화는 신화나 민담을 구두 형식으로 쓴 것이며, 따라서 이야기의 내용은 과거의 사건이라는 제약이 있음에도 불구하고 실제로는 현재에도 있을 법하다는 이해를 바탕으로 성립한다.

13) 平野謙, 「해설解説」, 松本清張, 『제로의 초점ゼロの焦点』, 新潮社, 1987.

14) 横山重・小野晋校訂, 「해설解説」, 『본조 20불효本朝二十不孝』, 岩波書店, 1963 참조.

15) 折口信夫, 「민속학」, 『오리구치 시노부전집』 제15권, 中央公論社, 1982, 오리구치 시노부折口信夫는 설화에 대해, 있을 수 없는 일을 있을 법하게 이야기 하는 것, 사건의 특이성과 이를 구하는 주인공의 등장, 또는 이들 인물이나 집단의 가공성, 교훈적 의미나 어떤 테마를 우화로 만드는 것, 종교적인 교훈에서 출발하여 넓은 의미로 도덕 이야기에 가까워지는 것 등의 특징을 들고 있다.

16) 江戸川乱歩, 「탐정소설의 정의와 종류探偵小説の定義と類別」, 『크리스티의 탈모—에도가와 란포 콜렉션 II クリスティーに脱帽—江戸川乱歩コレクション II』, 河出文庫, 1995, 93면.

17) Michel Foucault, *Surveiller et punir : Naissance de la prison*, Gallimard, 1975, pp.334~335.

18) 内田隆三, 『탐정소설의 사회학』, 岩波書店, 2001, 13면.

19) D. A. Miller, *The Novel and the Police*, University of California Press, 1998(村山敏勝 訳, 『소설과 경찰小説と警察』, 国文社, 1996).

20) 内田隆三, 『야나기타 쿠니오와 사건柳田国男と事件の記録』, 講談社, 1995, 제1장 참조.

21) 『기아해협飢餓海峡』은 범인의 고백이 초점이 되지만 『모래그릇砂の器』에서는 범인 스스로 고백하지 않고, 형사가 그것을 대행한다. 이러한 의미에서 설화적 고백은 어떤 주체의 동일성이라기보다 어떤 유형의 동일성을 담보한다는 측면이 강하다.

22) Slavoj Žižek, *Looking Awry : An Introduction to Jacques Lacon through Popular Culture*, The MIT Press, 1991(鈴木晶 訳, 『삐딱하게 보기斜めから見る』, 青土社, 1995, 43면; 김소연 역, 『삐딱하게 보기』, 시각과언어, 1995).

23) 坂口安吾, 「타락론堕落論」・「속 타락론続堕落論」, 『사카구치 안고 전집坂口安吾全集』 14, 筑摩書房, 1990. 사카구치 안고坂口安吾는 전후의 삶에서 타락의 양상을 보고자 했다. 그러나 이 타락의 실상은 '집'을 상대화하는 것이었다. 「戦争論전쟁론」, 『사카구치 안고 전집』 15, 筑摩書房, 1991 참조.

24) 横溝正史, 「작자의 말作者の言葉」, 『宝石』 12월호, 1946. 『옥문도獄門島』의 연재를 시작하면서 기술한 에세이다.

25) 『모래그릇』의 주인공은 냉혹하게도 그 불안—그것은 인간이기 때문에 갖는—에서 자유로운 듯이 행동하지만 동요하는 면도 포착된다.

26) 見田宗介, 「입신출세주의의 이데올로기立身出世主義のイデオロギー」, 『현대 일본의 심정과 윤리現代日本の心情と倫理』, 筑摩書房, 1971, 185~186면.

27) 竹内洋, 『입신출세주의立身出世主義』, 日本放送出版協会, 1997, 16면; 藤井譲治, 『에도시대의 관료제江戸時代の官僚制』, 青木書店, 1999, 4장.

28) 武陽陰士, 『세사견문록世事見聞録』(本庄栄治郎校訂), 青蛙社, 1966; 柴田純, 『에도무사의 일상생활江戸武士の日常生活』, 講談社, 2000, 159~160면.

29) 村田穆校注, 「解説」, 『일본영대장日本永代蔵』, 新潮社, 1977 참조.

30) 小松和彦, 『악령론悪霊論』, ちくま学芸文庫, 1997, 67면.

31) 吉田禎吾, 『일본의 쓰키모노스지日本の憑きもの』, 中央公論社, 1972, 74면; 内田隆三, 『다양한 빈곤과 부さまざまな貧と富』, 岩波書店, 1996, 72~73면.

32) Jean-Luc Nancy, *La Communauté désœuvrée*, Christian Brougois Editeur, 1983(西谷修 訳, 『무위의 공동체無為の共同体』, 朝日出版社, 1985, 36~38면).

33) 経済企画庁 編, 『쇼와 36년도차 경제보고昭和三六年度次経済報告』, 大蔵省印刷局, 1971, 159면.

34) 여기서 입신출세의 목적(영광과 쾌락)과 그 수단(극단적 금욕)과의 괴리(見田宗介, 「입신출세주의의 이데올로기」, 『현대 일본의 심정과 윤리』, 筑摩書房, 1971)가 있으며, 이런 점이 입신출세의 어려운 점과 겹쳐진다.

35) 小松和彦, 『악령론』, ちくま学芸文庫, 1997, 63면.

36) 에도시대 전기에는 이하라 사이가쿠井原西鶴의 『본조20불효』(貞亨三年(1968)) 2권의 2를 보면, 곰참모의 여행 승려가 살해되는 이야기, 또는 章花堂의 『가네타마 네지부쿠사金玉ねぢぶきく』(元禄17年(1704)) 5권의 「휴엔이 법사를 죽인 벌을 받는 이야기」 등, '이인 죽이기'와 비슷한 유형의 인연담이 텍스트화되었다.

37) 小松和彦, 『악령론』, ちくま学芸文庫, 1997, 25면.

38) 細江達郎, 「도회에서 생활하는 지방출신자들에게 '고향'이란―고도성장기 중졸 도시이동자의 장기추적조사에서都会で暮らす地方出身者にとっての'ふるさと'―高度成長期中卒都市移動者の長期追跡調査から」, 愛知大学綜合郷土研究所 編, 『고향을 생각한다ふるさとを考える』, 岩田書院, 2002, 40면. 일찍이 집단 취업으로 고향을 떠나 가나가와神奈川현에 사는 어느 남성은 "분명히 어느 정도의 생활은 안정되었지만, 그 대신 싫은 것은 굉장히 많아요. 지금 제일 부러운 것은 태어난 곳에서 자라 생활하고 죽는 것입니다. 우리들처럼 도회지로 나온다는 것은 한 가지 생활의 어긋남 속에서, 세상 속의 어긋남 속에서 일어난 것입니다"라고 말했다. 1996.1.24 放送 NHK・ETV 특집 인터뷰.

39) 田中角栄, 『일본열도개조론日本列島改造論』, 日刊工業新聞社, 1972. 다나카 카쿠에이田中角栄는 메이지 이래 백년에 걸친 일본 경제 발전의 원동력은 지방도 도시도 포함한 '고향'에 있다고 말한다.

40) 山村調査グループ 편, 『마을의 기억村の記憶』, 挂書房, 1995; 岩田重則, 「소외, 황폐, 고향過疎・廃虚・故郷」, 『고향의 상실과 재생故郷の喪失と再生と』, 青弓社, 2000 참조.

'근대'에서 '현대'로

1) 마루야마 마사오의 텍스트는 『마루야마 마사오 전집丸山真男集』, 岩波書店, 1995~1997에서 인용했고 면수는 글 가운데 삽입하였다. 예를 들어 "V : 56"이라고 하면, 제5권 56면을 나타낸다. 마쓰시타 게이이치의 텍스트 인용에 대해서는 특별한 경우가 아니면, 다음과 같이 표기했다. 『시민정치이론의 형성市民政治理論の形成』, 岩波書店, 1959는 I로, 『현대 일본의 정치적 구성現代日本の政治的構成』, 東京大学出版会, 1962는 II로, 『전후 민주주의의 전망戦後民

主主義の展望』, 日本評論社, 1965는 III, 『현대정치의 조건現代政治の条件』(증보판), 中央公論社, 1969는 IV, 『쇼와 후기의 쟁점과 정치昭和後期の争点と政治』, 木鐸社, 1988는 V로 표기했다.

2) 마루야마의 이론에서 '자코뱅' 모델이 차지하는 위치에 대해서는 본 글의 필자인 미야케 요시오의 「마루야마 마사오의 '주체'와 '내셔널리즘'丸山真男における'主体'と'ナショナリズム'」, 『학제적 사회과학相關社会科学』 제6호, 1996 참조. '근대주의'의 비판자인 다케우치 요시미竹内好에게도 이와 같은 '자코뱅' 모델과 유사한 규범적 '근대'가 공유되었다는 점에 대해서는 필자의 다른 글 「다케우치 요시미의 '근대'와 '근대주의'─마루야마 마사오와 비교하며竹内好における'近代'と'近代主義'─丸山真男との比較を中心に」, 山脇直司也 편, 『현대 일본의 공공 철학도서관─학제적 사회과학 5現代日本のパブリック・フィロソフィーライブラリ相關社会科学 5』 新世社, 1998 참조.

3) 그런 이유로, '국민'이라는 '공공성'에 매개되지 않는 '개인주의'가 강하게 비판되는 것도 '쟈코뱅' 모델의 특징이다. 이런 경우 정치이론의 기초가 되는 인간론에 비추어보아도, 자기 입법의 권능을 가진 '이성'에 매개되지 않는 '감성'적 자유는 비판된다. 마루야마가 쓴 「근대 일본사상사」도 기본적으로 이러한 관점에서 구성되었다. 즉 마루야마는 메이지 초기의 사상을 '국민'이라는 '공공성'을 열어가는 것으로 높게 평가했지만, 메이지 중기부터 다이쇼기로 갈수록 점차 '감성'적 '개인주의'가 조금씩 부상하는 과정이라며 부정적으로 기술했다. 다케우치 요시미 또한 「근대 일본사상사」의 독해 틀을 공유한다는 점을 위에서 언급한 미야케 요시오의 글에서 참조.

4) 1950년대 담론의 장의 큰 변화의 특징을 꼽으라면, 아시아 '내셔널리즘'에 대한 관심이 높아진 것이다. 마루야마의 텍스트도 『일본의 내셔널리즘日本におけるナショナリズム』(1951), 『전후 일본 내셔널리즘의 일반적 고찰戰後日本のナショナリズムの一般的考察』(1951), 『현대문명과 정치의 동향現代文名と政治の動向』(1953) 등에서 '내셔널리즘'을 주제로 다루었다. 이 글들에서는 아시아의 '내셔널리즘'의 관점으로 구미 '근대'와 '리버럴리즘'의 논리를 상대화하는 시선이 엿보인다. 예를 들면 다음의 글을 참조. "리버럴리즘의 치명적인 맹점은, 이것이 본래 유럽의 산물이기 때문에 제3아시아민족의 발흥이라는 현실에 대해서는 맹목적이고, 무기력하며, 거의 이해하지 못한다. 이것은 사회주의적인 리버럴리즘의 세력에서조차도 예외가 없다. 영국의 노동당도 식민지 문제에 대해서는 감정 없이 입에 발린 말뿐, 실제로는 보수당과 큰 차이가 없는 대영제국의 권위유지에 급급하게 된다."(VI : 59~60)

5) 『정치학에서 국가의 개념政治学に於ける国家の概念』(1936)에서도 마르크스주의적인 시점에서 '근대 시민사회'에 대한 비판을 전개하고 있다. 하지만 대안으로 제시한 것은 '개인'과 '국가'의 '부정적 매개'에 의해 특징지을 수 있는 '변증법적 전체주의'라는 말로 표현된, 약간 애매하기도하고 게다가 '쟈코뱅'적 모델과 유사한 면을 지닌 개념이다. 이 개념은 적어도 이 시기 이후에 나타난, 노동조합을 축으로 했던 '다원주의' 모델과는 명확하게 다르다.

6) 다만 마루야마의 글에서는 같은 시기에 서로 대립되는 듯한 이론장치가 존재한다. 예를 들어 『후쿠자와 유키치의 철학福沢諭吉の哲学』(1947)에서는 '쟈코뱅' 모델을 명확하게 비판하는 모양새로 '다원주의'모델이 제시되고 있다. 또한 앞서 지적했던 것처럼『정치학에서 국가의 개념』(1936)에서는 마르크스주의적인 관점으로 '시민사회'에 대한 비판이 전개되고 있다. 마루야마의 텍스트에서 여러 개의 대립되는 이론장치의 양상에 대해서는『마루야마 마사오의 '주체'와 '내셔널리즘'』 참조. 다만 '시기'에 따라서 이러한 여럿 이론장치

안에서 가장 강조되고 있는 모델이 달라진다고 할 수 있다.

'자발적결사'의 네트워크가 규범모델로 주제화되는 것과 함께, 근대사상에 대한 '독해'의 변화도 볼 수 있다. 예를 들어 후쿠자와 유키치에 관해서는 다음과 같다. 『후쿠자와의 질서와 인간福沢に於ける秩序と人間』(1943) 등에서는 전형적으로 '쟈코뱅' 모델에 근거한 독해를 하지만, 『후쿠자와 유키치의 철학』이나 『후쿠자와 유키치 선집福沢論吉選集』 제4권(1952)의 「해제解題」에서는 마루야마 스스로의 말로 '루소–쟈코뱅' 모델을 비판하며 '다원주의'적 유키치상像을 전개해 간다. 다만 '쟈코뱅을 기본으로 한' 모델인 '국민주의'는 완전히 폐기되지 않고, 그 후 마루야마의 텍스트에서도 미묘한 모습으로 잔존한다. 예를 들면 「해제」에서도 '개인적 자유'와 '국민적 독립'의 연관으로서 '후쿠자와의 내셔널리즘'을 좋게 평가하고 있다.

7) 마루야마가 '역코스'와 '레드 퍼지'라는 배경 속에서 집필했다고 이야기한 「어떤 자유주의자의 편지ある自由主義者の手紙」(1950)에서, 서구의 '민주주의'와 '자유주의'가 문맥에 따라서는 '반공산주의'의 도식으로 변할 수 있다는 위험을 지적하며 노동조합의 의의에 대해서 다음과 같이 서술하고 있다. "**일반적으로** 말하자면, 관청과 경영체의 노동조합이 강고할 때 직원과 피고용인의 태도나 표정이 보다 명랑쾌활하고 활발하게 자신의 의견을 말하지만, 노조가 약해지면, 또한 약하면 약할수록, 특유의 비굴한 표정이나 시기, 질투, 에고이즘 등이 짙어지는 것은 도저히 부정할 수 없다."(IV : 332, 강조는 원문)

8) 본고에서는 1960년대 중반까지의 마쓰시타 게이이치의 글을 '초기'에 속하는 것으로 다룬다.

9) 여기에서 전후의 '계몽주의'가 보다 구체적으로는 어떠한 그룹을 가리키는지에 대해 마쓰시타는 『사상』 5월호(1957)에 게재된 「사적유물론과 대중사회史的唯物論と大衆社会」에서 다음과 같이 쓰고 있다. "전후일본의 계몽운동은 데모크라시 관념과 함께 시민사회의 관념을 순회하여 전개된 것이라는 기억이 새롭다. '봉건적' 일본 대 구미적 '시민사회'의 대립으로서 말이다. 가와시마 다케요시川島武宜, 오쓰카 히사오大塚久雄, 다카시마 젠야高島善哉 교수 등의 시민사회 이론이 그것이다."(IV : 56)

10) 마쓰시타의 논의는 19세기의 '사회주의'를 독립한 '개인'이 구성하는 공간이라는 '시민사회' 논리의 주체를 부르주아지로부터 노동자계급으로 이행하려고 하는 시도로 특징지을 수 있다. 예를 들어 「사적유물론과 대중사회」에서는 "사회주의(소셜리즘)은 사회 + 주의(소사이어티즘)의 적자이고, 사회주의 사회는 합리적 개인의 자유로운 결합체인 '시민사회'여야 했다. (…중략…) 부르주아적 '시민사회'는 **계급**에 의해 비판되었지만, 프롤레타리아 계급의 공산주의는 또한 '시민사회의'적 구조를 가진 것이었다"(IV : 59, 강조는 원문)라고 기술되어 있다. 『시민정치이론의 형성』에서도 거의 같은 취지로 서술되어 있다. "로크가 정식화한 '국가'에 대립하는 '개인'(시민사회)라는 시민정치이론 자체의 **혁명**적 문제설정이 사회주의 이론에도 살아남아 왔다. 마르크스는 헤겔적인 '국가'를 부르주아 '국가' 일반에도 치환시켜, 이러한 부르주아 '국가'에 다시 한 번 프롤레타리아 '시민사회' 관념을 대치한다. 이렇게 마르크스는 부르주아 '국가'안에서 프롤레타리아 '계급'이 만들어내는, '자유'로운 '개인'의 자유로운 결합으로서의 '시민사회'가 공산주의사회라고 그리고 있다. (…중략…) '사회주의Socialism'는, 바야흐로 '시민 + 사회society-ism'의 정통의 후속자이다."(I : 418~419, 강조는 원문) 또한 『법학사림法学史林』에 게재된 「집단관념의 형성과 시민정치

이론의 구조전환集団観念の形成と市民政治理論の構造転換」에서는 '시민사회' 논리의 극한으로서 '아나키즘'을 위치시키고 있다. 이러한 관점은 후기의 글 『로크의 '시민정부론'을 읽다ロックの'市民政府論'を読む』(1987)에도 이어진다.

11) 1957년 정치학회 보고에 실린 「현대정치에서 자유의 조건現代政治における自由の条件」에서도 전시체제에 확립된 사회형태가 전쟁 이후에도 여전히 사회를 규정하고 있다고 지적한다. "관료통제와 대중조작의 실험은 첫 번째 전체전쟁인 제1차 세계대전 때 시도되었고, 세계대공황과 제2차 세계대전을 거쳐 완성되었다. 이것은 위기 상황뿐 아니라 평시에도 항상 정치기술로서 작동된다."(IV : 175)

12) 마쓰시타는 '사회민주주의'에 대해서도 양의적으로 평가한다. 특히 1930년대 협의의 '파시즘'이 출현한 이후 시기 '의회주의'와 '사회민주주의'는 재평가되어야 하며, '반反파시즘 인민전선'이 필요했다고 설명한다.

13) 마쓰시타의 방법론 안에서 '경제'라는 심급이란 '정치'나 '문화'의 '가능성의 지평'을 구성한다는 의미에서 '최종' 규정인이 되는 것이지, 그의 이론이 소위 '경제환원론'은 아니다. 때문에 '정치'나 '문화'는 각각 '경제'에 대해 상대적인 자율성을 가진다. 마쓰시타는 「사적 유물론과 대중사회」에서 스스로의 방법론에 대해 다음과 같이 썼다. "경제의 필연적 규정성은, 정치나 문화(의식형태)라는 항에 대해서는 그것이 **가능성**의 범주로 바뀌기 때문에, 정치와 문화는 경제에 대해, 또한 이들 각각은 상대적이고 **독자적인** 논리를 가지고 있다. 경제의 전체성은 이러한 형태에서만 궁극적인 규정성을 가진다고 할 수 있다."(IV : 49~50, 강조는 원문)

14) 「민주주의의 역사적 형성」에서는 '고대 공화국의 전통', '중세 입헌주의의 유산', '근대적 개인 자유의 이념'이라는 민주주의의 세 가지 구성요소의 사상적 배경이 보다 상세하게 논의되어 있다. 여기에서 마쓰시타는 '고대 공화국의 전통'을 논하면서, '정치적 덕'이라는 어휘의 계보를 고대 로마로부터 '공화주의'자 마키아벨리를 거쳐, 영국혁명기 제임스 해링턴James Harrington, 알저논 시드니Algernon Sidney, 부분적으로는 몽테스키외, 루소에 이르는 흐름으로 파악했다. 마쓰시타의 시각은 어떤 의미에서 The Machiavellian Moment(1975)를 필두로 한 J. G. A 포콕Pocock의 작업을 전제로 작업했던 최근작 「시빅 휴머니즘シヴィック・ヒューマニズム」의 논의를 상기시킨다. 마쓰시타는 1959년 간행된 『시민정치이론의 형성』에서, 존 로크의 자연권리론이 명예혁명 시기의 휘그당의 사상 담론 중에서 '예외'였다는 것을 논하면서, 포콕의 The Ancient Constitution and the Federal Law(1958)를 언급하고 있다. 다만 마쓰시타가 구상한 '데모크라시'는 '중세 입헌주의'·'근대적 개인자유의 이념'이라는 요소를 포함하는 것과 더불어, '현대' '사회주의'라는 맥락도 고려한다는 점에서, 「시빅 휴머니즘」적인 사상과 다르다.

15) '현대'에 관한 일련의 논고를 모은 『현대정치의 조건』(1959)의 '머리말'에서 '사회주의'와 '자유'라는 마쓰시타의 문제구성에 대해 보다 직접적으로 서술하고 있다. "내가 이러한 전제를 중요하게 두려는 이유는, 자본주의 경제구조와 대중사회적 사회형태라는 이중의 '쇠사슬'을 풀고 사회주의로 나아갈 수 있도록 만들기 위해 '자유'의 현대적 조건의 이론화를 시험해본 것이다."(IV : 6)

16) 마쓰시타는 이러한 '자유의 조직화'로서 '집단'을 구상하려는 시도가 '현실의 집단화 과정'

을 단순한 '실증주의적' 대상으로 파악하려는 소위 '과학'적 방법과는 다른 것임을 강조한
다. 마쓰시타는 이른바 '자유'에 대한 관점이란, '메타-폴리티컬한, 윤리적 주체의식으로
떠받친 문제설정'에 의해 '집단'과 접합한 것이다. '행동과학'적 접근을 비판하는 '정치이
론'을 떠올리게 하는 다음의 글은 이러한 마쓰시타의 태도를 명료하게 보여주고 있다.
"정치란 과학의 대상이지만, 또한 힘의 운동이기보다는, 본래 그리스 이래로 윤리이다.
이는 자유의 조직화를 의미하기 때문이다."(Ⅳ : 185)
마쓰시타에게 있어서 '집단'이라는 개념은 '사회민주주의'처럼 양의적인 의미를 가진다.
즉 앞에서도 언급했던 것처럼, 마쓰시타는 '20세기 시스템'으로서의 '대중사회'라는 맥락
에서 국가는 직접 '개인'을 장악하기 보다는 원자화된 개인을 '집단'을 통해서 관리하는 측
면이 강하다고 생각하기 때문이다. 실제 '노동조합'은 '저항'의 계기가 **될 수 있는** 동시에
지배의 통합 회로가 될 수도 있다. 때문에 마쓰시타는 저항 프로그램을 논의할 때, '집단'
의 정치가 전경화된 '20세기 시스템'이라는 '가능성의 조건'의 지평에서 '집단'이 '국가'나
'자본'에 대해 저항하는 계기를 이끌어내야 한다고 지적되고 있다. 「'거대사회'의 집단이
론」은 G. D. H. 콜Cole에서 라스키에 이르기까지 '사회주의'와 결합한 '다원주의'를 저항윤
리의 가능성으로 최대한 끌어들인 시도이다. 또한 마쓰시타에게는 '생디칼리즘'에 대한
비판적인 관점도 많지만, 본고에서는 일부러 마쓰시타의 '생디칼리즘'적 계기에 초점을
맞추고 있다.

17) 마쓰시타는 이 논고에서 "토마스 힐 그린을 시작으로 하여 로이드 조지에 의해 체제화된
복지국가 시스템 즉 '국가'에 의한 '개인'의 구세라는 신사유주의적 체세의 논리(사회정책
을 기축으로 하는 대중 데모크라시)에 대한 대항"으로서 영국의 '생디칼리즘'을 위치시킨
다.(Ⅳ : 150) 오히려 이 시기의 '신자유주의'는 '복지국가'형의 통합 시스템을 지향하는 조
류를 가르키고, 1970년대 중반부터 시작하여 현재에 이르고 있는 '네오 리버럴리즘'과는
다른 것이다.

18) 마쓰시타는 전후 일본의 노동조합운동이 기본적으로 대기업에 소속된 상층 노동자를 조
직했던 것에 불과했다는 데서 기인한 문제점을 다양한 곳에서 논하고 있다. 예를 들어 「오
늘날 사회과학의 상황」(1960)에서는 '신중간층'으로 향해가는 상위 1/3의 대기업 노동자를
조직했던 조합운동이 이미 '평화' 문제조차도 적극적으로 관여하지 않게 된 것을 지적한
다. "이 상층부 노동자에게 침투해들어간 생활양식의 변화가 오늘날 노동운동 내부에 심
각한 제2의 전기라고 불리는 문제점을 만들어낸 것은 '좌익'적 언어를 구사한다고 해서
감추어지지 않는다. (…중략…) 안보국민운동 때 민간대기업조합이 실질적으로 전선이
탈을 한 것은 이러한 대중적 상황의 전개와 무관하지 않다. 사실, 전기, 자동차, 화학 등
성장산업의 대기업노조는 전노全労, 중립적 지향을 가지고 있다."(Ⅳ : 256) 또한 1962년 5
월 『사상』에 게재된 「헌법옹호운동의 이론과 과제憲法擁護運動の理論と課題」에서는, '기업복
지'로 보호되지 않는 하층노동자에게 중요한 과제인 최저임금제와 사회보장에 대해 대기
업 중심의 노동조합이 대응할 수 없다는 점이 비판적으로 파악되고 있다. "구체적으로 말
하면 일본의 노동조합은 대기업조합이고 실질적으로 상층과 중층노동자의 조직이다. 따
라서 국민공투의 사상과 지도가 구체화되지 않는 한, 이중구조의 하층 노동자에게 긴급
한 문제라고 할 수 있는 최저임금제와 사회보장의 운동은 대기업조합의 대중 행동이 되

지 못하고, 또한 지역민주주의에 의해 뒷받침되는 자치체개혁에도 충분히 몰두할 수 없다."(II : 271)

19) 마쓰시타는 농촌에 있는 '재촌노동자' 혹은 '겸업노동자'를 '외지出稼노동자'로 위치시킨 후, 이들을 '근로협'이 조직화함으로써 농촌에서 노동자와 농민의 연대의 가능성을 찾으려고 한다.

게다가 마쓰시타는 자치노自治労의 하부조직과 '지역민주주의'의 연대 필요성을 말한다. 이른바 자치노조 또한 '좌파 블록'의 하부조직이 될 정도로 약체화되는 경향을 모면하지 못하고 있어, 그 경향을 극복하기 위해서도 '민주적 지역노조'와 '자치체 노동자' 사이의 '자치체 공투'가 불가결하다. 다만 '지역'의 민주적 조직이 "샐러리맨이 된 대도시 자치체 노동자'들에게 먼저 그렇게 요청할 수밖에 없기에 '자치체'와 '주민' 사이의 대립도 언급된다.

20) 이 시기 마쓰시타에게 '자치체'와 함께 '헌법'의 문제도 '독점자본'에의 대응이라는 전략 속에 자리 잡고 있다. 예를 들면 「헌법옹호운동의 이론과 과제」에서는 생존권을 보장했던 헌법 제2조안에 기초한 '호헌'운동이 '독점자본'에 대한 비판과 연대할 것을 주장한다. "일본의 전후 자본주의의 정책구조는 **계층**격차를 확대해나가면서 저변의 경제적 빈곤을 방치하는 것과 함께 **지역**격차를 지역종합개발의 이름으로 점차 확대하고 있다. 때문에 국민 최저선의 보장(최저임금법)이나 사회보장을 통해 최저수준을 끌어올리는 것은 반독점민주주의운동의 기저를 이룬다. (…중략…) 그러나 '아사히朝日 판결'은 광범위한 국민적 공감을 일으킨 것은 아니었을까. 이렇게 평화와 민주주의를 둘러싼 호헌국민운동은 동시에 사회보장을 통한 국민 최저선 확보의 운동으로 전개되어야 했다."(II : 269, 강조는 원문) 마쓰시타는 이를 통해 처음으로 헌법이 노동자상층 및 신중간층을 넘어서 넓은 층에게 수용되는 것이 가능해졌다고 설명한다. 또한 여기에서 '호헌'운동은 '반反독점자본주의'로서 '사회주의'적 전망 속에 위치지을 수 있다. "이러한 반독점 민주주의 운동은, 사회주의 변혁이라는 전망을 가지게 된다."(II : 260) 다만 마쓰시타는 프랑스혁명의 '인권선언' 등을 예로 들면서, '호헌운동'이 "자유와 민주주의의 국민적 조직화'로서 '혁신 내셔널리즘'이라는 모양새로 구상되고 있는 점은 '데모크라시'와 '내셔널리즘'의 결합이라는 '전후계몽'적인 프로젝트의 회귀라고 지적했다. 이러한 측면은 「민주주의의 현대적 상황民主主義の現代的状況」(1964)에서도 명료하게 관찰할 수 있다. 마쓰시타는 이 글에서도 프랑스혁명을 언급하면서, '전통주의' '국가주의'와 구별된 '데모크라시'에 의해 구성된 '혁신 내셔널리즘'의 이념을 말한다. 이때, 다른 글에서는 비판한 루소의 '일반의지' 관념조차 '데모크라시'의 논리로 조명되고 있다. 프랑스혁명에 있어서 루소-쟈코뱅적인 것에 기반을 둔 '데모크라시'론의 문제점과 이에 대한 비판적 사상의 계보에 대해서는 필자의 글 「'공화주의'·'아나키즘'·'실존주의'—어떤 '질문'의 계보'共和主義・アナーキズム・実存主義—ある'問いの系譜」, 『현대사상現代思想』 11월호, 1995와 저서 『지식인과 사회—J. P. 사르트르의 정치와 실존知識人と社会—J.-P・サルトルにおける政治と実存』, 岩波書店, 2000 참조.

이러한 '자치체'와 '복지'라는 문제설정은 1970년 『전망展望』 5월호에 게재된 「시빌 미니멈civil minimum의 사상シビル・ミニマムの思想」과 연결된다. 다만 '기업복지'에 대한 비판이라는 관점은 유지하면서도, 점차 '기업별 노동조합'의 구조를 비판하는 **다른** '노동운동'의 가능성에 대한 기술은 사라져가는 모습이 보인다.

21) 마르크스주의적 틀을 버린 마쓰시타의 이론은 '공업화'·'민주화'를 축으로 '농촌형 사회'로부터 '도시형 사회'로 변해가는 어떤 '근대화'론에 가깝고, 그러한 바탕 위에서 '시민'이라는 개념을 중심으로 '자치'나 '분권'에 초점을 맞추는 구도를 가진다. 이러한 마쓰시타 이론의 문제점에 대해서는 다른 글을 통해서 자세히 논해야 하겠지만, 이 글에서는 다음의 두 가지 점을 언급하고자 한다. 우선 '농촌형 사회'로부터 '도시형 사회'라고 변해 간다고 하는 '근대화'론은, 결국 각 국가를 폐쇄적인 틀 안에 넣는 일국주의적인 진보모델과 유사하고, 그 결과 시스템으로서의 세계 자본주의 안에서 헤게모니와 종속의 문제를 소거하는 측면이 보인다는 점이다. 확실히 '인터내셔널 미니멈international minimum'이라는 개념에서 볼 수 있는 것처럼 '남南'쪽의 '빈곤' 문제를 의식하는 것은 중요하지만, 그 문제를 풀어간다고 해서 '근대화'론 틀거리 자체의 재검토가 일어나지는 않는다. 어떤 면에서 초기 마쓰시타의 '20세기 시스템'론도 상당히 '일국주의'적인 관점에서 구성되었다고 할 수 있다. '사회국가', '내셔널리즘', '제국주의'의 3자 결합으로 파악할 수 있는 '20세기 시스템'의 구조에 대해서, 마쓰시타의 이론은 앞의 두 개 항은 매우 명석하게 분석하고 있지만, '제국주의'·'식민지주의'의 관계에 대해서는 전혀 언급하지 않는다. 두 번째 문제점은 1970년대 중반부터 시작되어, 1980년대에 본격화된 '자본 축적'의 새로운 양식인 '네오 리버럴리즘'의 흐름에 대한 비판적인 위기의식이 출현하지 않는다는 점이다. 이러한 점에 관해서는 동일하게 '자치'나 '도시'라고 하는 문제 계열에 몰두했던 경제학자 미야모토 켄이치宮本憲一가 철저하게 마르크스주의적인 '자본' 비판이라는 관점을 강하게 유지하면서 '네오 리버럴리즘'에 대한 비판적 대응도 매우 빨리 행했다는 점과 비교해보면 대조적이다.

쇼와昭和의 종언

1) 筧克彦, 『대일본제국헌법의 근본 뜻大日本帝国憲法の根本義』, 岩波書店, 1936.

2) 折原脩三, 「'천황이라는 관념'의 미끄러짐'天皇という観念'の横滑り」, 『사상 과학思想の科学』 4월호, 1977, 129~142면.

3) 瀬島龍三, 『세지마 료조―일본의 증언瀬島龍三―日本の証言』, フジテレビ出版, 2003, 86~87면.

4) 新崎盛暉·安里英子·高良勉·城間勝·竹沢昌子·知念幸野 편, 「우리들의 천황(제)체험私たちの天皇(制)体験」(좌담회), 栗原彬·杉山光信·吉見俊哉 편, 『기록―천황의 죽음記録―天皇の死 1988.9.19~1989.2.24』, 筑摩書房, 1992, 189면.

5) B·H·Chamberlain, 高梨健吉 역, 『일본사물지日本事物誌』 1, 平凡社·東洋文庫, 1969.

6) 戸坂潤, 『사상과 풍속思想と風俗』, 三笠書房, 1936.

7) 久野収, 「비상시 출현하는 천황신앙의 사회 심리非常時に出現する天皇信仰の社会心理」, 『주간포스트週刊ポスト』, 1988.10.21, 34~37면.

8) 인용한 말은 학생들이 쓴 것으로 카드에 기록되었다. 또 조사의 자료 분석은 다음 책에 수록되어 있다. 栗原彬·杉山光信·吉見俊哉 편, 『기록―천황의 죽음 1988.9.19~1989.2.24』, 筑摩書房, 1992.

9) 栗原彬·杉山光信·吉見俊哉 편, 『기록―천황의 죽음 1988.9.19~1989.2.24』, 筑摩書房, 1992,

62~63면.

10) 栗原彬・杉山光信・吉見俊哉 편,『기록—천황의 죽음 1988.9.19~1989.2.24』, 筑摩書房, 1992, 24면.

11) 清水伸,『제국헌법제정회의帝国憲法制定会議』, 岩波書店, 1940, 88~89면; 丸山真男,『일본의 사상日本の思想』, 岩波新書, 1961, 28~30면 인용.

12) 丸山真男,『일본의 사상』, 岩波新書, 1961, 31면.

13) 栗原彬,「'과학'적 언설에 의한 영적 차원의 해체 구축科学'的言説による靈的次元の解体構築」, 小田晋・栗原彬・佐藤達哉・曾根博義・中村民男편,『『변태심리』와 나카무라 고쿄—다이쇼 문화에 대한 새로운 시각変態心理』と中村吉峡—大正文化への新視角』, 不二出版, 2001, 59면.

14) 丸山真男,『일본의 사상』, 岩波新書, 1961, 33면.

15) 小田晋・栗原彬・佐藤達哉・曾根博義・中村民男 편,『변태심리変態心理』(복각판), 전34권・별책 1권, 大空社・不二出版, 1998~1999.

16) Giorgio Agamben, 高桑和巳 역,『인권 저 멀리—정치철학 노트人権の彼方に—政治哲学ノート』, 以文社, 2000, 44~45면.

17) 藤野豊,『'생명'의 근대사—'민족정화'라는 이름으로 박해 받은 한센병 환자いのち'の近代史—'民族浄化'の名のもとに迫害されたハンセン病患者』, かもがわ出版, 2001, 86~98면.

18) 島比呂志,『기묘한 나라奇妙な国』, 新教出版社, 1980.

19) 滝尾英二,『조선 한센병사—일본 식민지하의 소록도朝鮮ハンセン病史—日本植民地下の小鹿島』, 未来社, 2001, 235~239면.

20) 熊本市役所 편,『1931년 육군 특별대훈련 기록昭和六年 陸軍特別大演習記録』, 熊本市役所, 1932년.

21) 滝尾英二,「히고(지금의 구마모토 — 역자 주) 혼묘지 집락의 소멸과 '나병' 집락의 일소肥後本妙寺集落の消滅と'癩'集落の一掃」(일본・조선 근대 한센병 역사・고 11日本・朝鮮近代ハンセン病史・考11),『미래未来』394호, 1999.7, 28면.

22) 十時英三郎,「구마모토시 혼묘지 부근의 조사보고熊本市本妙寺附近の調査報告」, 内田守,『구마모토 현 사회사업사고熊本県社会事業史稿』, 熊本短期大学・熊本社会福祉研究所, 1965, 200~202면.

23) 滝尾英二,「히고(지금의 구마모토) 혼묘지 집락의 소멸과 '나병' 집락의 일소」(일본・조선 근대 한센병 역사・고 11),『미래』394호, 1999.7, 241~242면.

24) 栗原彬,「대중의 전후의식大衆の戦後意識」, 中村政則・天川晃・尹建次・五十嵐武士 편,『전후 사상과 사회의식戦後思想と社会意識』(전후 일본점령과 전후개혁戦後日本占領と戦後改革 제3권), 岩波書店, 1995, 181면.

25) 栗原彬,「대중의 전후의식」, 中村政則・天川晃・尹建次・五十嵐武士 편,『전후사상과 사회의식』(전후 일본점령과 전후개혁 제3권), 岩波書店, 1995, 197~200면.

전쟁주체로서의 국가·국민

1) 朱建栄,「야스쿠니문제—A급 전범 분사로 역사의 가시를 뽑다靖国問題—A級戦犯分祀で歴史の刺抜け」,『朝日新聞』, 2001.7.5 朝刊.

²⁾ 『이시바시 탄잔 전집石橋湛山全集』 제13권, 東洋経済新報社, 1972, 54면 이하.

³⁾ 『야스쿠니신사 충혼사靖国神社忠魂史』 全5巻, 靖国神社, 1935.

⁴⁾ 菱木政晴, 『해방의 종교로解放の宗教へ』, 緑風出版, 1998, 70면 이하.

⁵⁾ カトリック中央協議会福音宣教研究 編著, 『역사로부터 무엇을 배울 것인가—가톨릭교회의 전쟁협력·신사참배歴史から何を学ぶか—カトリック教会の戦争協力·神社参拝』, 新世社, 1999, 51면 이하.

⁶⁾ 田中伸尚, 『야스쿠니의 전후사靖国の戦後史』, 岩波新書, 2002, 118면.

⁷⁾ George L. Mosse, *Fallen Soldiers : Reshaping the Memory of the World Wars,* Oxford University Press, 1990(宮武実子 訳, 『영령—창조된 세계대전의 기억英霊—創られた世界大戦の記憶』, 柏書房, 2002).

⁸⁾ E. H. Kantorwicz, *Pro patria mori in Medieval Political Thought, in American Historical Review,* LVI, 1951(甚野尚志 編訳, 『조국을 위해 죽는다는 것祖国のために死ぬこと』, みすず書房, 1993).

⁹⁾ M. Walzer, *Just and unjust wars,* Basic Books, 1977, 54면.

¹⁰⁾ M. Walzer, *Just and unjust wars,* Basic Books, 1977, 136면.

¹¹⁾ E. Renan, *Qu'est-ce qu'une nation?,* Presses Pocket, 1992(신행선 역, 『민족이란 무엇인가』, 책세상, 2002, 54면).

¹²⁾ 『후쿠자와 유키치 전집福沢諭吉全集』 제15권, 岩波書店, 1970, 321면 이하.

* 인용문 중의 강조는 모두 인용자(다카하시 테쓰야)에 의한 것이다.

지역적인 것의 글로벌화, 글로벌한 것의 지역화

¹⁾ 아시아주의에 대한 여러 가지 역사적 관점에 대해서는 J. Victor Koschmann, "Asianism's Ambivalent Legacy", *Network Power : Japan and Asia,* eds. Peter J. Katzenstein and Takashi Shiraishi, Ithaca, N. Y. : Cornell University Press, 1997, pp.83~110; 『일본과 아시아日本とアジア』, 東京 : 筑摩書房, 1993에 수록된 다케우치 요시미竹内好의 획기적인 논문(1963)을 참고.

²⁾ Kakuzo Okakura, *The Ideals of the East : With Special Reference to the Art of Japan,* Tokyo : Charles E. Tuttle Company, Inc., 1970, p.244(佐伯彰一 역, 「동양의 이상東洋の理想」, 『오카쿠라 텐신 전집岡倉天心全集』 제1권, 東京 : 平凡社, 1980, 123면 수록).

³⁾ Leo Ching, "Yellow Skin White Mask : Class and Identification in Japaanese Colonial Discourse", *Trajectories : Inter-Asia Cultural Studies,* ed. Kuan-Hsing Chen, London : Routledge, 1998 참고.

⁴⁾ Giovanni Arrighi, *The Long Twentieth Century : Money, Power, and the Origins of our Times,* New York : Verso, 1994, p.322.

⁵⁾ Arif Dirlik, *After the Revolution : Waking to Global Capitalism,* Hanover, N. H. : Wesleyan University Press, 1994, p.51.

⁶⁾ Andrew Gamble and Anthony Payne, eds., *Regionalism and World Order,* New York : St. Martin's Press, 1996.

⁷⁾ Malcom Waters, *Globalization,* London : Routledge, 1995.

8) 가령 프레드릭 제임슨은 경제적인 것과 문화적인 것이 점점 상호침투해가는 관계 ― '경제적인 것이 문화적인 것이 되고, 문화적인 것이 경제적인 것이 되는 것' ― 를 오늘날 넓게 포스트모더니티라고 알려진 것의 첫 번째 특징으로 규정했다. Fredric Jameson, "Notes on Globalization as a Philosophical Issue", *The Cultures of Globalization*, ed. Fredric Jameson and Masao Miyoshi, Durham, N. C. : Duke University Press, 1998, pp.54~77을 참고.

9) 두말할 것도 없이, 아시아의 발흥을 설명하기 위해 '문화주의'에 기대는 것은 유럽중심주의와 셀프오리엔탈리즘 쌍방의 작용이며, 본질주의라는 동전의 양면이다. 여러 가지 '기적'을 아시아의 '호랑이', '용', '비상하는 기러기'에 공을 돌린다 해도, 서양 자본주의 발전의 '자연스러움'을 한층 강화시킬 뿐이다. 최근 몇몇 아시아 국가의 경제 파탄은 '재벌 자본주의'의 붕괴로 설명되었다. 오리지널인 서구모델의 단순하고 나쁜 답습에 지나지 않기 때문이라는 것이다. 흥미로운 것은 아시아 경제의 발흥을 문화적·철학적 근거로 설명해 온 유교의 다양한 부활은 경제상태 악화 속에서 완전히 가라앉았다. 이 글에서는 '유럽중심주의'와 '셀프오리엔탈리즘'을 사상적인 포지션으로 이해하고 있으며, 존재론적 혹은 지정학적 실체로 보지는 않는다.

10) 柄谷行人, 『'전전'의 사고戰前'の思考』, 東京 : 文芸春秋, 1994, 14면.

11) 岩井克人, 『자본주의를 말한다資本主義を語る』, 東京 : 講談社, 1994.

12) 마르크스는 다음과 같이 썼다. "고대의 상업민족들은 에피쿠로스의 신들처럼 또는 오히려 폴란드 사회에 살고 있는 유태인처럼, 세계의 사이사이에 존재하고 있다. 최초의 독립적인, 고도로 발달했던 무역도시 또는 상업민족의 상업은 순수한 중개업으로서 그들이 그 상호간의 매개자 역을 맡아 여러 생산민족의 미개상태 위에 위치해 있었다." Karl Marx, *Capital*, vol.3, New York : Penguin Books in Association with New Left Review, 1981, pp.447~448.

13) 岩井克人, 『자본주의를 말한다』, 東京 : 講談社, 1994, 20면.

14) 岩井克人, 『자본주의를 말한다』, 東京 : 講談社, 1994, 29면.

15) Marx, chap.4, "the General Formula for Capital", *Capital*, vol.1, New York : Vintage Books, 1977 참고.

16) Etienne Balibar, "The Nation Form : History and Ideology", *Race, Nation, Class : Ambiguous Identities*, Balibar and Immanuel Wallerstein, London : Verso, 1991, p.89(若森章孝 외역, 「국민형태―역사와 이데올로기国民形態―歴史とイデオロギー」, 『인종·국민·계급―흔들리는 아이덴티티人種·国民·階級―揺らぐアイデンティティ』, 東京 : 大村書店, 1997, 161면 수록).

17) Etienne Balibar, "The Nation Form : History and Ideology", *Race, Nation, Class : Ambiguous Identities*, Balibar and Immanuel Wallerstein, London : Verso, 1991, p.89(若森章孝 외역, 「국민형태―역사와 이데올로기」, 『인종·국민·계급―흔들리는 아이덴티티』, 東京 : 大村書店, 1997, 161면 수록).

18) Etienne Balibar, "The Nation Form : History and Ideology", *Race, Nation, Class : Ambiguous Identities*, Balibar and Immanuel Wallerstein, London : Verso, 1991, p.89(若森章孝 외역, 「국민형태―역사와 이데올로기」, 『인종·국민·계급―흔들리는 아이덴티티』, 東京 : 大村書店, 1997, 162면 수록).

19) Raymond Williams, *Marxism and Literature*, Oxford : Oxford University Press, 1977, 121~127면.

20) '아시아태평양'이라는 이념에 대한 설득력 있는 분석과 비판은 다음을 참고하라. Arif Dirlik, ed., *What Is in a Rim? Critical Perspectives on the Pacific Region Idea*, Boulder, Colo. : Westview Press, 1993.

21) 아이러니하게도 일찍이 자본주의적 근대화와 부정합이라고 여겨졌던 유교는 다시금 자본주의적 발전의 주요한 동력으로 부상했다.

22) Bruce Cumings, "Rimspeak; or, The Discourse of the 'Pacific Rim'", Dirlik, *What Is in a Rim?*, p.42.

23) Samir Amin, *Empire of Chaos*, New York : Monthly Review Press, 1992.

24) Mike Featherstone, "Global Culture : An Introduction", *Global Culture : Nationalism, Globalization, and Modernity*, ed. Mike Featherstone, London : Sage Publications, 1990, p.1.

25) Arif Dirlik, *After the Revolution : Waking to Global Capitalism*, Hanover, N. H. : Wesleyan University Press, 1994, p.62.

26) Jameson, "Notes on Globalization as a Philosophical Issue", *The Cultures of Globalization*, ed. Fredric Jameson and Masao Miyoshi, Durham, N.C. : Duke University Press, p.67.

27) 이 표현은 다음의 논문에서 인용했다. Saya S. Shiraishi, "Japan's Soft Power : Doraemon Goes Overseas", eds. Katzenstein and Shiraishi, *Network Power : Japan and Asia*, pp.234~272.

28) Arjun Appadurai, *Modernity at Large*, Minneapolis : University of Minnesota Press, 1996, pp.27~47.

29) Arjun Appadurai, *Modernity at Large*, Minneapolis : University of Minnesota Press, 1996, p.32.

30) 예를 들면, Paul Smith, *Millennial Dreams : Contemporary Culture and Capital in the North*, New York : Verso, 1997 참고.

31) Bruce Cumings, "Japan and Northeast Asia", Katzenstein and Shiraishi, *Network Power : Japan and Asia*, p.138.

32) 후기자본주의의 문화이론을 검토한 것으로 Kenneth Surin, "On Producing the Concept of a Global Culture", *South Atlantic Quarterly* 94, 1995, pp.1179~1199.

33) 〈오싱〉이 일본에서 처음 방영된 것은 1983년 4월부터 1984년 3월까지로, 놀랍게도 낮 시간 시청률이 60%에 달했다. 해외에서는 우선 싱가포르에서 1984년에 방영되었고 여기서도 절대적인 성공을 거두었다. 그 후 10년에 걸쳐 벨기에, 오스트레일리아, 멕시코를 포함 40개국 이상에서 방영되었다. 인도네시아에서는 인구의 65%가 〈오싱〉을 본 것으로 추정되며 베이징과 이란에서는 각각 75.9%, 82%라는 경이적인 시청률을 기록했다. 타이완에서는 1994년에 일본 음악·방송 상영금지가 풀리자마자 〈오싱〉은 순식간에 대히트했다. 한편 〈도라에몽〉은 1970년에 후지모토 히로시藤本弘와 아비코 모토오安孫子素雄(공동으로 쓰는 필명은 후지코 후지오藤子不二雄)가 소년만화지의 캐릭터로 탄생시켰다. 〈도라에몽〉은 1978년에 텔레비전 애니메이션으로 만들어졌고, 1980년대에는 일본 외에서도 방송되기 시작하여 주로는 아시아 여러 나라에서, 그밖에 이탈리아, 스페인, 러시아, 브라질 등 라틴 아메리카 그리고 중동에서도 방영되었다.

34) Tsubouchi Takahiko, "Look East Policy and *Oshin*", http://www.iijnet.or.jp/asia/database/mw9510_1txt, 1997.

35) 桜井哲夫, 「도라에몽이라는 피난처ドラえもんという避難所」, 『류큐신보琉球新報』, 1996.9.29.

36) 尾崎秀樹, 『근대문학의 상흔近代文学の傷痕』, 東京 : 岩波書店, 1991, 139면.

37) Karatani, "The Discursive Space of Modern Japan", *Japan in the World*, ed. Masao Miyoshi and H. D.

Harootunian, a special issue of *boundary* 2, 18(3), p.204(柄谷行人, 「1990년=쇼와45년－근대 일본의 언설공간―一九七〇年＝昭和四五年－近代日本の言説空間」, 『종언을 둘러싸고終焉をめぐって』, 東京 : 講談社学術文庫, 1995, 25～27면 수록).

38) 오카쿠라 텐신은 일본의 특권적 지위에 대해『동양의 이상』에 다음과 같이 적었다. "따라서 일본 예술의 역사는 그대로 아시아적 이상理想의 역사가 된다 — 동양의 이상이라는 파도가 일본 국민의 의식을 때리면서 지나는 곳마다 물결 자국을 남긴다." *The Ideals of the East*, p.8(岡倉覚三, 佐伯彰一 역, 「동양의 이상」, 『오카쿠라 텐신 전집』 제1권, 東京 : 平凡社, 1980, 16～17면 수록).

39) Karatani, "The Discursive Space of Modern Japan", p.204(柄谷行人, 「1990년=쇼와45년－근대 일본의 언설공간」, 『종언을 둘러싸고』, 東京 : 講談社学術文庫, 1995, 24면 수록).

40) Iwabuchi Kôichi, "In Dialogue with 'Pop Asia' : Japan's Consumption of 'Asian' Popular Culture", paper presented at the Association for Asian Studies Annual Meeting, Boston, 1999.

41) 尹健次, 『일본 국민론－근대 일본의 아이덴티티日本国民論－近代日本のアイデンティティ』, 東京 : 筑摩書房, 1997.

42) Stuart Hall, "The Local and the Global : Globalization and Ethnicity", *Culture, Globalization, and the World System*, ed. Anthony D. King, Minneapolis : University of Minnesota Press, 1997, p.27.

43) Hannah Beech, "Will Japan's Top Hit Maker Become Asia's Too?", *Time*, 1999.5.3, p.33에서 인용.

여성의 전후 문화사

1) Clyde Kluckhohn, Richard Kluckhohn 편, *Culture and Behavior : Collected Essays of Clyde Kluckhohn*, New York : The Free Press, 1962(城戸活太郎・城戸幡太郎 訳, 『문화 행동文化の行動』, みすず書房, 1958).

2) 따라서 재화의 공정가격이나 공공재(수도나 가스 같은)의 공정가격이 있는 사회주의 사회에서는 화폐경제는 있어도 시장경제는 존재하지 않는다. 화폐경제와 시장경제는 독립적인 것이고 각각의 역사적 기원을 가지고 있다.

3) 침전sedimentation은 마르크스의 용어. '노동의 침전으로서 상품'과 같이 사용된다.

4) 그에 관해서는 정신과의사 오히라 켄大平健의 『풍부함의 정신병리豊かさの精神病理』, 岩波新書, 1990에 풍성한 사례와 함께 상세하게 묘사되어 있다.

5) 色川大吉, 『쇼와사 세상편昭和史世相篇』, 小学館, 1990.

6) 落合恵美子, 『21세기가족에게－가족의 전후체제 관점, 넘어서는 법二一世紀家族へ－家族の戦後体制の見方・越え方』, 有斐閣, 1994(이동원 역, 『21세기 가족에게－일본의 가족과 사회』, 양서원, 2004).

7) Ezra F. Vogel, *Japan as Number One : Lessons for America*, London : Harvard University Press, 1979(広中和歌子・木本彰子 訳, 『재팬 애즈 넘버 원－미국을 향한 교훈ジャパンアズナンバーワン－アメリカへの教訓』, チィビーエス・ブリタニカ, 1979).

8) 佐田智子, 『신 신분사회－'학교'가 동반해 온 미래新・身分社会－'学校'が連れてきた未来』, 太郎次郎社, 1983.

9) 丸山真男, 『일본의 사상日本の思想』, 岩波新書, 1961.

10) 見田宗介, 『현대 일본의 정신구조現代日本の精神構造』, 弘文当, 1965.

11) 三宅義子, 「근대 일본여성사 재창조를 위하여−텍스트 다르게 읽기近代日本女性史再創造のために−テキストの読み替え」, 『사회의 발견社会の発見−神奈川大学評論叢書 4』, 御茶の水書房, 1994.

12) 1964년 당시 와세다대학 교수였던 테루오카 야마타카暉峻康隆는 여성이 고학력이라도 결국 가정으로 들어가 버리니 고등교육을 헛수고로 만든다며 '여학생 망국론'을 주장했다.

13) 奥むめお, 『들불 새빨갛게−오쿠 무메오 자서전野火あかあか−奥むめお自伝』, ドメス出版, 1988.

14) 成田竜一, 「어머니 나라의 여성들−오쿠 무메오의 '전시'와 '전후'母の国の女たち−奥むめおの'戦時'と'戦後'」, 山之内靖·コシュマン·成田竜一 編, 『총력전과 현대화総力戦と現代化』, 柏書房, 1995.

15) Gregory Pflugfelder, 『정치와 부엌−아키타현 여성 참정권운동사政治と台所−秋田県女子参政権運動史』, ドメス出版, 1986.

16) 上野千鶴子, 『주부논쟁을 읽는다−전기록主婦論争を読む−全記録』 I·II, 勁草書房, 1982.

17) 村上信彦, 『일본의 부인문제日本の婦人問題』, 岩波新書, 1978.

18) 色川大吉, 「정치대결에서 경제성장으로의 전환政治対決から経済成長への転換」, 『클로즈업 격변의 쇼와クローズアップ激震の昭和 1926〜1989』, 世界文化社, 1996, 295면.

19) 総理府統計局 編, 『일본의 주택−주택통계조사 해설(쇼와 48년)日本の住宅−住宅統計調査の解説(昭和48年)』, 1973.

20) 厚生省, 『국민생활기초조사国民生活基礎調査』, 1990.

21) 総理府統計局 編, 『일본의 주택−주택통계조사 해설(쇼와 48년)』, 1973.

22) 経済企劃庁 編, 『헤이세이 7년판 국민생활백서 전후50년의 자기사−다양하고 풍부한 삶의 방식을 추구하며平成七年版 国民生活白書戦後50年の自分史−多様で豊かな生き方を求めて』, 大蔵省印刷局, 1995.

23) 上野千鶴子, 『가부장제와 자본제家父長制と資本制』, 岩波書店, 1990(이승희 역, 『가부장제와 자본주의』, 녹두, 1994).

24) 石垣綾子, 「주부라는 제2직업론主婦という第二職業論」, 1955; 上野千鶴子, 『주부논쟁을 읽는다−전기록』 I·II, 勁草書房, 1982.

25) 上野千鶴子, 『근대가족의 성립과 종언近代家族の成立と終焉』, 岩波書店, 1994(이미지문화연구소 역, 『근대가족의 성립과 종언』, 당대, 2009).

26) 梅棹忠夫, 「아내무용론妻無用論」, 『부인공론婦人公論』 6월호, 1959; 上野千鶴子, 『주부논쟁을 읽는다−전기록』 I·II, 勁草書房, 1982.

27) 隈研吾, 『건축적 욕망의 종언建築的慾望の終焉』, 新曜社, 1994.

28) 30대 세대주가 3천만 엔을 빌려 집을 사고, 정년에 이르기까지 30〜35년 동안 빚을 갚을 경우, 빌린 돈의 거의 배가 되는 금액을 갚아야 한다. 생애 총임금을 1억 5천만 엔으로 잡아도 수입의 1/3에서 절반 가까이를 빚 갚는데 써야 한다. 일종의 주택채무 노예가 되는 셈이다.

29) 森永卓郎, 『악녀와 신사의 경제학悪女と神士の経済学』, 講談社, 1994; 上野千鶴子, 『가족을 집어넣는 상자, 가족을 넘어서는 상자家族を容れるハコ家族を越えるハコ』, 平凡社, 2002.

30) 田中美津, 『생명의 여성들에게−흐트러진 우먼리브론いのちの女たちへ−とり乱しウーマン·リブ論』,

田畑書店, 1972.

31) 大塚英志, 『'그녀들'의 연합적군 - 하위문화와 전후 민주주의彼女たち'の連合赤軍－サブカルチャーと戦後民主主義』, 文芸春秋, 1996, 31면.

32) Marie Duru-Bellat, *L'edole des filles : quele formation pour quell roles sociaux?*, Paris : L'Harmattan, 1990(中野知律 訳, 『딸의 학교 - 성차의 사회적 재생산娘の学校－性差の社会的再生産』, 藤原書店, 1993).

33) 小笠原祐子, 『OL들의 '저항' - 샐러리맨과 OL의 파워 게임OLたちの'レジスタンス'－サラリーマンとOLのパワーゲーム』, 中央公論社, 1998.

34) Roland Barthes, *Le degree sero de l'edriture : suivi de, Elements de semiology*, Paris : Editions du Seuil, 1953·1964(渡邊淳他 訳, 부록「기호학의 원리記号学の原理」, 『영도의 에크리튀르零度のエクリチュール』, みすず書房, 1971, 85~206면; 김웅권 역, 『글쓰기의 영도』, 동문선, 2007).

35) Jean Baudrillard, *La Societe de Consommation : ses mythes, ses structures*, Paris : Denoel, 1970(今村仁司·塚原史 訳, 『소비사회의 신화와 구조消費社会の神話と構造』, 紀伊国屋書店, 1979; 이상률 역, 『소비의 사회』, 문예출판사, 1992).

36) 上野千鶴子, 『'나'를 찾는 게임'私'探しゲーム』, 筑摩書房, 1987; 上野千鶴子, 『'나'를 찾는 게임'私'探しゲーム』(증보판), ちくま学芸文庫, 1992.

37) 藤岡和賀夫, 『안녕, 대중さよなら, 大衆』, PHP研究所, 1984.

38) Thorstein Veblen, *The Theory of Leisure Class : an Economic Study in the Evolution of Institutions*, New York : Macmillan, 1899(小原敬士 訳, 『有閑階級の理論』, 岩波文庫, 1961; 김성균 역, 『유한계급론』, 우물이있는집, 2012).

39) 上野千鶴子 외, 1장「대중사회의 신전大衆社会の神殿」, 『세존의 발상 - 시장에 대한 소구セゾンの発想－マーケットへの訴求』, リブロポート, 1991; 上野千鶴子, 「여성의 시대와 이미지 자본주의女の時代とイメージの資本主義」, 花田達朗·吉見俊哉·コリ·ンスパークス 編, 『문화연구와의 대화カルチュラル·スタディーズとの対話』, 新曜社, 1999. 이 시기의 대형소매자본과 그 이미지를 가진 자본주의에 대해서는 세이부西武 백화점을 중심으로 한 세존 그룹을 사례로 다른 글에서 상세하게 논한 바 있다.

40) 小沢雅子, 『신 '계층 소비'의 시대新'階層消費'の時代』, 日本経済新聞社, 1985; 小沢雅子, 『신 계층 소비의 시대 - 소득격차의 확대와 그 영향新·階層消費の時代－所得格差の拡大とその影響』, 朝日新聞社(朝日文庫), 1989.

41) 小沢雅子, 『신 '계층 소비'의 시대』, 日本経済新聞社, 1985.

42) 小沢雅子, 『신 계층 소비의 시대 - 소득격차의 확대와 그 영향』, 朝日新聞社(朝日文庫), 1989. 문고판 해설은 우에노 치즈코가 썼다.

43) '사회계층과 사회이동Social Stratification and Social Mobility에 관한 조사'의 약칭.

44) 佐田智子, 『신 신분사회 - '학교'가 동반해 온 미래新·身分社会－'学校'が連れてきた未来』, 太郎次郎社, 1983.

45) 宮本みち子·岩上真珠·山田昌弘, 『미혼화 사회의 부모와 자녀 관계 - 돈과 애정으로 보는 가족의 미래未婚化社会の親子関係－お金と愛情にみる家族のゆくえ』, 有斐閣, 1997.

46) 아그네스 논쟁에 대해서는 '아그네스 논쟁'을 즐기는 모임(1988)이 자료집을 냈다. 논쟁경과표도 첨부되어 있다. '아그네스논쟁'을 즐기는 모임'アグネス論争'を愉しむ会 編, 『아그네스논

쟁'을 읽는다ァグネス論争'を読む』, JICC 出版局, 1988. 그 외 小浜逸郎, 『남성이 심판하는 아그네스 논쟁男がさばくアグネス論争』, 大和書房, 1989 참조.

47) 小倉千加子, 『마쓰다 세이코론松田聖子論』, 飛鳥新社, 1989.

48) 上野千鶴子, 「대학 성추행—그 문제의 배경キャンパス・セクシュアル・ハラスメント—その問題化の背景」, 『현대사상現代思想』 2월호, 青土社, 2000; 福島瑞穂他, 『성추행セクシュアル・ハラスメント』(신판), 有斐閣, 1998.

49) Ezra F. Vogel, *Japan as Number One : Lessons for America*, London : Harvard University Press, 1979.

50) 経済企劃庁 編, 『헤이세이 7년판 국민생활백서 전후 50년의 자기사—다양하고 풍부한 삶의 방식을 추구하며』, 大蔵省印刷局, 1995.

51) 佐藤俊樹, 『불평등사회 일본—안녕 중산층不平等社会日本—さよなら総中流』, 中公新書, 2000.

52) 中央公論編集部 編, 『논쟁—중산층 붕괴論争—中流崩壊』, 中央公論新社(中公新書ラクレ), 2001.

53) 3세까지 아이의 뇌와 인격의 기초가 구성되고 그것이 죽을 때까지 영향을 미치기 때문에 3세까지는 엄마가 육아에 전념할 필요가 있다는 설. 보울비John Bowlby의 '애착이론'에서 나온 것으로 여겨지나 오늘날에는 근거가 없어 부정되고 있다.

54) '프리터'는 프리 아르바이터의 약칭. 학교를 졸업한 후에도 일정한 직업이 없이 아르바이트나 파트타임 일로 살아가는 사람들을 가리킨다. 최근 프리터에 대한 연구서들이 출판되고 있다.

55) 山田昌弘, 『기생 싱글의 시대パラサイト・シングルの時代』, ちくま新書, 1999(김주희 역, 『패러사이트 싱글의 시대』, 성신여대 출판부, 2004).

56) 山田昌弘, 『가족의 재구성家族のリストラクチュアリング』, 新曜社, 1999.

57) 上野千鶴子・小倉千加子, 『더페미니즘ザ・フェミニズム』, 筑摩書房, 2002.

58) チャン アグネス・原ひろ子, 『'아이를 데리고 출근'을 생각한다子連れ出勤'を考える』, 岩波書店, 1988.

59) 小笠原祐子, 『OL들의 '저항'—샐러리맨과 OL의 파워 게임』, 中央公論社, 1998.

* 그 외 참고문헌
上野千鶴子, 「'욕망자연주의'에서 '마이홈주의'로慾望自然主義'から'マイホーム主義'へ」, 筑紫哲也 감수, 『OUR TIMES 20世紀』, CNN / ターナー社・角川書店, 1998.

上野千鶴子 編, 「解説」, 『현대의 세상 1—색과 욕現代の世相 1—色と欲』, 小学館, 1996.

上野千鶴子・河合隼雄共 編著, 『현대 일본문화론 8—욕망과 소비現代日本文化論 8—慾望と消費』, 岩波書店, 1997.

315